Anthony R. Stephens

Rilkes Malte Laurids Brigge
Strukturanalyse des erzählerischen Bewusstseins

Australisch-Neuseeländische Studien zur deutschen Sprache und Literatur

Australian and New Zealand Studies
in German Language and Literature

Etudes parues en Australie et Nouvelle Zélande
en relation avec la philologie Allemande

herausgegeben von
Gerhard Schulz (Melbourne)
und John Asher (Auckland), in Verbindung
mit B. L. D. Coghlan (Adelaide)

Bd. 3

Anthony R. Stephens

Rilkes Malte Laurids Brigge
Strukturanalyse des erzählerischen Bewusstseins

Verlag Herbert Lang & Cie AG
Bern und Frankfurt/M.
1974

Anthony R. Stephens

Rilkes Malte Laurids Brigge Strukturanalyse des erzählerischen Bewusstseins

Verlag Herbert Lang & Cie AG
Bern und Frankfurt/M.
1974

ISBN 3 261 00888 1
© Herbert Lang & Co. Ltd., Bern (Switzerland)
Peter Lang Ltd., Frankfurt/M. (West-Germany)
1974. All rights reserved.

Printed by Lang Druck Ltd., Liebefeld/Berne (Switzerland)

DEM ANDENKEN ANTON SEDLARS GEWIDMET

VORWORT

Die vorliegende Interpretation stellt den Versuch dar, das Verständnis von Rilkes bedeutendstem Prosawerk durch eine Analyse des Textes und der Genese seiner Thematik zu fördern. Meine Dankbarkeit möchte ich allen denen aussprechen, die mir bei der Arbeit Hilfe geleistet haben. Marie von Giese, Udo Borgert, Gerhard Schulz, Jan Bruck und Imme Stephens bin ich besonders verpflichtet.

Sydney, im Dezember 1972   Anthony Stephens

INHALT

VERZEICHNIS DER EINZELNEN AUFZEICHNUNGEN

Um Vergleiche zwischen den *Aufzeichnungen des Malte Laurids Brigge* und der vorliegenden Interpretation zu erleichtern, gibt folgende Tabelle zunächst die Nummer des Abschnitts (nach der Einteilung im sechsten Band der *Sämtlichen Werke*), dann die einschlägigen Seitenzahlen für diese Ausgabe und schließlich Stichworte, die für Benutzer anderer Ausgaben als Kennzeichen dienen sollen.

Kapitel 1

MALTE–DEUTUNG UND *MALTE*–PROBLEME

Allgemeine Orientierung

Rilkes Tagebuchroman *Die Aufzeichnungen des Malte Laurids Brigge* wurde im Februar 1904 in Rom begonnen und im Januar 1910 in Leipzig abgeschlossen. Die lange Entstehungsperiode dieses Werkes entspricht, wie wir aus zahlreichen brieflichen Äußerungen des Autors wissen, dem Ringen um eine neue Form und der zielbewußten Entwicklung eines neuen Prosastils, die das Werk über das Mittelmaß von Rilkes früheren Prosawerken erheben sollten. Die eigenartige Synthese von naturalistischen und lyrischen Elementen, die einprägsame Plastizität der Wirklichkeitsevokationen und vor allem die Befreiung von den Konventionen des realistischen Romans machten das Werk zu einem entscheidenden Durchbruch, nicht nur für Rilke, sondern für den deutschen Roman überhaupt. Zweifellos ist Rilkes formale Kühnheit in diesem Werk teilweise aus seiner Veranlagung als Lyriker abzuleiten, denn viele der selbständigen und abgeschlossenen Episoden im Roman dürften aus ihrem Zusammenhang gelöst als Prosagedichte betrachtet werden.[1] Darüber hinaus aber ist Rilke in der Anordnung solcher lyrischen Einheiten bestrebt, das Bild einer Persönlichkeit und ihrer Welt "mosaikhaft" aufzubauen, wobei die herkömmliche Funktion einer Romanhandlung von einem nie zu Ruhe kommenden Spiel der Möglichkeiten ersetzt wird. Schon die scheinbare Beliebigkeit der Stoffwahl und der gedanklichen Inhalte trägt zur charakteristischen Offenheit und Neuartigkeit von Maltes Welterfahrung bei. So entsteht eine fiktive Gestalt, an der nichts als festgesetzt erscheinen soll, und eine Romanwelt, in der die Aufgabe der Selbstentdeckung immer von der quälenden Angst vor der Auflösung des eigenen Ich begleitet wird.

Die "Geschichte" des Malte Laurids Brigge ist rasch erzählt. Der junge Däne, letzter Überlebender eines adeligen Geschlechts und Schriftsteller bescheidenen Ranges, kommt in Paris an und wird von den Eindrücken der Großstadt überwältigt. In seiner Reaktion auf die Deformierung des Menschenbildes, die er überall vorfindet, kristallisieren sich seine Skepsis gegen herkömmliche Auffassungen der Wirklichkeit und sein Bedürfnis nach einem neuen Verständnis seines Selbst und seiner Umgebung. Die Herausarbeitung einer radikal neuen Erlebnisform wird jedoch dadurch erschwert, daß die Basis seines ganzen Daseinsentwurfs, nämlich die Erfahrung der eigenen Persönlichkeit und ihrer Anpassung an die Umwelt von Paris, sich als äußerst labil erweist und ihn täglich

---

[1] Vgl. dazu Ulrich Fülleborn, *Form und Sinn der Aufzeichnungen des Malte Laurids Brigge,* zuerst 1961 veröffentlicht, hier jedoch nach dem Abdruck in *Deutsche Romantheorien,* hrsg. Reinhold Grimm, Frankfurt a.M., Bonn, 1968 zitiert.

mit neuen Schrecknissen bedroht. So greift er zu den eigenen Kindheitserinnerungen, zunächst um Gegengewichte zur Pariser Wirklichkeit zu schaffen;
dann, als er sich im zweiten Drittel des Werkes von der Gegenwart in immer
größerem Maße abkehrt, macht er von dem Stoff weiteren Gebrauch, um die
Erforschung dieses Bereichs als Aufgabe zu "leisten." Im Verlaufe dieses Teils
der Aufzeichnungen stellt sich jedoch heraus, daß der Kindheit eben dieselben
Ambivalenzen und Gefahren innewohnen, die bereits seine tägliche Erfahrung in
Paris kennzeichneten. Kindheitsepisoden wiederholen tatsächlich Motive und
Strukturen aus der Pariser Gegenwart, und die "Leistung" seiner Kindheit
mündet in die gleiche chronische Unsicherheit ein, in der jeder Versuch, die
Pariser Wirklichkeit direkt zu bewältigen, endete. Im letzten Drittel des Romans
beschäftigt sich Malte dann hauptsächlich mit den "Reminiszenzen seiner
Belesenheit."[2] Er beschreibt und deutet Gestalten und Episoden aus der
Geschichte und Literatur Europas, die dadurch in Beziehung zur Problematik
seines eigenen Lebens gesetzt werden, und mit einer höchst raffinierten Neu-
deutung der biblischen Parabel des verlorenen Sohnes wird seinen Aufzeichnungen ein Ende gesetzt. Die Welt des Romans umfaßt also drei Bereiche: Paris,
Kindheit, "historische" Figuren. Diese haben eine genaue und subtile strukturelle Metaphorik gemeinsam, die eine wichtige vereinheitlichende Funktion
im Roman hat und die den Hauptgegenstand der vorliegenden Interpretation
bildet.

In werkgeschichtlicher Hinsicht steht *Malte Laurids Brigge* im Zentrum von
Rilkes dichterischer Entwicklung. Wie in den folgenden Kapiteln gezeigt werden
soll, summiert der Roman die vielfältigen Strömungen des Frühwerks. Die
neue Breite und Präzision des dichterischen Ausdrucks, die hier erreicht wird,
zusammen mit der Hartnäckigkeit und Intensität von Maltes Selbstanalyse,
bilden eine notwendige Vorstufe zur späten Lyrik. Zugleich stellt das Werk die
negative Kehrseite der in derselben Periode entstandenen *Neuen Gedichte* dar.
Obgleich beide Werke als Resultat von Rilkes Hinwendung zur plastischen
Wirklichkeit der "Dinge" unter dem Einfluß Rodins und Cézannes bezeichnet
werden dürfen, wird die Ich-Problematik, die in den *Neuen Gedichten* entweder
ausgeklammert wird, oder in der Form einer durchaus stabilen Subjekt—
Objekt—Beziehung erscheint, zum übergreifenden Hauptthema von *Malte
Laurids Brigge*. In keinem anderen Werk, auch nicht in den *Duineser Elegien,* hat
Rilke die Grundlage des eigenen Denkens und Erlebens auf so radikale Weise in
Frage gestellt, wie in *Malte Laurids Brigge,* und aus dieser Grundhaltung des
kompromißlosen Prüfens und Fragens erklärt sich die wohl allzu offene Form

---

2 BM, 319: ". . . so verlangt es auch den jungen M. L. Brigge, das fortwährend ins
Unsichtbare sich zurückziehende Leben über Erscheinungen und Bildern sich faßlich zu
machen; er findet diese bald in den eigenen Kindheits-Erinnerungen, bald in seiner Pariser
Umgebung, bald in den Reminiszenzen seiner Belesenheit."

des ganzen Romans. Die letzte und offenste aller Fragen, die Malte an sich selbst und seine Erlebniswelt richtet, ist die nach dem Wesen Gottes und seinem Verhältnis zur empirischen Wirklichkeit. In Anlehnung an Käte Hamburger könnte man das Zentralproblem des Werkes mit der Formel erfassen, in *Malte Laurids Brigge* handle es sich um einen Roman *statt* einer religiösen Erkenntnistheorie.[3]

Kritiker wie Ulrich Fülleborn und Wilhelm Emrich haben sich um die Präzisierung der literaturgeschichtlichen Stellung des Werkes bemüht und seine Bedeutung für den deutschen Roman des 20. Jahrhunderts geltend gemacht. Daß die "Krise des Erzählens" im Roman selbst thematisch wird, hat in der *Malte*-Literatur zu Vergleichen mit den Romanen von Musil, Broch und Joyce geführt. Bei der Feststellung von Ähnlichkeiten oder der Abgrenzung von Rilkes Roman gegen andere Tendenzen der modernen Erzählkunst herrscht in der Sekundärliteratur jedoch bei weitem keine Einstimmigkeit. Ein Teil dieser Kontroversen läßt sich wohl aus der Tatsache erklären, daß man allzu rasch das Problem des Erzählens zum Hauptanliegen des Werkes erhoben und ihm eine etwas bedenkliche Priorität über andere Elemente der Gesamtthematik eingeräumt hat. Die "Krise des Erzählens" ist in *Malte Laurids Brigge* eindeutig die Krise des Erzählers selbst, und innerhalb der Romanfiktion sind Maltes Schwierigkeiten beim Aufzeichnen oder beim Konzipieren eines möglichen Kunstwerks eigentlich nur Symptome seiner existentiellen Nöte und, wie sich zeigen wird, Metaphern seines problematischen Verhältnisses zum eigenen Ich.

Trotz der Atmosphäre des Fin-de-siècle und der Preziosität mancher Evokationen, wie etwa der Bettine von Arnim, entspricht Maltes Entschlossenheit zu einer Erneuerung der Lebenswerte einem wichtigen Aspekt der literaturhistorischen Stellung des Werkes: nicht bloß als Beispiel der "Dekadenz", sondern außerdem als Dokument des Kampfes um ein neues Menschenbild und eine neue Sehweise bleibt der Roman mehr als sechzig Jahre nach der Veröffentlichung eine Herausforderung an den Leser. Wenn man die frühere Tradition der großen Ich-Romane berücksichtigt, die in Deutschland mit Goethes *Werther* einsetzt, in Frankreich von Schriftstellern wie Benjamin Constant und Alfred de Musset fortgesetzt wird und als europäisches Phänomen seinen Gipfel in den großen Ich-Erzählungen Gogols und Dostojewskijs erreicht, so reiht sich Malte Laurids Brigge mit seinem bekenntnishaften Pathos, seiner Künstlerarroganz und seiner Faszination mit der eigenen Psychopathologie ohne weiteres in diese literarische Strömung ein. Die Verwandtschaft des Werkes zum deutschen Expressionismus ist aber auch nicht zu übersehen, denn, ohne die Rhetorik und forciert-naiven Gefühlsüberschwänge mancher expressionistischer Werke zu teilen, bereichert

---

[3] Käte Hamburger, *Philosophie der Dichter,* Stuttgart, 1966, S. 180, bezeichnet Rilkes Werk überhaupt als "eine Lyrik *statt* einer Philosophie."

Malte Laurids Brigge den europäischen Roman um ein Werk, das einen Eindruck von der Ursprünglichkeit und vom emotionellen Erneuerungsdrang des
deutschen Expressionismus vermittelt. Die typisch expressionistische Hinwendung
zum Mitmenschen ist freilich in *Malte Laurids Brigge* kaum zu finden, aber das
bedeutet nur, daß Malte, als Gefangener im Kerker der eigenen Ich-Struktur,
zum tragisch-ironischen Versuch verurteilt ist, eine Erneuerung des Lebens als
solches im notwendig begrenzten Spielraum seiner Vereinzelung zu erzielen.
Vergleicht man außerdem die Psychologie von Rilkes Roman etwa mit Gottfried
Benns *Rönne*-Novellen, die wohl als typisch expressionistisch gelten dürfen, so
wird ersichtlich, in welchem Maße *Malte Laurids Brigge* zugleich vorwärts-
schauender und konservativer ist. Einerseits wirkt die Abstraktheit und fast
spielerische Weitschweifigkeit von Maltes Selbstbeobachtungen als Vorwegnahme
der Identitätsspiele eines Max Frisch oder der solipsistischen Kosmologien eines
Samuel Beckett; andererseits aber arbeitet Rilke mit psychologischen Kategorien
und Strukturen der "Innenwelt," die sofort an die Ich-Metaphorik eines
Heinrich von Ofterdingen oder an die romantische Verklärung psychopathischer
Zustände bei einem Schriftsteller wie Gérard de Nerval erinnern. Wenn man
Maltes Erlebnisse der Angst und die berühmt gewordene Reduzierung seiner
Persönlichkeit auf ein "Nichts, das zu denken anfängt" mit einigem Recht als
Existentialismus avant la lettre bezeichnet hat, so enthält der Roman mit solchen
Vorstellungen wie der von der "dichterischen Einsamkeit" oder der "besitzlosen
Liebe" doch sehr viel neu-romantischen Ballast. Der literaturhistorische Kontext
des Werkes ließe sich auf diese Weise beliebig erweitern; das Fazit solcher
Überlegungen müßte jedoch lauten, daß *Malte Laurids Brigge* in erster Linie ein
Übergangsphänomen ist: genau wie die Handlungslinie des Werkes den Verlauf
eines nicht ganz gelungenen Versuchs darstellt, sich zu einem "neuen Leben voll
neuer Bedeutungen" durchzukämpfen, so bleiben viele Aspekte des Romans den
Mythen und Denkweisen des 19. Jahrhunderts verhaftet, während andere, vor
allem die Erforschung einer fiktiven Persönlichkeit als Metaphernsystem, seine
Aktualität garantieren.

Obwohl gewisse Ähnlichkeiten zwischen dem aus *Malte Laurids Brigge*
abstrahierbaren Persönlichkeitsmodell und dem der Freudschen Psychologie bestehen, soll im folgenden kein Vergleich der Systeme unternommen werden. Die
Gründe dafür sind dreierlei: erstens wird der einsichtige Leser in der Lage sein,
die klaren Bezüge zum spekulativen Teil der Freudschen Lehre, wie sie etwa von
Norman O. Brown in seiner hervorragenden Studie *Life Against Death* präzisiert
worden ist, ohne weiteres zu erkennen und zu bewerten; zweitens weist die
Vorgeschichte der *Malte*-Thematik im Frühwerk, und insbesondere die Entwicklung der spezifisch Malteschen Ich-Struktur, seit ihren Anfängen in der
Periode 1897—99 bis zum Abschluß des Werkes im Januar 1910 eine solche
Geschlossenheit und Konsequenz auf, daß eine maßgebende Beeinflussung Rilkes
durch die Psychoanalyse während der Entstehungszeit des Romans kaum in

Frage kommt;[4] drittens sehe ich überhaupt keinen Grund, die Freudsche Spekulation der Rilkeschen vorzuziehen, etwa in dem Sinne, daß man versucht wäre, jene als objektiv gültiger zu betrachten und sie deshalb als Metasystem zu benutzen, in das man die eigentümlich Rilkesche "Psychologie" zu übersetzen verpflichtet wäre. Außerdem haben die beträchtlichen Teile der Studie Erich Simenauers, die *Malte Laurids Brigge* gewidmet sind, die Möglichkeiten einer naiv-Freudschen Deutung des Romans ziemlich erschöpft.

An dieser Stelle ist es angemessen, einen Blick auf die Geschichte der *Malte*-Deutung zu werfen. Noch ehe der Roman veröffentlicht wurde, äußerte Rilke seine Bedenken über die formale Einheit des Werkes. Er hatte bereits den ursprünglichen Schluß, den Abschnitt über Tolstoj (SWVI, 967–78) weggelassen, war bereit, die Einteilung des Werkes in zwei Bändchen seinem Verleger zu überlassen und schrieb in Briefen vom April 1910, daß die Aufzeichnungen lediglich zu "einer Art Abschluß gekommen" seien, und daß weitere Aufzeichnungen "hätten hinzukommen können." Die Meinung, das Buch sei "künstlerisch betrachtet eine schlechte Einheit" stammt ebenfalls vom Autor selbst (B07–14, 95), und die Rezeption des Buches in der Periode 1910–1950 wies wenige Abweichungen von dieser Beurteilung auf.[5]

War im Aufsatz Johannes Kleins (1952) *Malte Laurids Brigge* immer noch "das Werk einer gefährlichen Lücke und von einer sehr schwachen Form," so setzte im gleichen Jahr mit der bisher unveröffentlichten Dissertation Klaus Meyers eine neue Richtung der *Malte*-Kritik ein, in der die positiveren Momente des Romans in immer größerem Maße zur Geltung kommen.[6] Fritz Martini hat dann als erster in seinem Buch *Das Wagnis der Sprache* (1954) die Problematik

---

[4] Nach Erich Simenauer, *Rainer Maria Rilke – Legende und Mythos,* Bern 1953, S. 133f., soll Rilke in der Periode 1907–08 die Freudsche Psychoanalyse bereits kennengelernt haben. Unsere Untersuchung der Entstehung des Romans hat jedoch keinen direkt nachweisbaren Einfluß auf die Entwicklung der *Malte*-Thematik in diesem Zeitraum festgestellt.

[5] Die ersten Gesamtdarstellungen, beide anscheinend durch eine stark ausgeprägte weltanschauliche Voreingenommenheit gekennzeichnet, sind die Arbeiten L. Hofmanns, *Gestalt und Gehalt in R. M. Rilkes Aufzeichnungen des Malte Laurids Brigge,* Diss. Masch., Wien, 1935, und H. von Jans, *Rilkes Aufzeichnungen des Malte Laurids Brigge,* Leipzig, 1938. Zur Bewertung dieser Arbeiten siehe Klaus Meyer, *Das Bild der Wirklichkeit und des Menschen in Rilkes Malte Laurids Brigge,* Diss. Masch., Göttingen, 1952, S. 170ff., Johannes Klein, *Die Struktur von Rilkes Malte, Wirkendes Wort* 2, 1952, S. 93ff. und Walter Seifert, *Das epische Werk Rilkes,* Bonn, 1969, S. 197f.

[6] Meyers Deutung basiert auf dem Begriff des "Heiligen." Er behauptet *nicht,* wie ihm irrtümlicherweise von W. Seifert unterstellt wird (a.a.O., S. 199), daß Malte ein "Heiliger" sei, sondern genau das Gegenteil. Für Meyer soll der "Heilige" ein völlig entpersönlichtes, "nur noch als Bewußtsein von Objekten existierendes Dasein" bedeuten, während die Wesensbestimmung des "Künstlers" darin besteht, "daß alle eigentliche Begegnung für ihn nur im Medium seiner Kunst, d.h. in der Sprache" stattfindet (a.a.O., S. 145). Nach Meyer wird Malte das "Künstler-Dasein" zum Verhängnis.

der Erzählperspektive angeschnitten, wobei die Spannung zwischen Verwirklichung und Projektion bei der Analyse des Erzählens maßgeblich bleibt.[7]

Mit dem Aufsatz Armand Nivelles (1959) verstärkt sich die Tendenz, *Malte Laurids Brigge* als einen Entwicklungsroman darzustellen.[8] Die Grundlagen der Nivelleschen Deutung: daß Malte die Pariser Wirklichkeit bewältigen lerne, daß diese Bewältigung durch das Aufzeichnen selbst erzielt werde und daß ihm am Ende des Buches eine geradezu glänzende künstlerische Laufbahn bevorstehe, sind für die Deutungen Marlene Jägers (1960), Ernst Hoffmanns (1968) und Eric Herds (1970) in großem Maße immer noch entscheidend.[9] Obwohl diese Arbeiten wertvolle Einsichten in die formale Eigenart des Romans vermittelt haben, hat diese "evolutionäre" Richtung nach Ansicht des Verfassers zu einer bedenklichen Verzerrung der Perspektive geführt. Die vorliegende Studie steht im bewußten Gegensatz zu dieser in der *Malte*-Literatur der letzten Jahrzehnte vorherrschenden Einstellung zum Werk.

Was die Struktur von *Malte Laurids Brigge* betrifft, so hat Ulrich Fülleborn mit der Formulierung des "Gesetzes der Komplementarität" einen Grundzug der Werkeinheit erkannt und der Forschung zugänglich gemacht.[10] Nach den Arbeiten Fülleborns und Jägers konnte von einer "Formlosigkeit" des Werkes kaum noch die Rede sein, denn ihre Ausführungen verwiesen darauf, daß man an Stelle eines angeblich amorphen Konglomerats tatsächlich mit einer großen Fülle der strukturellen, motivischen und bildhaften Formelemente konfrontiert wird und daß die schwierigste Aufgabe einer wissenschaftlichen Deutung darin besteht, die vielfältigen Bezugsmöglichkeiten in den 71 Aufzeichnungen auf sinnvolle Weise zu bewerten und einzuschränken.

Die "evolutionäre" Tendenz in der *Malte*-Kritik hat in der ausführlichen Darstellung Walter Seiferts (1969) wohl vorläufig ihren Höhepunkt erreicht. Nach Seifert "intendiert der *Malte*-Roman eine dialektische Totalität" und sein Aufbauschema weist eine entsprechende Symmetrie und Progressivität auf, denn für ihn stellen die späteren Phasen des Romans einen "Übergang von Polarität zu Totalität" und eine "geschichtsphilosophische Konfrontation von Totalitäten" dar.[11] Das Bedenklichste an dieser "dialektischen" Interpretation liegt darin, daß sie sich niemals in Frage stellt. Die Relevanz der Kategorien und der

---

[7]   Vgl. *Das Wagnis der Sprache,* Stuttgart, zweite Auflage, 1956, S. 175.

[8]   *Sens et structure des Cahiers de Malte Laurids Brigge, La revue d'esthétique,* 12, 1959, S. 5—32.

[9]   Marlene Jäger, *Rilkes Aufzeichnungen des Malte Laurids Brigge in ihrer dichterischen Einheit,* Diss. Masch., Tübingen, 1960; Ernst Fedor Hoffmann, *Zum dichterischen Verfahren in Rilkes Malte Laurids Brigge,* Dvjs. 42, 1968, H. 2, S. 202—230; Eric Herd hat in einem auf dem AULLA-Kongreß in Melbourne (August 1970) gehaltenen Referat einen ähnlichen Standpunkt vertreten, wie schon Armand Nivelle.

[10]   *Form und Sinn,* S. 260f.

[11]   *Das epische Werk,* S. 290 und 325f.

Sondersprache der Hegelschen Dialektik für *Malte Laurids Brigge* gehört anscheinend zu den Annahmen, von denen die Interpretation ausgeht, aber sie wird niemals begründet oder auch nur zur Debatte gestellt. Seifert wirft Malte sogar an einer Stelle vor, er habe seine "geschichtsphilosophische Legitimation überschritten,"[12] obwohl die Notwendigkeit einer solchen Legitimation niemals nachgewiesen worden ist und außerhalb der Begriffswelt des Interpreten keine Existenz hat. Seiferts Umgestaltung des Romans in eine fast lückenlose und vor allem progressive, dialektische Einheit stellt jedoch nur die vorläufig letzte Phase der bereits in der Arbeit Armand Nivelles deutlich ausgeprägten Tendenz dar, das Positive am Roman auszusondern und zum Grundstein einer Theorie der existentiellen, künstlerischen oder strukturellen *Evolution* zu machen. Da unserer Überzeugung nach dieses Vorgehen die eigentümliche und wesentliche Doppeldeutigkeit von *Malte Laurids Brigge* ignoriert, soll im folgenden zu Einzelinterpretationen Seiferts wiederholt Stellung genommen werden. Die Untersuchung von Maltes Persönlichkeitsstruktur wird ergeben, daß das für den ganzen Roman maßgebende Verhältnis von Ich und Welt auf einem dialektisch nicht aufzulösenden Dualismus beruht.

Als die vorliegende Studie bereits abgeschlossen war, erschien der Aufsatz Judith Ryans, *Hypothetisches Erzählen: zur Funktion von Phantasie und Einbildung in Rilkes "Malte Laurids Brigge."*[13] Obwohl das Hauptgewicht dieses Artikels auf der Künstlerproblematik bei *Malte* liegt, bestätigt die vorliegende Interpretation die Ergebnisse Judith Ryans in mancher Hinsicht. In der Einstellung zur Haupttendenz des Romans, in der Erkenntnis der "Ausweglosigkeit der subjektiven Befangenheit" Maltes und vor allem in der Betonung der Erzähltechnik des Grafen Brahe als Paradigma der von Malte nie verwirklichten, idealen Art des Erzählens sind die beiden Deutungen einander sehr nahe.

Untergang oder Apotheose?

Rilke hat seinen Roman mit seltener Ausführlichkeit kommentiert, ohne jedoch die Frage für die Forschung entschieden zu haben, ob Malte selbst am Ende der Aufzeichnungen im Zeichen des Scheiterns oder des Erfolgs dasteht. Der Autor sprach tatsächlich von einer "eigentümlich dunklen Himmelfahrt in eine vernachlässigte abgelegene Stelle des Himmels" und von einem "aufsteigenden Sinne," in dem das Buch gelesen werden könnte,[14] und begründete somit die Möglichkeit, *Malte Laurids Brigge* als eine Entwicklungs- oder

---

12   Ebenda, S. 300.
13   *Jahrbuch der deutschen Schillergesellschaft*, XV/1971, S. 341–374.
14   Vgl. B07–14, S. 196: "Nun bin ich nahezu überzeugt, daß Sie den Malte Laurids in dem aufsteigenden Sinne verstehen, der sein eigentlicher ist und sein entscheidender . . ."

Erfolgsgeschichte zu lesen. Doch er hat außerdem in eben demselben Brief, wo von Maltes "Himmelfahrt" die Rede ist, mit aller Ausdrücklichkeit auch von seinem Untergang gesprochen. Eine solche scheinbare Widersprüchlichkeit kennzeichnet seine Äußerungen zum Roman überhaupt. Einerseits vermag er ohne jegliche Einschränkung den Roman als Darstellung eines "Unterganges" oder als virtuellen Beweis der "Unmöglichkeit" dieses so "ins Bodenlose gehängten Daseins" zu bezeichnen, während er andererseits für ein positives Verständnis des Werkes plädiert.[15] Eine entsprechende Verwirrung ist in der *Malte*-Literatur zu beobachten, indem besonders die "evolutionäre" Richtung den Helden am Ende des Romans auf alle Kosten als gerettet sehen will. Ernst Hoffmanns Behauptung, Rilke habe die Frage nach Maltes Untergang "offengelassen,"[16] darf als typisch für diese Einstellung gelten.

Wenn Rilke jedoch zwei Jahre nach Vollendung der *Aufzeichnungen* von Maltes "Einsichten" als "den Bestandteilen eines Untergangs" spricht oder zwei Wochen später schreibt, daß die "reine, schuldlose Macht, die in ihnen ausbricht, zufällig ... in den Verlauf eines Untergangs eingeschaltet ist,"[17] so hat er die Frage eben nicht "offengelassen," sondern in aller Ausdrücklichkeit dazu Stellung genommen. Es kann sein, daß er sich geirrt hat und den Abschluß des eigenen Werkes falsch gedeutet, oder daß andere Faktoren seine nachträgliche Beurteilung in Richtung etwa einer Tarnung der objektiven Verhältnisse gelenkt haben. Wie dem auch sei, die Paradoxien seiner Äußerungen zum Werkschluß erfordern eine nähere Untersuchung, als ihnen bisher zuteil geworden ist.

Der Tod Brigges gehörte unbestreitbar zu Rilkes ursprünglicher Konzeption des Werkes;[18] in den Briefen vom 13. und 29. Mai 1906 ist diese Vorstellung noch in vollem Maße gültig, und im Oktober 1907, als die Briefvorlagen zum 12. und 22. Abschnitt des Romans verfaßt wurden, setzt die ausdrückliche Diffe-

---

15   In demselben Brief betont Rilke: "... es sind durchaus hoffnungsvolle, große, zur Leistung anfordernde Einsichten, ... aber man darf nie vergessen, daß sie innerhalb dieses Buches die Bestandteile eines Unterganges geworden sind, so sehr, daß es gewiß viele geben wird, die, über die Dekadenz des Verlaufes, die Höhenlage der einzelnen Punkte gar nicht aufnehmen mögen ..." (ebenda). Der Brief an N.N. vom 24. Februar 1912 (B07–14, S. 206ff.) weist dasselbe Nebeneinander von stark betontem "Untergang" und möglichem "Aufstieg" auf.

16   *Zum dichterischen Verfahren*, S. 212: "Dagegen scheinen die Darlegungen in anderen Briefen die Frage wieder offenzulassen ..." Hoffmann gibt nur zwei solche Briefstellen an, von denen eine den unten zitierten Passus aus dem Brief vom 30. August 1910 enthält: "... wie ich mit ihm in der konsequenten Verzweiflung bis hinter alles geraten war, bis hinter den Tod gewissermaßen ..." (B07–14, 111)

17   B07–14, S. 196 und S. 207. Zu berücksichtigen wären außerdem die zwei Raskolnikow-Anspielungen (B06–07, 395 und B07–14, 112), die beide das Zerstörerische am *Malte*-Roman hervorheben; die erstere entstammt dem Jahre 1908 und bezieht sich auf Malte selbst, während die letztere in einem Brief vom 7. September 1910 vorkommt und Rilkes eigenen Zustand nach dem Abschluß des Romans bezeichnet.

18   Vgl. die "erste Fassung des Eingangs," SWVI, 949: "... alles das ist mir vergangen, wie er selbst vergangen ist." Siehe dazu auch den Bericht von Maurice Betz, *Rilke in Paris*, S. 75.

renzierung seiner Gestalt von dem Bild des idealisierten Künstlers Cézanne ein.[19] Nach den einschlägigen Briefstellen sollten Rilkes eigene an Cézannes Malerei gewonnene Einsichten auch seinem fiktiven Helden zugänglich gemacht werden, aber die weitere Stufe der künstlerischen Verwirklichung sollte ihm verwehrt bleiben, "so daß die neue errungene Freiheit sich gegen ihn wandte und ihn, den Wehrlosen, zerriß" (B06–07, 395). Ungefähr ein Jahr später und zur Zeit, als die Briefe den Entwurf zum 57. Abschnitt (Bettine und Goethe) belegen, wird die Abgrenzung Maltes gegenüber dem Typus des produktiven, erfolgreichen Künstlers wiederholt:

> . . . nach den Cézanne-Briefen, die so nah und hart mit ihm sich berührten, war ich an den Grenzen seiner Gestalt angekommen: denn Cézanne ist nichts anderes als das erste primitive und dürre Gelingen dessen, was in M. L. noch nicht gelang. Der Tod Brigges; das war Cézannes Leben, das Leben seiner dreißig letzten Jahre.

> (B07–14, 54)

Nach diesen Äußerungen sollte die von Cézanne verkörperte Möglichkeit der künstlerischen Erfüllung von Malte wahrgenommen, aber nicht ergriffen werden, sollte also *einen* Aspekt von Maltes Situation darstellen, aber keinesfalls zum entscheidenden Wendepunkt für ihn werden. Briefe vom 12. Dezember 1908 und 2. Januar 1909 bringen weitere Hinweise auf Maltes Tod. Brigitte von Witzleben zitiert einen Plan des Werkes aus der ersten Hälfte des Jahres 1909, der eine sorgfältige Betrachtung verdient:[20]

> M. L. vient à Paris au mois de Mars; le Printemps commence peu après, et l'entraîne. Le Printemps de Paris. Quoique déjà effrayé par quelques de ces impressions, il commence à s'ouvrir de plus en plus. Il note ce qu'il voit. Mais tout en observant, faiblement encore, il se concentre intérieurement et il retrouve ses loins souvenirs, beaucoup de ceux qu'il croyait perdus à jamais. Il est inondé de souvenirs; il écrit, il est très attentif, il aperçoit beaucoup sans s'en rendre compte d'abord. C'est l'été qui se passe ainsi au Luxembourg, au bord de la Seine, dans les musées. Voilà l'automne. La visite chez Rodin; le voyage au Mont S. Michel (il surpasse Baudelaire; il comprend l'essor trompeur dans la piété de Verlaine et de Wilde) et le Salon où il admire l'exposition Cézanne, le développent infiniment. La sensibilité est montée à un très haut degré; il est tout prêt de la concentrer dans un travail définitif. C'est le moment de ses compréhensions tout à fait avancées: (Ibsen, Duse, La

---

19 B06–07, 394: "Und mit einemmal (und zum ersten) begreife ich das Schicksal des Malte Laurids. Ist es nicht das, daß diese Prüfung ihn überstieg, daß er sie am Wirklichen nicht bestand, obwohl er in der Idee von ihrer Notwendigkeit überzeugt war. . ."
20 *Quellenstudien zu Rainer Maria Rilkes: Die Aufzeichnungen des Malte Laurids Brigge*, Masch., Abo 1970, S. 3.

Dame à la Licorne, [. . .].) et c'est ici que commence la crise tragique qui
s'empare de ses forces accumulées et qui l'entraîne vers le néant. Et cela
donne pourtant une ligne qui monte. La fin c'est comme une ascension
sombre vers un ciel non terminé. – Ce sera pour moi ma Porte de l'enfer. Il
faudra faire tous les groupes possibles, pour les placer après dans un vaste
ensemble; il faut en avoir une abondance des choses faites pour supprimer le
sujet ainsi conçu par la réalité des documents ingénus qui prouvent sans le
vouloir.
+1° Souvenirs d'enfance
2° Souvenirs des voyages

Obwohl Rilkes eigenwilliges Französisch eine genaue Deutung dieses Textes
erschwert, und obwohl der Plan von Episoden spricht, die in der endgültigen
Fassung des Werkes nicht vorhanden sind, scheint er uns doch Wesentliches über
das Werk auszusagen. Man erkennt sogleich, daß Malte immer noch keine
künstlerische Erfüllung zugesprochen wird. Gerade als er vor der Erschaffung
eines "definitiven Kunstwerks" steht, setzt die "tragische Krise" ein, die ihn "in
Richtung auf das Nichts" führt. Es ist überaus wichtig, daß diese Krise eine
"tragische" genannt wird, denn Ibsen und die Duse werden in der Endfas-
sung des Romans beide als "tragische" Gestalten bezeichnet. Trotzdem sie in
aller Deutlichkeit als ideale Künstlergestalten auftreten, sind beide in gleichem
Maße zum tragischen Scheitern verurteilt. Wie unsere spätere Deutung dieser
Gestalten ergeben wird, liegt ihre eigentümliche Tragik in der nicht zu tilgenden
Diskrepanz zwischen Künstler und Publikum. Überträgt man diese Diskrepanz
auf Maltes Situation, so erscheint sie als Metapher für den Dualismus der
Erkenntnishaltungen des Ich und "der Leute," der in der vorliegenden
Interpretation eine große Rolle spielt und dem Problem der Subjektivität Maltes
zugrundeliegt.

   Die letzte Krise soll jedoch auf nicht sofort ersichtliche Weise eine
"aufsteigende Linie" ergeben: "La fin c'est comme une ascension sombre vers un
ciel non terminé." Hier trifft man auf dasselbe Paradox wie im Brief vom
28. Dezember 1911 an Lou Andreas-Salomé – ja Rilke scheint sogar einige
Formulierungen aus diesem Plan bewußt oder unbewußt in seiner späteren
Beurteilung zu wiederholen. Nachdem er in diesem Brief zweimal und in aller
Ausdrücklichkeit von Maltes Untergang gesprochen hat, gelangt seine Reflexion
über eben ein solches Paradox zu einem positiveren Urteil:

   Ich habe den Ehrgeiz gehabt, mein ganzes Kapital in eine verlorene Sache zu
   stecken, andererseits aber konnten seine Werte nur in diesem Verlust sichtbar
   werden und darum, erinner ich, erschien mir die längste Zeit der Malte
   Laurids nicht so sehr als ein Untergang, vielmehr als eine eigentümlich dunkle
   Himmelfahrt in eine vernachlässigte abgelegene Stelle des Himmels. (BL, 247)

"L'ascension sombre," die nach dem Plan gleichzeitig mit Maltes "entraînement vers le néant" sichtbar werden soll, scheint in der "eigentümlich dunklen Himmelfahrt," die ebenfalls in Maltes "Untergang" enthalten ist, ihre genaue Entsprechung zu finden.

Das Paradoxe an dieser Einstellung zum Werk bleibt jedoch ungeklärt. Es ist ganz deutlich, daß Rilke in der letzten Schaffensphase von dem Vorhaben abgekommen ist, seinem Helden "die ganze Fülle seines Todes zu geben."[21] Nun scheint er aber den Abschluß der Aufzeichnungen als etwas Unfertiges, Provisorisches empfunden zu haben, so daß die Tatsache, daß das Buch mit dem faktischen Tode der Hauptgestalt nicht endet, auf keinen Fall die Möglichkeit ausschließt, daß die Richtung auf einen wie auch immer gearteten "Untergang" hin beibehalten wurde oder daß Maltes Situation am Ende von einer Auswegs- losigkeit bestimmt wird, die als metaphorische Vorwegnahme eines faktischen Todes gelten dürfte. Der Tod als Ereignis wäre in diesem Sinne fast irrelevant. Eine solche Auffassung läßt sich ohne weiteres mit Rilkes brieflicher Äußerung vom 30. August 1910 in Einklang bringen:

> Mir graut ein bißchen, wenn ich an all die Gewaltsamkeit denke, die ich in Malte Laurids durchgesetzt habe, wie ich mit ihm in der konsequenten Verzweiflung bis hinter alles geraten war, bis hinter den Tod gewissermaßen, so daß nichts mehr möglich war, nicht einmal das Sterben.
>
> (B07—14, III)

Demnach scheint es, daß Rilke den faktischen Untergang Maltes durch einen metaphorischen ersetzt hat. Das entspricht der Haupttendenz unserer Deutung in der Hinsicht, daß Malte gleichsam zum Opfer der eigenen Ich-Metaphorik wird. Eine solche Hypothese bliebe unbegründet, hätte Rilke nicht in anderen Äußerungen und Stellungnahmen zum Buch weiterhin von Maltes Scheitern und der "Unmöglichkeit" seiner Lage gesprochen. Entweder hat er in den Briefen vom 28. Dezember 1911 und vom 11. und 24. Februar 1912 sein eigenes Werk völlig mißverstanden, oder es handelt sich innerhalb der Romanfiktion um das Scheitern Maltes.

Die Briefstellen, wo Rilke dann auf die Möglichkeit einer positiveren Deutung des Werkes hinweist, müssen nun auch in unserem Verständnis des Werkschlusses berücksichtigt werden. Zieht man das Fazit der "positiven" Äußerungen, so stellt sich heraus, daß der Autor niemals bestritten hat, daß Maltes Versagen an der

---

21 Vgl. B07—14, am 8. September 1908: "Zu weit darf ich nicht über sein Leiden hinaus, sonst begreif ich ihn nicht mehr, sonst fällt er mir fort und ab, und ich kann ihm nicht mehr die ganze Fülle seines Todes geben ... Nicht meine Einsichten will ich einschränken, sondern die seinen. . ."

ihm auferlegten Prüfung den nächstliegenden Sinn des Buches ausmacht,[22] sondern lediglich darauf aufmerksam gemacht, daß man Maltes Leidensweg und endgültiges Scheitern *von einem anderen Standpunkt aus* "im aufsteigenden Sinne" verstehen könnte. Dieser Standpunkt ließe sich dadurch gewinnen, daß man imstande wäre, das Buch "gegen den Strom zu lesen," also von seiner nächstliegenden Bedeutung und Tendenz Abstand zu gewinnen und durch einen Standpunktwechsel das offenbar Negative daran ins entsprechend Positive umzudeuten. Der Brief vom 28. Dezember 1911 läßt kaum eine andere Deutung zu, denn Rilke läßt einerseits keinen Zweifel daran aufkommen, daß er Malte als den "Untergegangenen" betrachtet, andererseits gelangen seine Reflexionen über eine paradoxe Formulierung zur Idee der "eigentümlich dunklen Himmelfahrt." Das Buch "gegen den Strom" zu lesen, hieße also das gedankliche Manöver zu vollziehen, das das "Sichtbar-werden" der positiven Werte im Negativen des "Verlusts" ermöglichen würde (BL, 247). Wie Klaus Meyer schon 1952 erkannte, müßte diese Operation zu einer Trennung der existentiellen Ebene des Werkes von dem Bereich der aus dieser heraus projizierten Idealbilder führen. In diesem Sinne entwickelte er den Begriff des "Heiligen" als eine für Malte eben nicht erreichbare Möglichkeit der Rettung.[23]

Betrachtet man nun die scheinbare Widersprüchlichkeit von Rilkes nachträglichen Stellungnahmen zum Roman, so darf man sie wohl dahingehend auslegen, daß Rilke je nach dem Anlaß einmal die konkrete und vordergründige Bedeutung von Maltes Schicksal betont, zum anderen aber im Sinne einer "Lesung gegen den Strom" von der Möglichkeit einer entgegengesetzten, gleichsam hinter der Fassade des Werkes aufzudeckenden alternativen Bedeutung spricht. Beide Lesarten scheinen für ihn in einem komplementären Verhältnis zu stehen, weil die eine ja der vordergründigen Richtung der Aufzeichnungen entspricht, während sich die andere als Gegenbewegung auf einer anderen Ebene der reflektierenden Abstraktion vollziehen soll. Ob die "Lesung gegen den Strom" die gleiche ästhetische Wirkung besitzt, wie die vordergründige Bedeutung des Romans, bleibe vorläufig dahingestellt.

Ein solcher Dualismus wäre auf jeden Fall für die Rilkesche Gedankenwelt typisch,[24] und wir ziehen diese Erklärung der einzig wissenschaftlich zu verantwortenden Alternative vor, die darauf hinauslaufen müßte, daß Rilkes spätere Äußerungen zum Roman mehrere Jahre lang durch eine höchst unwahrscheinliche Verwirrtheit und Inkonsequenz gekennzeichnet wären.

---

[22]   Auch wenn das Negative am Buch ihn offensichtlich in Verlegenheit setzte, hat Rilke Maltes Untergang niemals desavouiert; eher versucht er in solchen Fällen, wie in den Briefen vom 11. und 24. Februar 1912, über diese Tatsache hinweg zu einer positiveren Deutung zu gelangen.

[23]   Vgl. *Bild der Wirklichkeit*, S. 11.

[24]   Siehe dazu unsere Deutung des *Puppen*-Aufsatzes in *Rilke in neuer Sicht,* hrsg. Käte Hamburger, Stuttgart, 1971, S. 159–172.

Es läßt sich jedoch auf oben vorgeschlagene Weise die Ambivalenz von Rilkes
Stellungnahmen zum Werk als die Wechselwirkung zweier Standpunkte erklären,
von denen jeder die Tatsache von Maltes Scheitern von einer jeweils anderen
Seite beleuchtet. Auch der bekannte Brief vom 8. November 1915 an Lotte
Hepner weist eindeutig in diese Richtung, indem das Werk einerseits als völlig
negatives Gebilde bezeichnet, andererseits aber die Möglichkeit erwogen wird,
eine "positive Figur" daraus herzustellen, die "vielleicht Glück, Zustimmung; —
genaueste und sicherste Seligkeit" zur Schau stellen würde.[25] Die "positive Figur"
muß jedoch erst *hergestellt* werden, also als bewußter Kontrast zum "Negativ"
der Aufzeichnungen selbst und als Ergebnis weiterer Reflexionen auftreten.
Somit wäre die scheinbare Widersprüchlichkeit in eine Komplementarität der
Erkenntnishaltungen aufgehoben.

Nun läßt sich allerdings fragen, warum diese Möglichkeit von der "evolutio-
nären" *Malte*-Deutung nicht ergriffen worden ist. Der Grund liegt wohl darin,
daß die Darstellung von Malte als gereiftem und erfolgreichem Künstler mit
unserer Interpretation deshalb unverträglich wäre, weil für jene Interpreten
Maltes künstlerische Entwicklung doch die unmittelbare, vordergründige und
sofort ersichtliche Richtung der Aufzeichnungen bilden soll. Da dem Roman-
helden eine künstlerische Erfüllung einerseits zugesprochen, andererseits
verheißen wird, wird seine existentielle Lage entweder irrelevant,[26] oder sie
gestaltet sich als parallele Erfüllung.[27] Die vorliegende Studie behauptet dagegen,
daß die Künstlerproblematik als Metapher der im Rahmen der Romanfiktion
herrschenden, existentiellen Problematik betrachtet werden darf, daß diese bis
zum Ende der Aufzeichnungen aktuell bleibt und daß der Ausgang dieselbe
spezifisch Rilkesche "Tragik" impliziert, wie sie Malte selbst am Beispiel Ibsens
wahrnimmt.

Der oben zitierte Plan des Werkes aus dem Jahre 1909 enthält außerdem
einen für die späteren Teile unserer Interpretation maßgebenden Begriff. Nachdem Rilke von der "ascension sombre" am Ende des Romans gesprochen hat,
fährt er fort:

Ce sera pour moi ma Porte de l'enfer. Il faudra faire tous les groupes
possibles, pour les placer après dans un vaste ensemble; il faut en avoir une
abondance des choses faites pour supprimer le sujet ainsi conçu par la réalité
des documents ingénus qui prouvent [sic] sans le vouloir.

---

[25] AB2, 52: "Ich habe schon einmal, vor Jahren, über den Malte . . . zu schreiben
versucht, daß ich es selbst manchmal wie eine hohle Form, wie ein Negativ empfände, dessen
alle Mulden und Vertiefungen Schmerz sind, Trostlosigkeiten und weheste Einsicht, der
Ausguß davon aber, wenn es möglich wäre einen herzustellen (wie bei einer Bronze die
positive Figur, die man daraus gewänne), wäre vielleicht Glück, Zustimmung . . ."
[26] Vgl. Ernst Hoffmann, *Zur dichterischen Erfahrung,* S. 212f.
[27] Vgl. Marlene Jäger, *Dichterische Einheit,* S. 194.

Die Absicht, "alle möglichen Gruppen" zu gestalten und sich dabei der "réalité des documents ingénus" zu bedienen, weist ganz eindeutig auf den Umkreis der "historischen Gestalten," der "Reminiszenzen seiner Belesenheit" hin. Dabei spricht Rilke von einer "Unterdrückung des Gegenstandes," die der Hauptzweck der "choses faites" sein soll, fügt aber hinzu, daß diese "prouvent sans le vouloir," was bei aller Exzentrizität des Ausdrucks wohl dahingehend interpretiert werden muß, daß ein verborgenes Thema die erzählerische Gestaltung solcher "Gruppen" maßgeblich beeinflusst und daß dieses in fast "unwillkürlicher" Weise von den betreffenden Aufzeichnungen "bezeugt" und vermittelt wird. Eine solche Wechselwirkung von "sujet supprimé" und "choses faites" liegt in der Tat der Theorie des "Vorwands" zugrunde, die uns in späteren Kapiteln beschäftigen soll.

Einleitende Überlegungen zur Interpretation

Die Entstehungsgeschichte von *Malte Laurids Brigge* bleibt in vielen Einzelheiten ungeklärt, und die Bemühungen des Verfassers, Sicherheit in einigen Punkten zu erlangen, blieben erfolglos. Die Studien Dédéyans, Lühnings, von Witzlebens und die Anmerkungen zu Band VI der *Sämtlichen Werke* haben ertragreiche Einsichten in einige Aspekte der Komposition vermittelt, aber die Datierung einzelner Abschnitte und die redaktionelle Tätigkeit Rilkes bleiben weitgehend unerhellt. Es bietet sich jedoch im Rilkeschen Frühwerk ein reicher Vorrat an Material, das zu unserem Verständnis des Romans Wesentliches beitragen kann. Walter Seifert hat als erster die Thematik des "epischen" Frühwerks im Hinblick auf *Malte* untersucht, aber die vorliegende Studie erforderte eine eigene Überprüfung dieses Materials, deren Ergebnisse im 2. Kapitel gebracht werden.

Was die übergreifende Struktur von *Malte Laurids Brigge* betrifft, so darf man der nachträglichen Einteilung in zwei ungleich lange Hälften keine allzu große Bedeutung beimessen. Die Evokation der Teppiche der Dame à la licorne kann sich allerdings als geeignete Stelle erwiesen haben, die Aufzeichnungen dort zu unterbrechen, damit sie in zwei Bändchen veröffentlicht werden konnten. Da Rilke jedoch ohnehin bereit war, die Wahl dieser Stelle seinem Verleger zu überlassen,[28] so erscheint es uns völlig unberechtigt, in diesem Einschnitt eine "innere Notwendigkeit" erkennen zu wollen.[29] Ernst Hoffmann hat dagegen eine *Dreiteilung* des Werkes vorgeschlagen, nach der das zweite Drittel mit dem

---

[28] BV, 83: "Bitte, lassen Sie mir in der zweiten Korrektur anzeichnen, wo der erste Band schließen soll; bestimmen Sie es womöglich selbst, oder, im Fall Zweifels, geben Sie mir zwei Stellen zur Wahl..."

[29] Seifert, *Das epische Werk*, S. 268.

27. Abschnitt und das letzte mit dem 49. beginnt. Eine solche Aufteilung scheint uns weitaus sinnvoller zu sein, da sie ja der jeweiligen Dominanz der drei Stoffkreise: Paris, Kindheit, "historische" Figuren entspricht. Nur sollte unserer Auffassung nach das letzte Drittel mit dem 44. Abschnitt beginnen, der von der "mythischen" Erzählkunst des Grafen Brahe handelt und eine wichtige Erweiterung der Perspektive herbeiführt.[30] Es muß betont werden, daß es bei dieser Einteilung lediglich um die Feststellung struktureller Haupttendenzen geht. Elemente aller drei Stoffkreise sind in jedem Teil des Werkes vorzufinden, und man darf die Gültigkeit solcher Einteilungen nicht überbewerten, da die eigentlich tragende Struktur gedanklicher und metaphorischer Art ist.

Die "soziologischen" Aspekte von *Malte Laurids Brigge* wurden bereits 1952 von Klaus Meyer untersucht, und auch die Studie Walter Seiferts beansprucht, "die politisch-soziologische Auffassung Rilkes und deren Entwicklung zu klären."[31] Der "soziologische" Ertrag von Seiferts Analyse ist ziemlich dürftig,[32] und es steht außer Zweifel, daß diese Seite von Rilkes Denken unter der Vorherrschaft anderer Richtungen und Prioritäten litt. Maltes "Tragik" ist ja zum Teil in seiner Entfremdung von der Gesellschaft begründet, was bedeutet, daß soziale Verhältnisse entweder ausgeklammert oder gleichsam als Schatten auf den Wänden von Maltes Gefängnis dargestellt werden. Wollte man über die relative Einfachheit von Meyers Darstellungen des "Rentner-Daseins" oder den Ansatz Seiferts hinausgelangen, so müßte man in der Lage sein, die "Verdrängung" der sozialen Thematik in der Darstellung von Maltes Entfremdung und Vereinzelung nachzuweisen. Der Erfolg eines solchen Unternehmens wäre jedoch keineswegs garantiert, und nach Ansicht des Verfassers haben die Deutungen Meyers und Seiferts vorläufig die Grenzen dieser Interpretationslinie sichtbar gemacht.

Dasselbe gilt für die Frage der Geschichtlichkeit von Maltes Weltanschauung. Genau wie wir den Vorbehalten Ulrich Fülleborns gegenüber der Tendenz, dialektische "Synthesen" im Roman zu erkennen, in vollem Maße beipflichten,[33] so scheint uns Rilkes eigene Charakteristik der "historischen" Figuren im Brief an Hulewicz vom 10. November 1925 zutreffend:

---

[30] Siehe unten S. 164f.

[31] Seifert, a.a.O., S. 5.

Dagegen scheint nach der Idealisierung einer zunächst als wirklich erfahrenen Armut im dritten Teil des *Stunden-Buches* (1903) die Möglichkeit einer produktiven Auseinandersetzung mit sozialen Problemen kaum mehr geboten zu sein. Die soziale Thematik in *Malte Laurids Brigge* wird durch die nicht ausgehaltene Konfrontation im *Buch von der Armut und vom Tode* von vornherein in ihrer Tragweite erheblich begrenzt. Siehe unten S. 260, Anm. 48.

[32] Vgl. die Besprechung Judith Ryans in *Germanistik*, H. 1, 1971.

[33] So Fülleborn, *Form und Sinn*, S. 261: "Man darf also nicht an polare Spannungen bei feststehenden oder doch mit sich selbst identischen Polen denken, auch nicht an Antithesen, die zur Synthese drängen, sondern an ein bebendes Gleichgewichtsspiel, ein dauerndes Umschlagen des einen ins andere."

Sie sind nicht historische Figuren oder Gestalten seiner eigenen Vergangenheit, sondern *Vokabeln seiner Not* . . .

(BM, 320)

Es wäre unseres Erachtens abwegig, Rilkes Abneigung gegen das technische
Zeitalter, seine Verurteilung der "großen Städte" und Idealisierung einer
besonderen Art von Armut zu einer "Soziologie" aufzubauschen. Ebenso
bedenklich wäre es, die verschiedenen Gefühlswerte der Antike, des Mittelalters
und der Gegenwart zu einer "Geschichtsphilosophie" zu machen. Es finden sich
zwar bei Rilke, wie bei den meisten seiner Zeitgenossen, Ansätze zu einer
mythologischen "Geschichtsauffassung," ja sogar zu mehreren solchen. Diese
werden im 2. Kapitel bei unserer Untersuchung der *Malte*-Thematik im Frühwerk berücksichtigt. Die Gesamtanalyse des Romans ergibt jedoch, daß es bei
solchen Ansätzen immer wieder auf die Bedürfnisse der Erzählsituation an-
kommt, daß es sich in erster Linie um eine subjektive Mythisierung der Geschichte von seiten Maltes handelt.

Es mag wohl reaktionär anmuten, wenn wir auf die bekannte Aussage Rilkes
zurückgreifen, die von Maurice Betz festgehalten wurde:

Die notwendige Einheit war nicht mehr die eines Gedichtes, es war die der
Persönlichkeit, welche von Anfang bis Ende in ihrer unendlichen Mannigfaltigkeit lebendig werden mußte.[34]

Es kommt nun aber darauf an, wie wir diese "Persönlichkeit" verstehen. Die
meisten Interpreten sprechen von Maltes Persönlichkeit als von einer Romanfi-
gur im herkömmlichen Sinne, deren Leiden die einfühlende Teilnahme des Lesers erweckt. Diese Haltung ist allerdings bei manchen Episoden im Roman
vollkommen angebracht. Aber wie schon die Form des ganzen Werkes mit einer
konventionellen Romanstruktur wenig gemeinsam hat, so unterscheidet sich
ebenfalls die Persönlichkeit Maltes von der einer konventionellen Romangestalt.
Es besteht demnach die Möglichkeit, diese Figur vorwiegend als Schema
metaphorischer und abstrakter Relationen zu erfassen, denn der Gesamteffekt
von Maltes Selbstanalysen weist einen erheblichen Grad an Abstraktheit und
gedanklicher Komplexität auf. Wenn wir außerdem berücksichtigen, daß die
Selbstanalysen eine markante strukturelle Affinität zur Organisation der Pariser
Wirklichkeit an den Tag legen und daß weitere Nuancierungen desselben
Schemas in den Kindheitserinnerungen, in Maltes Theorie der Entstehung
"echter Gedichte" und in den "historischen" Gestalten wirksam sind, so ist es
legitim, Maltes Persönlichkeit von diesem Standpunkt aus eher als Bezugsfeld
oder Koordinatensystem zu bezeichnen. Die Affinitäten zwischen den verschiedenen metaphorischen Schemata, wie etwa dem der Ich-Struktur und der

---

34   *Rilke in Paris,* S. 76.

Pariser Wirklichkeit, bieten sich Malte in erster Linie als Erkenntnismittel dar, als Vorboten des "neuen Lebens voll neuer Bedeutungen." Derselbe Tatbestand birgt jedoch innerhalb der Romanfiktion zwei Gefahren in sich: erstens die der "Selbstverschlingung" innerhalb der Kulissenartigkeit eben dieser Metaphorik,[35] und zweitens die einer Unverträglichkeit zwischen Maltes Wirklichkeit und einer "anderen" Wirklichkeit, die Malte "das Große" oder "das Unerhörte" nennt. Die logischen Fallen, die Malte sich selbst stellt, indem er die Fluidität seiner metaphorischen Ich-Struktur ausnutzt, um sie selbst in Richtung auf ein Transzendentes hin zu erforschen, erinnern an die Erfindungen von Jorge Luis Borges, und es kann kaum zufällig sein, daß im Werke des letzteren Autors sowohl die Beschaffenheit metaphorischen Denkens als auch der Verlust der "Welt" geradezu obsessionale Themen sind. Das Moment der Enthumanisierung, das in den Geschichten Borges' stark ausgeprägt ist, gehört bekanntlich auch zum gesamten Kunsteffekt von *Malte Laurids Brigge*.

Die künstlerische Wirkung von Rilkes Roman liegt vor allem in der Spannung zwischen Extremen, wie etwa zwischen der vollkommen konventionellen Erzählstruktur mancher Aufzeichnungen und dem befremdlich neuartigen Formgefüge des ganzen Werkes. In diesem Sinne dürfen wir in der Opposition zwischen Malte als Gegenstand der Einfühlung und der Abstraktheit des Persönlichkeitsmodells ein weiteres Beispiel solcher Spannungen erkennen, und dasselbe gilt für die vorhin skizzierte Möglichkeit zweier einander entgegengesetzter Lesarten des Romans.

Die Untersuchung der *Malte*-Thematik im Frühwerk, das Aufstellen des Persönlichkeitsmodells und die Analyse der jeweiligen Erzählperspektive stellen unser Hauptanliegen in den ersten Kapiteln der vorliegenden Arbeit dar. Anschließend soll anhand des Begriffs *Vorwand* eine Theorie der indirekten Darstellung der Person des Schreibenden entwickelt werden, die eine recht vernachlässigte Seite der Rilkeschen Ästhetik zur Geltung bringt. Wenn es der vorliegenden Studie gelingt, das Verhältnis von *Malte Laurids Brigge* zum Frühwerk Rilkes zu klären, die zugrundeliegenden Spannungen im Werk sichtbar zu machen und die erstaunliche Konsistenz von Rilkes struktureller Metaphorik nachzuweisen, so wird sie ihren Zweck erfüllt haben.

---

[35] Vgl. Käte Hamburger, *Philosophie der Dichter*, S. 248, wo von einer "Selbstverschlingung im 'Weltinnenraum' der 'universalen Subjektivität' " die Rede ist.

Kapitel 2

DIE *MALTE*-THEMATIK IM FRÜHWERK UND IN DER
ENTSTEHUNGSPERIODE

In einer bekannten Briefstelle vom 8. November 1915 hat Rilke das
Zentralproblem des Werkes so formuliert: "*Dies,* wie ist es möglich zu leben,
wenn doch die Elemente dieses Lebens uns völlig unfaßlich sind? " (AB2, 52)
Das trifft ohneweiteres auf die Ausgangssituation der *Aufzeichnungen* zu, aber
die Frage, ob diese Formulierung auch für die späteren Teile des Werkes gültig
ist, ist von dem Dichter selbst und von der neueren *Malte*-Forschung verschiedent-
lich beantwortet worden. Fünf Jahre nach der Vollendung des Werkes war für
Rilke diese "Unfaßlichkeit" das, "was in *Malte Laurids Brigge* . . . ausgesprochen
eingelitten steht . . . nur *dies,* mit allen Mitteln und immer wieder von vorn und
an allen Beweisen dies . . ." (ebenda). Die entgegengesetzte Meinung, daß Malte
im Verlauf des Werkes in immer größerem Maße Klarheit in die eigene Situation
bringt, ist ein wesentlicher Bestandteil jener Theorien, die im Leben Maltes eine
lineare Entwicklung zum reifen Künstlertum erkennen wollen. Angesichts der
Tatsache, daß Maltes letzte Äußerung zu seiner gegenwärtigen Lage so lautet:
"Außen ist vieles anders geworden. Ich weiß nicht wie." (SWVI, 920), ist man
vielleicht geneigt, dem Autor in diesem Punkt schon Recht zu geben, obgleich
diese Frage nur im Rahmen einer ausführlichen Analyse der letzten Abschnitte
endgültig entschieden werden kann. Es steht jedoch außer Zweifel, daß die
Unfaßlichkeit des Lebens im ersten Drittel des Werkes für den Leser in gleichem
Maße wie für Malte selbst vorhanden ist, und es ist wahrscheinlich, daß der Ursprung einiger grundsätzlicher Meinungsverschiedenheiten in der *Malte*-Kritik in
der Tatsache liegt, daß man über Maltes eigene Verwirrung zu einem differenzierten Verständnis der Determinanten dieser "Unfaßlichkeit" nicht hinausgelangt ist.

Der unmittelbare Eindruck der Aufzeichnungen ist einer solchen Distanzierung in keiner Weise förderlich. Wenn wir aber den Versuch machen, die
Bestandteile der Ausgangssituation nicht in ihrer verwirrenden Unmittelbarkeit,
sondern eher in der Perspektive des Rilkeschen Frühwerks zu betrachten, so wird
vielleicht auf diese Weise ein Standpunkt gewonnen, der sich von dem Maltes
deutlich unterscheidet und der für die anschließende Analyse der einzelnen
Aufzeichnungen eine objektivere Basis schafft. So geht es in erster Linie darum,
die Hauptelemente des unfaßlich gewordenen Lebens herauszulösen, und in
dieser Hinsicht erweisen sich die Briefe als sehr ergiebig, die Rilke als Vorlagen
zu einzelnen Aufzeichnungen dienten. Obgleich sie wegen ihrer Nähe zum Werk
kaum geeignet sind, uns die erwünschte Distanzierung zu ermöglichen, gewähren
sie uns jedoch Einsicht in die Art und Weise, wie die einzelnen Elemente der
Ausgangssituation sich zueinander verhalten.

Das deutlichste und wohl wichtigste Merkmal der Ausgangssituation ist Maltes Hilflosigkeit gegenüber der Pariser Wirklichkeit, seine Angst und seine Vereinsamung. Das sind aber wiederum nur Bezeichnungen von Symptomen, die auf das ihnen zugrundeliegende Unfaßlich- oder Problematisch-werden des eigenen Ich zurückzuführen sind. Diese Ich-Problematik drückt sich am deutlichsten in der paradoxen Gleichzeitigkeit der Gefühle des Ausgeschlossen-seins und auch der völligen Empfänglichkeit für äußere Eindrücke aus, die die ersten Aufzeichnungen kennzeichnet.[1] Beide Zustände sind in den ersten Briefen an Lou Andreas-Salomé vom Juni 1903 dokumentiert und gehören offensichtlich demselben Zusammenhang an. Das Gefühl, ". . . allen fremd wie ein in fremden Landen Gestorbener, allein, überzählig, ein Bruchstück anderer Zusammenhänge" zu sein (BL, 47), scheint in der Krise von 1902—03 ebenso zwangsläufig das anscheinend völlig entgegengesetzte Thema der vollkommen hilflosen Offenheit hervorzurufen, wie ja andere Motive in den ersten Aufzeichnungen ihr komplementäres Gegenteil verlangen.[2] Diese Doppelbödigkeit der in beider Hinsicht negativen Erfahrungen von Paris und die daraus resultierende problematische Struktur des Ich ist die erste "Unfaßlichkeit," deren Vorgeschichte im Frühwerk verfolgt werden soll. Dabei soll aufgezeigt werden, daß dieses Thema, das in den Evokationen der Pariser Erlebnisse in so extremer Form seinen Niederschlag findet, seinen Ursprung nicht dort, sondern vielmehr in Gedichten und Aufzeichnungen vom Winter 1900 hat.

Der zweite Aspekt von Maltes Lage, der auf diese Weise untersucht werden soll, entstammt ebenfalls dem Zusammenhang von 1902—03 und läßt sich durch das Stichwort der "Veränderungen" bezeichnen, die Malte an sich selbst und an seiner Umgebung wahrnimmt. Dieses Thema kommt im ersten Teil der Aufzeichnungen in dreifacher Form zum Ausdruck: erstens bewirken die Veränderungen innerhalb des Bewußtseins seine Isolierung in der Zeit, schneiden die gegenwärtige Persönlichkeit Maltes von der eigenen Vergangenheit ab; zweitens wird eine quasi-historische Perspektive aufgestellt, in der die Periode, in der Malte lebt, im Zeichen des Verfalls erscheint; drittens scheinen Tendenzen innerhalb der Pariser Wirklichkeit vorhanden zu sein, die auf ein apokalyptisch anmutendes "Geschehen" vorbereiten und die dann verblüffenderweise nach dem ersten Drittel des Buches weitgehend von der Oberfläche der Aufzeichnungen verschwinden. Anläßlich dieses Themas erhebt sich somit die äußerst

---

1 Malte spricht im 4. und im 10. Abschnitt von seiner Vereinsamung in Paris, und sein Ausgesetztsein äußeren Einflüssen ist vom 2. Abschnitt an ("Elektrische Bahnen rasen läutend durch meine Stube. Automobile gehen über mich hin . . ." (SWVI, 710) ein häufig wiederkehrendes Thema. Dieselbe paradoxe Gleichzeitigkeit beider Zustände kommt in einem fragmentarischen Gedicht aus dem Jahre 1913: *O Herz vom Leben langsam abgeschnürt*. . . nochmals als Thema vor.

2 Vgl. Betz, *Rilke in Paris*, S. 72; Jäger, *Malte Laurids Brigge*, S. 78—82; Fülleborn, *Form und Sinn*, S. 260.

wichtige Frage, ob man bei diesem Werk tatsächlich von einer echt historischen Perspektive sprechen kann oder ob man nicht eher, wie Rilkes Brief vom 10. November 1925 an Hulewicz nahelegt, mit einer jeweils von der persönlichen Gegenwart bestimmten und in diesem Sinne "mythisch" konzipierten Vergangenheit zu tun hat.[3]

Die "furchtbare Stille" des 3. Abschnitts, in der alles auf ein umstürzendes und endgültiges Geschehen wartet, darf als Beispiel des apokalyptischen Themas gelten, und ihm entspricht auf individueller Ebene der Hinweis im 18. Abschnitt auf die "Zeit der anderen Auslegung," vor der Malte in Furcht und Hoffnung zugleich steht. Der Brief vom 18. Juli 1903 spricht von einer Stadt, in der "Unsägliches geschieht," von einem "unheimlichen Winde," in dem alles durcheinandertreibt, von Menschen, "die in irgendeinem Übergang sind, vielleicht vom Wahnsinn zur Heilung, vielleicht auch auf den Irrsinn zu . . ." (BL, 54—57), und betont also nicht nur die rein persönliche Bedeutung eines solchen Übergangs, sondern auch die Möglichkeit einer Umgestaltung oder Umwälzung der äußeren Wirklichkeit.

In schroffem Kontrast zum Thema des apokalyptischen Geschehens stehen die Abschnitte 11—13, in denen die Pariser Wirklichkeit plötzlich alles Drohende verliert und der Leser mit der Schilderung einer "Vollzähligkeit, in der nichts fehlt" (SWVI, 723) konfrontiert wird. Wie die bekannte Briefvorlage des 12. Abschnitts: "Was so ein kleiner Mond alles vermag" nahelegt, vertritt diese "Vollzähligkeit" eine viel spätere Phase der Entstehungsgeschichte als die zwei oben erwähnten Themen. Der betreffende Brief wurde am 12. Oktober 1907 geschrieben, und sogar die Gestaltungsweise ist ein unmittelbarer Ausdruck der Bewunderung Rilkes für die Malerei Paul Cézannes.[4] Im 12. Abschnitt sowie im Brief findet man die Worte, die das Wesentliche dieser Vollzähligkeit genau bezeichnen: "Alles ist vereinfacht, auf einige richtige, helle Plans gebracht, wie das Gesicht in einem Manetschen Bildnis," und tatsächlich ist diese völlig harmlose Wirklichkeit eine glückliche Vereinfachung, nicht nur in Hinsicht auf die Aneinanderreihung der visuellen Eindrücke, sondern auch für Malte im existentiellen Sinne. In diesen Aufzeichnungen hat er seine eigene Qual nicht mehr zum Gegenstand, und die ganze Ich-Problematik scheint hier ausgeklammert zu sein. Innerhalb des ersten Teils der Aufzeichnungen sind diese drei Abschnitte wohl als vorübergehende Erleichterung aufzufassen, denn der 14. Abschnitt bezieht sich wiederum auf eine sinn- und wesenslose, im abschätzigen Sinne oberflächliche Wirklichkeit. Interessant ist vor allem, daß Rilke diese Vorlage aus dem Jahre 1907 schon für den *12.* Abschnitt verwendet hat. Um eine

---

[3] So BM, 318f.: "Der Leser kommuniziere nicht mit ihrer geschichtlichen oder imaginären Realität, sondern durch sie mit Maltes Erlebnis . . .". Vgl. dagegen Meyer, *Bild des Menschen*, S. 86—93 und Seifert, *Das epische Werk Rilkes*, S. 299—304.

[4] Vgl. B06—07, 401 und 405, wo Rilke die malerische Technik Cézannes kommentiert.

Überwindung von Maltes Ausgangsposition oder um einen eindeutigen Fortschritt kann es sich hier schwerlich handeln, eben weil diese Abschnitte allem Anschein nach eine flüchtige Episode ohne sichtliche Folgen bilden. Ihre Stellung innerhalb des ersten Drittels des Werkes, in dem die Ich-Problematik und die Schrecklichkeit von Paris ausschlaggebend sind, und die beschwichtigende Vereinfachung dieser Verhältnisse, die in ihnen verwirklicht wird, legen die Schlußfolgerung nahe, daß auch dieses Harmloswerden von Paris und die ihm entsprechende Haltung Maltes zu den "unfaßlichen Elementen" dieses Lebens gehören. In entstehungsgeschichtlicher Hinsicht bedeutet diese Vermischung der Thematik von 1902–03 mit der der Cézanne-Periode vom Herbst 1907, daß die glückliche Vereinfachung der Wirklichkeit nicht etwa als erlösendes Ziel für Maltes Entwicklung verstanden werden soll, sondern daß sie vielmehr schon von vornherein als zeitweilige Alternative erscheinen kann, um dann wiederum von der früheren Thematik abgelöst zu werden, die sie ja prinzipiell verneint. Unsere Untersuchung dieses Themas als drittes Element der Ausgangssituation wird es mit einer anderen "Vereinfachung" in Verbindung setzen, nämlich mit dem "Oberflächen-Kult" des Rodin-Vortrags vom Oktober 1905. Für beide lassen sich dann gemeinsame Vorformen im Frühwerk finden.

Der letzte Faktor, dessen Vorgeschichte im Frühwerk hier von Interesse ist, ι kommt zum ersten Male im 22. Abschnitt deutlich zum Ausdruck, als Malte sich an ein Du wendet und gleich darauf das tröstende Bild der "Heiligen über der schlafenden Stadt" entwirft. Hier berühren die Aufzeichnungen den äußerst komplizierten Themenkreis der zwischenmenschlichen Beziehungen, der auch in der Krise von 1902–03 durch die Tatsache der Briefe an Lou Andreas-Salomé selbst bezeugt wird. Darüber hinaus erinnert die Briefstelle vom 13. November 1903 nicht nur an den "Briefentwurf" von Abschnitt 22, der vermutlich an Abelone gerichtet wird, sondern auch an die schützende und beschwichtigende Wirkung der Gestalt der Mutter in der darauffolgenden Aufzeichnung:

> . . . da hielt ich mich daran, daß ich *Dich* noch erkannte in meinem Innern, daß mir dein Bild nicht fremd geworden war, daß es sich nicht entfernt hatte wie alles andere, sondern alleine stehen geblieben war in der fremden Leere, in der ich leben mußte.
>
> (BL, 120)

Anhand dieses Themas soll versucht werden, der Genese der "besitzlosen Liebe" näher zu kommen, um sie dann als eine ähnliche Vereinfachung der grundsätzlichen Problematik des Werkes darzustellen.

Das Zwischensein

Eine Tagebucheintragung Rilkes vom 13. Dezember 1900 zeugt von einer Krise, deren biographischer Hintergrund weitgehend ungeklärt bleibt und für die Rilke die Rubrik "Zwischensein" oder "Zwischenland" anwendet.[5] Von diesem Zustand heißt es: "Es ist das Zugrundegehen selbst." (BT, 405) und tatsächlich lesen sich viele Sätze in dieser Eintragung wie Entwürfe zu jener "Offenbarung des Untergangs" in den Briefen an Lou Andreas-Salomé von Juli—November 1903.[6] Aus seinem Zusammenhang gelöst wäre diese Eintragung eher von psychopathischem als künstlerischem Interesse. Es wird sich jedoch zeigen, daß in dem Kontext einiger Gedichte und anderer Aufzeichnungen aus dieser Periode das Thema des Zwischenseins für unser Verständnis der *Malte*-Thematik durchaus relevant ist.

Oben wurde behauptet, daß Maltes Angst und Vereinsamung angesichts der Pariser Wirklichkeit aus einer Mischung von Entfremdung und Ausgesetztsein hervorgehen, daß sich Malte paradoxerweise aus der Wirklichkeit ausgeschlossen fühlt, deren Einflüssen er ja zugleich schutzlos preisgegeben ist. Das gilt in gleichem Maße für das Leben im "Zwischenlande," in dem "dieses unsäglich zusammenhanglose, ratlos vereinsamte, von den Stimmen der Stille abgeschiedene Bewußtsein" (BT, 405) sich zugleich in der schmerzlichen Lage befindet, daß es "von allen Kleinlichkeiten und Häßlichkeiten des Tages wie von betrunkenen Schutzleuten angeschrieen" wird (BT, 406). Hier beginnen sich schon die Umrisse eines mit sich selbst uneinigen Ich abzuzeichnen, und eine Zweiteilung des Ich, die auch ein Gefühl der Selbstentfremdung mit sich bringt, ist wohl der Sinn dieses sonst schwer erklärlichen Bildes:

> ... das Im-Gewicht-Halten einer anderen Schale voll Ungewißheiten und Verwesungen mit der eigenen, in allen ihren Trägheiten liegenden Schwere.
>
> (BT, 405)

Noch deutlicher kommt diese zweifache Ich-Struktur in einem anderen Bilde zum Ausdruck, das sich unmittelbar mit der Metaphorik von *Malte Laurids Brigge* verknüpfen läßt. Es ist das Bild des Brunnens oder des Teiches, in den etwas hineinfällt. Dabei ist zu beachten, daß Brunnen und fallender Gegenstand zwei Aspekte derselben Persönlichkeit darstellen.[7] In der Tagebucheintragung von 1900 heißt es:

---

5   Der ausführlichste Kommentar zu dieser Tagebucheintragung befindet sich bei Storck, *Rilke als Briefschreiber,* S. 108 und bes. *Anmerkungen* S. 53—57. Storck erkennt zwar die Beziehung dieses Textes zu *Malte* aber der Vergleich wird nicht weitergeführt. Die Formulierung *Zwischenland* selbst wurde wahrscheinlich von Lou Andreas-Salomé übernommen, vgl. BL, 203 und 554.

6   Vgl. BL, 69: "... die Offenbarung des Unterganges, die ich in Paris empfing, war vielleicht doch zu groß für mich und ging wie eine Welle über meinen Willen."

7   In einem Brief vom 24. Januar 1901 schreibt Rilke an Paula Becker: "Ich bin Raum und Täter zugleich ..." (BT, 95) im Kontext einer metaphorischen Selbstanalyse.

... dieses ... Bewußtsein, das in sich hineinfällt wie in einen leeren Brunnen, wie in die Tiefe eines Teiches mit stehendem Wasser und Tieren, welche aus Fäulnis geboren werden.

(BT, 405)

In dem Brief vom 25. Juli 1903 greift Rilke zu einer Modifikation der gleichen Metapher, um seinen Mangel an künstlerischer Produktivität zu kennzeichnen:

Mir ist, was ich wirklich empfange, fällt zu tief in mich hinein, fällt, fällt jahrelang, und schließlich fehlt mir die Kraft, es aus mir aufzuheben und ich gehe bang mit meinen beladenen Tiefen umher und erreiche sie nicht.

(BL, 69)

Ein Echo dieser Formulierung ist in den Zeilen aus der zweiten Fassung der *Weißen Fürstin* (November 1904) vernehmbar: "Wir sind des Falles / entfernter Dinge dämmernder Schacht..." (SWI, 210). In *Malte Laurids Brigge* selbst kommt diese Struktur zuerst im Motiv des "Inneren, von dem ich nicht wußte" (SWVI, 711) zum Vorschein. Die Unerreichbarkeit der eigenen "beladenen Tiefen" wird sogleich bestätigt: "Alles geht jetzt dorthin. Ich weiß nicht, was dort geschieht" (ebenda) und so tritt das Thema der Selbstentfremdung mit der Vorstellung einer dimensionalen Struktur der Persönlichkeit nochmals in Verbindung. Am markantesten aber ist die Parallele zwischen dem Bilde vom leeren Brunnen von 1900 und Maltes Erinnerung an Urnekloster im 15. Abschnitt:

Es ist, als wäre das Bild dieses Hauses aus unendlicher Höhe in mich hineingestürzt und auf meinem Grunde zerschlagen.

(SWVI, 729)

Daß dieser Abschnitt in der ersten Phase der Arbeit an *Malte* entsteht,[8] und daß eine weitere Abwandlung desselben Bildes in Verbindung mit dem apokalyptischen Motiv der "Zeit der anderen Auslegung" auftritt,[9] unterstreicht die Bedeutung dieser Ich-Struktur für die Ausgangssituation der *Aufzeichnungen*. Wenn nun die Bilder für diese Selbstentfremdung, gleichsam die "Vokabeln" dieser Not,[10] schon zwei Jahre vor den Pariser Erlebnissen geprägt wurden, mit

---

[8] Die ursprüngliche Fassung des 15. Abschnitts (SWVI, 950—66), die nach Ernst Zinn (SWVI, 1621) wahrscheinlich im Februar—März 1904 entworfen wurde, enthält ebenfalls dieses Bild des "Zerschlagens" (SWVI, 954).

[9] SWVI, 756: "Aber ich kann diesen Schritt nicht tun, ich bin gefallen und kann mich nicht aufheben, weil ich zerbrochen bin." Das Motiv kommt ebenfalls und mit etwas ähnlicher Bedeutung im 32. Abschnitt (SWVI, 807) und im 34. Abschnitt (SWVI, 817) vor. Vgl. auch BL, 59, Brief vom 18. Juli 1903: "Nichts war so wenig Lachen wie das Lachen jener Entfremdeten: wenn sie lachten, klang es, als fiele etwas in ihnen, fiele und zerschlüge und füllte sie an mit Zerbrochenem." Weitere Beispiele sind auf S. 47, 55, 97, 143 dieses Bandes vorzufinden.

[10] BM, 320.

denen die äußere Entstehungsgeschichte von *Malte Laurids Brigge* einsetzt, so ist es auch möglich, daß andere thematische Elemente des späteren Werkes in dieser Periode schon vorgeformt wurden.

Einzelne Gedichte und Tagebucheintragungen der Zeitspanne Oktober—Dezember 1900 enthalten in der Tat einen reichen Vorrat an Motiven und Einsichten, die später in die Gestalt Maltes und in die Evozierung seiner Welt eingehen. Ein kleiner Aufsatz über Maeterlinck vom 13. November enthält schon den Begriff des "Vorwands:" "Es ist ihm nicht darum zu tun, für diese Inhalte zu interessieren, die ausgedacht und Vorwände sind wie jeder Stoff." (SWV, 480) In seinem ersten Exkurs über das moderne Theater (Abs. 14) tadelt Malte die modernen Dramatiker, weil sie die "Vorwände der Natur" von der dahinterliegenden Wirklichkeit nicht unterscheiden können, und sieht somit die Person des "Dritten" als einen unwesentlichen Inhalt oder Stoff: "Er ist der Wandschirm, hinter dem ein Drama sich abspielt." (SWVI, 725) Am 25. November notiert er dann eine Bemerkung Lou Andreas-Salomés:

... das ist, wozu Gott notwendig wäre, Zuschauer zu sein bei denjenigen Ereignissen und Schicksalen, die niemand sieht, weil sie in keinem Sinne Schauspiel werden ... So hat er sich das beste Teil vorbehalten, denn in diesen nirgends gesagten, mit keinen Augen ergreifbaren Dingen sind Vorräte von Kraft gesammelt ..., die mehr bedeuten als das, was aus bunten Heldentaten ausstrahlt.

(BT, 398)

Im 63. Abschnitt von *Malte* wird auch das Theater als Modell der inneren Wirklichkeit aufgestellt, und der Gott nimmt wiederum die Stelle des Zuschauers ein.[11] Als Mittelphase zwischen diesem wohl 1909—10 geschriebenen Abschnitt und der Notiz von 1900 darf folgende Briefstelle aus 1903 gelten, in der von den "Fortgeworfenen" die Rede ist: "Sind es noch Sätze, die sie sagen: oder drängt sich schon wirr, wie aus einem brennenden Theater, alles aus ihnen heraus, was in ihnen Zuschauer war und Spieler, Hörer und Held? " (BL, 58), wobei die Theatermetaphorik nochmals für eine besondere Persönlichkeitsstruktur stellvertretend ist.

Das Motiv des Anfängerseins, das so oft in *Malte Laurids Brigge* vorkommt, fehlt auch nicht im Tagebuch von 1900,[12] und unter den literarischen Plänen, die Rilke in dieser Zeit vorschweben, findet man überraschenderweise den "Roman der Vergangenheit" vor:

---

11 Vgl. SWVI, 920: "Außen ist vieles anders geworden. Ich weiß nicht wie. Aber innen und vor Dir, mein Gott, innen vor Dir, Zuschauer: sind wir nicht ohne Handlung? "

12 BT, 399, Eintragung vom 26. November 1900: "... Ich bin so wie vor neuen Dingen und weiß doch noch gar nicht zu sagen, woher das Noch-nicht-Gewesene kommen soll, und was es sein würde ..."

An einer Gestalt zeigen, wie die Vergangenheit bald die Welle ist, welche trägt, bald der Sturzbach, der zerschmettert. Dieses abwechselnde Leicht- und Wiederschwerwerden vergangener Dinge, müßte das nicht einmal gesagt werden?

(BT, 391)

Das hat Rilke tatsächlich in *Malte Laurids Brigge* "gesagt," denn diese Notiz kennzeichnet die ambivalente Funktion der Kindheitserinnerungen genau. Die motivischen Entsprechungen, von denen nur die frappantesten hier aufgeführt werden, sind zahlreich genug, um eine Verbindung zwischen der Krise des "Zwischenseins" und dem späteren Prosawerk herzustellen. Wenn nun diese Verbindung mehr als nur eine interessante Koinzidenz sein soll, so muß das dem Themenzusammenhang von 1900 zugrundeliegende Prinzip auch in der Kombination der "unfaßlichen Elemente" von Maltes Ausgangssituation nachweisbar sein.

Zu den Eigenschaften des Zwischenseins gehört auch die Furcht:

... und ganz nur Furcht, Furcht vor allem Geschehen und Nichtgeschehen vor dem, was ist, und vor der Veränderung dessen, was man kaum erträgt.

(BT, 405)

Hier, wie in *Malte,* schließt diese Furcht die Vorstellung von bevorstehenden "Veränderungen" in sich ein. Die volle Ambivalenz des "Übergangs," in dem sich Malte befindet, besteht darin, daß seine einzige Hoffnung in einer möglichen Änderung seiner Lage zu liegen scheint, während er sich ebenfalls davor fürchten muß, daß nicht nur "jeder Sinn wie Wolken sich auflösen (wird)," sondern daß auch seine eigene Identität von einem solchen "Geschehen" völlig ausgelöscht werden könnte.[13] Alles scheint von dem Ursprung oder dem Urheber dieses Geschehens abzuhängen, und hier berühren wir schon das konstituierende Prinzip nicht nur des Zwischenseins, sondern auch der Malteschen Apokalyptik. Denn in der Krise von 1900 trägt die Figur des Gottes zum ersten Mal im Rilkeschen Werk negative Züge.

Das Zwischensein ist in erster Linie als zusammenfassende Bezeichnung für die oben skizzierte Ich-Problematik zu verstehen. Darüber hinaus bedeutet das "Zwischen*land*" ein Mittelding zwischen Leben und Tod:

Ich fürchte, solche Tage gehören nicht dem Tode, wie sie auch dem Leben nicht gehören ... oh, Zwischenland, ist ein Zwischengeist, ein Zwischengott über Dir, dann gehören sie ihm, diesem verheimlichten Unheimlichen.

(BT, 404)

---

13 SWVI, 755: "Wenn meine Furcht nicht so groß wäre, so würde ich mich damit trösten, daß es nicht unmöglich ist, alles anders zu sehen und doch zu leben. Aber ich fürchte mich, ich fürchte mich namenlos vor dieser Veränderung."

Der Gottesbegriff im Frühwerk Rilkes ist bekanntlich äußerst flexibel, aber diese Nuancierung, in der zum ersten Male die Möglichkeit zugleich eines feindlichen "Zwischengottes" und einer Trennung vom vertrauten Gott der *Gebete* auftaucht, schafft solche Spannungen, daß dasselbe Motiv nach drei Seiten gleichsam zwangsläufig wiederkehrt:

> Über dem Leben und über dem Tode ist Gott. Aber über das Zwischenland hat er keine Macht, es ist trotz seiner Gewalt und Gegenwart, hat nicht Raum, nicht Zeit und nicht Ewigkeit.

(BT, 407)

Hieraus wird der notwendige Zusammenhang der Ich-Problematik mit dem Thema der "Veränderungen" klar, denn die Trennung von dem bisher so nahen Gott im Bereich des Zwischenseins entspricht der Entstehung einer negativen Metaphorik der Ich-Teilung und der Selbstentfremdung, so wie das mögliche Vorhandensein eines feindlichen "Gegengottes" mit dem ersten Auftreten des Themas eines über alle Maßen schrecklichen Geschehens zusammenfällt.

Das Thema der "Veränderungen"

In *Malte Laurids Brigge* lassen sich drei verschiedene Arten von Veränderungen feststellen, obwohl diese Abstrahierung von Malte selbst niemals vollzogen wird. Im 4. Abschnitt spricht er von den inneren Veränderungen, die ihn von seiner eigenen Vergangenheit isolieren und ihn seinen früheren Bekannten entfremden.[14] Während diese ausdrücklich zu seiner Vereinsamung beitragen, haben sie vorerst nichts Schreckliches an sich und stellen anscheinend einen ziemlich gleichmäßig ablaufenden, wenn auch negativen Prozeß dar. Diesem inneren Vorgang entspricht in der äußeren Wirklichkeit das Negative des modernen Zeitalters. Unter dieser Rubrik gehören Motive wie der Verlust der Gemeinsamkeit in allen Lebenssphären, der anonyme Massentod im Gegensatz zum individuellen Tod früherer Generationen, die zunehmende Verinnerlichung des Lebens, die Entartung des modernen Theaters, das dringende Bedürfnis "nun, da so vieles anders wird . . ." nach einem neuen Verständnis der Liebe und schließlich die Auflösung der alten Häuser und das Fortgehen junger Menschen.[15] Daraus ergibt sich die Perspektive, die oben als quasi-historisch bezeichnet wurde, eben weil sie mit einer subjektiv-mythischen Verarbeitung der eigenen und fremden Vergangenheit so verwoben ist, daß das im strengen Sinne

---

14 SWVI, 711: "Wenn ich mich verändere, bleibe ich ja doch nicht der, der ich war, und bin ich etwas anderes als bisher, so ist klar, daß ich keine Bekannte habe. Und an fremde Leute, an Leute, die mich nicht kennen, kann ich unmöglich schreiben."
15 Vgl. SWVI, 720, 726, 728, 830, 834.

Geschichtliche nur allzu oft dadurch aufgelöst wird.[16] Wie dem auch sei, diese
Veränderungen haben nichts Jähes oder gar Überwältigendes an sich und
vermitteln eher das Bild einer Wirklichkeit, die wie eine Uhr abläuft.

Ein völlig anderer Ton wird jedoch vernehmbar, wenn Malte im 18. Abschnitt
von der Möglichkeit, "alles anders zu sehen und doch zu leben," sagt:

> Aber ich fürchte mich, ich fürchte mich namenlos vor dieser Veränderung. Ich
> bin ja noch gar nicht in dieser Welt eingewöhnt gewesen, die mir gut scheint.
> Was soll ich in einer anderen?

(SWVI, 755)

Hier wird in aller Ausdrücklichkeit von der notwendig beschränkten Perspektive
des bedrohten Individuums aus auf das hingewiesen, was auch in indirekter Weise
durch die Evozierung der "schrecklichen Stille" und in fast jeder Erwähnung des
"Unerhörten" oder des "Äußersten" zum Ausdruck kommt, nämlich die
Ersetzung der bekannten Wirklichkeit durch eine völlig andere: das apokalyptische Geschehen.

Unsere Untersuchung der Vorgeschichte dieses Themas im Frühwerk fängt
mit einem Gedicht vom 7. November 1900 an, das später in das *Buch der Bilder*
aufgenommen wurde. Das recht locker gefügte Gedicht besteht aus einer Reihe
von Vergleichen ohne gemeinsamen Gegenstand, von denen einer sich folgendermaßen verselbständigt:

> wie Morgen im April
> vor allen vielen Fenstern des Spitales:
> die Kranken drängen sich am Saum des Saales
> und schaun: die Gnade eines frühen Strahles
> macht alle Gassen frühlinglich und weit;
> sie sehen nur die helle Herrlichkeit,
> welche die Häuser jung und lachend macht,
> und wissen nicht, daß schon die ganze Nacht
> ein Sturm die Kleider von den Himmeln reißt,
> ein Sturm von Wassern, wo die Welt noch eist,
> ein Sturm, der jetzt noch durch die Gassen braust
> und der den Dingen alle Bürde
> von ihren Schultern nimmt, —
> daß Etwas draußen groß ist und ergrimmt,
> daß draußen die Gewalt geht, eine Faust,
> die jeden von den Kranken würgen würde
> inmitten dieses Glanzes, dem sie glauben. —

(SWI, 445)

---

16   Siehe unten S. 105 und 168.

Das natürliche Ereignis des Sturmes bei Nacht wird zu einem unheimlichen "Etwas" am Tage, das eine reale Bedrohung für die Menschen darstellt, das aber die "Kranken" trotz seiner "Gewalt" und Feindlichkeit nicht gewahr werden. Diese Wirklichkeit hat also zwei Gesichter (oder zwei Schichten), von denen das eine "hell" und "frühlinglich" ist, das andere dagegen unheimlich, gewaltsam und "ergrimmt." Die Gleichzeitigkeit beider einander entgegengesetzter Zustände mutet wie eine Vorform der doppelbödigen Pariser Wirklichkeit an und erinnert an das Nebeneinander im ersten Drittel von *Malte Laurids Brigge* der "Vollzähligkeit, in der nichts fehlt" und der von unheimlichen Kräften belebten Welt der "Fortgeworfenen". Daß die "Kranken" nur die gewöhnliche, harmlose Seite dieser Wirklichkeit sehen, während der Dichter beide Aspekte erkennt und beschreibt, ist auch für Maltes Situation typisch, denn seine Einsichten werden von den Mitmenschen nicht geteilt.

Am Schluß des Gedichts kehrt dasselbe Thema wieder. Hier aber wird das Zentrum des Geschehens auf das lyrische Ich selbst verlagert:

> Und mancher Tage Stunden waren *so*.
> Als formte wer mein Abbild irgendwo,
> um es mit Nadeln langsam zu mißhandeln.
> Ich spürte jede Spitze seiner Spiele,
> und war, als ob ein Regen auf mich fiele,
> in welchem alle Dinge sich verwandeln.

(SWI, 447)

Wenn man diesen alles verwandelnden Regen mit dem Sturm, der noch am Tage unsichtbar durch die Stadt braust, zusammenstellt, so ergänzen sich die beiden Bilder zu einer jähen und allgemeinen Veränderung der Wirklichkeit, zu einem "Geschehen" im prägnanten Sinne, und in der im Gedichtschluß angedeuteten Gestalt des grausam spielenden Zauberers erkennt man schon den "Zwischengeist" oder "Zwischengott" der Eintragung vom 13. Dezember. Wenn diese Figur dann in der *Malte*-Periode nicht mehr erscheint, so heißt das nur, daß sie in die völlige Ambivalenz des einen *Deus absconditus* aufgegangen ist, daß sie daher als *Möglichkeit* prinzipiell immer vorhanden bleibt. Obwohl der Gott in den *Aufzeichnungen* verhältnismäßig selten erwähnt wird, wird die Relevanz dieses Themas zur Entstehungsgeschichte durch eine Reihe von Gedichten aus den Jahren 1903—09 belegt.

Ein bekenntnishaftes Gedicht aus dem Winter 1902—03 spricht von einem "unerhörten Schrei," der aus einer ängstlich bedrängten Stille hervorgeht und alles überwältigt:

> Und er kommt heran die leeren Straßen
> und er nährt sich wie (ein) großes Tier
> von der Stille, wachsend ohne Maßen

> ist er nah, als stiege er aus mir.
> Er ist alles . . .

(SWIII, 767)

Dieser Schrei, der ja an sich einem apokalyptischen Geschehen gleichkommt, wird dann ausdrücklich auf das Fehlen des vertrauten, schützenden Gottes bezogen:

> Schrein, schrein!
> vielleicht wäre das Hülfe und brächte
> den Retter herbei, den das Gebet nicht erreicht.
> Steigender Schrei aus der Tiefe der Nächte
> hört dich vielleicht
> ein . . .

(SWIII, 768)

Das hier angeführte Gedicht entsteht ungefähr ein Jahr vor Beginn der Arbeit an *Malte Laurids Brigge* in der Mitte der Krise, die in den Briefen von 1903 beschrieben wird. Zwei weitere Gedichte aus der Entstehungszeit: *Der Anfänger* vom Frühjahr 1906 (SWII, 323) und *Ach in der Kindheit, Gott: wie warst du leicht* . . . (SWII, 367) von 1909 wiederholen fast wörtlich die Klage um den verlorenen Gott. Die Notwendigkeit eines gewaltsamen Untergangs, der die Entstehung einer sinnvollen, neuen Wirklichkeit ermöglicht, wird im letzten Abschnitt des späteren Gedichts besonders deutlich:

> Erst wenn wir wieder unseren Untergang
> in dich verlegen, nicht nur die Bewahrung,
> wird alles dein sein: Einsamkeit und Paarung,
> die Niederlage und der Überschwang.
> Damit entstehe, was du endlich stillst,
> mußt du uns überfallen und zerfetzen;
> denn nichts vermag so völlig zu verletzen
> wie du uns brauchst, wenn du uns retten willst.

(SWII, 368)

Wenn es sich also nachweisen läßt, daß dieser Themenkomplex, der seinen Ursprung in der Periode des Zwischenseins hat, auch am Anfang, in der Mitte und am Ende der langen Entstehungszeit von *Malte Laurids Brigge* in kaum geänderter Form zum Ausdruck kommt, so steht seine Relevanz zur Ich-Problematik und zur doppelbödigen Außenwelt in diesem Werk außer jedem Zweifel. Dieses Ergebnis stellt uns jedoch vor das Problem: warum wird die Möglichkeit eines solchen Geschehens — sei es als Vernichtung oder als Eingang eines "neuen Lebens voll neuer Bedeutungen" (SWVI, 775) — nach dem ersten Drittel des Werkes kaum mehr berührt? Im 8. Kapitel wird der Versuch gemacht, diese sehr wichtige Frage zu beantworten; vorausdeutend kann man sagen, daß die Persistenz des Themas als Klage in Gedichten während der ganzen Entstehungsperiode die geläufige Erklärung, daß das Ausscheiden dieses Themas Maltes "Entwicklung" zuzuschreiben sei, ziemlich unwahrscheinlich macht. Das soll nicht etwa heißen, daß die Trennung von dem Gott oder die Möglichkeit des apokalyptischen Geschehens während dieser Jahre als Themen immer vorhanden sind. Zwischen 1900 und den Pariser Erlebnissen von August 1902 bis März 1903 entsteht zum Beispiel der zweite Teil des *Stunden-Buches,* in dem der Gott wieder gegenwärtig ist. Nur ist er etwas problematischer geworden seit dem *Buch vom mönchischen Leben* und von einer subtilen Ungewißheit leicht gefärbt. Ein solches Zurücktreten und Wiedererscheinen wichtiger Themen durchzieht zwar das ganze Werk Rilkes. Maßgeblich ist aber immer der Zusammenhang, in dem ein Thema wieder auftritt, und so wird das Gedicht von dem "unerhörten Schrei" (Winter 02—03) durch die sich auf diese Lebensphase beziehenden Briefe von Juli—Dezember 1903 und auch durch das gemeinsame Motiv der Stille mit der Thematik der ersten *Malte*-Abschnitte verbunden. Auch der dritte Teil des *Stunden-Buches,* der im April 1903 niedergeschrieben wurde, bürgt für die Wichtigkeit dieses Themas in der Zeit, aus der der unmittelbare Anlaß zu *Malte Laurids Brigge* hervorgeht:

> Ich bin ja noch kein Wissender im Wehe, —
> so macht mich dieses große Dunkel klein;
> bist *Du* es aber: mach dich schwer, brich ein:
> daß deine ganze Hand an mir geschehe
> und ich an dir mit meinem ganzen Schrein.

(SWI, 343)

Das Nebeneinander des apokalyptischen Themas mit dem des langsameren geschichtlichen Verfalls läßt sich auch vor der Arbeit am *Malte* in dem *Fragment von den Einsamen* aufzeigen, das nach Ernst Zinn höchstwahrscheinlich im Winter 1903—04 entstand.[17] So wie Malte in den "großen Fragen" (Abs. 14) über die "mißverstandene Weltgeschichte," die "falsche Vergangenheit" den Stab bricht, läßt Rilke in dem Fragment auf einen ähnlichen Angriff das Thema des "Geschehens" folgen:

> Völker ihr seid vorbei, Könige ihr seid Grabsteine . . . Wie lange wird es noch dauern und man vergißt die Geschichte; denn einmal kommt das große Ausräumen der Gedächtnisse und dann wird, wie aus alten Schubladen, alles ins Feuer geworfen werden, Briefe, Bilder, Bänder und Blumen.

(SWV, 638)

---

17 Siehe die Bemerkungen Ernst Zinns zur Entstehung dieses Fragments, SWVI, 1431f.

Weiter in demselben Prosastück trifft man auf das Motiv der fehlenden
Gemeinsamkeit, das in erster Linie dem Themenkreis des "historischen" Verfalls
angehört:

> Welcher Knabe, der sich vor seinen Eltern zurückzog und zuschloß, welches
> Mädchen, das auf den Gartenwegen lachend seine Freundinnen kommen
> hörte, hat nicht einen Herzschlag lang gewußt, daß es keine gemeinsamen
> Erlebnisse giebt und daß man nur Trennungen teilen kann und Abschiede.

(SWV, 639)

Trotzdem sie offenbar miteinander verwandt sind, muß man die Unterscheidung
dieser Themenkreise voneinander betonen, nicht nur, weil Malte sich vor der
einen Veränderung "namenlos fürchtet," während er die anderen Veränderungen
konstatiert und hin nimmt, sondern auch weil jeder eine andere Genese im
Frühwerk hat. Schon im Herbst 1898, ein Jahr vor der "Erschaffung" des
Stunden-Buch-Gottes in den *Gebeten* vom September 1899, steht für Rilke
seine eigene Zeit im Zeichen der Vereinsamung:

> Sie [die Kunst] hat bewiesen, daß wir jeder auf einer anderen Insel leben; nur
> sind die Inseln nicht weit genug um einsam und unbekümmert zu bleiben.
> Einer kann den Anderen stören oder schrecken oder mit Speeren verfolgen —
> nur helfen kann keiner keinem.

(SWV, 415)

Diese Sätze enthalten auch schon den Keim jenes Themas, das in *Malte* in der
Form der Verdammung des Ruhmes als einer Steigerung der falschen, öffentlichen Wirklichkeit zutage tritt. Wenn es keine echte Einsamkeit, sondern nur
Vereinzelung innerhalb einer falschen Gemeinsamkeit gibt, so entsteht die
bedrohliche Wirklichkeit der "Anderen," unter der Malte leidet und deren
Beschaffenheit schon in einer Tagebuchnotiz vom 5. November 1899 beschrieben wird:

> Denn der Einzelne ist ja eben, — auch der verdorbenste — Kind, was aber aus
> der Gemeinsamkeit dieser Kinder sich ergibt, — das wäre der herrschende
> Eindruck, — eine schreckliche Gesamtheit, die wie ein fürchterliches Wesen
> wirkt, welches bald diesen und bald jenen Arm verlangend ausstreckt.

(BT, 206)

Tatsächlich schwankt Rilke in der Periode 1898—1904 zwischen drei verschiedenen Haltungen zum Problem der Geschichte. Die Idee eines werdenden Gottes
im Florenzer Tagebuch (April—Juli 1898) erweitert sich zum Mythos einer
kreisförmigen, sich ständig wieder erneuernden Weltgeschichte, wie wir ihn zum

Beispiel noch in der Periode des Zwischenseins im Tagebuch vorfinden.[18] Auch das Thema der Vereinzelung nimmt innerhalb dieses Schemas eine positive Wendung:

> Denn nur dem Einsamen wird offenbart,
> und vielen Einsamen der gleichen Art
> wird mehr gegeben als dem schmalen Einen.
> Denn jedem wird ein andrer Gott erscheinen,
> bis sie erkennen, nah am Weinen,
> daß durch ihr meilenweites Meinen
> . . .
> *ein* Gott wie eine Welle geht.
>
> (SWI, 274 − 26.9.1899)

Daraus erhellt noch, daß die Möglichkeit dieser Anschauung in großem Maße von der Erreichbarkeit des Gottes abhängt. Obgleich die chronologische Verschränkung der Themen keine absolute Gesetzmäßigkeit erlaubt, ist es doch oft genug der Fall, daß der Verlust des Gottes oder seine Metamorphose in einen "verheimlichten Unheimlichen" die Ablösung dieses Themas entweder durch das "schreckliche Geschehen" oder durch eine vollkommen statische Auffassung der Vergangenheit oder auch durch die Konstatierung eines allmählichen Verfalls bewirkt. Diese letzteren bilden die zwei alternativen Möglichkeiten, von denen eine in einem Essay über Maeterlinck vom Februar 1902 ihre definitive Gestalt gewinnt:

> Aber wenn man die Geschichte so überschaut . . . − so wird man nur ein unruhiges Flackern sehen und keine gemeinsame Idee herausfinden, welche diese Massen bald hierhin, bald dorthin ruft. Man wird bestenfalls einige zeitliche Zwecke entdecken, die verschwinden, sobald sie sich erfüllen, und die Kette dieser Zwecke wird so verschlungen verlaufen, daß es nicht möglich sein wird, eine bestimmte Richtung darin zu erkennen, die die Lage eines endlichen Zweckes andeuten könnte.
>
> (SWV, 543)

während die andere nach der Verschmelzung des Vereinzelungsmotivs mit der negativen Großstadtthematik um 1902−03 in die erste Entstehungsphase von *Malte Laurids Brigge* direkt übergeht.

Von den drei Haltungen der Geschichte gegenüber scheint nur die zyklische in *Malte* zu fehlen. Diese Tatsache, wie auch die Relevanz der anderen Auffassungen, erklärt sich aus dem problematischen Verhältnis zum Gott, der bezeichnenderweise in dem *Fragment von den Einsamen* nicht mehr erwähnt wird. Darüber hinaus ist es jedoch gar nicht möglich, Rilke in der Periode von

---

[18] BT, 394−5.

Malte Laurids Brigge auf die eine oder die andere Vorstellung der Geschichte festzulegen. Daß die Antike positive Züge trägt, die Moderne vorwiegend negative und das Mittelalter eine Mischung von beiden aufweist, ist bei weitem noch keine dialektische Geschichtstheorie.[19] Vielmehr setzt sich aus den oben aufgezeigten Elementen eine Haltung zusammen, in der bald das eine, bald das andere dominant wird, je nach den Wandlungen in Maltes jeweiligem Selbstbild.[20]

Die "Einheit der hellen Zusammenhänge"

Dieses Zitat aus der Briefvorlage des 12. Abschnitts ("Was so ein kleiner Mond...") dient dazu, die Untersuchung des dritten "Lebenselements" einzuleiten, nämlich der Haltung Maltes, die es ihm zeitweilig ermöglicht, der Pariser Wirklichkeit ohne Furcht oder Schrecken gegenüberzustehen. Wenn Malte in diesem Abschnitt eine "Vollzähligkeit in der nichts fehlt" gestaltet, so ist *er* auch darin vorhanden, gleichsam als die Linse, durch die diese Harmonie der äußeren Welt sichtbar wird. Wenn er dann in den 11. und 13. Abschnitten einen Mann beschreibt, der "ein Lächeln der Freude nicht unterdrücken" kann, oder ein "vergnügtes," kleines Mädchen, das "tanzt und schlägt Tamburin zu den Fenstern hinauf," so liegt die therapeutische Wirkung dieser Haltung auf der Hand. Sie hängt in der Tat mit jener in einer späteren Aufzeichnung formulierten Lehre zusammen, nach der es "weder Auswahl noch Ablehnung giebt," sondern nur ein Erkennen und Hinnehmen des "Seienden..., das unter allem Seienden gilt" (SWVI, 775). Die Zusammengehörigkeit dieser Lehre mit der in Abschnitt 12 evozierten "Vollzähligkeit" wird auch durch die Tatsache bekräftigt, daß die Briefvorlagen beider Abschnitte am 12. und am 19. Oktober 1907 geschrieben wurden.[21]

Das Zurücktreten der Ich-Problematik in den Abschnitten 11–13 entspricht vollkommen Rilkes Vorstellung von der Cézannschen Malerei. Wenn alles in dieser Malerei "zu einer Angelegenheit der Farben untereinander geworden ist"

---

19   Dieses mythologische Schema, das mit einem Verständnis der Geschichte schwerlich etwas gemeinsam hat, wird von Rilke gelegentlich aufgegriffen (z.B. B07–14, 218f.). Mythische Ereignisse, wie etwa "das Zurückschlagen einer im Äußeren überfüllten Welt ins Innere" (ebenda), können ebensogut in die Zeit des Scharlatans Saint-Germain (SWVI, 849) wie in die Torquato Tassos verlegt werden, oder die ideale Einheit der Antike kann, wie in der Aufzeichnung über das Theater zu Orange, ohne jeden Vorbehalt dargestellt werden, wogegen Malte einige Seiten später von ihrer "Gleichnishaftigkeit" und Unvollkommenheit spricht.

20   Siehe die Interpretation des "Erzählens" im 27. und im 44. Abschnitt, S. 163f. unten.

21   B06–07, 374 und 393.

(B06—07, 405), so heißt das ausdrücklich, daß jede "Beurteilung" des Gegenstandes vermieden wird, daß dem Maler weder seine Gefühle noch seine "Einsichten" bewußt werden dürfen — "wie dem Künstler überhaupt."[22] Vorbedingung einer erfolgreichen Nachahmung Cézannes ist also die Überwindung der sonst herrschenden Gegenständlichkeit der eigenen Gefühle, denn diese müssen unvermittelt und unerkannt in das Werk übergehen. Das bedeutet wiederum, daß die differenzierte Struktur des Ich — etwa die Teilung in Gegenstand und Beobachter oder die zwischen "innerer Tiefe" und "gebräuchlichem Bewußtsein"[23] — radikal vereinfacht werden muß. So wie der Gegenstand in der Malerei Cézannes "auch wieder seine bürgerliche Realität an ein endgültiges Bilddasein . . . verliert," so wird es Malte auch möglich, durch die Ausscheidung oder Unterdrückung der "persönlichen Realität" eine glückliche Anonymität zu erreichen, die eine Vollzähligkeit der äußeren Erscheinungen widerspiegelt. Die Reduzierung der Ich-Struktur auf die eine durchsichtige Schicht findet auch in der äußeren Wirklichkeit ihre genaue Entsprechung, nur mit dem Unterschied, daß diese Oberfläche keineswegs durchsichtig ist, weil sie ja aus dem "Seienden . . ., das unter allem Seienden gilt," besteht und deshalb logischerweise keine "gesteigerte Wirklichkeit" hinter sich verbergen kann.

Motive wie "Maske," "Gesicht," "Mauer," "Kleid" im ersten Drittel von *Malte Laurids Brigge* vermitteln den Eindruck, daß die Wirklichkeit von Paris lediglich eine Oberfläche ist, unter der sich Kräfte regen, genau wie es ein Inneres der Persönlichkeit gibt, von dem Malte nur sagen kann: "Ich weiß nicht, was dort geschieht." Wenn die Persönlichkeit nun plötzlich ohne bedrohliche Tiefendimension oder störende Gegenständlichkeit der Gefühle erscheint, so gibt es in dieser Situation auch keine qualitativ unterscheidbaren "Schichten der Wirklichkeit" mehr, sondern alles ist in gleichem Maße "Seiendes," auch das Schreckliche und Widerwärtige. Gegenüber einer solchen Wirklichkeit ist die einzig angemessene Haltung diese: "Auswahl und Ablehnung giebt es nicht." Die Bedeutung dieser Thematik für Malte selbst wird im folgenden Kapitel untersucht; hier geht es darum, die Entwicklung dieser Gedankengänge in der Zeit *vor* Rilkes Entdeckung von Cézanne im Oktober 1907 aufzuzeigen.

Ein Brief vom 11. Dezember 1906 enthält die kategorische Behauptung, "daß der liebe Gott uns nicht unter die Dinge gesetzt hat, um auszuwählen . . .," im

---

[22] BT, 401; Ernst Hoffmann spricht anhand dieser Briefstelle (*Zum dichterischen Verfahren*, S. 214) von einem "irreflexiven Erleben," das dem "Cézanne-Modell" tatsächlich sehr nahe kommt. Nur wendet er diesen Begriff auf das ganze Werk an und übersieht dabei, daß Malte auch in den späteren Teilen des Werkes auf die eigene Situation immer wieder Bezug nimmt, d.h. sich selbst zum Gegenstand der Reflexion und des Aufzeichnens macht. Das gilt insbesondere für die Aufzeichnungen um die Gestalt Karls VI, vgl. SWVI, 905, 915, 920.

[23] BM, 280: "Mir stellt es sich immer mehr so dar, als ob unser gebräuchliches Bewußtsein die Spitze einer Pyramide bewohne . . ."

Kontext einer Polemik gegen die herkömmlichen Schönheitsvorstellungen (B06–07, 119). Diese These hat eine Affinität zur Formulierung im Rodin-Vortrag vom Oktober 1905:

> Der Schaffende hat nicht das Recht zu wählen; still und gehorsam muß seine Arbeit sein; uneröffnet gleichsam, wie Anvertrautes müssen die Formen durch seine Finger gehen um rein und heil in seinem Werk zu sein.
>
> (SWV, 272)

In diesem Vortrag finden wir die detaillierteste Ausgestaltung jener Lehre, die 1907 durch das Cézanne-Erlebnis eine weitere Bestätigung erfährt, um sich dann in zweierlei Weise auf *Malte Laurids Brigge* auszuwirken: das Bestreben, die sonst degenerierte Wirklichkeit von Paris in ein "endgültig Seiendes" umzuwerten und die Vereinfachung der Ich- und Wirklichkeitsstruktur in den Abschnitten 11–13. Auch im Vortrag wird die Einfachheit gewissermaßen zum Leitmotiv:

> Der Mann, der nach vielem Nachdenken wußte –: Alles ist Gott – war ebenso gerettet und erlöst wie der es ist, der sich schließlich sagte: Es giebt nur eine einzige, tausendfältig bewegte Oberfläche: denn auch für ihn wurde die Welt einfach ...
>
> (SWV, 265)
>
> Ich habe Ihnen schon vorher die erst geahnte und später gefundene *Einsicht* dieses Lebens gezeigt: *das Wissen von der einen Oberfläche,* jene vereinfachende Erkenntnis, mit welcher dieser Kunst die ganze Welt angeboten war.
>
> (SWV, 269)

Die Begeisterung, mit der Rilke diese Einsicht begrüßte, ist zum größten Teil als Ausdruck seiner Rodin-Verehrung zu verstehen; es ist aber auch möglich, daß ein Moment der Erleichterung darin mitschwingt, eben weil diese Einsicht die Ausschaltung der ihn in der Periode 1902–04 bedrängenden Ich-Problematik ermöglicht. Denn innerhalb dieser Lehre wird das Innere gleichsam abgeschafft:

> Wer diese Bedingungen eigensinnig bis an ihr Ende verfolgt, der merkt, daß sie nicht über die Oberfläche hinaus und nirgends in das Innere des Dinges hineingehen; daß Alles, was man machen kann – ist: eine auf bestimmte Weise geschlossene, an keiner Stelle zufällige Oberfläche herzustellen ... nur diese Oberfläche (und sonst nichts).
>
> ... ist nicht *alles* Oberfläche was wir kennen? Können wir Inneres anders wahrnehmen als dadurch, daß es Oberfläche wird?
>
> (SWV, 264)

Der leichte Widerspruch im letzten Satz, nämlich die Möglichkeit, daß es doch noch ein "Inneres" geben könnte, wird dann in der als zweitem Teil der Rodin-Monographie von 1907 geschriebenen Fassung getilgt: "Und was wir

Geist und Seele . . . nennen: ist das nicht alles nur eine leise Veränderung auf der kleinen Oberfläche eines nahen Gesichts? " (SWV, 212). Aber schon diese begriffliche Unsicherheit deutet an, daß die Reduzierung von Ich und Welt auf die "eine einzige, tausendfältig bewegte Oberfläche" immer etwas prekär bleiben muß, weil sie der sonst herrschenden Darstellung solcher Strukturen in Rilkes Werk zuwiderläuft.

Der *erste* Teil der Rodin-Monographie entstand gegen Ende 1902 in Paris, "ein Zeugnis jener ersten Zeit . . ., da ich im Schutze eines übergroßen Eindrucks mich ein wenig geborgen fühlte vor der tausendfachen Angst, die später kam." (BL, 75) Man erwartet ja, daß sich diese Geborgenheit auch in der Form einer existentiellen Reduzierung auf die eine Oberfläche manifestieren sollte, aber man findet in der Tat keine solche Verabsolutierung oder Erweiterung dieses Begriffes ins Existentielle oder Metaphysische, wie sie im Vortrag von 1905 stattfindet. Zwar wird die "Fläche" als "Grundelement seiner Kunst" gepriesen, aber der Rodin-Interpretation von 1902 liegt unverkennbar noch eine dualistische Anschauung von "Innen" und "Außen" (SWV, 149) oder von "Oberfläche" und "Kern" (SWV, 198) zugrunde. Wenn die Nähe zum Werke Rodins im Herbst 1902 eine ähnliche Atmosphäre schafft wie die Umarbeitung des Rodin-Vortrags im Juli 1907 und das Cézanne-Erlebnis im folgenden Oktober, so waren Rilke die existentiellen Möglichkeiten dieser Lehre anscheinend noch nicht aufgegangen, denn die Anwendung der Begriffe bleibt vorläufig auf Rodins Plastik beschränkt, und die Begriffe selbst sind von jener Vereinfachung noch weit entfernt, die die Gleichsetzung der Behauptung "Alles ist Gott" mit der Verkündigung von der "einen, einzigen . . . Oberfläche" gestattet (SWV, 265). Man vermutet die Existenz einer Zwischenphase, in der die Erweiterung ins Existentielle sich anbahnt, und eine solche läßt sich tatsächlich im dritten Teil des *Stunden-Buches* belegen, der im April 1903 in Viareggio entsteht.[24]

Diese Gedichte werden von dem Bedürfnis bestimmt, die Ungewißheit dem Gott gegenüber und die Deformierung des Lebens in den großen Städten durch positivere Themen aufzuwiegen. So erschafft Rilke erstens den Begriff des "eigenen Todes" mit der anschließenden Apokalypse des hermaphroditischen "Tod-Gebärers" und zweitens eine Nuancierung von der Armut, aus der die Verherrlichung des heiligen Franz von Assisi hervorgeht. Dieses letztere ist besonders interessant, nicht nur weil die Großstadtwirklichkeit und die Armen von Paris im ersten Drittel von *Malte* eine so große Rolle spielen, sondern auch, weil die Heiligkeit einer idealen Armut mit der Lehre von der Oberfläche als "Seiendem, das unter allem Seienden gilt," eng verbunden ist.[25]

[24] SWI, 852: die Gedichte entstehen nach Ernst Zinn zwischen dem 13. und dem 20. April.
[25] Vgl. Klaus Meyer, *Bild der Wirklichkeit*, S. 108.

Der Weg zu diesem nuancierten Begriff der Armut kommt auch mit anderen Themen aus *Malte Laurids Brigge* in Berührung. So wie Malte in den meisten Aufzeichnungen des ersten Drittels von Paris als von einer verkommenen, entarteten Wirklichkeit spricht, so liest man im *Buch von der Armut und vom Tode*:

> Die großen Städte sind nicht wahr; sie täuschen
> den Tag, die Nacht, die Tiere und das Kind . . .
> Nichts von dem weiten wirklichen Geschehen,
> das sich um dich, du Werdender, bewegt,
> geschieht in ihnen . . .

(SWI, 352)

In diesem Kontext hat auch die Armut etwas Unechtes an sich — daher die Bitte:

> . . . nur mach die Armen endlich wieder arm.
> Sie sind es nicht. Sie sind nur die Nicht-Reichen,
> die ohne Willen sind und ohne Welt;
> gezeichnet mit der letzten Ängste Zeichen
> und überall entblättert und entstellt.

(SWI, 355)

Diese Armen entsprechen in allem den "Fortgeworfenen," die Malte verfolgen und die als Ausdehnung der entarteten Pariser Wirklichkeit zu verstehen sind. Der erste Schritt zur Positivierung der Armut besteht darin, sie zu einer Eigenschaft des Gottes zu machen (SWI, 356–7). Das ermöglicht dann eine idealisierende Beschreibung der "wirklichen" Armen, die bezeichnenderweise *ohne* Großstadtkolorit erfolgt: ". . . sie aber stehn wie eine Blumen-Art . . .," "Sie sind so still; fast gleichen sie den Dingen . . .," ". . . des Grases Balsam und der Steine Schneide / ist ihnen Schicksal . . ." (SWI, 358–9). Was in den anschließenden Gedichten hervorgehoben wird, ist, daß diese Armen der gleichfalls idealisierten Wirklichkeit nicht *gegenüber*stehen, sondern mit ihr eins geworden sind, denn ihre Homogeneität mit dieser naturhaften Wirklichkeit scheint alle menschliche Individuation aufzuheben:

> Und wenn sie schlafen, sind sie wie an alles
> zurückgegeben was sie leise leiht,
> und weit verteilt wie Brot in Hungersnöten
> an Mitternächte und an Morgenröten,
> und sind wie Regen voll des Niederfalles
> in eines Dunkels junge Fruchtbarkeit.
> Dann bleibt nicht *eine* Narbe ihres Namens
> auf ihrem Leib zurück . . .

(SWI, 360)

Hier geht unverkennbar derselbe Prozeß der positivierenden Vereinfachung vor sich, wie wir ihn aus dem Rodin-Vortrag von 1905 und aus der Aufzeichnung "Was ein kleiner Mond . . ." (SWVI, 722 – Brieffassung vom 19.10.1907) schon kennen. Der Verlust des Namens und die Verschmelzung mit der Wirklichkeit bedeuten nichts anderes als die Erlösung von der Gegenständlichkeit der eigenen Gefühle und dadurch die Aufhebung aller Ich-Problematik, darunter auch die Frage, ob man zu einer echten Wirklichkeit hinter der "Täuschung" der Großstadtrealität vorstoßen kann oder ob man ihrer "Unwahrheit" verhaftet bleibt. Diese Interpretation wird durch die Verherrlichung des Heiligen bestätigt, mit der das *Buch von der Armut und vom Tode* schließt:

Bei seinem Tode geht der Heilige völlig in der Natur auf:

> Und als er starb, so leicht wie ohne Namen,
> da war er ausgeteilt: sein Samen rann
> in Bächen, in den Bäumen sang sein Samen . . .

(SWI, 366)

aber sein Eingehen in die Anonymität der ideellen Armut wird vom Motiv der Entkleidung begleitet:

> O wo ist der, der aus Besitz und Zeit
> zu seiner großen Armut so erstarkte,
> daß er die Kleider abtat auf dem Markte
> und bar einherging vor des Bischofs Kleid.

(SWI, 364)

In diesem Zusammenhang stehen "Kleid" und "Name" als Zeichen für die Individuation und die damit verbundene Uneinigkeit des Ich; "Armut" im nuancierten Sinne bedeutet zugleich Vereinheitlichung des Ich und Eins-werden mit einer wesenhaften Wirklichkeit. Um dieser vielleicht etwas gewagt anmutenden Behauptung mehr Substanz zu verleihen, müssen wir das Motiv des Kleides, und damit den ganzen Themenkomplex, in eine frühere Schaffensphase zurückverfolgen. *Das Buch von der Pilgerschaft* wurde zwischen dem 18. und 25. September 1901 geschrieben und enthält jenes merkwürdige Gedicht, das mit den Worten "Ein Pilgermorgen" anfängt (SWI, 333). Der "russische" Dekor des Anfangs dient nur als Vorbereitung auf das Erscheinen eines "kranken Mönchs," der "ganz verdunkelt von Dämonen" ist. Von diesem Punkt an geht die Wirklichkeit des Gedichts in eine völlig surreale über, um eine visionäre Dynamisierung der Ich-Struktur zu erlauben. Zuerst kommt ein ziemlich krasses Bild der Uneinigkeit:

> Er neigte sich, als bräch er sich entzwei,
> und warf sich in zwei Stücken auf die Erde,
> die jetzt an seinem Munde wie ein Schrei

zu hängen schien und so als sei
sie seiner Arme wachsende Gebärde.

(SWI, 335)

und als weiterer Ausdruck dieser Zwiespältigkeit folgen dann die Verwandlungen
des Mönchs zuerst in einen Vogel und danach in einen Fisch. Die Vorstellung
eines zweifachen Ich geht dann in das nächste Stadium über, in dem er
"Bräutigam / bei einer Toten" wird. Die zwei Gestalten geraten danach in einen
Tanz:

Er folgte ihr und ordnete die Tritte
und tanzte rund, sie immer in der Mitte,
und seine Arme tanzten rund um ihn . . .

(SWI, 336)

aber diese Phase hält auch nicht lange an:

Dann horchte er, als wäre eine dritte
Gestalt ganz sachte in das Spiel getreten,
die diesem Tanzen nicht zu glauben schien.
und da erkannte er: jetzt mußt du beten . . .

Die dritte Gestalt ist der Gott. Der Mönch verzweifelt, als jener ihn überhaupt
nicht beachtet. Seine Versuche, die Aufmerksamkeit des "Alten" auf sich zu
lenken, zeigen dann deutlich, daß die Zweiteilung des Ich noch bestehen bleibt:

Da nahm der kranke Mönch sich in die Hände
wie man ein Richtschwert in die Hände nimmt,
und hieb und hieb, verwundete die Wände
und stieß sich endlich in den Grund ergrimmt.
Aber der Alte blickte unbestimmt.

Daß sich der Mönch hier als "Schwert," als Gegenstand behandelt, zeigt, daß
seine metaphorische Teilung "in zwei Stücke" am Anfang seiner Metamorphose
die *vis movens* des Gedichts bildet und zugleich seiner Trennung vom Gott
zugrundeliegt. Seine Versuche, sich dem "Alten" kenntlich zu machen,
scheitern, weil sie gleichzeitig Ausdruck der Ich-Spaltung sind. Der Kontakt mit
dem Gott wird erst möglich, wenn eine Einheit des Ich in der Form einer
Vereinfachung seiner zwiespältigen Struktur erreicht werden kann, und das
geschieht, indem der Mönch sich entkleidet:

Da riß der Mönch sein Kleid sich ab wie Rinde
und knieend hielt er es dem Alten hin.

Und sieh: er kam. Kam wie zu einem Kinde
und sagte sanft: Weißt du auch *wer ich bin?*

Das wußte er. Und legte sich gelinde
dem Greis wie eine Geige unters Kinn.

(SWI, 337)

Die Metapher des Sich-Entkleidens geht in die einer idealen Ding-Werdung über: so wie die idealisierten Armen "fast ... den Dingen gleichen" in ihrer Einfachheit und wie der Imperativ am Anfang des *Buches von der Pilgerschaft* "Demütig sei jetzt wie ein Ding..." lautet, so ist hier die "Geige" als Bild der letzten Verwandlung des Mönchs und Zeichen einer einfachen, unreflektierten Nähe zum Gott eine Vorwegnahme der nuancierten Armut von 1903. Dieses Thema liefert dann den existentiellen Gehalt der Lehre von der "einen, einzigen Oberfläche" von 1905.

Aus dem Vorhergehenden erhellt, daß der Rodin-Vortrag die Verflechtung zweier thematischer Entwicklungslinien miteinander bedeutet: das in erster Linie kunsttheoretische und im Rodin-Aufsatz von 1902 noch dualistische Thema der Oberfläche als Grundelement der Kunst und das existentielle Thema einer Reduktion der Ich-Struktur auf eine ideale Einfachheit, das im September 1901, gleichsam als Überwindung der in der Krise vom Dezember 1900 zutagetretenden Ich-Problematik, im Gedicht vom "kranken Mönch" seinen ersten Niederschlag findet. Dieses Thema erfährt dann eine weitere Ausgestaltung im dritten Teil des *Stunden-Buchs,* wo das Motiv der Entkleidung nochmals in seiner früheren Bedeutung verwendet und somit zur zweiten Determinante des "Oberflächenkultes" von 1905 wird. Dieser enthält wiederum die Grundelemente jener Lehre, die in den Cézanne-Briefen vom Oktober 1907 zur Formulierung kommt. In *Malte Laurids Brigge* bieten die Abschnitte 11–13 ein Beispiel für die praktische Anwendung dieser Theorien, indem die Pariser Wirklichkeit plötzlich als harmonische Oberfläche ohne jegliche Andeutung eines bedrohlichen Hintergrunds erscheint, und der 22. Abschnitt feiert dann die unmittelbare Wirklichkeit als "Seiendes..., das unter allem Seienden gilt." Daß die Darstellung derselben Wirklichkeit in den meisten anderen Aufzeichnungen des ersten Drittels vielmehr die Verdammung der "großen Städte" als "Lüge," "Täuschung," "Trug" und als Schauplätze nur des "unwirklichen Geschehens" im *Buch von der Armut und vom Tode* zu wiederholen scheint,[26] erklärt sich daraus, daß Rilke absichtlich die seiner eigenen Cézanne-Begeisterung von 1907–08 entsprechende Haltung in den Zusammenhang der Themen von 1902–04 stellt, um jene als eine schon in der Ausgangssituation enthaltene Alternative erscheinen zu lassen. Inwiefern diese Möglichkeit eine endgültige Lösung der Ich-Problematik bieten soll, wird uns im folgenden Kapitel beschäftigen. Vorläufig genügt es, daran zu erinnern, daß Rilke im September 1908 an seine Frau schreibt:

---

[26] Besonders die Schilderungen der "Fortgeworfenen" und die Evokation des Massentodes.

. . . denn Cézanne ist nichts anderes als das erste primitive und dürre Gelingen dessen, was in M. L. noch nicht gelang. Der Tod Brigges: das war Cézannes Leben, das Leben seiner dreißig letzten Jahre.

(B07–14, 54)

Die Genese der "besitzlosen Liebe"

Allen Anzeichen nach lernte Rilke im Verlauf des Jahres 1905 die Briefe der Marianna Alcoforado kennen, und in dieser Gestalt kristallisiert sich dann der Begriff einer Liebe, die den geliebten Gegenstand übersteigt und schließlich überflüssig macht.[27] Dieses Thema, das besonders im letzten Teil von *Malte Laurids Brigge* an Bedeutung gewinnt, scheint in einem Brief vom 7. September 1906 seine volle Entfaltung schon erreicht zu haben:

. . . aber es war doch so reich, so schöpferisch, so sehr der Fortschritt und die Herrlichkeit dieses Herzens, daß es . . . über den Gegenstand hinaus groß und gültig wurde, unerschöpflich und schön. Nur im Vergleich mit dem unbedeutenden und stumpfen Gegenstande war es unrecht und unverhältnismäßig, solche Hingabe zu beweisen. Mit den Maßen der Hingabe selbst gemessen existiert ihr Gegenstand nicht mehr.

(ABI, 145)

Eine deutliche Ähnlichkeit mit der in den Cézanne-Briefen entworfenen Kunsttheorie liegt auf der Hand. Genau wie Cézannes Malerei die Überwindung der Gegenständlichkeit der eigenen Gefühle darstellen soll, so gelingt es der portugiesischen Nonne durch die Intensität ihres eigenen Gefühls, den Gegenstand dieser Liebe verschwinden zu lassen. Wenn nun die Gestalt des Geliebten teilweise auch als Spiegel für die Gefühle der Liebenden zu verstehen ist,[28] so bedeutet der Verlust dieses Gegenstandes zugleich eine Befreiung von der Gegenständlichkeit der eigenen Gefühle. Die "Strahlen" dieser Liebe werden nicht durch den Gegenstand gebrochen, sondern werden — um eine spätere Formulierung zu gebrauchen — "Element" im Sinne einer einfachen Naturkraft.[29] Eine parallele Vereinfachung der Ich-Problematik zu der des Rodin-Vortrags von 1905 hierin zu erkennen, ist sehr verlockend, zumal der konkrete Anlaß zur Entwicklung dieser Lehre auch im Jahre 1905 zu liegen scheint. Aber es wäre recht voreilig, eine solche Verwandtschaft der beiden Themenkomplexe

---

[27]   Siehe SWVI, 1457–60 und Charles Dédéyan, *Rilke et la France*, tôme II, S. 111.
[28]   Vgl. SWIII, 44, *Dein Bild*, und die viel reifere und subtilere Ausgestaltung dieses Themas in *An die Erwartete*, SWII, 388.
[29]   SWVI, 828 und 924.

anzunehmen, bevor wir das Verhältnis der besitzlosen Liebe zur Liebesthematik des Frühwerks aufgezeigt haben.

In der Periode 1897–1900 ist die Liebe für Rilke alles andere als besitzlos. Gegen Ende 1897 wird die Liebe als "das Erlösen/ nach welchem ich . . ./ schrie" gefeiert (SWIII, 185), und ein anderes Gedicht, das ursprünglich für die Sammlung *Dir zur Feier* bestimmt war, schließt mit der Zeile: "Und mein Besitzen ist so unberührt." (SWIII, 587). Im Januar 1898 erfährt die Liebe eine Steigerung ins Metaphysische, die im Bilde einer idealen Komplementarität festgehalten wird:

> Ich hab das 'Ich' verlernt und weiß nur: *wir.*
> Mit der Geliebten wurde ich zu zwein
> und aus uns beiden in die Welt hinein
> und über alles Wesen wuchs das *Wir.*
>
> (SWIII, 194)

Während des Florenzer Aufenthaltes hält Rilke noch an diesem Thema fest, wie aus dem Schlußgedicht des Buches *Dir zur Feier* ersichtlich wird,[30] und aus dem Nebeneinander dieses Bildes der Komplementarität mit der pompösen Egozentrik des Künstlerthemas im *Florenzer Tagebuch* ergeben sich — soweit man feststellen kann — überhaupt keine Spannungen. Denn die letzten Seiten des Tagebuchs enthalten neben einer Verabsolutierung der Gestalt der Geliebten:

> Du bist nicht ein Ziel für mich. Du bist tausend Ziele. Du bist alles und ich weiß Dich in allem; und ich bin alles und führe Dir alles zu bei meinem Dir-entgegen-Gehen.
>
> (TF, 138)

auch die Vision des Künstler-Gottes, dessen "Ahnen" er und die Geliebte sind. Hier finden wir eine ideale Verschmelzung von Ich und Du, die Gleichsetzung beider mit der "Welt" und die Austauschbarkeit von Gott und Geliebter als Zeichen für die ideale Vervollkommnung des schöpferischen Ich. Auch in diesem Zusammenhang begegnet zum ersten Male die Vorstellung von der Oberfläche der Wirklichkeit als einem "Vorhang," hinter dem eine bedeutendere, gesteigerte Wirklichkeit erkennbar wird:

---

30 SWIII, 198:
> Und jeder Rhythmus, der verschwiegen
> aus stillen Wiesen aufgestiegen,
> schien innig sich dir anzuschmiegen,
> bis alles Winken, alles Wiegen
> nur in *dir* war und nirgends mehr.
> Und mir geschah: die Welt verginge —
> und das Vermächtnis aller Dinge,
> ihr letztes Lied, bringst du mir her . . .

> Ich stehe im Finstern und wie erblindet,
> weil sich zu dir mein Blick nicht mehr findet.
> Der Tage irres Gedränge ist
> ein Vorhang mir nur, dahinter du bist.
> Ich starre drauf hin, ob er sich nicht hebt,
> der Vorhang, dahinter mein Leben lebt . . .

(SWIII, 637)

Hier dürfen wir nicht nur den Ursprung des "Kleid"-Motivs als Zeichen einer zweischichtigen Welt oder Persönlichkeit feststellen, sondern aus den Einzelheiten dieses Themenzusammenhangs wird auch deutlich, in welchem Maße die Elemente des Ich-Gott-Verhältnisses im ersten Teil des *Stunden-Buchs* (entstanden September–Oktober 1899) die schon vorhandene Konstellation der Liebesthematik reproduzieren. In dem später weggelassenen Brief des Mönchs an seinen Metropoliten trifft man auf die Vorstellung der Dingwelt als "Kleid Gottes" (SWIII, 366), und die "Wand" zwischen Ich und Gott, die "aus Deinen Bildern aufgebaut" ist (SWIII, 310), ist dem "Vorhang" der alltäglichen Wirklichkeit im Gedicht an Lou Andreas-Salomé sehr ähnlich. Die Formen des direkten Kontakts zwischen Ich und Gott erweisen sich auch als Spiegelungen der Liebesthematik,[31] und ein Tagebuchgedicht vom März 1900 könnte ebenso gut an den Gott wie an die Geliebte gerichtet sein:

> Längst kamst du auf mich zu,
> bevor als Stimme und Gestalt
> du mich erreichtest; was ein Wald
> mir schien, das warst schon du.
>
> Und was, sooft ich leiser litt,
> mir klang in jede Ruh —
> war nicht mein Blut und war dein Schritt,
> und schon der Schritt warst du . . .

(SWIII, 676 – BT, 247)

In den Monaten vor der Krise des Zwischenseins gebraucht Rilke dieselbe Metapher in einem Brief an Clara Westhoff: ". . . wir empfangen viele von unseren Reichtümern erst, wenn sie uns, getragen von einer anderen Stimme, entgegenkommen . . ." (BT, 78), und zwei Tage nachher spricht er in einem Gedicht von "seligen Menschen, die zu zwein/ *eine* Welt haben und eine Stimme . . ." (SWI, 472).[32] Am Tage nach der Eintragung über das Zwischensein

---

31 Wie z.B. SWIII, 308: "Wir bauen Bilder vor Dir auf wie Wände . . ." und auch: SWI, 260: "Ich will dich immer spiegeln in ganzer Gestalt . . ."
32 *Requiem – Clara Westhoff gewidmet*, geschrieben am 20. November 1900.

entwirft Rilke in einem Gedicht ein Bild des schlichten Lebens, das er nunmehr führen möchte, und dazu gehört:

> Ein Handwerk, das die Hände grade füllt,
> und einen Menschen, welcher mich verhüllt,
> so daß ich unbeachtet und allein
> und abseits bleiben kann und sein und mein.

(BT, 408)

Daraus schließen wir, daß auch nach der Krise des Zwischenseins die Vorstellung von der Geliebten als einer im positiven Sinne verstandenen "Verhüllung" des Ich gültig bleibt.

Der Ursprung der Ambivalenz des Liebesthemas liegt allem Anschein nach im Jahre 1901. Am Anfang des Jahres wird die Liebe noch stark idealisiert:

> Du Liebe, sag du mir erst, wer ich bin,
> ich sage dir, wer du bist.
> Und dann nimmt uns ein großer Dritter hin
> und sagt uns groß was *ist*.

(SWIII, 733)

Aber schon hier findet man die erste Andeutung einer qualitativen Differenzierung zwischen der Geliebten und dem Gott: die wechselseitige Selbstbestätigung der Liebenden erscheint als Vorstufe zur Offenbarung des "großen Dritten." Das Motiv einer transzendenten "dritten Gestalt" ist uns ja schon aus dem Gedicht bekannt, das die bizarren Verwandlungen des "kranken Mönchs" beschreibt. Im Zusammenhang der Liebesthematik liest sich dieses Gedicht vom 21. September 1901 wie eine Nuancierung der zuletzt zitierten Zeilen, in der eine gewisse Wendung ins Negative sich abzeichnet. Die Vermählung mit der Toten und der Tanz um sie in diesem Gedicht dürfen ebenfalls als Vorstufe zur Begegnung mit dem Gott gedeutet werden. Nur steht diese Vermählung zwischen zwei Bilderreihen, die die Uneinigkeit des Ich unverkennbar zum Ausdruck bringen, und daher erscheint sie auch als ein Bild der Zwiespältigkeit, die behoben werden muß, bevor der Kontakt mit dem "Alten" möglich wird. Ein Gedicht mit dem Titel *Ehe* aus diesem Jahr enthält dann eine Absage an alle gemeinsame Selbstverwirklichung und somit die ersten Ansätze zum Begriff der besitzlosen Liebe:

> Jetzt will ich mich leiden und mich genießen,
> und will gar nicht weiter schaun nach Dir.
> Ich weiß, daß wir *neben*einander fließen,
> und nicht einmal unser Kind wird *wir*.

(SWIII, 471)

Diese Entwicklungslinie ist deutlich genug, und die Versuchung liegt nahe, den definitiven Übergang vom Thema der Liebenden als komplementärer Hälften zu dem des Liebesverhältnisses als Ausdruck der Ich-Spaltung und als Hindernis auf dem Wege zur Selbstverwirklichung in die Periode von der ersten Arbeit an *Malte Laurids Brigge* zu verlegen. Dafür spricht auch die Tatsache, daß das Thema der Liebe zwischen Januar 1902 und dem Winter 1903—04 kaum mehr erwähnt wird.

Unberücksichtigt bleibt aber dabei die assoziative Verbindung zwischen den Gestalten der "Heiligen" und der "Mutter" in *Malte Laurids Brigge* einerseits[33] und der Wirkung, die Rilke im Brief vom 13. November 1903 an Lou Andreas-Salomé der Tatsache zuschreibt, "daß mir dein Bild nicht fremd geworden war, daß es sich nicht entfernt hatte wie alles andere . . ." (BL, 120). Hier wird eine Art von positiver, schützender Komplementarität noch angedeutet, und in einem späteren Brief vom 15. Januar 1905 befindet sich die großartige Beschreibung eines antiken Wandbildes, das "eine Frau darstellt, die ruhig sitzend mit ernstem, still getragenem Gesicht einen Mann anhörte, welcher leise und versunken sprach, zu sich und zu ihr sprach, mit jener dunklen Stimme, in welcher Schicksale, die gewesen sind, sich wie dämmernde Ufer spiegeln . . ." (BL, 124). Dieses Tableau wird im weiteren Verlauf des Briefes ausdrücklich als eine komplementäre Einheit bezeichnet:

> So war Ruhe und Bewegung in diesem Bild nebeneinandergestellt, nicht als Kontrast, als ein Gleichnis vielmehr, als eine endliche Einheit, die sich langsam schloß wie eine Wunde, die heilte . . .

(BL, 125)

Die Ableugnung aller fruchtbaren Gemeinsamkeit im Gedicht von 1901 scheint demzufolge nicht das letzte Wort zum Thema gewesen zu sein. Vielmehr hat diese Beschreibung einer idealen Vergangenheit auch etwas Zukünftiges an sich:

> ". . . als hätte ich über alles Bevorstehende fort, Endliches schauen dürfen, so rührte mich dieser Anblick und hielt mich hinauf."

(ebenda)

So ist es keineswegs erstaunlich, wenn wir auch nach der ersten Phase der Arbeit an *Malte Laurids Brigge* eine ausführliche Darstellung der Liebesthematik vorfinden, die ebenfalls die Ausrichtung auf eine ideale Komplementarität aufweist. Gemeint ist die zweite Fassung der *Weißen Fürstin* vom November 1904.

Die erste Phase der Arbeit an *Malte* endet "mit dem Beginn des März" 1904 (BL, 143), und am 17. Oktober dieses Jahres berichtet Rilke an Lou Andreas-

---

33 Anfang des 22. Abschnitts (SWVI, 774) und Ende des 23. Abschnitts (SWVI, 778).

Salomé: "Das in Rom begonnene Buch ist noch nicht wieder aufgenommen; mir fehlt der Mut . . ." (BL, 188). Einen Monat später erwähnt er in einem Brief an seine Frau die *Weiße Fürstin,* "aus der etwas ganz Neues, viel Breiteres und viel mehr Gearbeitetes geworden ist, etwas mit Modelé . . ." (B02–06, 229). Daß diese zweite Fassung gewissermaßen anstelle weiterer Abschnitte von *Malte Laurids Brigge* entstanden ist, erklärt die unverkennbaren thematischen Kongruenzen zwischen beiden Werken, obgleich die Handlungslinie der *Weißen Fürstin* von 1898 in die neue Fassung weitgehend übernommen wird. Die wichtigsten Änderungen befinden sich im Dialog mit dem Boten, der erheblich erweitert wird, und im Verhältnis der Fürstin zu ihrer jüngeren Schwester Monna Lara. Nicht nur gewinnt diese Gestalt in der zweiten Fassung an Substanz, sondern die beträchtliche Erweiterung des Dialogs zwischen den beiden Schwestern ergibt auch eine interessante Vermischung der früheren Liebesthematik mit Elementen der Ausgangssituation von *Malte Laurids Brigge.*

Die Fürstin wartet auf "Einen," dessen Identität verheimlicht bleibt, der aber in mancher Hinsicht dem Gott in den späteren Teilen des *Stunden-Buchs* und auch der idealisierten Geliebten in der Periode 1898–1900 ähnlich ist. Man könnte in der Tat das Gedicht *Längst kamst du auf mich zu . . .* vom März 1900, das die virtuelle Austauschbarkeit dieser Gestalten demonstriert, als Paradigma für die Situation in der *Weißen Fürstin* nehmen.

Genau wie in diesem Gedicht das Näherkommen des Du sein Echo innen im Blut findet, spricht auch die Fürstin von Ereignissen, die zugleich im Inneren und in der äußeren Wirklichkeit stattfinden:

> So lag ich oft. Und draußen war ein Wandern,
> da nahte, da entfernte sich ein Schritt;
> mir aber wars der Herzschlag eines andern,
> der draußen schlug und den ich drinnen litt . . .
>
> . . . Es hat fast nichts zu sagen,
> ob einer wachte oder schlief, —
> . . . Tief unter schwerer Ruh
> geschieht Notwendiges in halbem Lichte,
> und endlich kommt, mit strahlendem Gesichte,
> sein Schicksal dennoch auf ihn zu.

(SWI, 209)

Daher ist es überflüssig, daß der Unbekannte sie von seiner nahen Ankunft benachrichtigt:

> . . . Ist mein Blut denn blind?
> Und *noch* ein Bote. Hundert Boten habe
> ich heute schon empfangen. Duft und Wind,
> Gesang und Stille, fernes Wagenrollen,

ein Vogelruf, und du, dein Bleibenwollen –
was war nicht Bote?

(SWI, 213)

Schließlich bildet das Thema der Liebeserfüllung als Bestätigung und Vereinheitlichung der Identität den Berührungspunkt der Themenkreise. Die Fürstin
sagt:

Darum bedeutet es für uns so viel,
den Schauenden zu finden, ihn, der sieht,
der uns zusammenfaßt in seinem Schauen
und einfach sagt: ich sehe das und das,
wo andere nur raten oder lügen.

(SWI, 225).

und die Vorformen dieses Begriffs befinden sich einerseits im *Buch von der
Pilgerschaft:*

Jetzt bin ich wieder aufgebaut
aus allen Stücken meiner Schande,
und sehne mich nach einem Bande,
nach einem einigen Verstande,
der mich wie *ein* Ding überschaut . . .

(SWI, 307)

und andererseits im Gedicht für Clara Westhoff aus dem Frühling desselben
Jahres 1901: "Du Liebe, sag du mir erst wer ich bin,/ ich sage dir wer du
bist . . ." (SWIII, 733).

Die Verwandtschaft mit *Malte Laurids Brigge* besteht nicht nur darin, daß das
"Unerhörte" sich innen "im Blut" *und* in der äußeren Wirklichkeit manifestiert,
sondern auch in den durchaus vergleichbaren Ich-Strukturen, die sich in *Malte*
und auch in der *Weißen Fürstin* aufzeigen lassen. Die Fürstin verliebt sich nicht
bei der ersten Begegnung, sondern erst später "in einer Nacht, . . . da ich lange
und ungestillt/ weinte, da bildete sich sein Bild/ aus meinen Händen unter dem
Weinen . . ." (SW, 210). Darauf folgt der Dialog:

Monna Lara: Das kann also sein: daß man tief vergißt,
um tief zu gedenken . . .
Die Weiße Fürstin: Wir sind des Falles
entfernter Dinge dämmernder Schacht –

(SWI, 210)

dessen Gehalt in jeder Hinsicht Maltes Bemerkung über "Verse" entspricht:
nämlich, daß man seine Erinnerungen vergessen muß, damit sie eines Tages in

gesteigerter Bedeutung wiederkommen und in das Gedicht eingehen.[34] Diese Analogie wird dann auch durch die letzte Rede Monna Laras weiter bestätigt:

> Jetzt ist er in mir wiedergekommen.
> Er hat mich einmal an der Hand genommen.
> Jetzt fühl ich es wieder in meiner Hand.
> Sieh, so hab ich ihn doch gekannt . . .

(SWI, 229)

Daß diese Erinnerung "vergessen" werden und dann ohne äußeren Anlaß mit solcher Intensität gegenwärtig werden kann, daß die Fürstin der jüngeren Schwester sagt: "Deine Augen sind tief und neu./ Ich sehe mein ganzes Glück in ihnen . . .," setzt eine Tiefendimension der Persönlichkeit voraus, die dem alltäglichen Bewußtsein unzugänglich ist und in der sich solche Ereignisse vorbereiten. Das Innere, von dem Malte nur sagen kann: "Ich weiß nicht, was dort geschieht" und das zugleich als Quelle seiner Kindheitserinnerungen und Bereich des "Unerhörten" bezeichnet wird, läßt sich mühelos in das der *Weißen Fürstin* entnommene Schema einordnen. Diese Ich-Struktur umfaßt tatsächlich erstaunlich viele mögliche Inhalte: den Gott, den Geliebten, die Pariser Eindrücke, die Kindheitserinnerungen, das "Unerhörte" und schließlich das Entstehen von "echten Gedichten." Auf die Verwandtschaft dieser Inhalte miteinander soll in einem späteren Kapitel eingegangen werden;[35] vorerst war es nötig, geltend zu machen, daß die sich aus der Liebesthematik von 1898–1900 ergebenden Strukturen in der *Malte*-Periode immer noch maßgeblich sind und in der Form von *Analogien* weiterhin wirksam bleiben.

Ein anderes Merkmal der *Weißen Fürstin* von 1904 ist die Entwicklung der Gestalt Monna Laras. In der Fassung von 1898 ist ihre Funktion eine völlig untergeordnete; in der späteren wird sie gleichsam zu einem zweiten Ich der Fürstin und ist ihr als dramatische Figur fast ebenbürtig. Das kommt in dem merkwürdigen Tableau am Schluß deutlich zum Audruck, wo Monna Lara, in deren Augen die Fürstin plötzlich ihr "ganzes Glück" erkennt, kniend ihrer Schwester einen silbernen Spiegel vorhält und beteuert, daß die Erinnerung an den Erwarteten jetzt plötzlich "in ihr wiedergekommen" sei. Wenn die Fürstin dann "in Schrecken erstarrt" beim Anblick der schwarzen Mönche, ist es Monna Lara, die ihre Rolle übernimmt und ". . . erst rufend . . . dann anders: schwer und langsam, in zögernden Zügen, wie . . . zum Abschied winkt" (SWI, 231). Die Spiegelmetaphorik scheint darauf hinzuweisen, daß die Schwestern in einem komplementären Verhältnis zueinander stehen, und die Vertauschbarkeit ihrer Rollen bekräftigt die Vermutung, daß sie als Teile derselben Persönlichkeit zu

---

[34] SWVI, 724–25.
[35] Siehe unten, S. 74f.

betrachten sind. Folgende Zeilen aus der zweiten Fassung lassen kaum eine andere Deutung zu:

> *Monna Lara:* Soll ich hineingehn? Bist du gern allein?
> *Die Weiße Fürstin:*
> Nein. Wenn du gehst, so gehst du nur zum Schein.
> Denn was bedeutet es, geht Baum nach Baum
> an dir vorbei. Das, was du bist, das rührt sich kaum.
> Du bist nicht fort und ich bin nicht allein.

(SWI, 212)

Im weiteren Verlauf der Szene wird die Funktion der inneren Wirklichkeit, des "Blutes" der Fürstin allmählich auf die jüngere Schwester übertragen. Daß die Fürstin das Bild des Kommenden in den Augen ihrer Schwester und ihr eigenes Bild in dem von ihr gehaltenen Silberspiegel erkennt; daß der Kommende im nächsten Augenblick draußen auf dem Meer sichtbar wird, während er bereits als innere Wirklichkeit in *beiden* Schwestern vorhanden ist; daß das Tableau dann auseinandergeht beim Anblick der schwarzen Mönche und daß die Schwestern am Ende des Stücks beim Verlöschen der Lichter wieder getrennt sind: das alles bestätigt die Hypothese, daß dieses Tableau eine weitere Ausgestaltung des Schemas von *Längst kamst du auf mich zu . . .* darstellt, in der alle Figuren, auch der "Kommende," verschiedene Aspekte der einen, differenzierten Ich-Struktur versinnbildlichen.

Die weitere Relevanz dieses Bildes für *Malte Laurids Brigge* soll in den folgenden Kapiteln behandelt werden. Vorausblickend läßt sich jedoch feststellen, daß das Schwesternpaar in der *Weißen Fürstin* in zwei verwandten Gestalten wiederkehrt, nämlich Maltes Mutter und Abelone, die ebenfalls Schwestern sind und deren Rollen manchmal ineinander übergehen. Es bleibt in bezug auf die *Weiße Fürstin* noch die Frage offen, warum das Tableau am Schluß gestört und das Bild der idealen Einheit wiederum in Frage gestellt wird. Nach dem Texte zu urteilen, scheint der einzige Grund dafür im Auftreten der schwarzen Mönche zu liegen. Diese Gestalten, die schon früh in der Szene von dem Boten erwähnt werden, sind wohl als Verkörperungen einer feindlichen Macht anzusehen. Diese ist der "fremde Tod," "kein Tod von Gott besoldet" (SWI, 217), der in den Städten und Dörfern der Umgebung wütet und am Ende anscheinend überhandnimmt. In diesem Tod "aus irgendeiner grundverhurten Stadt" dürfen wir eine spätere Form des "Zwischengottes" von 1900, des "verheimlichten Unheimlichen" sehen. Wenn der ersehnte Liebhaber Eigenschaften des *Stunden-Buch*-Gottes aufweist, so scheint auch der "fremde Tod" hier die Züge des Gegen-Gottes zu tragen, und es ist für die Periode der ersten Arbeit an *Malte* durchaus bezeichnend, daß die Ankunft des Ersteren durch die Macht des Letzteren verhindert wird. Denn das "Zwischenland" als Bereich unbekannter und feindlicher Mächte trägt schon zwei Jahre vor dem ersten

Aufenthalt in Paris viele Züge der Ausgangssituation von *Malte Laurids Brigge,* genau wie das Cézanne-Erlebnis von 1907 im Rodin-Vortrag von 1905 schon vorgeformt ist. Das Verhältnis des "Kommenden" zum "fremden Tod" verdeutlicht den ambivalenten Zustand, der im ersten Drittel von *Malte* herrscht. Ein alles verwandelndes und vereinheitlichendes Geschehen wird erwartet und ersehnt, aber die Kräfte, die die Oberfläche der Pariser Wirklichkeit beleben, scheinen eher heimtückisch, fremd und unfaßlich zu sein. In der *Weißen Fürstin* ermöglicht die *Differenzierung* der Figuren vielleicht eine Einsicht in Maltes Situation. Denn Malte kommt eben nicht auf die Idee einer solchen Differenzierung. Das Verwirrende an Paris besteht in großem Maße darin, daß alles, was ihm begegnet, aus einem einzigen Stück zu sein scheint, und so trägt für ihn das "neue Leben voll neuer Bedeutungen" zugleich die unheimlichen Züge des "fremden Todes," einer unfaßlichen Macht, die es allem Anschein nach auf seine Vernichtung abgesehen hat. Der "fremde Tod" wird noch dazu durch die sich über zwei Seiten erstreckenden Wiederholungen des "Schrei"-Motivs in der *Weißen Fürstin* mit dem apokalyptischen Thema in Briefen und Gedichten aus der ersten und zweiten Pariser Zeit hinreichend verbunden.[36]

Unsere Untersuchung hat uns ziemlich weit von dem Thema der besitzlosen Liebe weggeführt, aber dafür eine Basis geschaffen, die eine genauere Erklärung ihrer Genese in den Jahren 1905–06 ermöglicht. Denn obgleich Rilkes Enttäuschung über seine Ehe die ersten Ansätze zu diesem Thema im oben angeführten Gedicht aus dem Jahre 1901 erscheinen läßt,[37] besteht eigentlich keine thematische Entwicklungslinie zwischen diesem Gedicht und dem Brief über Marianna Alcoforado vom 11. September 1906. Vielmehr scheint das ältere Thema der Liebesbegegnung als ideale Einheit gegen Ende 1904 wieder dominant zu werden, und ihre Relativierung am Ende der *Weißen Fürstin* ist eher der Macht des "fremden Todes" als einem Verlust an Gültigkeit zuzuschreiben.

Der Schlüssel zum Verständnis dieses Themas und der überschwenglichen Begeisterung Rilkes für die portugiesische Nonne und die angeblich von ihr geschriebenen Briefe[38] scheint vielmehr in dem Rodin-Vortrag von 1905 zu liegen. So wie im 1902 verfaßten Teil der Rodin-Monographie das Wort Oberfläche zwar betont aber keineswegs zu einem absoluten Begriff erhoben wird, so gibt es vor 1906 keine solche Verherrlichung der besitzlosen Liebe, wie sie in den folgenden Jahren beim geringsten Anlaß hervorbricht. Wie schon mehrmals gesagt wurde, steht die Lehre von der "einen einzigen, tausendfältig

---

[36] SWI, 215–16.
[37] SWIII, 470: ". . . Weißt du man darf nicht gemeinsam leiden,
        das macht bescheiden gegen den Schmerz."
Im Brief vom 17. August 1901 schreibt Rilke: "Ein Miteinander zweier Menschen ist eine Unmöglichkeit und, wo es doch vorhanden scheint, eine Beschränkung . . ." (BT, 108).
[38] Nach Ernst Zinn (SWVI, 1460) war Rilke "von der Authentizität dieser Briefe überzeugt," obwohl sie in Wirklichkeit von einem Seigneur de Guillerages verfaßt wurden.

bewegten Oberfläche" von 1905 und 1907 im Zeichen der *Vereinfachung,* worunter wir die Überwindung der Gegenständlichkeit und die Reduzierung einer differenzierten Ich-Struktur auf die eine mit der Wirklichkeit homogene Schicht verstehen. Die Lehre von der besitzlosen Liebe hebt in ihrer extremen Form die Existenz des Liebesgegenstands und somit die Gegenständlichkeit der Gefühle der Liebenden wortwörtlich auf.[39] Bei den "großen Liebenden," auf die sich Malte beruft, erfolgt ebenfalls die Verwandlung ins "Element," also das Homogenwerden mit einer als letzte Wirklichkeit erlebten Natur. Die Begeisterung, mit der beide Lehren verkündet werden, läßt sich auch anhand einer Stelle aus dem Rodin-Vortrag erklären:

> Der Mann, der, nach vielem Nachdenken, wußte —: Alles ist Gott — war ebenso gerettet und erlöst wie Der es ist, der sich schließlich sagte: Es giebt nur eine einzige, tausendfältig bewegte Oberfläche . . .
>
> (SWV, 265).

Wovon man erlöst wird, erhellt ja aus *Malte Laurids Brigge.* In der vorletzten Aufzeichnung nennt Malte die Gestalt Christi "eine Erleichterung Gottes." Von einem anderen Standpunkt aus gesehen sind die beiden Lehren von 1905—1907 ebenfalls "Erleichterungen" im Sinne von Vereinfachungen der ihnen jeweils zugehörigen Problematik. Die eine erscheint als Element der Ausgangssituation; die andere bestimmt weitgehend den Ton des Schlusses. Das Gegenstück zu diesen Lehren bildet die zweite Fassung der *Weißen Fürstin.* Im Tableau am Schluß wird offensichtlich, was sich dann ergibt, wenn Rilke die Ich- und Liebesproblematik nicht vereinfacht, sondern sie vielmehr in ihrer ganzen Vielfältigkeit veranschaulicht und in den Kontext einer fremden, feindlichen Wirklichkeit stellt. Im folgenden Kapitel wird sich zeigen, inwieweit die Ausgangssituation von *Malte Laurids Brigge* diesem Schema entspricht. Was die Liebesthematik selbst betrifft, so geht aus der *Weißen Fürstin* hervor, in welchem Maße sie mit der Ich-Problematik verwoben ist, und daß die ursprünglich anhand dieses Themas entwickelten Strukturen der gegenseitigen Spiegelungen und idealen Komplementarität in der *Malte*-Periode immer noch dem Verhältnis von Ich und Welt zugrundeliegen. Darüber hinaus besteht noch in der Hinwendung an ein Du im 22. Abschnitt, in der Evokation der Heiligen und der Mutter als schützende Gestalten und in einigen Aufzeichnungen über Abelone die Möglichkeit, daß das Thema der komplementären Liebe von der "rettenden Vereinfachung" der besitzlosen Liebe nicht ganz verdrängt wird.

---

[39] Nach den Formulierungen in der *Rede/Über die Gegenliebe Gottes* (1913) hat das Herz der Liebenden nicht mehr den Geliebten als Spiegel der eigenen Gefühle vor sich, sondern "nur seine eigne schwindende, seine selige Bahn" (SWVI, 1044).

Kapitel 3

DAS PERSÖNLICHKEITSMODELL – I

Erste Begegnung mit der Pariser Wirklichkeit

"So, also hierher kommen die Leute, um zu leben, ich würde eher meinen, es stürbe sich hier." Der erste Satz des ersten Abschnitts stellt den Leser sogleich vor zwei Gegensatzpaare, die beide auf eine grundsätzliche Ambivalenz hindeuten: "Leben—Sterben" und "die Leute—ich." In der Spannung zwischen Tod und Leben und in den darauffolgenden Beispielen des Menschen, "welcher schwankte und umsank," und der schwangeren Frau, die nicht sterben wird, sondern entbunden werden kann, kommt die Doppelbödigkeit der Pariser Gegenwart klar zum Ausdruck: entweder ist diese Wirklichkeit ein Mittelding zwischen Tod und Leben oder sie bildet eine Übergangsphase, die zum Heil oder Unheil ausschlagen kann. Um die Frage etwas präziser zu formulieren: ist dieses Nebeneinander von Leben und Tod etwas Statisches, sich ständig Wiederholendes oder sind Untergang und neues Leben, so wie sie in den zwei kontrastierenden Figuren verkörpert werden, als die möglichen Endpunkte eines *Prozesses* zu betrachten? Diese erste Ambivalenz läßt sich als das Produkt von zwei verschiedenen Auffassungen der Wirklichkeit erklären, die einem jeweils anderen Themenzusammenhang entstammen. Einerseits erkennt man in dieser ersten Darstellung der Pariser Wirklichkeit die Umrisse des "Zwischenlandes," von dem Rilke sagt:

Ich fürchte, solche Tage gehören nicht dem Tode, wie sie auch dem Leben nicht gehören. Sie gehören . . . oh, Zwischenland, ist ein Zwischengeist, ein Zwischengott über Dir, dann gehören sie ihm . . .

(BT, 404)

Über dem Leben und über dem Tode ist Gott. Aber über das Zwischenland hat er keine Macht, es ist trotz seiner Gewalt und Gegenwart, hat nicht Raum, nicht Zeit, und nicht Ewigkeit. Hat nur Herzschläge von unsäglich traurigen . . . Herzen, . . . die fortgenommen sind von allen Beziehungen und Zusammenhängen, ausgeschaltet sind, sinnlos sind . . .

(BT, 407)

Das Zwischenland ist ein in erster Linie statisches Gebilde, suspendiert gleichsam zwischen Leben und Tod, eine zwitterhafte Mischung von beiden. Darüber hinaus ist es eine vollkommen subjektive Wirklichkeit, in der Raum und Zeit nicht mehr gelten, sondern die "Herzschläge" der hoffnungslos entfremdeten und vereinzelten Subjektivität das einzige Bewegungsmoment bilden. Spuren solcher Zustände sind in der Pariser Wirklichkeit unverkennbar vorhanden. Im weiteren Verlauf der ersten Abschnitte werden Leben und Tod in gleichem Maße auf die Wesenlosigkeit hin nuanciert. Der Massentod von Paris ist, wie der "fremde Tod" der *Weißen Fürstin,* "kein Tod von Gott besoldet" (SWI, 217), und zahlreiche Aspekte des Lebens in der Großstadt treten als Verzerrungen oder Verfälschungen eines echten Lebens auf.[1] Außerdem hat die *Malte*-Literatur immer wieder darauf hingewiesen, daß die Zeitfolge der Abschnitte mit der chronologischen Zeit wenig zu tun hat, daß man den äußeren Zeitablauf zwischen dem ersten und dem letzten Abschnitt auch nicht annähernd einschätzen kann und daß man also einer durchaus subjektiven, von Maltes eigenen Gemütsbewegungen bestimmten Zeitstruktur gegenübersteht, wie sie ja auch dann im dritten Abschnitt thematisch wird.[2]

Andererseits aber formt sich in den Briefen von 1903 die Vorstellung von Paris als einer in Bewegung geratenen Wirklichkeit, und in diesem Zusammenhang tritt die Möglichkeit eines Übergangs deutlich zutage. In den Briefen erscheint diese Bewegung als ein "unheimlicher Wind," in dem alles durcheinandertreibt, oder als ein "großer Wille," in dessen Strom man "geräth wie ein Flußabwärts treibendes Ding."[3] Das Thema umfaßt trotzdem immer noch zwei Möglichkeiten:

> Und alle diese Menschen, Männer und Frauen, die in irgend einem Übergang sind, vielleicht vom Wahnsinn zur Heilung, vielleicht auch auf den Irrsinn zu . . .
>
> (BL, 57).

Das Zwischenland und der Bereich eines "unheimlichen Windes" oder "großen Willens" erweisen sich also als entgegengesetzte Wirklichkeitsmodelle; Maltes Ratlosigkeit angesichts der Synthese von beiden erklärt sich daraus, daß ihm die notwendige Distanz oder Übersicht fehlt, um diese Modelle voneinander unterscheiden zu können. Erst in der Perspektive ihrer Vorgeschichte erscheinen sie als einander widersprechende Alternativen; von Maltes Standpunkt aus gesehen sind sie Aspekte ein und derselben Wirklichkeit, und so werden für seine weitere Verarbeitung dieser Tatbestände eher Verwechslungen als Klärungen in Aussicht gestellt. So kommt es dazu, daß die Veränderungen, die er an

---

1   Vgl. die Maskenhaftigkeit des Daseins (SWVI, 712), die Beschreibung der "Fortgeworfenen": "Es sind Abfälle, Schalen von Menschen, die das Schicksal ausgespieen hat . . ." (SWVI, 743), oder die Verzerrungen des Menschenbildes in der Schilderung der Wartenden im Krankenhaus (SWVI, 759–63).
2   So Ulrich Fülleborn, *Form und Sinn,* S. 254; Marlene Jäger, *Malte Laurids Brigge,* S. 14, 19, 21f.; Ernst Hoffmann, "Zum dichterischen Verfahren . . ..," S. 208–09.
3   BL, 56: "O was ist das für eine Welt. Stücke, Stücke von Menschen, Theile von Thieren, Überreste von gewesenen Dingen und alles noch bewegt, wie in einem unheimlichen Winde durcheinandertreibend, getragen und tragend, fallend und sich überholend im Fall"; BL, 70: "Was soll einer thun, der vom Leben so wenig begreift, der es sich geschehen lassen muß und erfährt, daß sein eigenes Wollen immer geringer ist, als ein anderer großer Wille, in dessen Strom er manchmal geräth wie ein flußabwärts treibendes Ding? "

sich selber und an der Pariser Wirklichkeit wahrnimmt, manchmal als Fortschritt und manchmal als Symptome des Untergangs empfunden werden, oder daß sein "neues Leben voll neuer Bedeutungen" plötzlich die völlige Auslöschung seiner eigenen Persönlichkeit einzuschließen scheint. Es besteht auch die Möglichkeit, daß diese Veränderungen überhaupt keine lineare, zielstrebige Bewegung darstellen, sondern, wie die "Herzschläge" des Zwischenseins, jeder Substanz entbehren und "ebensowenig wahr und wirklich (sind) wie die Thronrede, die ein Wahnsinniger in der Zwangsjacke vor roh lachenden Wärtern und beängstigten Irren hält . . ." (BT, 407).[4]

Somit werden wir mit der zweiten grundsätzlichen Ambivalenz konfrontiert, die im Gegensatz zwischen "den Leuten" und dem Ich zutagetritt und die der ganzen Perspektive des Romans zugrundeliegt. Das vielleicht deutlichste Beispiel dieses Problems findet man am Ende der Beschreibung des Gemüseverkäufers im 18. Abschnitt:

> Habe ich schon gesagt, daß er blind war? Nein? Also er war blind. Er war blind und schrie. Ich fälsche, wenn ich das sage, ich unterschlage den Wagen, den er schob, ich tue, als hätte ich nicht bemerkt, daß er Blumenkohl ausrief. Aber ist das wesentlich? Und wenn es auch wesentlich wäre, kommt es nicht darauf an, was die ganze Sache für mich gewesen ist? Ich habe einen alten Mann gesehen, der blind war und schrie. Das habe ich gesehen. Gesehen.
>
> (SWVI, 748)

Der Kern dieser Ambivalenz liegt in der Frage nach der Gültigkeit von Maltes Deutungen der inneren und äußeren Wirklichkeit. Es wäre vollkommen legitim, in der Figur des Gemüseverkäufers eine Allegorie von Maltes eigener Lage zu sehen. Seine Blindheit entspräche etwa Maltes Mangel an Einsicht, und der Schrei könnte entweder als Metapher für die in äußerster Not geschriebenen Aufzeichnungen oder auch als Zeichen für die Abwesenheit des Gottes gedeutet werden, zumal letztere Möglichkeit durch Gedichte aus der Entstehungszeit überzeugend belegt ist.[5] Der Leser befindet sich hier in demselben Dilemma wie Malte selbst. Maltes Perspektive determiniert im großen und ganzen die des Lesers, doch prinzipiell bleibt der Leser ein Außenstehender, der die Wahl hat, den Auslegungen Maltes keinen Glauben zu schenken oder sie umzudeuten, so wie Malte selbst vor der Versuchung steht, den Gemüseverkäufer in eine Allegorie seiner eigenen Lage zu verwandeln. Wichtig ist aber vor allem, daß

---

4 Vgl. die Äußerungen im Briefe an Lou Andreas-Salome vom 13. November 1903: "Mein Kampf, Lou, und meine Gefahr liegt darin, daß ich nicht wirklichwerden kann, daß es immer Dinge giebt, die mich verleugnen, Ereignisse, die mitten durch mich durchgehen, wirklicher denn ich und so als ob ich nicht wäre." (BL, 120).

5 SWIII, 766ff.: "In der Ferne seh ich Menschen gehen . . .," SWII, 323: Der Anfänger, SWII, 330: "Wie, wenn ich jetzt aus diesen Einsamkeiten . . .," SWII, 338: Abschnitte aus Capreser Aufzeichnungen, SWII, 367: Ach in der Kindheit, Gott: wie warst du leicht.

Rilke sich hier der Ungewißheit Maltes bedient, um den Leser auf das Problem der Subjektivität aufmerksam zu machen, das im Werke sowohl thematisch, wie hier im 18. Abschnitt, als auch strukturbestimmend wirkt. Maltes Zweifel an der Gültigkeit seines interpretierenden Aufzeichnens ist im Grunde nur eine letzte Verdeutlichung des schon im ersten Satz des ersten Abschnitts enthaltenen Gegensatzes zwischen der Auffassung, die "die Leute" von der Pariser Wirklichkeit haben, und dem Eindruck, den sie auf Malte macht. Von dem 18. Abschnitt auf die früheren zurückblickend muß man unweigerlich die Frage der Subjektivität auch auf diese übertragen; es stellt sich aber dann heraus, daß dieser Faktor schon am Anfang des Buches implizite mitwirkt und in vielen Nuancierungen, wie zum Beispiel in Maltes aggressiver Einstellung zur herkömmlichen Weltanschauung in den "großen Fragen," (Abs. 14), den Gesamteindruck der Aufzeichnungen beeinflußt.

Auch im ersten Abschnitt beginnen sich andere Merkmale der Pariser Wirklichkeit abzuzeichnen, die mit den zwei grundsätzlichen Ambivalenzen nicht ganz identisch sind. Die Art und Weise, wie die Gasse "von allen Seiten zu riechen beginnt," und die Zusammenstellung dieses Geruchs aus "Jodoform, . . . dem Fett von pommes frites, . . . Angst," suggerieren eine quasi-lebendige Wirklichkeit, in der die Attribute der Dinge anfangen, selbständig zu werden. Das ist weder der verzweifelten Subjektivität des Zwischenseins, noch der Möglichkeit eines apokalyptischen "Geschehens" ausschließlich zuzuschreiben, sondern kommt eher einer noch nicht voll entwickelten Synthese dieser Möglichkeiten gleich, wie sie im 5. Abschnitt ausdrücklich dargestellt wird:

> Die Straße war zu leer, ihre Leere langweilte sich und zog mir den Schritt unter den Füßen weg und klappte mit ihm herum, drüben und da, wie mit einem Holzschuh. Die Frau erschrak . . .
>
> (SWVI, 712)

Diese quasi-belebte Wirklichkeit ist bei weitem nicht die Apokalypse selbst, und es ist eine unnötige und irreführende Übertreibung, wenn man, wie Klaus Meyer, von der Pariser Wirklichkeit als solcher sagt:

> In einem solchen reinen, offenen Raum verlöscht das Subjekt als ein solches und nur die Objekte diktieren . . . Indem er fortwährend von dem überwältigt wird, was ihm ringsum begegnet . . ., geschieht es ihm, daß Welt gleichsam die Stelle seines Ich einnimmt, daß er zu nichts als einem Ort wird, an dem das, was er um sich her jeweils an Welt und Wirklichkeit vorfindet, sich noch einmal ereignet, und sich mit Bewußtsein ereignet.[6]

Träfe diese Beschreibung zu, so müßte sich dieses "Verlöschen des Subjekts" auf die Erzählweise so auswirken, daß Malte lediglich imstande wäre, eben nur von

6   Klaus Meyer, *Bild der Wirklichkeit,* S. 51f.

dieser "Welt" und weder von sich selber als vereinzeltes Individuum noch von seiner Stellung innerhalb dieser Welt zu sprechen. Wie im vorigen Kapitel dargelegt wurde, ist das nur in den wenigen Abschnitten der Fall, wo Malte die Gegenständlichkeit des eigenen Ich momentan überwindet und daher nur von der äußeren "Vollzähligkeit" spricht und nicht von seinem Verhältnis zu ihr.[7] Zwar berichtet Malte von Ereignissen, die ihn im Augenblick "überwältigt" haben, aber wenn er sie beschreibt, ist er wieder in Sicherheit und verhält sich zu den Ereignissen, wie auch zu seiner eigenen Teilnahme daran als zu einem bekannten Gegenstand. Wenn manche Ereignisse in der Erzählung durch eine erschreckende Unmittelbarkeit gekennzeichnet sind, so stehen sie meistens innerhalb einer Erzählstruktur, die sie wiederum relativiert. Als Malte im 18. Abschnitt den Sterbenden in der Crémerie beschreibt, so geschieht das *nach* der Auseinandersetzung mit dem Problem der Wirklichkeitsauffassung (SWVI, 748). In streng chronologischer Reihenfolge kommt zuerst das Ereignis selbst, dann der Auftakt am Anfang des 18. Abschnitts, in dem Malte über sein Recht, die Wirklichkeit zu interpretieren, reflektiert, und dann schließlich die Darstellung des Sterbenden in der Crémerie. Diese völlig konventionelle und sich selbst ausdrücklich kommentierende Erzählhaltung als ein "Verlöschen des Subjekts" zu bezeichnen, zeugt von der herrschenden Tendenz in der *Malte*-Literatur, alle Aspekte von Maltes Situation auf den einen gemeinsamen Nenner bringen zu wollen. Rilke selbst hat nur die Unfaßlichkeit der "Lebenselemente" (im Plural), also die für Malte undurchschaubare Wechselwirkung von mehreren, einzeln nicht begreiflichen Faktoren, als Hauptdeterminante von Maltes Situation vorzuschlagen gewußt, und unsere Untersuchung der Malte-Thematik im Frühwerk scheint ihm recht zu geben. Das Thema der unruhigen Oberfläche der Pariser Wirklichkeit ist ohne jeden Zweifel etwas Bedrohliches für Malte; andererseits aber liegt in der leicht subjektiv gefärbten Plastizität dieser Wirklichkeit auch die Möglichkeit einer positiven Veränderung, die zu Maltes Heil ausschlagen könnte.[8]

Wenn sich der erste Abschnitt von *Malte Laurids Brigge* mit den grundsätzlichen Ambivalenzen der Pariser Wirklichkeit und mit Maltes Verhältnis zu ihr befaßt, so beginnt sich in dem zweiten das Schema einer Persönlichkeitsstruktur abzuzeichnen, die die Grundlage für das erste Drittel des Werkes schafft. In diesem Abschnitt fühlt sich Malte der Wirklichkeit hilflos ausgesetzt. Es muß jedoch nochmals betont werden, daß sein Ich dabei zwar bedroht, keineswegs aber "ausgeschaltet" wird.[9] Vielmehr nimmt sein Bewußtsein eine genau

---

7 Siehe oben S. 46.

8 So ermöglicht später beim Weltinnenraumbegriff die Wechselwirkung von Gegenstand und erkennendem Subjekt eine als real konzipierte Modifikation der Dingwirklichkeit, vgl. SWII, 167.

9 Dagegen Klaus Meyer: "Die Dinge der Welt bleiben also . . . nicht in einem Status des 'Gegenüber,' bei dem das Subjekt einerseits ein Bewußtsein von ihnen und von der Welt, und andererseits, davon geschieden, ein Bewußtsein seines eigenen Seins besitzt, sondern

angegebene Stellung in einem metaphorischen Schema ein, das die ersten Umrisse des Persönlichkeitsmodells durchscheinen läßt.

Malte liegt in seinem Bett, "fünf Treppen hoch," und versucht bei offenem Fenster zu schlafen. Das wird zuerst durch die Eindrücke von außen verhindert, dann durch Störungen im Innern des Hauses und schließlich durch das Wiederanwachsen der "Angriffe" von außen:

> ... Automobile gehen über mich hin. Eine Tür fällt zu. Irgendwo klirrt eine Scheibe herunter, ich höre ihre großen Scherben lachen, die kleinen Splitter kichern. Dann plötzlich dumpfer, eingeschlossener Lärm von der anderen Seite, innen im Hause. Jemand steigt die Treppe. Kommt, kommt unaufhörlich. Ist da, ist lange da, geht vorbei. Und wieder die Straße. Ein Mädchen kreischt: Ah tais-toi, je ne veux plus ...
>
> (SWVI, 710).

Das Bewußtsein stellt also den Berührungspunkt der Einflüsse von außen mit denen "von der anderen Seite, innen im Hause" dar. Schon daraus ergibt sich die Beschaffenheit des von Ulrich Fülleborn beschriebenen Prozesses, "in dessen Verlauf die Grenzen des Ich von zwei Seiten durchbrochen werden, von den Tiefen der Außenwelt her und aus den Tiefen des eigenen Inneren heraus."[10] Durch den Wechsel der inneren und äußeren Störungen wird das vorhandene Bewußtsein gleichsam als Grenzgebiet zwischen innerer und äußerer Wirklichkeit definiert, und diese Struktur tritt dann im 4. Abschnitt, jetzt ausdrücklich auf das Ich bezogen, wieder zum Vorschein:

> Ich lerne sehen. Ich weiß nicht woran es liegt, es geht alles tiefer in mich ein und bleibt nicht an der Stelle stehen, wo es sonst immer zu Ende war. Ich habe ein Inneres von dem ich nicht wußte. Alles geht jetzt dorthin. Ich weiß nicht, was dort geschieht.
>
> (SWVI, 711)

Aus der Zusammenstellung der zwei Abschnitte wird deutlich, daß das Haus im zweiten Abschnitt als Metapher für die Gesamtstruktur der Persönlichkeit verstanden werden kann.[11] Innerhalb dieser nimmt das aktive, gegenwärtige Bewußtsein nur einen beschränkten Raum ein, und so ist der Jemand auf der

---

diese beiden Pole erscheinen miteinander verschmolzen und zu einem geworden; der eine Inhalt wird durch den anderen ausgelöscht." (*Bild der Wirklichkeit,* S. 52) Meyer erfaßt einen Aspekt von Maltes Bewußtsein mit diesen Worten, aber die komplementäre Tendenz, die Malte als Persönlichkeit gegen eben diese Auflösung zu kämpfen veranlaßt, wird von Meyer hier ausgeklammert.

10   Fülleborn, *Form und Sinn,* S. 267.

11   Vgl. die metaphorische Gleichsetzung von Haus und Körper am Anfang des 15. Abschnitts: "In dieser Weise ist alles in mir verstreut, — die Zimmer, die Treppen ... und andere enge, rundgebaute Stiegen, in deren Dunkel man ging wie das Blut in den Adern ..." (SWVI, 729)

Treppe ihm ebenso unbekannt wie die Ereignisse im "Inneren, von dem ich nicht wußte." Die Eindrücke von außen haben nichts Geheimnisvolles an sich, denn sie können genau aufgezählt werden; nur entbehren sie jedes sinnvollen Zusammenhangs, genau wie das, was Malte "sehen lernt," sich den Deutungsversuchen des Ich entzieht und das Bewußtsein gleichsam als "Durchgang" benutzt,[12] um sich in die innere Dimension des Ich zu verlieren. Hier muß nochmals hervorgehoben werden, daß sich das gegenwärtige Bewußtsein von seiner Umwelt abhebt. Trotz aller Offenheit den äußeren Einflüssen gegenüber ist das Bewußtsein immer noch in der Lage, das Außen von der inneren Wirklichkeit und sich selbst von beiden deutlich zu unterscheiden. Darüber hinaus kann es, wie im 4. Abschnitt, über diesen Tatbestand reflektieren und auf diese Weise sich seiner Stellung als Bekanntes zwischen zwei Unbekannten — der unfaßlichen Wirklichkeit draußen und den unzugänglichen Tiefen des Innern — vergewissern. Dadurch wird die Identität zwar bedroht und ausdrücklich auf das schmale Grenzgebiet des gegenwärtigen Bewußtseins eingeschränkt, aber solange dieses Bewußtsein sich selbst zum Gegenstand seiner Reflexionen hat, kann von einem "Verlöschen des Subjekts" keine Rede sein.

Im vierten Abschnitt wird auch die Verlangsamung der subjektiven Zeit zum Thema, deren Bedeutung wir oben als Symptom des Zwischenseins erfaßt haben. Es besteht außerdem eine assoziative Verbindung zwischen dieser Ausdehnung der Zeit und dem "Augenblick äußerster Spannung" vor dem Sturz der hohen Mauer im dritten Abschnitt. Wenn dieses Ereignis als Chiffre für ein bevorstehendes apokalyptisches Geschehen verstanden wird, so scheint die "furchtbare Stille," die dem Sturz vorausgeht, vor allem durch die Ausführlichkeit ihrer Evozierung an dieser Stelle eine ähnliche Ausdehnung der Zeit zu bewirken. Damit setzt die Verdrängung des äußerlichen Zeitablaufs durch die verschiedenartigen "Veränderungen" ein, deren Verhältnis zueinander Malte weitgehend dunkel bleibt.

Der 5. Abschnitt konzentriert sich hauptsächlich auf die Herausarbeitung des Gesicht-Motivs. Beim ersten Blick erscheint dieses als eine Weiterentwicklung des Themas der unruhigen Oberfläche der Wirklichkeit, wie sie etwa im "Lachen" und "Kichern" der Glasscherben zum Ausdruck kommt: die Eigenschaften der Dinge und auch der Menschen fangen an, ein eigenes Leben zu führen. Näher betrachtet erweist sich dieses Motiv jedoch als eine *Nuancierung* der Wirklichkeitsoberfläche. Das Gesicht stellt sozusagen die öffentliche Seite der Persönlichkeit dar. Hinter dem Gesicht vermutet man gemeinhin das Vorhandensein einer privaten, inneren Dimension, in die man auf metaphorischer Ebene durch das "Durchsichtig-werden" des Gesichts Einsicht haben könnte. In diesem Abschnitt

---

12 BL, 96f.: ". . . alles jagt durch mich durch, das Wichtige und das Nebensächlichste, und es kann sich kein Kern bilden in mir, keine feste Stelle: ich bin nur der Schauplatz einer Reihe innerer Begegnungen, ein Durchgang und kein Haus!"

wird das Gesicht jedoch als Kleid oder Maske verstanden, und dahinter tut sich keine innere Welt, keine Tiefendimension auf, sondern nur die ebenfalls undurchsichtige "Unterlage, ... das Nichtgesicht" kommt zum Vorschein (SWVI, 712). Auch wenn das Gesicht der alten Frau in ihren Händen liegen bleibt, so gewährt das überhaupt keinen Einblick in eine Tiefenschicht der Pariser Wirklichkeit, sondern Malte sieht nur den "bloßen wunden Kopf ohne Gesicht." Daß auch die *zweite* Oberfläche undurchsichtig bleibt, soll nicht etwa den Schluß rechtfertigen, daß diese Wirklichkeit als ein "Absolutes" zu betrachten wäre,[13] sondern genau das Gegenteil wird durch den ganzen Zusammenhang nahegelegt. So wie Malte die Existenz einer ihm verschlossenen inneren Wirklichkeit annimmt, ohne jeglichen Einblick in sie zu haben, so rechnet er hier mit der Möglichkeit einer entsprechenden Dimensionalität der äußeren Welt. Daß diese sich vorerst als eine nicht weiter einleuchtende Nuancierung der Oberfläche darbietet, spiegelt die inneren Verhältnisse und ihre zeitweilige Beschränktheit genau wider.

Die Vorstellung einer zweifachen Oberfläche läßt sich dann auf das Bewußtsein Maltes übertragen. Indem dieses Bewußtsein beim Vorgang des Nachdenkens und des Aufzeichnens zu seinem eigenen Gegenstand wird, entwickelt es eine Doppelbödigkeit, die jedoch mit dem Dualismus von bewußter Oberfläche und unbewußter Tiefe nicht ganz identisch ist. Wie oben angedeutet wurde, verleiht die Abgrenzung gegen innen und außen diesem gegenwärtigen Bewußtsein den Charakter eines mittleren Bereiches zwischen den beiden anderen. Hier macht aber auch die Gegenständlichkeit des Ich im Augenblick des Aufzeichnens eine Zweiteilung des gegenwärtigen Bewußtseins möglich, die der Unterscheidung von "Gesicht" und "Nichtgesicht" parallel läuft. Aus diesem ganzen Zusammenhang ergeben sich die ersten Koordinaten des Persönlichkeitsmodells, dessen weiterer Ausbau die erste Hälfte der Interpretation von *Malte Laurids Brigge* bilden soll. Im vorigen Kapitel hatte die Darstellung des Zwischenseins bereits Ansätze zu einer solchen Ich-Struktur gezeigt;[14] auf das Verhältnis von Oberfläche und Tiefe innerhalb derselben Persönlichkeit wurde jedoch nicht eingegangen, und so wird ein weiterer Rückgriff auf das Frühwerk erforderlich, um diese Lücke in der Untersuchung auszufüllen.

---

13 So Walter Seifert, *Das epische Werk Rilkes*, S. 207: "... während nach dem Stunden-Buch im Malte-Roman die Realität selbst als das Absolute auftritt."
14 Siehe oben S. 35f.

Analoge Strukturen im Frühwerk

Schon das Florenzer Tagebuch vom Mai 1898 belegt eine Zweiteilung des Ich. Sie tritt im Kontext einer Vision der künstlerischen Selbstvollendung auf und scheint eine Abwandlung des Novalisschen "Weges nach innen" zu sein:

Deshalb muß des Künstlers Weg dieser sein: Hindernis um Hindernis überbrücken und Stufe um Stufe bauen, bis er endlich hineinblicken kann in sich selbst . . . ruhig und klar wie in eine Landschaft. Nach dieser Heimkehr in sich selbst ist eine müßige Freude Tat um Tat; sein Leben ist eine Schöpfung, und es bedarf der Dinge nicht mehr, die außen sind. Er ist weit, und aller Reife Raum ist in ihm.

(TF, 37)

Obgleich der Weg zur Erfüllung ganz deutlich von außen nach innen geht, finden wir hier noch keine qualitative Unterscheidung der Persönlichkeitsschichten vor. Kurz danach aber, im Sommer oder Herbst desselben Jahres, schreibt Rilke in den *Notizen zur Melodie der Dinge:*

Unsere Erfüllungen geschehen weit in leuchtenden Hintergründen. Dort ist Bewegung und Wille. Dort spielen die Historien, deren dunkle Überschriften wir sind. Dort ist unser Vereinen und unser Abschiednehmen, Trost und Trauer. Dort *sind* wir, während wir im Vordergrunde kommen und gehen.

(SWV, 417)

Hier wird die vordergründige Persönlichkeit zur banalen Alltäglichkeit herabgesetzt, und dementsprechend werden die "Erfüllungen" in den Hintergrund verlegt, der jetzt die Aura einer gesteigerten Wirklichkeit annimmt: "Dort *sind* wir . . . ." Nach dieser Differenzierung dauert es nicht lange, bis die äußere Persönlichkeit und ihre Attribute im Zeichen der Einschränkung, ja sogar der Gefangenschaft erscheinen:

Ja es scheint mir geradezu, als wären Worte solcher Art [des alltäglichen Verkehrs] vor den Menschen wie Mauern; und ein falsches, verlorenes Geschlecht verkümmerte langsam in ihrem schweren Schatten.

(SWV, 439)

Der erste Teil des *Stunden-Buchs,* der ungefähr ein Jahr später entsteht, modifiziert dieses Schema insofern, als der Gott nunmehr als "der dunkle Unbewußte" das schöpferische Zentrum der Persönlichkeit besetzt hat.[15] Zwar besteht die Möglichkeit einer Trennung zwischen Ich und Gott durch die

---

15 Vgl. auch SWI, 254: "Doch wie ich mich auch in mich selber neige: / *Mein* Gott ist dunkel und wie ein Gewebe / von hundert Wurzeln . . ."

"Wände" oder "Mauern," die die "Bilder" des Gottes darstellen, aber in diesem Zusammenhang bedeutet das kein unüberwindliches Hindernis. Erst in den Wochen vor der Krise des Zwischenseins im Spätherbst 1900 steigert sich das Mauer-Motiv zum deutlichen Symbol der Ich-Spaltung:

> Ich aber geh durch die Winde der Erde
> auf die wachsende Mauer zu,
> hinter welcher in unbegriffener Trauer
> meine Seele wohnt . . .

(BT, 72)

Da auch das Verhältnis zum Gott in dieser Zeit äußerst prekär wird, so überrascht es nicht, wenn ein Gedicht vom 25. November 1900 ein Bild der Ich-Struktur entwirft, in dem der Gott nicht mehr das Zentrum der Persönlichkeit bewohnt, sondern nur "Gefühle" seinen Inhalt ausmachen:

> Alles ging mir aus dem Herzen fort,
> ich wußte nicht erst wohin;
> aber dann fand ich sie alle dort,
> alle Gefühle, das, was ich bin,
> stand versammelt und drängte und schrie
> an den vermauerten Augen, die sich nicht rührten . . .

(SWI, 468)

Einige Wochen später tritt das Bild des leeren Brunnens als Metapher für das Zwischensein auf, und man ist versucht, hierin einen fast kausalen Zusammenhang zu erkennen. Wenn der Gott nicht mehr als Kern der Ich-Struktur vorhanden ist, wird dieser Bereich zum Spielraum rein subjektiver Kräfte; dieser Zustand erweist sich dann als völlig labil und löst sich in einer als wirklich erfahrenen Trennung von Oberfläche und Kern auf; das wirkt sich dann auf das oberflächliche Bewußtsein so aus, daß diese eine Schicht jetzt die nicht mehr wirksame Komplementarität von Oberfläche und Kern vorzutäuschen gezwungen ist, indem sie sich etwa in die komplementären Metaphern von Brunnen und fallendem Gegenstand teilt; ein solches Bild jedoch weist zugleich auf das Motiv der Gefangenschaft innerhalb der eigenen Subjektivität hin, und so erscheint diese Gegenständlichkeit des gegenwärtigen Bewußtseins nicht als positive Wechselbeziehung, sondern vielmehr im Zeichen der Isolierung und der Persönlichkeitsspaltung.

Im dritten Teil des *Stunden-Buchs* vom April 1903 wird wohl als weitere Konsequenz dieser Entwicklung der Versuch gemacht, den "großen Tod" ins Zentrum des Ich zu stellen:

> Denn wir sind nur die Schale und das Blatt.
> Der große Tod, den jeder in sich hat,
> das ist die Frucht, um die sich alles dreht.

(SWI, 347)

Rilke ist offensichtlich bestrebt, diesen unzugänglich gewordenen Bereich dadurch in ein komplementäres Schema wieder einzubeziehen, daß er ihm einen neuen ideellen Inhalt verleiht. Zuerst hat die Geliebte diese Funktion erfüllt, dann der Gott, dann die "Gefühle" und schließlich der "große Tod." Nach den ersten Abschnitten von *Malte Laurids Brigge* zu urteilen, hält diese Lösung nur kurze Zeit vor. Der wesenhafte, individuelle Tod als Kern der Persönlichkeit wird in eine quasi-mythische Vergangenheit zurückverlegt (Abs. 8), und obgleich an der Existenz eines Kernes unbedingt festgehalten wird, bleibt dieser dem oberflächlichen Bewußtsein völlig problematisch. Es ist durchaus möglich, daß Rilke während der Entstehungsperiode von *Malte Laurids Brigge* gelegentlich Ansätze zu einer Wiederherstellung der idealen Komplementarität von 1899 macht. Eine *Morgenandacht* vom August 1905 bietet ein typisches Beispiel für diese Tendenz:

> Du mußt für dich selbst eine Welt sein und dein Schweres muß in deiner Mitte sein und dich anziehen. Und eines Tages wird es wirken über dich hinaus mit seiner Schwerkraft auf ein Schicksal, auf einen Menschen, auf Gott. Dann kommt Gott in dein Schweres wenn es fertig ist. Und welche Stelle wüßtest du sonst, um mit ihm zusammenzukommen?

(SWV, 683)

Hierin könnte man die Umrisse einer idealen Lösung der gesamten *Malte*-Problematik erkennen, bestünde diese Lösung nicht so eindeutig in der Rückkehr zu einer früheren Phase von Rilkes dichterischer Entwicklung. Tatsächlich hat Rilke im Sommer 1904 nach der ersten Arbeit an *Malte* eine weitere Fortsetzung des *Stunden-Buchs* begonnen. Diese verrät eine unerwartet bejahende Einstellung zum Gottesverhältnis: "Da kenn ich Dich und was mich von Dir trennte / ist fortgenommen und mit Dir vertauscht" (SWIII, 779), aber sie bleibt im Ansatz stecken und gedeiht nicht über 14 Zeilen hinaus. Denn wie wir bereits im vorigen Kapitel sahen, ist der Gott in der Entstehungsperiode von *Malte Laurids Brigge* eher durch seine totale Abwesenheit gekennzeichnet.

Dieser Rückgriff auf das Frühwerk war nötig, um die Prämissen zu klären, auf denen das Persönlichkeitsmodell aufgebaut wird. Dadurch wurde eine für die spätere Untersuchung wichtige Einsicht zutage gefördert: die Verbindung nämlich, die zwischen dem Entschwinden des Gottes und der Teilung des gegenwärtigen Bewußtseins besteht. So kommt es dazu, daß die Unzugänglichkeit des Ich-Zentrums in den ersten Abschnitten von *Malte Laurids Brigge* sich ebenfalls in der zwiespältigen Gegenständlichkeit des vordergründigen Bewußtseins auswirkt. Eine Maxime von Novalis lautet: "Wo keine Götter sind, walten Gespenster." Das läßt sich fast wörtlich auf die Ich-Struktur im ersten Drittel von *Malte Laurids Brigge* anwenden. Wenn der Gott nicht mehr die Stabilität des Zentrums garantiert, so kommt diesem Zentrum eine reiche Auswahl an möglichen Inhalten zu. Es wird zur Quelle der Kindheitserinnerungen wie auch der Einbrüche des "Unerhörten," zum Bereich überwältigender Ängste und vielleicht auch zum Wohnsitz des "verheimlichten Unheimlichen," des "Zwischengottes."

Die Oberfläche des Lebens

Oben wurde behauptet, daß die Grundstruktur von Maltes Persönlichkeit auf einer Gegenüberstellung von Oberfläche und Kern basiert. Anzeichen einer entsprechenden Struktur der äußeren Wirklichkeit wurden aufgezeigt, besonders im 5. Abschnitt, wo das Gesicht-Motiv als Verkleidung oder Maske erscheint. Malte betrachtet die Pariser Wirklichkeit als eine Oberfläche, vielleicht eine, die nach dem Gesicht-Modell "Löcher hat, an vielen Stellen dünn wie Papier ist" (SWVI, 712), aber diese Einsicht erweitert sich vorläufig nicht zu einer Kenntnis von dem, was unter der Oberfläche liegen mag. Stattdessen wird Malte mit dem "Nicht-Gesicht" konfrontiert, einem Phänomen, das sehr stark an die zwitterhaften Erscheinungen des Zwischenseins erinnert. Die Bedeutung dieses Nicht-Gesichts scheint darin zu liegen, daß eine abgenutzte, hinfällig gewordene Wirklichkeit nicht unbedingt von einer neuen, substantiellen Wirklichkeit abgelöst werden muß, sondern eher in einem Zustand völliger Indifferenz enden kann. Das entspricht auch der Ambivalenz der von Malte wahrgenommenen Veränderungen, die sich im Rahmen der mehrmals betonten Subjektivität seiner Wirklichkeitauslegung als mehr oder weniger zufällige Symptome der Vereinzelung und Entfremdung entpuppen könnten. Da überhaupt jede Bewegung einer solchen statischen Wesenlosigkeit vorzuziehen ist, muß Malte immer wieder versuchen, in diesen Veränderungen Beweise für das Vorhandensein zielstrebiger Prozesse zu entdecken, auch wenn diese dann die Möglichkeit eines apokalyptisch gesehenen Untergangs in sich bergen. So entwirft Malte im 3. Abschnitt das Bild der Stille, das die mehr als alles andere gefürchtete Indifferenz des Zwischenseins mit Andeutungen eines apokalyptischen Geschehens verbindet.

Die "Geräusche" im zweiten Abschnitt waren schon an sich Bedrohung genug, eben weil sie jedem ordnenden Deutungsversuch so musterhaft widerstehen. Die "Geräusche" bedrängen das Ich, das sie weder ignorieren kann, noch in ihnen irgendwelchen Sinnzusammenhang zu erkennen vermag. Freilich wird für den Leser die Stellung des gegenwärtigen Bewußtseins durch die Schilderung der Geräusche genau festgelegt, aber diese Abstrahierung wird von Malte selbst nicht vollzogen und gereicht ihm keineswegs zum Troste. Auf die Zufälligkeit der Geräusche erfolgt die noch furchtbarere Negativität der Stille. Marlene Jäger hat ganz richtig auf die "Abwesenheit der Dinge," die Rilke selbst im Gespräch mit Maurice Betz hervorgehoben hat, als Thema und als Darstellungsprinzip in *Malte Laurids Brigge* hingewiesen,[16] und die gesteigerte Furchtbarkeit dieser Abwesenheit aller Geräusche liegt wohl in ihrer Ähnlichkeit zur statischen, völlig unauslegbaren Indifferenz des Zwischenseins. Bezeichnenderweise aber läßt es Malte bei dieser "Abwesenheit" nicht bewenden, sondern stellt einen Vergleich auf, der dieser Stille eine deutliche Tendenz verleiht. Die Abwesenheit der Geräusche wird zu einem "Augenblick äußerster Spannung," in dem "alles steht und wartet . . . auf den schrecklichen Schlag," auf den Sturz "einer hohen Mauer, hinter welcher das Feuer auffährt" (SWVI, 710). Die Verwendung des Mauer-Motivs sowohl im Frühwerk als auch in *Malte Laurids Brigge* weist im allgemeinen auf einen symbolischen Zusammenhang hin, in dessen Zentrum die Beschränktheit des jeweils gegenwärtigen Bewußtseins steht. So trennt im Briefgedicht von 1900 eine "wachsende Mauer" das lyrische Ich von seiner komplementären "Seele;"[17] so bemerkt eine fiktive Gestalt im Tagebuch vom 16. April desselben Jahres: "Wir haben alle Mauern für durchsichtig gehalten. In welchem Irrtum sind wir da aufgewachsen." (BT, 260); so beschreibt Malte im 18. Abschnitt geradezu zwangsläufig die "letzte (Mauer) der früheren (Häuser)" und sagt zum Schluß:

> Man wird sagen, ich hätte lange davor gestanden; aber ich will einen Eid geben dafür, daß ich zu laufen begann, sobald ich die Mauer erkannt hatte. Ich erkenne das alles hier, und darum geht es so ohne weiteres in mich ein: es ist zu Hause in mir.
>
> (SWVI, 751).

Das Bild der Mauer im 3. Abschnitt reiht sich mühelos in diesen Zusammenhang ein. Der Sturz dieser Mauer kommt der gewaltsamen Entfernung der Wirklichkeitsoberfläche gleich, wird als "schrecklicher Schlag" gefürchtet, aber stellt trotzdem ein "Geschehen" dar, das sich ja auch als notwendige Vorstufe zu einer Erneuerung der Wirklichkeit erweisen könnte.[18]

Die Nuancierung der Oberfläche im 5. Abschnitt bestätigt die Möglichkeit nicht, noch verneint sie diese. Sie betont vielmehr, daß auch die "zweite Oberfläche" durch eine ähnliche Undurchsichtigkeit gekennzeichnet wird, und dieses Thema wird dann überraschenderweise anhand des Todesmotivs im 6. und

---

16 Marlene Jäger, *Malte Laurids Brigge,* S. 78ff.
17 BT, 72.
18 Es läßt sich tatsächlich eine überraschende Übereinstimmung zwischen den apokalyptischen Vorstellungen im *Fragment von den Einsamen* (1903) und folgenden Zeilen aus dem Jahre 1909 feststellen:

> Erst wenn wir wieder unsern Untergang
> in dich verlegen, nicht nur die Bewahrung,
> wird alles dein sein . . .
> Damit entstehe, was du endlich stillst,
> mußt du uns überfallen und zerfetzen . . . (SWII, 368f.)

7. Abschnitt weiterentwickelt. Denn auch der Tod in Paris erscheint als Oberfläche. Von den "kleinen Omnibussen," die die Sterbenden ins Hotel-Dieu bringen, schreibt Malte:

> Es ist zu bemerken, daß diese verteufelten kleinen Wagen ungemein anregende Milchglasfenster haben, hinter denen man sich die herrlichsten Agonien vorstellen kann; dafür genügt die Phantasie einer Concierge. Hat man noch mehr Einbildungskraft und schlägt sie nach anderen Richtungen hin, so sind die Vermutungen geradezu unbegrenzt.

(SWVI, 713)

Hier kommentiert Malte in ironisch-indirekter Weise seine eigenen Deutungen der Pariser Wirklichkeit. Die Milchglasfenster sind "anregend," indem sie als undurchsichtige Oberfläche Malte geradezu auffordern, sich ein Bild von dem, was dahinterliegt, zu machen. Wenn er sich "Agonien" vorstellt, so werden sich diese aller Wahrscheinlichkeit nach mit der Realität decken: die Wagen enthalten Sterbende. Das wird aber mit etwas gespielter Arroganz abgelehnt, eben weil diese Agonien selbst, wie das Nicht-Gesicht oder das Feuer hinter der sich neigenden Mauer, nur eine zweite, ebenfalls undurchsichtige Oberfläche sind. Wenn man aber seine Einbildungskraft "nach anderen Richtungen hin schlägt," also von der Faktizität des Sterbens absieht und die Milchglasfenster als repräsentativ für die Oberfläche der Pariser Wirklichkeit als solche betrachtet, so werden die Vermutungen in dem Sinne "geradezu unbegrenzt," daß jede Vorstellung vom "Kern" oder "Grund" dieser Wirklichkeit – wenn man nach den in den ersten Abschnitten gegebenen Andeutungen urteilt – ebenso wahrscheinlich ist, wie jede andere.

Im folgenden Abschnitt wird die Nuancierung des Todes fortgesetzt, indem der "fertig gemachte Tod" als Verkleidung einer nicht näher definierbaren Wirklichkeit erscheint:

> Da stehen dann die Armen vor so einem Haus und sehen sich satt. Ihr Tod ist natürlich banal, ohne alle Umstände. Sie sind froh, wenn sie einen finden, der ungefähr paßt. Zu weit darf er sein: man wächst immer noch ein bißchen. Nur wenn er nicht zugeht über der Brust oder würgt, dann hat es seine Not.

(SWVI, 714).

Der Tod hat hier seine Funktion als letzte existentielle Realität eingebüßt und dient Malte, wie im vorigen Abschnitt die Milchglasfenster, als Anlaß zu bitter-ironischen Mutmaßungen und Vergleichen. Die assoziative Verbindung der Motive: Kleid, Mauer und Gesicht (im Sinne von Maske) ist ebenfalls bemerkenswert, weil sie fortwährend auf Entsprechungen zwischen dem Ich-Modell und der Beschaffenheit der äußeren Welt aufmerksam macht. Im vorigen Kapitel sahen wir, wie das Entkleidungsmotiv die Überwindung der Gegenständlichkeit innerhalb des Bewußtseins bedeutete,[19] und in *Malte* bewirkt die Metapher des Kleides oder der Maske die Vorstellung einer zweifachen Wirklichkeitsoberfläche. Im Frühwerk steht das Mauer-Motiv häufig für eine negative Begrenzung des vorhandenen Bewußtseins, und in *Malte* fungiert es als Zeichen zugleich der Oberflächlichkeit des Vorhandenen und der eigenen beschränkten Einsicht in die Wirklichkeitsstruktur.[20] Die letzte Mauer der abgerissenen Häuser ist deshalb in Malte selbst "zu Hause," weil sie der Unkenntlichkeit der Inhalte seines eigenen "Inneren" genau entspricht.

Schließlich versucht Malte im 14. Abschnitt im Rahmen der "großen Fragen," sich Rechenschaft über diese Nuancierung der Oberfläche abzulegen:

> Ist es möglich, daß man trotz Erfindungen und Fortschritten, trotz Kultur, Religion und Weltweisheit an der Oberfläche des Lebens geblieben ist? Ist es möglich, daß man sogar diese Oberfläche, die doch immerhin etwas gewesen wäre, mit einem unglaublich langweiligen Stoff überzogen hat, so daß sie aussieht wie die Salonmöbel in den Sommerferien?
> Ja, es ist möglich.
>
> (SWVI, 727)

Es bedarf keines weiteren Kommentars, daß hier die zweite, "falsche" Oberfläche im Bild eines Stoffüberzugs, einer "Verkleidung" im wörtlichen Sinne, wieder auftritt. Hier wird in erster Linie das allgemeine Mißverständnis der historischen Vergangenheit hervorgehoben, und auf inhaltlicher Ebene darf man dieses Thema als eine Weiterführung des im ersten Abschnitt schon angekündigten Gegensatzes zwischen Maltes Weltbild und dem von den "Anderen" bezeichnen. In struktureller Hinsicht dagegen erfüllt dieses Thema genau dieselbe Funktion wie die Trivialisierung des Todes im 7. Abschnitt, nämlich das Vorhandene, Herkömmliche seiner Substanz zu berauben, ohne eine greifbare Alternative dafür vorzuschlagen. Das in den sechs ersten Fragen mit einer jeweils anderen Betonung verurteilte Mißverständnis der Vergangenheit und der Gegenwart hat daher auch einen eigenartig beispielhaften Charakter, indem es die Übertragung der Vorstellung einer doppelten Oberfläche auf das Leben als solches und insbesondere auf Maltes eigene Wirklichkeitserfahrung in den vorigen Aufzeichnungen sowohl nahelegt als auch begrifflich untermauert. Wenn die Pariser Wirklichkeit schon mit einem maskenhaften Gesicht oder mit einer sich zum Sturz neigenden Mauer auf assoziativer Ebene gleichgesetzt worden ist, und

---

19   Siehe oben S. 52f.
20   Vgl. SWVI. 743: "Feucht vom Speichel des Schicksals kleben sie an einer Mauer, an einer Laterne, an einer Plakatsäule..." oder SWVI, 765: "Ich kann mich nicht erinnern, wie ich durch die vielen Höfe hinausgekommen war. Es war Abend, und ich verirrte mich in der fremden Gegend und ging Boulevards mit endlosen Mauern in einer Richtung hinauf... Ich wußte nicht, in welcher Stadt ich war und ob ich hier irgendwo eine Wohnung hatte und was ich tun mußte, um nicht mehr gehen zu müssen..."

wenn dem Tode kraft ähnlicher Bildassoziationen dieselbe Vordergründigkeit und Scheinhaftigkeit unterstellt wird, so ist die Behauptung nicht fehl am Platze, daß Fragen wie die folgende schon im voraus beantwortet worden sind:

> Ist es möglich . . ., daß man noch nichts Wirkliches und Wichtiges gesehen, erkannt und gesagt hat? Ist es möglich, daß man Jahrtausende Zeit gehabt hat, zu schauen, nachzudenken und aufzuzeichnen, und daß man die Jahrtausende hat vergehen lassen wie eine Schulpause, in der man sein Butterbrot ißt und einen Apfel?

(SWVI, 726)

Die zweifache Oberfläche des Lebens ist nicht nur für Malte sondern auch für die Menschen überhaupt ein negativer, dem Zwischensein ähnlicher Zustand, weil die sowieso auf der "Oberfläche des Lebens" Existierenden nicht mit dessen Zentrum sondern eben mit der zweiten, "falschen" Oberfläche in Verbindung stehen. Daraus ergibt sich im *Buch von der Armut und vom Tode* die Verurteilung der großen Städte als "Lüge" und "Täuschung" und das eigentümliche Motiv des Sich-entkleidens als Befreiung aus diesem Zustand. Deutlicher noch in bezug auf die Bildhaftigkeit von *Malte Laurids Brigge* ist diese Stelle aus dem *Buch von der Pilgerschaft:*

> Zufälle sind die Menschen, Stimmen, Stücke,
> . Alltage, Ängste, viele kleine Glücke,
> verkleidet schon als Kinder, eingemummt,
> als Masken mündig, als Gesicht — verstummt.

(SWI, 316)

Wenn nun die Struktur der Persönlichkeit Maltes die Beschaffenheit der äußeren Wirklichkeit widerspiegeln soll, so kann sein gegenwärtiges Bewußtsein in zweierlei Hinsicht als doppelte Oberfläche verstanden werden. Erstens steht die Tatsache, daß er in den meisten Aufzeichnungen des ersten Drittels sich selbst und seine eigenen Gefühle zum Gegenstand hat, als Zeichen dafür, daß keine beglückende Vereinfachung der Ich-Struktur und entsprechende Verschmelzung mit der Wirklichkeit möglich ist; zweitens wird im Verlauf der "großen Fragen" klar, daß seine Emanzipation von dem allgemeinen Mißverständnis des Lebens bei weitem noch keine positive, wahrheitsgemäße Weltanschauung beinhaltet. Vielmehr endet seine Kritik in einer Annäherung an das apokalyptische Thema, das hier, wie auch im Frühwerk, Chiffre für eine reale Hilflosigkeit ist:

> Wenn aber dieses alles möglich ist, auch nur einen Schein von Möglichkeit hat, — dann muß ja, um alles in der Welt, etwas geschehen. Der Nächstbeste, der, welcher diesen beunruhigenden Gedanken gehabt hat, muß anfangen, etwas von dem Versäumten zu tun; wenn es auch nur irgend einer ist, durchaus

nicht der Geeignetste: es ist eben kein anderer da. Dieser junge, belanglose
Ausländer, Brigge, wird sich fünf Treppen hoch hinsetzen müssen und
schreiben, Tag und Nacht, ja er wird schreiben müssen, das wird das Ende
sein . . .

(SWVI, 728)

Daß "etwas geschehen muß," daß dieses Geschehen in irgenwelchem Sinne "das
Ende sein" wird, und daß Malte selbst die Verantwortung dafür übernehmen
möchte, indem er durch seine Aufzeichnungen eine Richtigstellung der Vergangenheit anbahnt — das alles deutet auf eine Modifikation des Themas hin, das in
der Evozierung der "furchtbaren Stille" im dritten Abschnitt angekündigt wird.
Vorläufig aber teilt sich Maltes gegenwärtiges Bewußtsein in eine Spiegelung der
allgemeinen, falschen Weltanschauung und in deren distanzierte Ablehnung.
Malte weiß genau, wie sich die "Anderen" zur Vergangenheit und zur
gegenwärtigen Wirklichkeit verhalten, und er ist insofern davon emanzipiert, als
er demgegenüber eine verurteilende Haltung einnehmen kann. Diese Haltung aber
eröffnet vorerst keine neue Perspektive auf die Vergangenheit als solche, sondern
höchstens auf das äußerst beschränkte Gebiet von Maltes eigener Kindheit. In
dem Nebeneinander von herkömmlicher Wirklichkeitsauffassung und deren
Ablehnung innerhalb des gegenwärtigen Bewußtseins erkennt man eine deutliche
Parallele zum Verhältnis von Gesicht und "Unterlage" im 5. Abschnitt. So wie
die Gesichter, die eins nach dem anderen aufgesetzt und abgenutzt werden, den
Charakter einer mehr oder weniger zufälligen Oberflächlichkeit annehmen und
"die Unterlage, das Nichtgesicht" etwa der Tarnung einer "echten," durch ihre
deformierende Verkleidung unkenntlich gewordenen Wirklichkeit entspricht, so
erkennen wir auch in der Episode der "großen Fragen" eine entsprechende
Zusammenstellung von falscher, öffentlicher Pseudo-Wirklichkeit und von
undurchsichtiger, individueller "Unterlage." Die "Undurchsichtigkeit" besteht
darin, daß die erforderliche Richtigstellung der Vergangenheit noch nicht in
Angriff genommen worden ist, und daß die Mittel, die Malte bei seinem Versuch
zur Verfügung stehen werden, kaum adäquat sind, um dieses universale
Mißverständnis aufzuklären. Wie der 15. Abschnitt beweist, bietet sich lediglich
die eigene Kindheit als einzig positiver Stoff für seine berichtigenden Auslegungen an, und der ironische Kontrast zwischen der Darstellung dieser
Kindheitserinnerungen — so repräsentativ in ihrer Mythisierung sie auch sein
mögen, — und dem apokalyptisch anmutenden "das wird das Ende sein . . .," mit
dem sie eingeleitet werden, ist nicht zu übersehen.
    Das gegenwärtige Bewußtsein Maltes darf also als zweifache Spiegelung der
nuancierten Wirklichkeitsoberfläche bezeichnet werden. Die daraus resultierende
existentielle Problematik, die in der *Malte*-Literatur gemeinhin unter die Rubrik

des "Ich- und Wirklichkeitsverlusts" zusammengefaßt wird,[21] läßt sich erstaunlich früh im Rilkeschen Werk aufzeigen, wie in diesen Zeilen aus dem Sommer 1898:

> O daß wir so endlos werden mußten!
> Immer noch Entfalten um Entfalten,
> und wir haben unserer Kälte Krusten
> lange, lange für den Grund gehalten.

(SWI, 187)

Hier, wie auch später in *Malte Laurids Brigge,* dient die vielfältige Oberfläche des Ich dazu, jeden Kontakt mit den "Tiefen" oder dem Kern zu verhindern.[22] Indem das gegenwärtige Bewußtsein diese hart und undurchsichtig gewordene Oberfläche mit seinem "Grunde" verwechselt, entsteht jene radikale Skepsis gegenüber allen Wirklichkeitserscheinungen, die zur Unfaßlichkeit der Lebenselemente wesentlich beiträgt und die anscheinend nur durch die ebenso radikale Vereinfachung aufgewogen werden kann, die in der Verneinung aller "Auswahl und Ablehnung" besteht.[23] Diese Skepsis liegt der Aggressivität der "großen Fragen" ebenso wie der passiven Hilflosigkeit anderer Abschnitte zugrunde und erschwert jede Differenzierung der Probleme, vor die Malte gestellt wird. Die Erforschung der eigenen Kindheit stellt offensichtlich den Versuch dar, diesem Zustand abzuhelfen, und tatsächlich scheint sie am Anfang diese Funktion ohne weiteres zu erfüllen. Es stellt sich jedoch im weiteren Verlauf des Buches heraus, daß auch der Kindheit eine eigene Problematik innewohnt, die ihren Wert als Gegengewicht zur Pariser Wirklichkeit wiederum in Frage stellt.[24]

Die Parallele zwischen diesem Aspekt des Ich-Modells und der nuancierten Oberfläche der äußeren Wirklichkeit birgt noch ein negatives Moment in sich, das ebenfalls zur Verwirrung der Ausgangssituation beiträgt. Indem Malte die Hypothese einer doppelten Wirklichkeitsoberfläche aufstellt, und die entsprechende Verfassung seines gegenwärtigen Bewußtseins durch vielfältige Assoziationen sichtbar geworden ist, hat sich das Erzähler-Ich geradezu als eine Oberfläche definiert, die jeden Kontakt mit ihrem "Kern" verloren hat. Genau wie das Unruhig- oder Lebendig-werden der Pariser Wirklichkeit auf ein

---

21   So Klaus Meyer, *Bild der Wirklichkeit,* S. 52: ". . . die unvollziehbare Situation, die sich durch das 'Weltloswerden' des als ein 'Welthabendes' angelegten Subjekts ergibt, vgl. auch dazu Fülleborn, *Form und Sinn,* S. 267.

22   Auf ähnliche Weise scheint in den Briefen von 1903 das Großstadterlebnis, das sich als das Bewußtsein einer quälenden "Oberflächlichkeit" gestaltet, eine Entfremdung vom Kern der Persönlichkeit zu bewirken: ". . . und schließlich fehlt mir die Kraft, es aus mir aufzuheben und ich gehe bang mit meinen beladenen Tiefen umher und erreiche sie nicht." (BL, 69)

23   SWVI, 775 und B06–07, 393.

24   Siehe unten S. 147 und 161.

bevorstehendes, umwälzendes Geschehen hinzudeuten scheint, so bereiten die aus der unkenntlichen "Tiefe" des Ich aufsteigenden Bilder oder Einsichten eine in gleichem Maße radikale Veränderung des vorhandenen Bewußtseins vor. Wie Ulrich Fülleborn gezeigt hat, geht es hier vor allem um das Thema der "Zeit der anderen Auslegung."[25]

Im 18. Abschnitt behauptet Malte, den Sterbenden in der Crémerie deswegen begreifen zu können, "weil auch in mir etwas vor sich geht, das anfängt, mich von allem zu entfernen und abzutrennen" (SWVI, 755). Im folgenden wird klar, daß dieser Prozeß ihm auch mit der Auslöschung seiner Identität droht:

> Wenn meine Furcht nicht so groß wäre, so würde ich mich damit trösten, daß es nicht unmöglich ist, alles anders zu sehen und doch zu leben. Aber ich fürchte mich, ich fürchte mich namenlos vor dieser Veränderung. Ich bin ja noch gar nicht in dieser Welt eingewöhnt gewesen, die mir gut scheint. Was soll ich in einer anderen?
>
> (SWVI, 755–6)

Um auf die skizzierte Ich-Struktur zurückzugreifen – diese endgültige "Veränderung" bedeutet die völlige Umgestaltung der oberflächlichen Persönlichkeit infolge einer Integration von Oberfläche und Kern. Da Maltes gegenwärtiges Bewußtsein in einer Zeit der Entfremdung von Oberfläche und "Tiefe" Gestalt gewonnen hat, ist es eher durch die negative Komplementarität von "Gesicht" und "Maske" als durch die positivere von "Gesicht" und "Innerem" geprägt worden. Die daraus resultierende Gegenständlichkeit innerhalb des Bewußtseins steht sogar der *Vorstellung* einer möglichen Einheit im Wege, und so fährt Malte fort:

> Noch eine Weile kann ich das alles aufschreiben und sagen. Aber es wird ein Tag kommen, da meine Hand weit von mir sein wird, und wenn ich sie schreiben heißen werde, wird sie Worte schreiben, die ich nicht meine. Die Zeit der anderen Auslegung wird anbrechen, und es wird kein Wort auf dem anderen bleiben, und jeder Sinn wird wie Wolken sich auflösen und wie Wasser niedergehen. Bei aller Furcht bin ich schließlich doch wie einer, der vor etwas Großem steht, und ich erinnere mich, daß es früher oft ähnlich in mir war, eh ich zu schreiben begann. Aber diesmal werde ich geschrieben werden. Ich bin der Eindruck, der sich verwandeln wird. Oh, es fehlt nur ein kleines, und ich könnte das alles begreifen und gutheißen. Nur ein Schritt, und mein tiefes Elend würde Seligkeit sein. Aber ich kann diesen Schritt nicht tun, ich bin gefallen und kann mich nicht mehr aufheben, weil ich zerbrochen bin.
>
> (SWVI, 756)

---

25 Fülleborn, *Form und Sinn,* S. 268f.

Es ist durchaus typisch für Maltes Bewußtseinsstruktur im ersten Drittel des Buches, daß auch seine Vorstellung der "anderen Welt" die Gegenständlichkeit des eigenen Bewußtseins als Thema einschließt. Auch wenn er in der "Zeit der anderen Auslegung" zum Instrument unpersönlicher Kräfte wird, so bleibt die Teilung des Ich in Zuschauer und Gegenstand noch bestehen. Wenn seine Hand "Worte schreiben" wird, die er nicht meint – der Inhalt der "anderen Auslegung" muß ja seiner "alten," durch die gegenseitige Entfremdung von Oberfläche und Kern bestimmten Persönlichkeit unzugänglich bleiben – so bleibt immer noch ein Teil seines bisherigen Bewußtseins aktiv genug, um diesen Vorgang zu beobachten.

Hier haben wir es mit einer sehr subtilen Perspektivierung der Erzählhaltung zu tun. Die positive Seite von Maltes Vision der "Zeit der anderen Auslegung" müßte darin bestehen, daß diese radikale Veränderung die entartete, durch Verdoppelung der Oberfläche wesenlos gewordene Wirklichkeit aufheben sollte. Nach dem Schema vom dritten Teil des *Stunden-Buchs* entspricht die Ersetzung der "lügenhaften" Großstadtrealität durch Bilder einer substanziellen Natur dem Übergang von der Armut der Stadtbewohner als einer Verzerrung des Mensch-seins zur Verherrlichung der idealen Armen:

> Betrachte sie und sich, was ihnen gliche:
> sie rühren sich wie in den Wind gestellt
> und ruhen aus wie etwas, was man hält.
> In ihren Augen ist das feierliche
> Verdunkeltwerden lichter Wiesenstriche,
> auf die ein rascher Sommerregen fällt.

(SWI, 358)

Auch in *Malte* erscheint das Motiv eines zukünftigen Geschehens im Zeichen der Abschaffung der falschen, nuancierten Oberflächlichkeit des Lebens.[26] Ihr sollte dann auf individueller Ebene eine ähnliche Veränderung innerhalb des Ich entsprechen, die, wie die ideale Armut, jede Unwirklichkeit und Zwiespältigkeit beseitigt. In diesem Sinne sieht sich Malte vor "etwas Großem" stehen, denn diese "andere Auslegung," in der "jeder Sinn . . . wie Wolken sich auflösen und wie Wasser niedergehen" wird, muß ja in ihrem radikalen Anderssein das genaue Gegenteil von Maltes gegenwärtiger Lage sein.

Was soll es aber bedeuten, wenn Malte im oben angeführten Passus aus dem 18. Abschnitt dieselbe Gegenständlichkeit des eigenen Bewußtseins, die in der Ausgangssituation des Werkes herrscht, auch in diesen zukünftigen Zustand hineinprojiziert? Heißt es nicht eben, das "Große," vor dem er steht, dadurch zu relativieren, daß seine eigene Teilnahme an diesem Ereignis durch dieselbe innere Zwiespältigkeit gestört wird, die in seinen bisherigen Aufzeichnungen seinen

26   SWVI, 728 und 756.

Niederschlag findet? Oder deutet eben diese Widersprüchlichkeit auf den Grund, warum er sich vor der "anderen Auslegung" maßlos fürchten muß und warum das apokalyptische Geschehen sich niemals ereignet?

Die Intensität seiner "namenlosen Furcht" bleibt unbegreiflich, wenn wir sie nicht als Ausdruck der beschränkten Perspektive einer Persönlichkeit betrachten, die sich ihrer Vorläufigkeit und Oberflächlichkeit bewußt geworden ist. Ein höherer Grad an Distanzierung oder Übersicht ergäbe eine Haltung wie in diesem Gedicht vom Sommer 1909:

> . . . Du Notnacht voller Röte,
> du Feuerschein, du Krieg, du Hunger: töte:
> denn du bist unsere Gefahr.
>
> Erst wenn wir wieder unseren Untergang
> in dich verlegen, . . .
> wird alles dein sein . . .
> Damit entstehe, was du endlich stillst,
> mußt du uns überfallen und zerfetzen;
>
> (SWII, 368)

Um der Sinnlosigkeit der Gegenwart ein Ende zu bereiten, wäre auch der eigene Untergang hier mit in Kauf genommen. Malte ist im Gegenteil eben nicht imstande, eine solche Haltung einzunehmen. Einerseits muß ihm die "andere Auslegung" die Erlösung aus dem "Zwischensein" der Pariser Wirklichkeit bedeuten; andererseits aber liegt der Ursprung seiner Furcht darin, daß er selbst, im Sinne von seiner realen, gegenwärtigen Persönlichkeit, ebenfalls ein Bestandteil der Welt der "alten" Auslegung ist, und deshalb in der neuen Sinngebung seine eigene Vernichtung fürchten muß. Daraus erklärt sich der Sinn der Worte:

> Nur ein Schritt, und mein tiefes Elend würde Seligkeit sein. Aber ich kann diesen Schritt nicht tun, ich bin gefallen und kann mich nicht mehr aufheben, weil ich zerbrochen bin.
>
> (SWVI, 756)

Wie in dem Gedicht von dem "kranken Mönch" steht hier das Zerbrochen-sein für die Uneinigkeit des Ich mit sich selber, und das Motiv des Fallens erinnert deutlich an das Bild des leeren Brunnens in der Schilderung des Zwischenseins im Tagebuch vom 13. Dezember 1900.[27] Diesem Schritt zur Vereinheitlichung des Ich steht also seine gegenwärtige Zwiespältigkeit im Wege. Die Frage erhebt sich

---

[27] BT, 405: ". . . dieses unsäglich zusammenhanglose, ratlos vereinsamte, von den Stimmen der Stille abgeschiedene Bewußtsein, das in sich hereinfällt wie in einen leeren Brunnen, wie in die Tiefe eines Teiches mit stehendem Wasser . . ." Zum Motiv des "Zerbrechens" siehe auch Fülleborn, *Form und Sinn*, S. 266.

nun, ob Maltes Versagen in diesem Punkt hauptsächlich seiner eigenen Willensschwäche zuzuschreiben ist.

Klaus Meyer macht die Frage von Maltes "Unentschlossenheit" zum springenden Punkt seiner Interpretation. Er sieht in "dieser Not des sich nicht Entschließenkönnens" den Grund, warum Malte das völlig selbstlose Dasein des "Heiligen" nicht verwirklichen kann.[28] Es ist jedoch fraglich, ob es nur ein Mangel an Willensstärke ist, der Malte von diesem erlösenden Schritt abhält. Wenn Ulrich Fülleborn in diesem Zusammenhang von Malte sagt, daß er "durchaus noch an den alten Benennungen und Unterscheidungen der Dinge hängt,"[29] so läßt er ebenfalls die Frage unbeantwortet, ob Malte auch dann in der Lage wäre, den Übergang zur "anderen Auslegung" erfolgreich zu vollziehen, wenn er vollkommen bereit wäre, die "alte" Wirklichkeitsauslegung aufzugeben und wenn er sich zur neuen Welt restlos entschlossen hätte. Denn die Tatsache, daß Maltes *Vorstellung* dieses Zustandes auch von der inneren Gegenständlichkeit bestimmt wird, daß er sich auch in der Zeit dieser Verwandlung in der Rolle eines hilflosen Zuschauers sieht, der dem Diktieren der "anderen Auslegung" gleichsam als Fremder beiwohnt: "und wenn ich sie schreiben heißen werde, wird sie Worte schreiben, die ich nicht meine . . ." – diese Tatsache macht deutlich, wie weit Malte von einem solchen Schritt noch entfernt ist. Er ist der Oberflächlichkeit seines gegenwärtigen Bewußtseins in solchem Maße verhaftet, daß er diese Struktur automatisch auf das nächste Stadium überträgt, obwohl die Welt der "anderen Auslegung" mit der Ersetzung der subjektiven Selbstdarstellung durch das "Geschrieben-werden" nichts anderes als die Negierung einer solchen Gegenständlichkeit bedeuten sollte.

Es ist deshalb zweifelhaft, ob man in diesem Punkt von einer fehlenden Entschlossenheit sprechen kann, wenn Malte nicht einmal imstande ist, den nötigen Abstand von seiner gegenwärtigen Lage zu gewinnen, um das Positive an der "anderen Auslegung" als Gegenbild ohne Beimischung der negativen, "alten" Ich-Struktur zu formulieren. Er ist zwar von der Notwendigkeit eines solchen Geschehens überzeugt; er rechnet damit, daß diese Umwälzung seine vorhandene Identität auszulöschen droht; er vermutet aber, daß auch in dieser Katastrophe eine eigenartige "Seligkeit" liegen könnte, und er verbindet diese mit der völlig passiven Haltung des "Geschriebenwerdens." Es ist doch genau die Perspektive, aus der er hier spricht, die es ihm unmöglich macht, sich die erlösende Vereinfachung und Vereinheitlichung des Bewußtseins vorzustellen, die die gefürchtete Auslöschung des Subjekts in eine neue Seligkeit verwandeln könnte. Weil er sich beim Konzipieren seines "nächsten Schrittes" von der gegenständlichen Denkweise seiner früheren Selbstanalysen nicht befreien kann, sondern lediglich auf eine Fortsetzung seiner Rolle als Zuschauer der eigenen

---

28 Klaus Meyer, *Bild der Wirklichkeit*, S. 13, siehe auch S. 146.
29 Fülleborn, *Form und Sinn*, S. 267.

inneren Handlungen schließt, hat er die Voraussetzung eines solchen Schrittes zu erkennen verfehlt und muß als weiteres Symptom seiner Verwirrung zu dem Bild des "Zerbrochen-seins" greifen, dessen genauer Inhalt sich keineswegs aus der Evokation der "anderen Auslegung" ergibt, sondern erst im Rahmen anderer Metaphern für die Uneinigkeit des Ich und die Oberflächlichkeit seiner Umgebung ersichtlich wird.[30] Die längeren Zitate aus Baudelaire und dem *Buch Hiob*, deren Irrelevanz in bezug auf die Problematik der "anderen Auslegung" durch ihre Wirksamkeit als Talismane keineswegs getarnt wird, zeugen ebenfalls von Maltes Unfähigkeit, auf begrifflicher Ebene über die eigene Situation sich klar zu werden. Seine "namenlose Furcht" erklärt sich ebenfalls daraus, daß er die geahnte "Seligkeit" und die drohende Umgestaltung seiner Persönlichkeit in kein sinnvolles Verhältnis zueinander setzt, weil er die völlig gegensätzlichen Determinanten des alten und des bevorstehenden Zustandes nicht auseinander halten kann.

Oben wurde behauptet, daß Maltes kritische Einsicht in die allgemeine Verfälschung des Lebens der undurchsichtigen Negativität des "Nichtgesichts" entsprechen muß, weil sie zu einem neuen Verständnis noch nichts Greifbares beisteuert. Dasselbe gilt für seine Äußerungen über die "andere Auslegung," indem der Fortschritt, der dadurch angekündigt wird, an der notwendig beschränkten Perspektive des oberflächlichen Bewußtseins scheitert und daher über die Negativität der "namenlosen Furcht" und der zitierten "Gebete" nicht hinausgelangt. Diese Beschränktheit läßt sich anhand des bisher aufgestellten Persönlichkeitsmodells auf seinen Ursprung in der Verdoppelung des oberflächlichen Bewußtseins zurückführen. Diese läßt sich wiederum als Produkt der Trennung von Oberfläche und Kern bezeichnen, indem das oberflächliche Bewußtsein gleichsam gezwungen wird, die verlorengegangene, ideale Komplementarität durch die triviale Wechselwirkung von "Gesicht" und "Maske" als Nuancierung der einen Oberfläche nachzuahmen oder vorzutäuschen. Die Trennung selbst gehört zu den Gegebenheiten der Ausgangssituation von *Malte Laurids Brigge*. Wenn man ihre Vorgeschichte im Frühwerk in Betracht zieht, so scheint ihr Ursprung im problematischen Verhältnis zum Gott zu liegen, wie es vom Spätherbst 1900 an in mehrfachen Abwandlungen zum Ausdruck kommt.[31]

30 Siehe oben Kap. 2, Anm. 9.
31 In dem "fremden Riesen" des Gedichts *Der Anfänger* (SWII, 323 – Frühjahr 1906) und in den "Händen von oben . . . / die immer versteckten . . . / häßlichen Händen in Rot . . ." des Gedichts *Marionetten-Theater* (SWII, 343 – April 1907) dürfte man vielleicht auch weitere "Verkleidungen" des "Zwischengottes" erkennen.

Mögliche Erleichterungen von Maltes Lage

Die erste Milderung der Schrecklichkeit von Paris finden wir in den Abschnitten 11–13, und sie wurde im vorigen Kapitel auf ihren entstehungsgeschichtlichen Hintergrund hin geprüft.[32] Offensichtlich sollen diese Abschnitte ein positives Gegenbild zu anderen Evokationen der Pariser Wirklichkeit sein, ein Beispiel des "Sehen-lernens," ein Zeichen, daß auch Malte Tage erlebt, wo alles im Zeichen der Hoffnung und der Erneuerung erscheint.[33] Daß Rilke diese vermutlich gegen Ende 1907 entstandenen Aufzeichnungen dem schon 1904 entworfenen 15. Abschnitt über Großvater Brahe vorangestellt hat, ist von der *Malte*-Kritik verschieden ausgelegt worden. Wenn man Rilke selbst zu Rate zieht, so liest man in einem Brief vom 8. September 1908:

> Nicht meine Einsichten will ich einschränken, sondern die seinen [Maltes], an deren Kreis und Wendung ich noch muß glauben können. Denn eigentlich hätt ich ihn voriges Jahr schreiben müssen, fühl ich jetzt; nach den Cézanne-Briefen, die so nah und hart mit ihm sich berührten, war ich an den Grenzen seiner Gestalt angekommen: denn Cézanne ist nichts anderes als das erste primitive und dürre Gelingen dessen, was in M. L. noch nicht gelang.
>
> (B07–14, 54)

Daß sich die erste Fassung des 12. Abschnitts in einem "Cézanne-Brief" vom 12. Oktober 1907 befindet, scheint die Vermutung zu bestätigen, daß diese Abschnitte deshalb so früh im Werke erscheinen, weil Rilke ihre unverkennbar positive Bedeutung eben "einschränken" will. Nicht als Endergebnis einer progressiven Bewältigung der Pariser Wirklichkeit sollen sie auftreten – sondern eher als kurzlebige Episode, die von der ergrimmten Skepsis der "großen Fragen" (Abs. 14) bald übertönt wird. Den Kompositionsvorgang könnte man etwa so rekonstruieren: Rilke erkennt nachträglich, daß die schon im Rodin-Vortrag von 1905 enthaltene und durch die Begegnung mit Cézannes Malerei wiederauflebende Lehre von der Äquivalenz aller Wirklichkeitserscheinungen, von der dadurch möglich gewordenen Vereinfachung der Ich-Struktur und von der sich daraus ergebenden künstlerischen Darstellungsweise auch zu den äußersten Möglichkeiten der fiktiven Gestalt von Malte Laurids Brigge gehört. Da er aber, wie aus dem obigen Brief von 1908 hervorgeht, diese Lehre zur Rettung seines Helden ausdrücklich nicht anwenden will, so isoliert er diese Abschnitte von den sie auf theoretischer Ebene ergänzenden Reflexionen des 22. Abschnitts, die

---

[32]   Siehe oben S. 46ff.
[33]   Z.B. SWVI, 722: "Da sind Tage, wo alles um einen licht ist, leicht, kaum angegeben in der hellen Luft und doch deutlich . ." oder "Gestern war mein Fieber besser und heute fängt der Tag wie Frühling an, wie Frühling in Bildern . . ." (SWVI, 768). Ironischerweise aber leitet gerade das Frühlings-Motiv die Episode vom "Veitstänzer" ein.

auch in einem "Cézanne-Brief" vom Oktober 1907 in ihrer ersten Formulierung vorliegen,[34] und läßt sie statt dessen auf die erste ausführliche Kindheitserinnerung folgen, gleichsam als eine dadurch bewirkte vorübergehende Erleichterung von Maltes Not.

Obwohl dieser naheliegenden Konsonanz zwischen Briefstelle und Anordnung der Abschnitte im Werk nichts Unwahrscheinliches anzuhaften scheint, haben Kritiker es vorgezogen, die Stellung dieser Abschnitte im vorausdeutenden, verheißenden Sinne zu verstehen. So liest man bei Walter Seifert:

Ein Brief vom 12.10.1907 läßt die Vermutung zu, daß Rilke diese Aufzeichnung später eingefügt hat, um die positiven Momente bereits zu Beginn des Romans zu verstärken. Rilke beginnt die einleitende Umwertung des Lebensbegriffs rückgängig zu machen und an den negativen Erscheinungen der Realität ideale Züge zu suchen. Für die spätere Konzeption des vogelfütternden Alten ist wichtig, daß bereits zu Beginn ein Mann mit Krücken als positive Gestalt auftritt . . .[35]

Dagegen läßt sich einwenden, daß Rilke diese "positiven Momente" durch ihre Stellung am Anfang des Werkes eher abschwächt als verstärkt. Wären sie etwa *nach* dem 22. Abschnitt vorzufinden, der folgende Einsichten enthält:

Was sollte er [Baudelaire] tun, da ihm das widerfuhr? Es war seine Aufgabe, in diesem Schrecklichen, scheinbar nur Widerwärtigen das Seiende zu sehen, das unter allem Seienden gilt. Auswahl und Ablehnung giebt es nicht. Hältst Du es für einen Zufall, daß Flaubert seinen Saint-Julien-l'Hospitalier geschrieben hat? . . .

(SWVI, 775)

Glaube nur nicht, daß ich hier an Enttäuschungen leide, im Gegenteil. Es wundert mich manchmal, wie bereit ich alles Erwartete aufgebe für das Wirkliche, selbst wenn es arg ist.

(SWVI, 775)

dann könnten sie eben als positives Ergebnis von seiner "vollkommen anderen Auffassung aller Dinge" gelten, von der Malte in demselben Abschnitt spricht. Das Neue daran ist, daß Malte plötzlich bereit ist, die Oberfläche der Pariser Realität, die bisher alle Symptome einer entarteten, in Auflösung begriffenen Scheinwirklichkeit aufgewiesen hat, als das "Seiende, das unter allem Seienden gilt," zu begrüßen. Dieser Wechsel des Standpunktes soll in seiner Radikalität keineswegs unterschätzt werden. Wenn diese Einsichten für den weiteren Verlauf des Werkes maßgeblich wären, so müßte das heißen, daß Malte doch noch den

---

34 B06–07, 393.
35 *Das epische Werk*, S. 212.

von Rilkes eigenem Cézanne-Erlebnis schon gebahnten Weg einschlägt und konsequent verfolgt, um schließlich als Künstler "hinter seine Kunst zurückzutreten."[36]

Wenn wir aber die tatsächliche Anordnung der Abschnitte berücksichtigen, so stellt es sich heraus, daß die Aufzeichnungen, in denen die Oberfläche der Wirklichkeit als eine harmonische Vollzähligkeit erscheint, von der Entwertung der "Oberfläche des Lebens" in den "großen Fragen" sogleich aufgewogen werden, und daß auf die theoretischen Äußerungen, die die Hinnahme dieser "scheinbar nur widerwärtigen" Erscheinungen als "das Wirkliche, selbst wenn es arg ist" begründen, auch nicht die geringste Spur einer praktischen Anwendung dieser Lehre folgt, sondern vielmehr die erschütternde Evokation des "Entsetzlichen":

> Die Existenz des Entsetzlichen in jedem Bestandteil der Luft. Du atmest es ein mit Durchsichtigem; in dir aber schlägt es sich nieder, wird hart, nimmt spitze, geometrische Formen an zwischen den Organen; denn alles, was sich an Qual und Grauen begeben hat auf den Richtplätzen, in den Folterstuben, den Tollhäusern, den Operationssälen, unter den Brückenbögen im Nachherbst: alles das ist von einer zähen Unvergänglichkeit, alles das besteht auf sich und hängt, eifersüchtig auf alles Seiende, an seiner schrecklichen Wirklichkeit.

(SWVI, 776)

Weit davon entfernt, die "vollkommen andere Auffassung" der Pariser Realität zu bekräftigen oder gar fortzusetzen, läßt dieser Abschnitt die Nuancierung der "Oberfläche des Lebens" in voller Stärke wieder laut werden. Die Pariser Wirklichkeit ist hier das Medium, in dem das "Entsetzliche" wie in einer Lösung verteilt wird; die ideelle Homogeneität, gegenüber der es weder Auswahl noch Ablehnung geben kann, scheint also schon verlorengegangen zu sein. Weiter in dieser Richtung weist dann die Metaphorik des Schlusses. Indem das Entsetzliche in seiner schrecklichen Wirklichkeit "auf alles Seiende eifersüchtig" ist, scheint das "Seiende" dadurch eine qualitative Steigerung zu erfahren, die es über das bloß "Wirkliche" erhebt: daher die Eifersucht. Angesichts dieser Differenzierung der äußeren Wirklichkeit ist die alles hinnehmende Haltung des vorigen Abschnitts kaum mehr zu bewahren, und so erschafft die fast panische Stimmung, in die Malte gerät, ein einprägsames Bild der Ich-Spaltung:

> ... im Kapillaren nimmt es zu, röhrig aufwärts gesaugt in die äußersten Verästelungen deines zahloszweigigen Daseins. Dort hebt es sich, dort übersteigt es dich, kommt höher als dein Atem, auf den du dich hinaufflüchtest wie auf deine letzte Stelle. Ach, und wohin dann, wohin dann? Dein

---

36 Vgl. Ernst Hoffmann, *Zum dichterischen Verfahren*, S. 213f.

Herz treibt dich aus dir hinaus, dein Herz ist hinter dir her, und du stehst fast
schon außer dir und kannst nicht mehr zurück. Wie ein Käfer, auf den man
tritt, so quillst du aus dir hinaus, und dein bißchen obere Härte und
Anpassung ist ohne Sinn.

(SWVI, 777)

Wir sind dadurch zur Schlußfolgerung berechtigt, daß die Stellung der
Abschnitte 11–13 und ihr Verhältnis zum 22. Abschnitt, weit davon entfernt,
das Positive an diesem Thema zu verstärken, eher dazu geeignet sind, ihre
Wirkung erheblich einzuschränken. Ohne jeden Zweifel läge in der konsequenten
Durchführung dieser Lehre eine mögliche Rettung für Malte, aber Rilkes
Anordnung der Abschnitte widerspricht völlig der Auffassung, daß hier ein fester
Standpunkt gewonnen wäre, von dem aus Malte nunmehr die Pariser Wirklich-
keit meistern lernt.[37] Daß man in Maltes wachsender Beschäftigung mit seiner
eigenen Kindheit und den "Reminiszenzen seiner Belesenheit" eine erfolgreiche
Verwirklichung der am Beispiel Cézannes gewonnenen Prinzipien hat erkennen
wollen, obgleich diese Prinzipien auf nichts anderes als eine möglichst aperso-
nale, keineswegs introspektive Konfrontation mit der *vorhandenen, dinglichen*
Wirklichkeit hinauslaufen, zeugt ebenfalls von der kaum wissenschaftlichen
Tendenz, *Malte Laurids Brigge* auf alle Kosten als eine Entwicklungs- und
Erfolgsgeschichte zu lesen.[38]

Im vorigen Kapitel haben wir dieses Thema als eine Vereinfachung der
Ich-Struktur wie auch des Wirklichkeitsmodells bezeichnet. Wäre Malte imstande, an dieser Vereinfachung trotz allem festzuhalten, so wäre er, in den
Worten des Rodin-Vortrags, "ebenso gerettet und erlöst wie Der es ist, der sich
schließlich sagte: Es giebt nur eine einzige, tausendfältig bewegte Oberfläche"
(SWV, 265). Die überwiegende Mehrheit der Aufzeichnungen im ersten Drittel
des Buches zeigt aber, daß es für Malte in der Regel keine einzige Oberfläche
gibt, sondern daß seinem eigenen Bewußtsein wie auch der äußeren Realität eine
quälende Zweideutigkeit innewohnt. Daß er vorübergehend von diesem Tatbestand absehen oder das Gegenteil davon als Theorie aufstellen kann, bewirkt
schon zeitweilige Erleichterungen seiner Lage, aber garantiert keinesfalls seine
Rettung.

Es gibt jedoch eine andere Möglichkeit, die Gegenständlichkeit des Bewußtseins selbst als Mittel zu einer Milderung von Maltes Lage zu verwenden, und
diese wird zuerst im 16. Abschnitt deutlich:

37   Die Deutungen Jägers und Nivelles gehen in diese Richtung.
38   So zitiert Ernst Hoffmann (a.a.O., S. 214) die Stelle aus dem Cézanne–Brief vom
21. Oktober 1907: "Der Maler dürfte nicht zum Bewußtsein seiner Einsichten kommen ..."
als Begründung von Maltes angeblichem Entschwinden von der Erzähloberfläche.

Ich sitze und lese einen Dichter. Es sind viele Leute im Saal, aber man spürt
sie nicht. Sie sind in den Büchern. Manchmal bewegen sie sich in den Blättern,
wie Menschen, die schlafen und sich umwenden zwischen zwei Träumen ...
Du kannst hingehen zu einem und ihn leise anrühren: er fühlt nichts. Und
stößt du einen Nachbar beim Aufstehen ein wenig an und entschuldigst dich,
so nickt er nach der Seite, auf der er deine Stimme hört, sein Gesicht wendet
sich dir zu und sieht dich nicht, und sein Haar ist wie das Haar eines
Schlafenden. Wie wohl das tut. Und ich sitze und habe einen Dichter. Was für
ein Schicksal ...

(SWVI, 741)

Malte "hat" seinen Dichter im Sinne von einem Gegenstand, über den er verfügt,
von einem Gegenüber, das sich von der Pariser Wirklichkeit deutlich unterscheidet. Indem er den Dichter liest, wird dieser gewissermaßen zu einem
Bestandteil seines gegenwärtigen Bewußtseins und zugleich zu einer schützenden
Wand, die sich zwischen das Ich als Zuschauer und seine unmittelbare Umgebung
schiebt. So scheinen die Lesenden eingekapselt zu sein: ihre Augen sehen nicht
mehr über das Buch hinaus, sie sind mit einem Gegenstand beschäftigt, der nicht
bloß eine Ausdehnung ihres Ich ist, der sie jedoch von der äußeren Wirklichkeit
abschneidet. Dieser Vorgang des Lesens erlaubt also eine eigenartige Vermischung von Eigenem und Fremdem, eine mittelbare Kommunikation mit der
in die Gedichte eingegangenen Wirklichkeit ohne die Gefahren einer direkten
Wirklichkeitsbegegnung. Hierin darf man entweder eine Bereicherung der sonst
herrschenden Gegenständlichkeit des Bewußtseins durch die Einverleibung von
einem Äußeren oder auch die Ersetzung der Außenwelt durch eine mit dem Ich
fast homogene, vermittelte Wirklichkeit erkennen. Als Motiv erinnert dieses
Abgeschlossensein an den ersten Abschnitt des Buches:

> Dann habe ich ein eigentümliches starblindes Haus gesehen, es war im Plan
> nicht zu finden, aber über der Tür stand noch ziemlich leserlich: Asyle de
> nuit. Neben dem Eingang waren die Preise. Ich habe sie gelesen. Es war nicht
> teuer.

(SWVI, 709)

Die Blindheit der Lesenden gegen alles Äußere und die Bedeutung des Lesens als
Zuflucht scheint hier am Anfang des Buches in der Bezeichnung des Nachtasyls
als "eigentümlich starblindes Haus" vorweggenommen zu sein. So wie es in Paris
Asyle im wörtlichen Sinne gibt, so findet Malte auf metaphorischer Ebene im
Lesen ein Asyl, das gleichsam auf die äußere Wirklichkeit hin nicht transparent
ist.
    Am Ende des 16. Abschnitts dann, nachdem Malte die Bedrohung seiner
Existenz durch die "Fortgeworfenen" als Gegenstück zum Thema des Lesens

dargestellt hat, wird ein weiteres Modell der Sicherheit in der idyllischen
Darstellung des Dichters Francis Jammes aufgestellt:

> Gerade der Dichter ist es, der ich hätte werden wollen; denn er weiß von den
> Mädchen so viel, und ich hätte auch viel von ihnen gewußt. Er weiß von
> Mädchen, die vor hundert Jahren gelebt haben; es tut nichts mehr, daß sie tot
> sind, denn er weiß alles. Und das ist die Hauptsache.
>
> (SWVI, 745)

Im weiteren Verlauf des Abschnitts scheint die Kommunikation mit den toten
Mädchen und ihrem Andenken dieselbe Sicherheit zu gewähren, die Malte
vorübergehend in der Bibliothèque nationale findet, aber sonst in Paris völlig
entbehrt:

> Zu sitzen und auf einen warmen Streifen Nachmittagssonne zu sehen und
> vieles von vergangenen Mädchen zu wissen und ein Dichter zu sein. Und zu
> denken, daß ich auch so ein Dichter geworden wäre, wenn ich irgendwo hätte
> wohnen dürfen, irgendwo auf der Welt, in einem von den vielen verschlos-
> senen Landhäusern, um die sich niemand bekümmert . . . Aber es ist anders
> gekommen . . . Meine alten Möbel faulen in einer Scheune . . ., und ich selbst,
> ja, mein Gott, ich habe kein Dach über mir, und es regnet mir in die Augen.
>
> (SWVI, 746–7)

Dieselbe Struktur bestimmt auch im folgenden Abschnitt die Schilderung des
Lebens eines Altwarenhändlers, das von Malte ebenfalls als Ausweichmöglichkeit
ins Auge gefaßt wird. Bezeichnenderweise hat der Laden "überfüllte Schaufen-
ster," die wohl dazu dienen, die Sicht nach außen zu verstellen. Deutlicher noch:
"Nie tritt jemand bei ihnen ein, sie machen offenbar keine Geschäfte" (SWVI,
747). Sie führen auf die Dauer also eine ähnlich eingekapselte Existenz, wie sie
Malte einige Stunden lang in der Bibliothek unter Ausschluß der Pariser
Wirklichkeit zuteil wird. Aber genau wie Malte an der "Vollzähligkeit" von
Abschnitt 12 nicht festhalten kann, so ist auch diese Art von Zuflucht von nur
begrenzter Gültigkeit.

Dieses Modell bedeutet im Gegensatz zu jener anderen "Erleichterung" keine
Aufhebung oder Überwindung der Gegenständlichkeit, sondern vielmehr ihre
Umwandlung in eine positive Komplementarität von Beobachter und Gegen-
stand, wobei der Gegenstand die andere Hälfte des geteilten Bewußtseins ersetzt.
Eine interessante Modifikation dieser Struktur wird dann erzielt, wenn der
entsprechende Gegenstand durch ein unmittelbar angeredetes Du ersetzt wird.
Das geschieht am Anfang des 22. und am Ende des 23. Abschnitts, indem sich
Malte erstens an jemand wendet, der aller Wahrscheinlichkeit nach Abelone ist,
und zweitens die idealisierte Gestalt der Mutter apostrophiert. Am Anfang seines
Briefentwurfs schreibt er:

Ich versuche es, Dir zu schreiben, obwohl es eigentlich nichts giebt nach einem notwendigen Abschied. Ich versuche es dennoch, ich glaube, ich muß es tun, weil ich die Heilige gesehen habe im Pantheon, die einsame, heilige Frau und das Dach und die Tür und drin die Lampe mit dem bescheidnen Lichtkreis und drüber die schlafende Stadt und den Fluß und die Ferne im Mondschein. Die Heilige wacht über der schlafenden Stadt. Ich habe geweint . . .

(SWVI, 774)

Das Bild des Lichtkreises und der ganz ruhige Ton dieser Schilderung deuten auf eine ähnliche Sicherheit hin, wie sie durch die komplementäre Beziehung von Leser und Buch oder Händler und Altwarenladen erreicht wurde. Das Bild des Kreises, der ja aus komplementären Halbkreisen besteht, steht häufig in Rilkes Werk für eine vorläufige, aber doch gültige Einheit,[39] und hier scheint das Bild auf die Liebe zwischen Abelone und Malte anzuspielen, von der der Leser im weiteren Verlauf der Aufzeichnungen erfährt. Wie unsere Untersuchung der Genese der besitzlosen Liebe im vorigen Kapitel zeigte, ist die Vorstellung der Liebenden als komplementärer Hälfte auch im Frühwerk geläufig. Hier scheint die Hinwendung an ein vertrautes Du den Rahmen für die Formulierung der Lehre vom "Seienden, das unter allem Seienden gilt," zu schaffen, denn diese macht den späteren Teil des Abschnittes aus. Wenn die Wirksamkeit dieser Lehre von der Evokation des "Entsetzlichen" im nächsten Abschnitt völlig negiert wird, so rettet sich Malte wiederum aus diesem Bedrängnis, indem er ein idealisiertes Bild der Mutter entwirft, das der Darstellung der Heiligen in mancher Hinsicht ähnlich ist:

O Mutter: o du Einzige, die alle diese Stille verstellt hat, einst in der Kindheit . . . Du zündest ein Licht an, und schon das Geräusch bist du. Und du hältst es vor dich und sagst: ich bin es, erschrick nicht. Und du stellst es hin, langsam, und es ist kein Zweifel: du bist es, du bist das Licht um die gewohnten, herzlichen Dinge, die ohne Hintersinn da sind, gut, einfältig, eindeutig . . .

Du aber kommst und hältst das Ungeheuere hinter dir und bist ganz und gar vor ihm; nicht wie ein Vorhang, den es da oder da aufschlagen kann. Nein, als hättest du es überholt auf den Ruf hin, der dich bedurfte . . .

(SWVI, 777f.)

Die Motive des Lichts, der Sicherheit, der "Verstellung" der bedrohlichen Wirklichkeit und schließlich eines komplementären, inneren Gegenstandes, der einem anderen Wirklichkeitszusammenhang entstammt als dem gegenwärtigen,

---

[39] Verf. hat die Verwendung dieses Bildes als Zeichen idealer und provisorischer Einheiten in Rilkes spätester Lyrik erörtert: "The Problem of Completeness in Rilkes Poetry 1922–26," *Oxford German Studies*, vol. 4, 1969.

verbinden diese Evokation der Mutter mit den anderen Modellen einer möglichen Zuflucht innerhalb der Pariser Wirklichkeit. In allen Fällen wird das Ich als Zuschauer oder Beobachter von der unmittelbaren Umgebung isoliert, indem ein von ihm fixierter Gegenstand seine Hilflosigkeit gleichsam beschirmt. So ermöglicht das tröstende Bild der Heiligen die Ruhe, aus der die Lehre vom endgültig Seienden hervorgehen kann, und als diese sich wiederum als unhaltbar erweist und das Thema des Ausgesetzt-seins in aller Stärke wiederkehrt, greift Malte zu derselben Bildstruktur, um das "Ungeheuere" im eigenen Bewußtsein wieder zu bannen.

Wenn nun die Gestalt der Mutter ihre beschwichtigende Rolle so musterhaft erfüllt und wenn Abelone als "schützende Heilige" immer noch erreichbar ist, warum besteht Malte darauf, daß in einer möglichen Gemeinsamkeit keine Rettung für ihn liegt?

> Mein Gott, wenn etwas davon sich teilen ließe. Aber *wäre* es dann, *wäre* es dann? Nein, es *ist* nur um den Preis des Alleinseins.

> (SWVI, 776)

Die Antwort darauf scheint in seiner Darstellung von zwei anderen Gestalten zu liegen, die häufig als "Idealgestalten" bezeichnet werden,[40] die aber beide im Zeichen des Versagens erscheinen: Beethoven und der Vogelfütterer. Beethoven hat zwar "die Welt mit Musik ... umwölbt" (SWVI, 779), aber das scheint in gewissem Sinne ein Fehlschlag gewesen zu sein:

> Deine Musik: daß sie hätte um die Welt sein dürfen; nicht um uns. Daß man dir ein Hammerklavier erbaut hätte in der Thebaïs; und ein Engel hätte dich hingeführt vor das einsame Instrument ...

> Denn wer holt dich jetzt aus den Ohren zurück, die lüstern sind? ... da strahlt Samen aus, und sie halten sich unter wie Dirnen und spielen damit, oder er fällt, während sie daliegen in ihren ungetanen Befriedigungen, wie Samen Onans zwischen sie alle.

> (SWVI, 779–80)

Die Schilderung des vogelfütternden Alten ist ebenfalls die Projektion eines Ereignisses, das niemals stattfindet:

> Und wie er lockt, wie er anlockt, das können die vielen, kleinen, dummen Vögel gar nicht beurteilen. Wenn die Zuschauer nicht wären und man ließe ihn lange genug dastehn, ich bin sicher, daß auf einmal ein Engel käme und überwände sich und äße den alten, süßlichen Bissen aus der verkümmerten Hand. Dem sind nun, wie immer, die Leute im Wege. Sie sorgen dafür, daß

---

40 Z.B. von Walter Seifert, *Das epische Werk*, S. 238ff.

nur Vögel kommen; sie finden das reichlich, und sie behaupten, er erwarte sich nichts anderes.

(SWVI, 781–2)

Was den beiden Evokationen zugrundeliegt, ist das Prinzip der Vereitelung der individuellen Erfüllung durch die Anwesenheit der "Anderen." Der menschliche Anteil an Beethovens Musik beraubt sie ihrer letzten Größe, die nur im Kontext einer idealen Einsamkeit möglich wäre; die Zuhörer in den Konzertsälen entwerten sie völlig durch ihren Genuß. Die Haltung des vogelfütternden Alten wäre an sich schon genug, um ein eigenes, apokalyptisches Geschehen auszulösen, aber "dem sind nun, wie immer, die Leute im Wege." Derselbe Einwand wird implizite gegen jede menschliche Komplementarität erhoben: die Umwandlung der schon bestehenden Gegenständlichkeit des Bewußtseins in eine mögliche, komplementäre Gemeinsamkeit verschafft zwar eine Erleichterung der Pariser Verhältnisse, indem sie eine Zuflucht vor den "Fortgeworfenen" gewährt oder das Ungeheuere bannt; aber sie birgt in sich zugleich die Gefahr einer Verfälschung der individuellen Realität und einer Abkehr von denjenigen Problemen, die es zu bewältigen gilt.

Am Anfang dieses Kapitels wurde der im ersten Abschnitt angekündigte Gegensatz zwischen "den Leuten" und dem Standpunkt Maltes besprochen. Wir sind jetzt zu diesem Thema zurückgekehrt, weil die Problematik der "Oberfläche des Lebens" sich in der Frage nach der Gültigkeit von Maltes Perspektive kristallisiert. Malte ist zugleich Urheber und Opfer einer Wirklichkeitsauffassung, die die einzige Erzählperspektive im Werke bildet und die sich gelegentlich, wie aus dem 18. Abschnitt hervorgeht, als subjektive Deutung versteht. Sein Bewußtsein und die Oberfläche der Pariser Wirklichkeit weisen parallele Strukturen auf, und man vermutet, daß er keine Veränderungen oder Umwälzungen dieser Wirklichkeit erwarten oder fürchten würde, hätten sich diese nicht schon als bevorstehende, innere Ereignisse angedeutet. In dem positiven Ausgang solcher Vorgänge liegt seine einzige Hoffnung; deshalb kann er die Relativierung *seines* Standpunktes durch den Vergleich mit einem anderen nicht riskieren. Daraus erklärt sich die Bitterkeit seiner Polemik gegen den Ruhm im 26. Abschnitt, obwohl er selber darunter nie gelitten hat, und die sonst schwer erklärliche Beteuerung, daß "es nur um den Preis des Alleinseins *ist*."[41]

Aus diesem Grunde muß jegliche Gemeinsamkeit für ihn schon von vornherein ausgeschlossen sein. Obwohl er sich dessen bewußt ist, daß er die Wirklichkeit nicht nur beschreibt, sondern auch deutet, besteht immer noch die Hoffnung, daß seine Auslegungen mehr als narzißtische Projektionen sind. Wenn es ihm gelänge, in der Parallele zwischen Ich-Modell und Wirklichkeitsstruktur

---

41   SWVI, 776: "Mein Gott, wenn etwas davon sich teilen ließe. Aber *wäre* es dann, *wäre* es dann? Nein, es *ist* nur um den Preis des Alleinseins."

Beweise einer objektiven Gesetzmäßigkeit zu entdecken, so wären seine Deutungen der Wirklichkeit völlig berechtigt. Solange er aber nicht in sicherem Besitz dieser Gewißheit ist, und das gilt für den ganzen Verlauf der Aufzeichnungen, muß er mehr als alles andere die Relativierung seines Standpunktes durch die Wechselwirkung mit einem anderen fürchten. Das ist der Sinn der Aufzeichnung über den vogelfütternden Alten und der Grund, warum Malte vom Beginn des ersten Abschnitts an auf dem Unterschied zwischen seinem Verständnis der Wirklichkeit und jedem anderen Verständnis besteht. Denn schlimmer noch als der Anbruch der "Zeit der anderen Auslegung" ist die Möglichkeit, daß "die Leute" doch noch recht haben könnten, daß alle seine Einsichten und all sein Leiden in Paris keine objektivere Gültigkeit hätten als "die Thronrede, die ein Wahnsinniger in der Zwangsjacke vor roh lachenden Wärtern und beängstigten Irren hält . . ." (BT, 407)

Kapitel 4

DAS PERSÖNLICHKEITSMODELL – II

Oberfläche und Kern

Auf das Wesentlichste reduziert besteht das Persönlichkeitsmodell aus einer zweifachen Oberfläche und einem ihr entfremdeten, unkenntlich gewordenen Kern mit vertauschbaren Inhalten. Die erste Oberflächenschicht zu beseitigen, heißt keineswegs zu dem Kern der Persönlichkeit vorzustoßen, sondern lediglich, um sich der Metaphernsprache des Werkes zu bedienen, Zugang zu dem Raum "vor der letzten Mauer" zu erhalten.

Ich weiß nicht, ob ich schon gesagt habe, daß ich diese Mauer meine. Aber es war sozusagen nicht die erste Mauer der vorhandenen Häuser (was man doch hätte annehmen müssen), sondern die letzte der früheren. Man sah ihre Innenseite. Man sah in den verschiedenen Stockwerken Zimmerwände, an denen noch die Tapeten klebten, da und dort den Ansatz des Fußbodens oder der Decke . . .

(SWVI, 749)

Ich habe doch gesagt, daß man alle Mauern abgebrochen hatte bis auf die letzte? Nun von dieser Mauer spreche ich fortwährend. Man wird sagen, ich hätte lange davorgestanden; aber ich will einen Eid geben dafür, daß ich zu laufen begann, sobald ich die Mauer erkannt hatte. Denn das ist das Schreckliche, daß ich sie erkannt habe. Ich erkenne das alles hier, und darum geht es so ohne weiteres in mich ein: es ist zu Hause in mir.

(SWVI, 751)

Wie ja alle Strukturen der äußeren Wirklichkeit Analogien in Maltes Innerem zu haben scheinen, so sieht man hier gewissermaßen die Grenzen der Selbstanalyse des gegenwärtigen Bewußtseins. Durch Beseitigung der äußeren Wände, was etwa Maltes Emanzipation von dem allgemeinen, öffentlichen Mißverständnis der Wirklichkeit entspricht, bekommt man Einsicht in ein "Inneres," aber dieses Innere ist ebenso trivial und undurchsichtig wie die Wirklichkeit draußen. Noch dazu weist die Bildhaftigkeit dieser Beschreibung (SWVI, 749–51) dieselbe Mischung von Ekelhaftem (". . . und der Schweiß, der unter den Schultern ausbricht und die Kleider schwer macht, und das Fade aus den Munden und der Fuselgeruch gärender Füße . . .") und Sexuellem auf (". . . und das Schwüle aus den Betten mannbarer Knaben."), wie sie in der Evokation des Zwischenseins von 1900 schon vorhanden ist:

. . . verkehrt mit Gesindel von Gedanken, trinkt, betrinkt sich an Sumpf, wälzt sich auf Steinen, geht beschmutzt in Gesellschaft lieber Erinnerungen, träuft Schmutz auf geweihte Wege, nimmt vor Ehrfurcht nie Berührtes in die klebrigen, schweißigen, verschwollenen Hände, macht alles gemein, allgemein, gemeingültig. Vergangenheiten fallen in unreines Feuer, Zukünfte verzehren sich im Schoß mißhandelter Stunden, sträuben sich, sterben. Und nur Unsägliches geschieht. Sintflut und Sündfluch . . .

(BT, 406)

So wie das Zwischensein die Zwiespältigkeit des vorhandenen Bewußtseins bei der Trennung von dem Gott der *Gebete* vertritt, so ist die ekelerregende Wirklichkeit "vor der letzten Mauer" als Analogie zur quälenden, unfruchtbaren Selbstbeobachtung der ersten Abschnitte zu verstehen. Deshalb sagt Malte: "es ist zu Hause in mir." Das autoerotische Moment läßt sie ebenfalls als Analogie zur sterilen Gegenständlichkeit des Bewußtseins erklären und verbindet dieses Thema überraschenderweise mit der Prostituierung von Beethovens Musik in den Konzertsälen:

Wer treibt sie aus den Musiksälen, die Käuflichen mit dem unfruchtbaren Gehör, das hurt und niemals empfängt? da strahlt Samen aus, und sie halten sich unter wie Dirnen und spielen damit, oder er fällt, während sie daliegen in ihren ungetanen Befriedigungen, wie Samen Onans zwischen sie alle.

(SWVI, 780)

Was allen drei Kontexten gemeinsam ist, ist die Vorstellung einer falschen und sterilen Oberflächlichkeit, die keinen Zugang zu einer erlösenden Wesenhaftigkeit gewährt. Das Zwischensein, das "weder dem Leben noch dem Tode gehört," schließt auch die Ersetzung des "echten" Gottes durch den "verheimlichten Unheimlichen" ein; die Wirklichkeit "vor der letzten Mauer" ist ein Inneres ohne jegliche Bedeutung, ohne jeglichen qualitativen Unterschied zu der entarteten Außenwelt; die Verwandlung von Beethovens Musik in "Samen Onans" kommt dem Verlust ihrer Sinnfülle und der Reduktion auf ein rein öffentliches Phänomen gleich.

Wenn diese Strukturen als Aspekte eines zusammenhängenden Persönlichkeitsschemas gültig sind, so müßte man auch im ersten Drittel des Werkes auf Bilder des unzugänglich gewordenen Kernes hinweisen können. Der erste Beleg dafür befindet sich tatsächlich in der dritten Aufzeichnung:

Ich lerne sehen. Ich weiß nicht, woran es liegt, es geht alles tiefer in mich ein und bleibt nicht an der Stelle stehen, wo es sonst immer zu Ende war. Ich habe ein Inneres, von dem ich nicht wußte. Alles geht jetzt dorthin. Ich weiß nicht, was dort geschieht.

(SWVI, 710)

Damit werden die Pariser Erlebnisse selbst als möglicher Inhalt dieses Kernes bezeichnet: sie entgleiten dem gegenwärtigen Bewußtsein und begeben sich gleichsam "hinter die letzte Mauer." Auch nach der Erzählung des Todes des Kammerherrn Brigge tritt das Motiv der Unzugänglichkeit der Erinnerungen auf:

Was für ein Leben ist das eigentlich: ohne Haus, ohne ererbte Dinge, ohne Hunde. Hätte man doch wenigstens seine Erinnerungen. Aber wer hat die? Wäre die Kindheit da, sie ist wie vergraben. Vielleicht muß man alt sein, um an das alles heranreichen zu können. Ich denke es mir gut, alt zu sein.

(SWVI, 721)

Es mag zunächst etwas befremdlich erscheinen, daß Malte gerade hier auf der Unerreichbarkeit seiner Kindheitserinnerungen besteht, nachdem er am Anfang desselben Abschnitts geschrieben hat:

Ich habe etwas getan gegen die Furcht. Ich habe die ganze Nacht gesessen und geschrieben, und jetzt bin ich so gut müde wie nach einem weiten Weg über die Felder von Ulsgaard.

(SWVI, 721)

Sollte das etwa heißen, daß der Tod des Kammerherrn nicht als persönliche Erinnerung, sondern eher als mythisierende Konstruktion verstanden werden muß? Im Gegensatz zur Aufzeichnung über Christine Brahe ist Malte selbst in dem Erzählten niemals zugegen, und nach dem ersten Satz, der auch den Charakter einer Mutmaßung hat, schreibt er nicht mehr in der ersten Person:

Wenn ich nach Hause denke, wo nun niemand mehr ist, dann glaube ich, das muß früher anders gewesen sein. Früher wußte man (oder vielleicht man ahnte es), daß man den Tod *in* sich hatte wie die Frucht den Kern. Die Kinder hatten einen kleinen in sich und die Erwachsenen einen großen.

(SWVI, 715)

Wenn man auch diesem Umstand nicht allzuviel Gewicht beimessen darf, so scheint doch ein genügend deutlicher Unterschied zwischen der Beschreibung dieses Todes und etwa dem Einbruch von "verlorenen Ängsten der Kindheit" im 20. Abschnitt zu bestehen, um Sätze wie "Wäre die Kindheit da, sie ist wie vergraben" trotz ihrer Nähe zur Aufzeichnung über den Kammerherrn Brigge als sinnvoll betrachten zu können. Damit will Malte aussagen, daß seine persönliche Vergangenheit, die ja einen integralen Teil seines gegenwärtigen Bewußtseins bilden sollte, ihm nicht in ihrer unverbrämten Wirklichkeit verfügbar ist, sondern eher zum Gegenstand der *Deutung* geworden ist, wie auch "das Leben" in der Aufzeichnung über Ibsen:

... denn in solchen Vorgängen war jetzt das Leben, unser Leben, das in uns hineingeglitten war, das sich nach innen zurückgezogen hatte, so tief, daß es kaum noch Vermutungen darüber gab.

(SWVI, 784)

Daraus erklärt sich auch die Ambivalenz des Aufzeichnens selbst, die im 10. Abschnitt zum Ausdruck kommt. Indem Malte den Tod des Kammerherrn gestaltet, hat er seine Beherrschung dieses Stoffes geltend gemacht, und so fühlt er sich "so gut müde wie nach einem langen Weg über die Felder von Ulsgaard." In dieser Episode hat er Vergangenes zwar gegenwärtig gemacht, aber zugleich verarbeitet. Er "hat" seine Erinnerungen nicht, wie er einige Abschnitte weiter "einen Dichter hat," oder wie frühere Generationen ihren Tod "gehabt" haben mögen: "Den *hatte* man, und das gab einem eine eigentümliche Würde und einen stillen Stolz" (SWVI, 721), sondern die Erinnerungen müssen gleichsam aus der Tiefe ans Licht gebracht werden. Indem sie absichtlich zu einem Teil der von ihm gedeuteten Welt gemacht werden, neigen sie dazu, sich den schon vorhandenen Strukturen der Gegenwart anzupassen, und daraus resultiert die eigentümliche Ambivalenz, die im 10. Abschnitt als die zuerst paradox anmutende Unerreichbarkeit der Kindheitserinnerungen zum Ausdruck kommt.

Diese Behauptung läßt sich durch eine nähere Untersuchung des 8. Abschnitts bekräftigen. Der unmittelbare Anlaß zur Beschreibung des "eigenen Todes" des Kammerherrn ist die Oberflächlichkeit des Todes in der Großstadt. Während der Pariser Tod als undurchsichtige Verkleidung erscheint, stellt der "eigene Tod" den Kern der Persönlichkeit ausdrücklich dar.[1] Der Vorgang des Sterbens besteht nun darin, daß sich dieser Kern nach außen schlägt und als Oberfläche erscheint. Walter Seifert verweist ganz richtig auf die Verwandtschaft dieses Themas mit dem dritten Teil des *Stunden-Buchs,* aber seine Interpretation der Stelle ist nicht ohne weiteres anzunehmen:

> Diese äußerliche Erstarrung zur Ruine und die Überdimensionalisierung seiner Gestalt ..., lassen sein individuelles Leben abfließen und ihn als leere Hülle zu einem Gefäß werden für das Absolute selbst, für den Tod, in dem seine Individualität aufgegangen ist.[2]

Es stellt sich somit die Frage, ob man den Tod des Kammerherrn als "das Absolute" bezeichnen darf. Sucht man in dem Text selbst nach weiteren Bestimmungen dieses Todes, so findet man:

> Das war nicht der Tod irgendeines Wassersüchtigen, das war der böse, fürstliche Tod, den der Kammerherr sein ganzes Leben lang in sich getragen und aus sich genährt hatte. Alles Übermaß an Stolz, Willen und Herrenkraft, das er selbst in seinen ruhigen Tagen nicht hatte verbrauchen können war in seinen Tod eingegangen, in den Tod, der nun auf Ulsgaard saß und vergeudete.
>
> (SWVI, 720)

---

[1] SWVI, 715: "Früher wußte man (oder vielleicht man ahnte es), daß man den Tod *in* sich hatte wie die Frucht den Kern. Die Kinder hatten einen kleinen in sich und die Erwachsenen einen großen ..."

[2] *Das epische Werk,* S. 211.

Dieser Tod besteht also aus dem noch unverbrauchten Potential eines Menschen-
lebens, dessen Eigenschaften in übertriebener, verzerrter Form im Prozeß des
Sterbens wiederholt werden. Noch deutlicher kommt das im 9. Abschnitt zum
Ausdruck:

> Ja die Kinder, sogar die ganz kleinen, hatten nicht irgendeinen Kindertod, sie
> nahmen sich zusammen und starben das, was sie schon waren, und das, was
> sie geworden wären.

(SWVI, 721)

Man sieht schwerlich ein, wie ein solcher Tod als "das Absolute" gemeint sein
könnte. Wenn das Wort nicht bloß als Schablone verwendet werden soll, so muß
man eben auf einen qualitativen Unterschied zwischen "Absolutem" und
"Endlichem," zwischen Unbedingtem und Bedingtem hinweisen können. Dieser
Tod aber ist nichts anderes als die Zusammenfassung eines bisherigen Lebens und
die beschleunigte Entäußerung der restlichen Lebenskräfte. Es besteht also kein
qualitativer Unterschied zwischen dem Tod des Kammerherrn und seinem
Leben, sondern genau dieselben Energien werden im Tode wie im Leben
verbraucht. Weit davon entfernt, etwas "Unbegrenztes" darzustellen, arbeitet
dieser Tod auf sein eigenes Ende zu:

> Verlangte Freunde zu sehen, Frauen und Verstorbene, und verlangte selber zu
> sterben: verlangte. Verlangte und schrie.

Als letztes Verbrauchen der Lebenskräfte ist der Tod von einer genau
bestimmten Dauer wie das Leben selbst. Der Gegensatz zwischen beiden besteht
lediglich darin, daß jener eine enorme Konzentration in zeitlicher wie auch in
vitaler Hinsicht darstellt:

> Aber obwohl man so sprach, veränderte sich nichts. Christoph Detlevs Tod,
> der auf Ulsgaard wohnte, ließ sich nicht drängen. Er war für zehn Wochen
> gekommen, und die blieb er. Und während dieser Zeit war er mehr Herr, als
> Christoph Detlev Brigge es je gewesen war, er war wie ein König, den man den
> Schrecklichen nennt, später und immer.

(SWVI, 720).

Die einzigen Merkmale eines "Absoluten," die dieser Tod aufweist, sind seine
Schrecklichkeit und Unbegreiflichkeit für die Menschen jener Zeit. Wenn er für
Malte in dem gleichen Maße unfaßlich und inkommensurabel wäre, so gewänne
die Interpretation Seiferts an Substanz. Aber gerade ihn *erklärt* Malte. Er zeigt
die Gründe für diese schreckliche Erscheinung auf, betont die Homogeneität
dieses Todes, ja des "eigenen Todes" als solchen, mit dem ihm vorausgegangenen
Leben und relativiert auf diese Weise seine Bedeutung. Diese Kritik an Seifert ist
nicht etwa auf terminologische Spitzfindigkeit angelegt, sondern betrifft eine
zentrale Frage der *Malte*-Deutung. In der Nuanciertheit seiner Darstellungsweise

und in der Abstraktheit seiner gedanklichen Inhalte lädt das Werk geradezu zu begrifflichen Vereinfachungen ein. Außerdem wird der Tod gewöhnlich in existentieller Hinsicht als ein "Absolutes" betrachtet, und diese Darstellung des Todes könnte beim ersten Blick den Eindruck von etwas "Unbedingtem," Numinosem erwecken. Umso nötiger wird es dann, die Nuancierung des "eigenen Todes" zu berücksichtigen, die gegen Ende des 8. und im Verlaufe des 9. Abschnittes stattfindet. Denn bereits diese hat zufolge — wie Klaus Meyer erkannt hat[3] —, daß das Todesproblem im 8. und 9. Abschnitt eher vermieden als gelöst wird.

Malte entwirft das Bild des "eigenen Todes" als ein Gegengewicht zur Trivialisierung des Todes in der Pariser Gegenwart. Dies ist insofern wirksam, als eine Integration von Kern und Oberfläche im Tod des Kammerherrn erreicht wird. Der Kontrast mit dem als Verkleidung einer unkenntlichen Oberfläche verpönten Massentod von Paris liegt auf der Hand. Soweit läßt sich der Tod des Kammerherrn als positives Gegenbeispiel verstehen, und Malte dürfte tatsächlich bedauern, daß ihm kein ähnliches Sterben zuteil werden kann. Andererseits aber stellt dieser Tod einen Vorgang dar, in dessen Verlauf eine Oberfläche (die bisherige Persönlichkeit des Kammerherrn) von innen her völlig ausgetilgt wird. Daraus resultiert keine neue Sinngebung, sondern (auch von Maltes Standpunkt aus gesehen) lediglich eine "Vergeudung" der Lebenskräfte und eine groteske Deformierung schon bekannter Eigenschaften:

> Denn, wenn die Nacht gekommen war und die von den übermüden Dienstleuten, welche nicht Wache hatten, einzuschlafen versuchten, dann schrie Christoph Detlevs Tod, schrie und stöhnte, brüllte so lange und anhaltend, daß die Hunde, die zuerst mitheulten, verstummten . . .
>
> (SWVI, 718)

Darin eine Analogie zu Maltes eigener Lage zu sehen, ist umso mehr berechtigt, als er selbst den Tod des Kammerherrn als Gegenbeispiel zur Pariser Wirklichkeit heraufbeschworen hat. Er fürchtet sich ja in der Gegenwart vor genau einem solchen "Geschehen," und ihm graut vor der "Zeit der anderen Auslegung," eben weil er sie sich als das Überhandnehmen eines schon in ihm wirksamen inneren Vorgangs ausmalt.[4] Die Sinnlosigkeit, in der das Sterben des Kammerherrn endet, zeigt daher auch die negative Seite einer Integration von Oberfläche und Kern. Anstatt daß man solche Erinnerungen "hat" im Sinne eines vertrauten, beruhigenden, jederzeit verfügbaren Gegenstandes — kann sich Inneres so gewaltsam und zerstörerisch nach außen schlagen, daß die vorhandene Persönlichkeit im Amoklauf ihrer eigenen Elemente ausgelöscht wird.

---

[3] *Bild der Wirklichkeit,* S. 21.
[4] SWVI, 755: "weil auch in mir etwas vor sich geht, das anfängt, mich von allem zu entfernen und abzutrennen."

Indem Malte nun ein solches Ereignis beschreibt und zugleich interpretiert, distanziert er sich von dem Schrecken und der Verwirrung, die es damals hervorrief; und was den Zeugen des Todes völlig unbegreiflich war, kann er verallgemeinernd auf die Formel bringen: "Alles Übermaß an Stolz, Willen und Herrenkraft, das er selbst in seinen ruhigen Tagen nicht hatte verbrauchen können, war in seinen Tod eingegangen . . ." (SWVI, 720). Gleichzeitig aber gestaltet er diesen Tod als einen parallelen Vorgang zu dem, was er in der Gegenwart fürchtet: eine gewaltsame Veränderung der Persönlichkeitsoberfläche. Auch wenn Oberfläche und Kern aus ein- und derselben Substanz sind, wie beim Kammerherrn Brigge, ist die vordergründige Persönlichkeit von dem gleichmäßigen, chronologisch geordneten Verbrauch der Lebenskräfte völlig abhängig, und die schnelle "Vergeudung" dieser Kräfte bei der zeitlichen Konzentration dieses Todes ("Er war für zehn Wochen gekommen und die blieb er . . .") ist schon genug, um den Identitätswechsel zu bewirken: "Nicht Christoph Detlev war es, welchem diese Stimme gehörte, es war Christoph Detlevs Tod."

Genauso interessant wie der Inhalt dieses Abschnittes ist das Prinzip der verdoppelten Metaphorik, das dem ganzen Zusammenhang zugrundeliegt. Die Episode selbst, als etwas aus der "Tiefe" der Vergangenheit Heraufgeholtes, stellt innerhalb des Persönlichkeitsmodells einen Übergang vom "Kern" zur Oberfläche dar: ein Verlorenes kommt wieder ans Licht, und dabei wird das Ideal eines individuellen Todes der Anonymität der Gegenwart entgegengesetzt. Innerhalb der Episode selbst aber ist ebenfalls davon die Rede, daß ein innerer Kern eine äußere Oberfläche verdrängt. Negative Aspekte dieses Vorgangs haben dann wiederum für das gegenwärtige Bewußtsein eine andere, bedrohliche Bedeutung. So sehen wir erstens, wie die strukturelle Funktion der Aufzeichnung von ihrem eigenen Inhalt widergespiegelt wird; zweitens, wie die Darstellung des Todes dadurch eine etwas andere Richtung bekommt, die seine positive Bedeutung merklich nuanciert; drittens wie diese Doppelbödigkeit zu der seltsamen Ambivalenz von Maltes Einstellung zum Kindheitsthema im 10. Abschnitt führt und letztlich wie schwer es ist, Erinnerung von Mythisierung im Rahmen einer solchen Episode zu unterscheiden. Denn auch bei scheinbar entgegengesetzten Inhaltswerten herrscht eine so große Ähnlichkeit der Strukturen von Gegenwärtigem und Vergangenem, daß man unmöglich feststellen kann, was an dieser Vergangenheit "echt" und was eine Projektion der Gegenwart ist.

Dieselbe Verdoppelung der Metaphorik kennzeichnet auch die zweite Episode aus der Vergangenheit, nämlich die Erscheinung von Christine Brahe im 15. Abschnitt. Diese Aufzeichnung entstammt ausdrücklich dem Entschluß, "etwas von dem Versäumten (zu) tun," also dem allgemeinen "Mißverständnis" dadurch entgegenzuwirken, daß man etwas "Wirkliches und Wichtiges" erzählt. Auf die ironische Diskrepanz zwischen einer Kindheitserinnerung und der Richtigstellung der ganzen historischen Vergangenheit ist schon im vorigen

Kapitel hingewiesen worden. Nach der Analyse des Todes des Kammerherrn dürfen wir auch darauf gefaßt sein, daß die Spannung zwischen einem so anspruchsvollen Vorhaben und den Mitteln, über die Malte zu seiner Durchführung verfügt, zu einer Mythisierung der Episode führt, um ihr somit einen möglichst repräsentativen Charakter zu verleihen.

Zunächst erscheint als negative Kontrastfolie ein Bild der Fragmentation:

> So wie ich es in meiner kindlich gearbeiteten Erinnerung wiederfinde, ist es kein Gebäude; es ist ganz aufgeteilt in mir; da ein Raum, dort ein Raum und hier ein Stück Gang, das diese beiden Räume nicht verbindet, sondern für sich, als Fragment, aufbewahrt ist.
>
> (SWVI, 729)

Nach dem Prinzip der verdoppelten Metaphorik soll hier auf die mangelnde Einheit des gegenwärtigen Bewußtseins – das Bild des leeren Brunnens kehrt ausdrücklich wieder[5] – hingewiesen werden, damit der metaphorische Kern als etwas Stabiles, Einheitliches erscheinen kann:

> Ganz erhalten ist in meinem Herzen, so scheint es mir, nur jener Saal, in dem wir uns zum Mittagessen zu versammeln pflegten, jeden Abend um sieben Uhr. Ich habe diesen Raum niemals bei Tage gesehen, ich erinnere mich nicht einmal, ob er Fenster hatte und wohin sie aussahen; jedesmal, so oft die Familie eintrat, brannten die Kerzen in den schweren Armleuchtern, und man vergaß in einigen Minuten die Tageszeit und alles, was man draußen gesehen hatte.
>
> (SWVI, 729)

In Maltes Erinnerung verhält sich dieser Saal zum ganzen Gebäude wie das Herz zum Körper und trägt unverkennbar den Charakter eines abgeschlossenen Inneren, in dem weder die "Tageszeit" noch sonst etwas von "Draußen" eine Rolle spielt. Die Zeitlosigkeit dieses Innern ist eine Weiterentwicklung des Todesbegriffs vom 8. Abschnitt. Sowie das Zum-Vorschein-kommen des Todes die Deformation des äußerlichen Zeitablaufs bedeutet, so herrscht auch in diesem Zentrum eine völlige Indifferenz der Zeitläufte. Das entspricht vollkommen Rilkes geläufiger Vorstellung einer "gesteigerten Wirklichkeit," wie sie vor allem von Beda Allemann untersucht worden ist.[6] Der Großvater Brahe ist gleichsam der Genius loci dieser Innerlichkeit, denn "die Zeitfolgen spielten durchaus keine Rolle für ihn" (SWVI, 735), und sogar der Major trägt zu dieser Atmosphäre bei:

---

5 Siehe SWVI, 729.
6 *Zeit und Figur*, S. 25–32 und 110–116.

... und nun machte er in einem mir unbekannten Raum des Schlosses alchymistische Versuche, war auch, wie ich die Diener sagen hörte, mit einem Stockhause in Verbindung, von wo man ihm ein- oder zweimal jährlich Leichen zusandte, mit denen er sich Tage und Nächte einschloß und die er zerschnitt und auf eine geheimnisvolle Art zubereitete, so daß sie der Verwesung widerstanden.

(SWVI, 731)

Wie das Nach-außen-schlagen des Inneren beim Tod des Kammerherrn die Auslöschung der vorhandenen Persönlichkeit zufolge hatte, so bedeutet auch dieser Vorstoß in einen mythischen Kern eine ähnliche Gefahr für die periphere Identität:

Dieser hohe, wie ich vermute, gewölbte Raum war stärker als alles; er saugte mit seiner dunkelnden Höhe, mit seinen niemals ganz aufgeklärten Ecken alle Bilder aus einem heraus, ohne einem einen bestimmten Ersatz dafür zu geben. Man saß da wie aufgelöst; völlig ohne Willen, ohne Besinnung, ohne Lust, ohne Abwehr. Man war wie eine leere Stelle.

(SWVI, 730)

Die Wirkung, die von der Erscheinung der Toten ausgeht, stellt eine ähnliche Gefährdung dar; nur Graf Brahe und der kleine Erik sind als Verkörperungen derselben Innerlichkeit, die die Tote selbst vertritt, dagegen gefeit. Wichtig in diesem Zusammenhang ist vor allem die Art und Weise, wie Malte die ersten Begegnungen mit diesem Phänomen übersteht:

Ich erinnere mich, daß dieser vernichtende Zustand mir zuerst fast Übelkeit verursachte, eine Art Seekrankheit, die ich nur dadurch überwand, daß ich mein Bein ausstreckte, bis ich mit dem Fuß das Knie meines Vaters berührte, der mir gegenübersaß. Erst später fiel mir auf, daß er dieses merkwürdige Benehmen zu begreifen oder doch zu dulden schien ... Es war indessen jene leise Berührung, welche mir die Kraft gab, die langen Mahlzeiten auszuhalten.

(SWVI, 730)

Es entsteht zwischen Malte und seinem Vater eine Art von komplementärer Beziehung, die dazu dient, Malte in seiner bedrohten Identität wieder zu bestätigen. Wir sahen im vorigen Kapitel, wie eine ähnliche Funktion den Gestalten der Heiligen und der Mutter zukam und wie auch Maltes Gefühl der Sicherheit in der Bibliothèque nationale einer parallelen Komplementarität von Leser und "Dichter" entwächst. Hier scheint der Vater sogar die aktive Rolle zu übernehmen, indem bei den Erscheinungen der Toten aller Nachdruck auf sein Verhalten gelegt wird, während Malte selbst nur als Zuschauer vorhanden ist.

Das eigentliche Thema der Aufzeichnung ist die Anpassung einer vordergründigen Persönlichkeit an die gesteigerte Wirklichkeit ihres Kernes. So wie im

Tod des Kammerherrn die vorhandene Persönlichkeit von der größeren Konzentration des "Anderen" völlig verdrängt wird, so fühlt sich Malte zunächst "wie
eine leere Stelle" und empfindet den Kontakt mit dieser Innerlichkeit als
"vernichtenden Zustand." Indem er dann durch die physische Berührung an der
Kraft seines Vaters teilhat und sich an ihm orientieren kann, lernt er die Mahlzeit
in diesem unheimlichen Raume aushalten. So wie im 23. Abschnitt die ideale
Mutterfigur "das Ungeheure hinter sich hält," so steht hier die Gestalt des Vaters
gleichsam als Schirm zwischen Maltes Bewußtsein und den gespenstischen
Erscheinungen, denn der Vater muß die spätere Konfrontation mit Christine
Brahe aushalten. Bei ihrer letzten Erscheinung berichtet Malte überhaupt nichts
von seinen eigenen Gefühlen. (SWVI, 740–41)

Das Prinzip der verdoppelten Metaphorik ermöglicht es nun auch, die Figuren
von Malte, seinem Vater und dem Grafen Brahe in dieser Episode als Elemente
der einen Ich-Struktur zu betrachten. Malte und sein Vater werden zu
komplementären Hälften des oberflächlichen Bewußtseins, genau wie das
Schwesternpaar in der *Weißen Fürstin;* Großvater Brahe, Christine und auch
wohl der kleine Erik stellen Aspekte des Kerns dar, der Großvater etwa die
Emanzipation von der chronologischen Zeit, Christine die darin herrschende
Homogeneität von Leben und Tod und der kleine Erik das Undurchschaubare
seiner Erscheinungen, auch wenn sie nicht überdimensional oder gespenstisch
sind.[7] Dadurch, daß Malte diese Anekdote "unten in seiner Erinnerung" findet
(SWVI, 738) und sie dann in der Erzählung vergegenwärtigt, hat er auf
symbolische Weise einen Teil seines "unbekannten Inneren" kenntlich und
zugänglich gemacht. Indem der *Inhalt* der Aufzeichnung auch den Vorstoß zu
einer geheimnisvollen Innerlichkeit umfaßt, tritt dieselbe Verdoppelung der
Metaphorik zutage, wie beim Tod des Kammerherrn Brigge. Das Thema einer
schützenden Komplementarität kommt dann in den zwei nächsten Abschnitten
(16 und 17) in drei weiteren Abwandlungen wieder zum Ausdruck: Lesen als
Zuflucht vor der Wirklichkeit, das Verhältnis von Francis Jammes zu seinem
dichterischen Stoff und die Sicherheit des Altsachenhändlers hinter seinen
"überfüllten Schaufenstern." Für die Struktur des Persönlichkeitsmodells spielt
es keine Rolle, ob der komplementäre Gegenstand ein Buch Gedichte oder die
konkretisierte Erinnerung an einen geliebten Menschen ist; auf thematischer
Ebene jedoch ist die in der Kindheitsepisode erzielte Lösung für die Pariser
Gegenwart nicht mehr gültig, weil sie eine positive menschliche Gemeinsamkeit
einschließt, und so muß das Thema der Komplementarität Formen annehmen,
die Maltes Vereinsamung angemessen sind.

---

7 In einer späteren Aufzeichnung scheint Erik dagegen sich als komplementäre Hälfte
des vordergründigen Bewußtseins anzubieten – siehe unten S. 153.

Die Einbrüche des "Unerhörten"

Jetzt sind wir in der Lage, die in den Abschnitten 18–21 dargestellten Ereignisse in bezug auf das gesamte Persönlichkeitsmodell zu interpretieren. Jede Episode hat zum Thema das Hervorbrechen unheimlicher Kräfte, entweder in der äußeren Wirklichkeit oder in Malte selbst. Zunächst kommt der Sterbende in der Crémerie:

Ich wußte, daß das Entsetzen ihn gelähmt hatte, Entsetzen über etwas, was in ihm geschah. Vielleicht brach ein Gefäß in ihm, vielleicht trat ein Gift, das er lange gefürchtet hatte, gerade jetzt in seine Herzkammer ein, vielleicht ging ein großes Geschwür auf in seinem Gehirn wie eine Sonne, die ihm die Welt verwandelte.

(SWVI, 754)

dann das "Große:"

Jetzt war es da. Jetzt wuchs es aus mir heraus wie eine Geschwulst, wie ein zweiter Kopf, und war ein Teil von mir, obwohl es doch gar nicht zu mir gehören konnte, weil es so groß war. Es war da wie ein großes totes Tier, das einmal, als es noch lebte, meine Hand gewesen war oder mein Arm.

(SWVI, 765)

dann das Fieber:

Und mit dem, was kommt, hebt sich ein ganzes Gewirr irrer Erinnerungen ... Leben, von denen man nie erfahren hätte, tauchen empor und mischen sich unter das, was wirklich gewesen ist, und verdrängen Vergangenes, das man zu kennen glaubte: denn in dem, was aufsteigt, ist eine ausgeruhte, neue Kraft, das aber, was immer da war, ist müde von zu oftem Erinnern.

(SWVI, 766)

und schließlich der Veitstänzer:

Der Stock war fort, er spannte die Arme aus, als ob er auffliegen wollte, und es brach aus ihm aus wie eine Naturkraft und bog ihn vor und riß ihn zurück und ließ ihn nicken und neigen und schleuderte Tanzkraft aus ihm heraus unter die Menge.

(SWVI, 774)

Aus dieser Anordnung ergibt sich eine gewisse Symmetrie: die zwei Episoden, wo der Einbruch ganz deutlich von seinem eigenen Inneren her geschieht, werden von den zwei anderen umrahmt, wo das Ereignis an einer äußeren Gestalt wahrgenommen wird. Es bestehen außerdem zahlreiche motivische Verbindungen zwischen den Abschnitten. Die bekannte Darstellung der "Innenseite der letzten Mauer" im 18. Abschnitt findet ihr Echo in den offenbar allegorisch gemeinten "Verbänden" des 19. Abschnitts:

> Und viele Verbände gab es. Verbände, die den ganzen Kopf Schichte um Schichte umzogen, bis nur noch ein einziges Auge da war, das niemandem mehr gehörte. Verbände, die verbargen, und Verbände, die zeigten, was darunter war ...
>
> (SWVI, 759)

genau wie die Stelle im 18. Abschnitt: "... und es kreise ein betäubender Schmerz in mir, als ob in meinem Blute etwas zu Großes mittriebe, das die Adern ausdehnte, wohin es kam" die Manifestation des "Großen" selbst im 19. vorbereitet. Wiederum kehrt das Bild des "Großen:" "Jetzt wuchs es aus mir heraus wie eine Geschwulst, wie ein zweiter Kopf" als eine der Kindheitsängste vom 20. Abschnitt wieder: "... die Angst, daß dieser kleine Knopf meines Nachthemdes größer sei als mein Kopf, groß und schwer ... ." Schließlich erinnert die Stelle im 21. Abschnitt:

> Ich kam an einem der Caféhäuser vorbei, in denen am Abend die falschen roten Zigeuner spielen. Aus den offenen Fenstern kroch mit schlechtem Gewissen die übernächtigte Luft.
>
> (SWVI, 768)

an "die Luft dieser Leben, die zähe, träge, stockige Luft" aus der Beschreibung der "letzten Mauer," an Maltes Gefühl in demselben Abschnitt, "daß die Luft längst zu Ende war," und an folgende Stelle im 19. Abschnitt:

> Ich kehrte also in meinen Gang zurück, in dem die Luft viel lastender geworden war, und fing wieder an, hin und her zu gehen, obwohl ich mich todmüde fühlte. Schließlich machte der feuchte, angehäufte Geruch mich schwindlig ...
>
> (SWVI, 761)

Die Verbindung zwischen diesen Motiven und folgender Stelle aus dem 15. Abschnitt liegt auf der Hand:

> Ich erinnere mich, daß dieser vernichtende Zustand mir zuerst fast Übelkeit verursachte, eine Art Seekrankheit, die ich nur dadurch überwand, daß ich mein Bein ausstreckte, bis ich mit dem Fuß das Knie meines Vaters berührte ...
>
> (SWVI, 730)

Somit wird ein assoziativer Zusammenhang sichtbar, in dem die Ereignisse der Pariser Gegenwart als ferne Spiegelung jener Kindheitsepisode erscheinen.

Da nun unsere Deutung des 15. Abschnitts hinter der Gespenstergeschichte ein allegorisches Schema erkannte, in dem Malte und sein Vater, als "Ein-

dringlinge von Außen," die Oberfläche der Persönlichkeit gegenüber dem
zeitlosen, unfaßlichen Kerne vertreten, erhebt sich die Frage, ob nicht in den vier
Pariser Episoden ähnliche Strukturen aufzuzeigen sind. Schon die symmetrische
Gruppierung dieser Episoden scheint in diese Richtung hin zu deuten, denn der
Parallelismus der inneren Ereignisse und der an äußeren Figuren wahrgenommenen Vorgänge dürfte kaum zufällig sein. Die Beschreibung des Sterbenden
in der Crémerie weist eine eigenartige Mischung von Einfühlung und Abstand
auf:

> Ich grüßte nach dem kleinen Buffet hin, bestellte und setzte mich nebenan.
> Aber da fühlte ich ihn, obwohl er sich nicht rührte. Gerade seine
> Regungslosigkeit fühlte ich und begriff sie mit einem Schlage. Die Verbindung
> zwischen uns war hergestellt, und ich wußte, daß er erstarrt war vor
> Entsetzen. Ich wußte, daß das Entsetzen ihn gelähmt hatte, Entsetzen über
> etwas, was in ihm geschah.
>
> (SWVI, 754)

Trotz aller Teilnahme am Vorgang des Sterbens und obgleich Malte "weiß," was
im Gehirn des Sterbenden vor sich geht, ist seine darauffolgende Beschreibung
des Alten von fast klinischer Genauigkeit. Malte begründet seine Einsicht
folgendermaßen:

> ... und doch habe ich jenen Mann nur begreifen können, weil auch in mir
> etwas vor sich geht, das anfängt, mich von allem zu entfernen und
> abzutrennen.
>
> (SWVI, 755)

und verbindet auf diese Weise das apokalyptische Moment im Sterben des Alten:
"... vielleicht ging ein großes Geschwür auf in seinem Gehirn wie eine Sonne,
die ihm die Welt verwandelte ..." mit der ebenfalls visionär gesehenen "Zeit der
anderen Auslegung." Der Alte erlebt also gleichsam stellvertretend für Malte
einen Untergang, der auch vielleicht eine Art von Offenbarung beinhaltet. Wenn
wir aber Maltes Bewußtseinslage bei dieser Beschreibung genau beobachten, so
erkennen wir zwei kontrastierende Haltungen, die in gleichem Maße und zur
gleichen Zeit wirksam sind: eine mitfühlende, die die Vorgänge des Sterbens
nachvollzieht, und eine distanzierte, die den Alten als Gegenstand betrachtet und
sorgfältig beschreibt.

In dem nächsten Abschnitt, der von dem Besuch im Krankenhaus handelt,
trifft man ebenfalls auf die Gleichzeitigkeit von einem unfaßlichen Geschehen:
"Jetzt wuchs es aus mir heraus wie eine Geschwulst, wie ein zweiter Kopf ..."
(SWVI, 765) und einem Zustand des Bewußtseins, das sich dadurch von seiner
Umgebung abgetrennt fühlt:

Aber das Große schwoll an und wuchs mir vor das Gesicht wie eine warme
bläuliche Beule und wuchs mir vor den Mund, und über meinem letzten Auge
war schon der Schatten von seinem Rande.

(SWVI, 765)

Wenn wir die zwei Abschnitte nebeneinander stellen, so scheint die Eruption des
"Großen" im 19. Abschnitt genau dieselbe Funktion zu erfüllen wie die Gestalt
des Sterbenden im vorigen Abschnitt. Im 19. Abschnitt ist die Teilung des Ich in
ein "Unfaßliches" – das Große wächst ja aus Malte selbst heraus – und in ein
beobachtendes Bewußtsein völlig klar; im 18. Abschnitt handelt es sich angeblich
um einen Vorgang in der äußeren Wirklichkeit, aber man könnte ohne
Übertreibung behaupten, daß der Sterbende lediglich da ist, um die eine Seite
von Maltes Bewußtsein sichtbar und begreiflich zu machen. Daraus erklären
sich die für Malte keineswegs typische Einfühlung in die inneren Vorgänge eines
anderen Menschen und die Tatsache, daß auch Maltes *Beschreibung* des
Ereignisses zwei entgegengesetzte Haltungen enthüllt. Hierin läßt sich eine
weitere Entwicklung des Persönlichkeitsmodells erkennen. Erschien vorher das
oberflächliche Bewußtsein im Zeichen der zwiespältigen und unproduktiven
Gegenständlichkeit und erwies sich im Tode des Kammerherrn Brigge die
Integration von Oberfläche und Kern als Verdrängung der bisherigen Identität
durch das Konzentrat ihrer Bestandteile, so werden wir hier eher mit einer
Synthese dieser beiden Tendenzen konfrontiert. Das "Große" weist alle
Attribute einer "fremden monströsen Wirklichkeit"[8] auf, hat aber seinen
Ursprung in Maltes eigenem Inneren. Es verwehrt sich jedem Deutungsversuch,
genau wie der Tod des Kammerherrn für die Zeugen seines Sterbens völlig
unbegreiflich bleibt. Wie die Erscheinung der Christine Brahe hat er überhaupt
keinen Kommunikationswert, sondern muß einfach hingenommen werden.
Indem das Grosse aus Malte selbst hinauswächst und die Oberfläche deformiert,
scheint es einen dem Tod des Kammerherrn parallelen Vorgang darzustellen. Es
unterscheidet sich aber von diesem, indem es das oberflächliche Bewußtsein zwar
bedroht, aber nicht ganz verdrängt. Es erscheint "wie ein zweiter Kopf," stellt
sich also *neben* das schon vorhandene Bewußtsein, bietet sich gleichsam als
Gegenstand an und scheint auf diese Weise die andere Hälfte des vordergründigen
Ich zu ersetzen. Der Sterbende in der Crémerie stellt gewissermaßen eine
Vorstufe zu dieser Synthese dar. In der Gleichzeitigkeit von Einfühlung und
Distanz sowie in der apokalyptischen Färbung von Maltes Interpretation sind die
Elemente der späteren Darstellung des "Großen" schon vorhanden. Wie der
Sterbende ebenfalls zum Anlaß für Maltes Feststellung dient, daß "auch in mir
etwas vor sich geht, das anfängt, mich von allem zu entfernen und abzutren-

---

[8] Vgl. SWVI, 808: "... und diktierte mir ein Bild, eine fremde, unbegreifliche,
monströse Wirklichkeit, mit der ich durchtränkt wurde gegen meinen Willen ..."

nen . . .," so bewirkt das "Große" seine zeitweilige Entfremdung von der gewohnten Wirklichkeit:

> Elektrische Bahnen rasten manchmal überhell und mit hartem, klopfendem Geläute heran und vorbei. Aber auf ihren Tafeln standen Namen, die ich nicht kannte. Ich wußte nicht, in welcher Stadt ich war und ob ich hier irgendwo eine Wohnung hatte und was ich tun mußte, um nicht mehr gehen zu müssen.
>
> (SWVI, 765)

Das "Große" läßt sich also als eine Manifestation des unfaßlichen Kernes bezeichnen, die sich innerhalb des zweifachen vordergründigen Bewußtseins ereignet, indem sie dessen eine Hälfte ersetzt. Wenn diese Interpretation der weiteren Bekräftigung bedarf, so wird sie in der Bildhaftigkeit dieses Abschnitts in reichem Maße geboten. Malte beschreibt seine Nachbarn im Wartesaal:

> Links war also das Mädchen mit dem faulenden Zahnfleisch; was rechts von mir war, konnte ich erst nach einer Weile erkennen. Es war eine ungeheure, unbewegliche Masse, die ein Gesicht hatte und eine große, schwere, reglose Hand. Die Seite des Gesichts, die ich sah, war leer, ganz ohne Züge und ohne Erinnerungen . . .
>
> (SWVI, 762)

Die Schilderung dieses Kranken steht unverkennbar im Zeichen der Entpersön-lichung, ja der Verdinglichung. Sie erinnert insofern an die anderen Manifesta-tionen des Kerns, als das Gesicht keinen faßbaren menschlichen Inhalt mehr aufweist. Im weiteren Verlauf der Episode wird Malte ein zweites Mal auf diese "ungeheure, unbewegliche Masse" aufmerksam:

> Zwei Männer waren da mit einem Rollstuhl; sie hoben die Masse hinein, und ich sah jetzt, daß es ein alter, lahmer Mann war, der noch eine andere, kleinere, vom Leben abgenutzte Seite hatte mit einem offenen, trüben, traurigen Auge.
>
> (SWVI, 763)

Diese Schilderung ist unverkennbar eine vorausdeutende Parallele zur Erschei-nung des "Großen" am Ende des Abschnitts. So wie das "Große" als ein "zweiter Kopf" aus Malte hinauswächst, hat auch der alte Mann "zwei Seiten," die eine völlig ausdruckslos, unfaßlich und monströs, wogegen die andere, die immer noch menschliche Züge trägt, als ein keineswegs ungewöhnliches Phänomen des alltäglichen Lebens erscheint. Diese Zweiteilung ist ein genaues Bild von Maltes eigener Lage in diesen Abschnitten. Mit der einen Hälfte seines gegenwärtigen Bewußtseins möchte er "unter den Bedeutungen bleiben, die (ihm) lieb geworden sind" (SWVI, 756). Das entspricht der immer noch menschlichen, "vom Leben abgenutzten Seite" des Gelähmten. Der andere Teil seines vordergründigen Ich stellt in seinem unfaßlichen Anderssein eine Vor-

wegnahme der "Zeit der anderen Auslegung" dar und entspricht daher der
"leeren Seite," der "ungeheuren, unbeweglichen Masse." Nochmals geht es um
die beschränkte Perspektive der aktiven Hälfte des gegenwärtigen Bewußtseins.
Die Erscheinungen des Sterbenden, des Gelähmten und des "Großen" sind
deshalb so ungeheuer und grauenerregend, weil sie von der Perspektive der einen
Hälfte des Oberflächen-Ich beschrieben sind. Dieser Teil des Bewußtseins
befindet sich in derselben Lage wie sämtliche Anwesenden beim Tod des
Kammerherrn: er kann auf diese fremde Erscheinung nur mit Furcht und
Verwirrung reagieren, denn ihm fehlt eben die nötige Distanz, aus der die
Erscheinung *erklärt* werden könnte. Wie wir im vorigen Kapitel sahen, konnte
Malte rückblickend die Beschaffenheit dieses Todes analysieren, aber in der
Pariser Gegenwart ist keine solche Relativierung möglich, eben weil die
Erscheinungen noch in aller Unmittelbarkeit auftreten.[9] Das "Große" wird
ausdrücklich als "ein Teil von mir, obwohl es gar nicht zu mir gehören könnte,
weil es so groß war" bezeichnet.

Walter Seifert erkennt, daß die Erscheinung des "Großen" eine Zweiteilung
des Bewußtseins veranschaulicht: "Das Ich verliert seine Identität und spaltet
sich in zwei Hälften, von denen eine Verfallsembleme annimmt und zur Allegorie
erstarrt."[10] Dagegen ist einzuwenden, daß dieses Ich schon seit den ersten
Aufzeichnungen prinzipiell "gespalten" ist und daher keine Identität zu verlieren
hat. Seifert hat hier die Bedeutung des "Großen" ganz richtig eingeschätzt. Wenn
er aber dann zur Deutung des vorigen Abschnitts zurückkehrt, in dem von der
"Zeit der anderen Auslegung" die Rede ist, so übersieht er dabei, daß auch diese
Aussage im Rahmen der Ich-Spaltung verstanden werden muß. Malte entwirft
sein Bild der "Zeit der anderen Auslegung" vom Standpunkt seines mit sich
selbst uneinigen, vordergründigen Bewußtseins aus, und deshalb haftet diesem
eine undifferenzierte Mischung von Grauen und Sehnsucht an. Die mögliche
"Seligkeit," die in diese Zeit hineinprojiziert wird, kann deshalb nicht
verwirklicht werden, weil sie eben eine Einheit des gegenwärtigen Bewußtseins
mit sich selbst voraussetzen müßte, und Malte kann sich einen solchen Zustand
nicht einmal vorstellen, geschweige denn aus sich selbst heraus verwirklichen.[11]
Da Seifert das äußerst wichtige Moment der Perspektivierung aus der Sicht
verliert, deutet er das Ende des Abschnitts im Zeichen der Erfüllung:

> Das Ich wird zum "Eindruck, der sich verwandeln wird"; als Eindruck
> unpersönlicher Mächte, als Objekt . . ., nimmt das Ich zwar eine Bestimmtheit
> an, . . . aber indem sich dieser Eindruck verwandelt, tritt der Übergang aus

---

9 So weist Malte im 9. Abschnitt auf die vom Tode des Kammerherrn verursachte
Verwirrung (SWVI, 719), die seiner eigenen Hilflosigkeit gegenüber den Pariser Erscheinungen parallel zu laufen scheint.
10 *Das epische Werk*, S. 227.
11 Siehe oben S. 84.

einer unbestimmbaren formalen Bestimmtheit in eine andere in den Vordergrund. Die einzelnen Bestimmtheiten werden relativ, während sich als das
Gültige die Verwandlung, die "Veränderung" durchsetzt. Rilke hat, ausgehend vom Widerlichen, dieses Widerliche durchbrochen.[12]

In einer Interpretation, die allen Nachdruck auf den dialektischen Fortschritt
legt, nimmt es sich etwas verwunderlich aus, wenn eine positive Auslegung des
18. Abschnitts ausgerechnet *nach* den völlig negativen Darstellungen des 19. und
20. geboten wird. Daß die Erscheinung des "Großen" und die dazugehörige
Beschreibung des gelähmten Alten nach der Vorstellung der "Zeit der anderen
Auslegung" auftreten und daß diese ungeheuerlichen Manifestationen auf nichts
anderes als die Gespaltenheit des vordergründigen Bewußtseins hinweisen, hat
ganz eindeutig die Funktion, die der Ich-Struktur innewohnenden Hindernisse zu
erhellen, die zwischen Malte und seiner ersehnten "Seligkeit" stehen. In Seiferts
Interpretation fallen solche Erwägungen überhaupt nicht ins Gewicht. Der
"dialektische" Deutungsvorgang beschäftigt sich vorübergehend mit der Beschrei-
bung der Mauer im ersten Teil des 18. Abschnitts, überspringt dann völlig die
Episode des Sterbenden und die dazugehörige Projektion der "Zeit der anderen
Auslegung" in der zweiten Hälfte dieses Abschnitts, um sich dann mit dem
"Großen" und den "Ängsten der Kindheit" als Zeichen der "Relativität" und
"Desintegration" abzugeben.[13] Seifert kehrt anschließend zum 18. Abschnitt
zurück, um dann in der Beschreibung des Sterbenden den "Übergang vom
Widerlichen zum abstrakten Gesetz" aufzuzeigen. Anhand dieser Aufzeichnung
konstatiert er: "Rilke hat, ausgehend vom Widerlichen, dieses Widerliche
durchbrochen . . .,"[14] um sogleich auf der nächsten Seite, ohne die Inhalte der
drei folgenden Abschnitte (das "Große," die "verlorenen Ängste der Kindheit"
und der "Veitstänzer") auch nur zu erwähnen, plötzlich bei der Verherrlichung
Baudelaires und Flauberts im 22. Abschnitt anzugelangen. Kein Wunder, daß er
in diesem Konglomerat einen entscheidenden "Wendepunkt" erkennt,[15] denn
wenn man die Tatsache völlig ignoriert, daß sich zwischen dem Ende des
18. Abschnitts und dem zitierten Passus im 22. drei Episoden befinden, die alle
auf eine Uneinigkeit des Ich hinweisen, so läßt sich eine solche Synthese ohne
weiteres herstellen. Was diese überaus willkürliche Sprunghaftigkeit mit einem
dialektischen Fortschritt gemeinsam haben könnte, ist schwerlich einzusehen.
Wenn eine angeblich progressive Interpretation die Reihenfolge der Aufzeichnungen einfach außer Betracht läßt, um dadurch zu einem positiven Wendepunkt
gelangen zu können, so erscheint die ganze Deutungsmethode doch in einem sehr
fragwürdigen Licht.

12 *Das epische Werk*, S. 233.
13 Ebenda. S. 227–230.
14 Ebenda. S. 233.
15 Ebenda. S. 236.

Wenn man "Malte" schreibt, so muß man sich dessen bewußt bleiben, daß man damit kein einheitliches Individuum, keine einfache Identität, sondern lediglich einen jeweils anderen Aspekt oder Modus einer komplexen Ich-Struktur bezeichnet. Beim krassen Bild des "Großen" als "ein zweiter Kopf" drängt sich diese Tatsache dem Leser geradezu auf; auch in anderen Zusammenhängen ist sie keineswegs verborgen, wie bei der einfühlenden Vorstellung der inneren Prozesse des Sterbenden und dem simultanen Entsetzen vor seiner Gestalt, und sie stellt tatsächlich ein dem ganzen Werk zugrundeliegendes Prinzip dar. Eben weil Malte von Anfang an keine einfache Identität zu verlieren hat, weil die Einheit der Persönlichkeit ebenso problematisch geworden ist wie sein Verhältnis zu Gott, finden wir keine ununterbrochene Folge der positiv gefärbten Aufzeichnungen vor. Die Trennung des 18. vom 22. Abschnitt ist deshalb von Bedeutung, weil sie die Andeutung einer künftigen "Seligkeit" und die Hoffnung auf ein "neues Leben voll neuer Bedeutungen" ziemlich weit auseinanderhält. Der überwiegend negative Wert der dazwischen eingeflochtenen Episoden sollte den Leser darauf aufmerksam machen, daß eine lineare Verbindung der zwei Stellen außer Frage steht. Die sofortige Rückkehr der negativen Thematik in der Darstellung des "Entsetzlichen" am Anfang des 23. Abschnitts sollte ebenfalls jede Deutung des 22. Abschnitts im Sinne eines endgültigen, verbindlichen "Wendepunkts" als ziemlich unwahrscheinlich erscheinen lassen.

Wenn wir uns nun dem 20. Abschnitt zuwenden, so erkennen wir in der Beschreibung der "Krankheit" die für das Persönlichkeitsmodell typische Metaphorik: zunächst das Motiv des "Ausgrabens" und dann das der Gegenständlichkeit im Bereich des vordergründigen Bewußtseins:

> Mit einer somnambulen Sicherheit holt sie aus einem jeden seine tiefste Gefahr heraus, die vergangen schien, und stellt sie wieder vor ihn hin, ganz nah, in die nächste Stunde.

Nochmals tritt das Autoerotische als Zeichen für diese sterile Gegenständlichkeit auf:

> Männer, die einmal in der Schulzeit das hülflose Laster versucht haben, dessen betrogene Vertraute die armen, harten Knabenhände sind, finden sich wieder darüber . . .

Wie im 15. Abschnitt das Bewußtsein des Grafen Brahe, als Repräsentant des Kernes, keineswegs auf die persönliche Vergangenheit beschränkt war, so sprengt diese "Krankheit" die chronologische Zeitstruktur sowie den Rahmen rein persönlicher Erinnerungen:

> Und mit dem, was kommt, hebt sich ein ganzes Gewirr irrer Erinnerungen, das daranhängt wie nasser Tang an einer versunkenen Sache. Leben, von denen man nie erfahren hätte, tauchen empor und mischen sich unter das,

was wirklich gewesen ist, und verdrängen Vergangenes, das man zu kennen glaubte: denn in dem, was aufsteigt, ist eine ausgeruhte, neue Kraft, das aber, was immer da war, ist müde von zu oftem Erinnern.

(SWVI, 766)

Wiederum handelt es sich um eine partielle Integration von Oberfläche und Kern, wobei die eine Hälfte des vordergründigen Bewußtseins als Beobachter fungiert und die andere durch die Labilität ihres Inhaltes gekennzeichnet ist. Das scheinbar Sinnwidrige und Irrationale der "Ängste" ist auch an dieser Stelle im Sinne der Perspektivierung zu verstehen. Als Analogien zur "Zeit der anderen Auslegung" müssen diese Manifestationen dem aktiven Teil des oberflächlichen Bewußtseins notwendigerweise unbegreiflich bleiben, und so treten sie lediglich als Deformierungen und Übertreibungen der bekannten Wirklichkeit auf. Erst wenn dieses Bewußtsein imstande wäre, sich über seine eigene Vorläufigkeit und Zwiespältigkeit hinaus in die völlig neue und fremde Einheit der "anderen Auslegung" zu projizieren, könnten solche Erscheinungen eine erfaßbare Mitteilungsfunktion annehmen. Wie wir aber schon mehrmals gesehen haben, ist es vor allem die *Struktur* von Maltes eigener Vorstellungsweise und nicht etwa der Inhalt seines Entwurfs, die eine solche Lösung ausschließt.

Die "Ängste der Kindheit" enthalten zwar das Thema der möglichen Verdrängung des *ganzen* vordergründigen Bewußtseins durch die Manifestationen des Kernes: ". . . die Angst, daß irgendeine Zahl in meinem Gehirn zu wachsen beginnt, bis sie nicht mehr Raum hat in mir . . .," aber sie lösen keine panische Fluchtreaktion aus, wie bei der Episode des Sterbenden oder des "Großen." Wenn man jedoch den ganzen Duktus des 20. Abschnitts berücksichtigt, so fällt auf, daß es sich keineswegs um einen jähen Einbruch des "Unerhörten" handelt. Schon die Bezeichnung "Krankheit" trägt dazu bei, das apokalyptische Thema der "anderen Auslegung" etwas zu dämpfen. Nicht alle Manifestationen des unbekannten Inneren weisen denselben Grad an Intensität oder Gefährlichkeit auf, denn bei der Vertauschbarkeit der Inhalte herrscht auch eine Variabilität der Erscheinungsweisen. Diese Tatsache bestärkt uns in unserer Abneigung, alle Phänomene des Kernes zum "Absoluten" oder "Transzendenten" zu erheben. Die Vorliebe Rilkes für Nuancierungen und getarnte Modifikationen sonst stabiler Begriffe ist an anderer Stelle in unserer Deutung der *Gedichte an die Nacht* ausführlich dargelegt worden.[16] Der Vergleich zwischen der Wirkung vom "eigenen Tode" des Kammerherrn Brigge auf die unmittelbar Anwesenden und seiner relativierten Bedeutung für Malte selbst als interpretierender Erzähler macht ebenfalls deutlich, daß der Unterschied zwischen völlig Unfaßlichem und relativ Erklärbarem lediglich eine Frage der Perspektive ist.

16 Siehe insbesondere Kap. 7: "The Modes of Transcendence."

Die Aufzeichnung über den Veitstänzer, die die Reihe der Einbrüche der inneren Kräfte abschließt, entspricht in formaler Hinsicht dem Sterbenden in der Crémerie. Nochmals wird Malte zum Mitfühlenden und zugleich zum aufmerksamen Beobachter eines äußerlichen Ereignisses. Die stellvertretende Rolle des Veitstänzers wird dadurch betont, daß Malte sein "bißchen Kraft . . . wie Geld" zusammenlegt und dem Leidenden "anbietet." Der Veitstänzer stellt die Erweiterung ins Äußerliche derjenigen Ich-Struktur dar, die der Erscheinung des "Großen" zugrundeliegt und die auch durch Maltes Verhältnis zum Sterbenden vorausgedeutet wurde. Wenn nun der Einbruch des Unerhörten wiederum in die äußere Wirklichkeit verlegt wird, nachdem er in den zwei vorhergehenden Aufzeichnungen ausdrücklich verinnerlicht wurde, so wirkt sich das auf den Gesamteindruck der Aufzeichnungen in dreifacher Weise aus: Erstens entsteht der von Ulrich Fülleborn beschriebene Effekt:

> Dann aber wird deutlich, daß zwischen dem, was wir Subjekt und Objekt nennen, keine Grenzen bestehen, sondern daß ein weder in jenem noch in diesem gründender wechselseitiger Bezug, ein Austausch und eine Umschlägigkeit herrscht.[17]

Diese Beschreibung ist prinzipiell richtig – nur bedarf sie insofern der Ergänzung, als im Verlauf dieser Untersuchung ersichtlich geworden ist, daß die Verschmelzung mit der äußeren Wirklichkeit nur die eine Hälfte des vordergründigen Bewußtseins betrifft, daß die Grenzen daher nur auf der einen Front gefallen sind und daß die grundsätzliche Teilung des Subjekts das Verhältnis zum Objekt determiniert, so daß ein Nebeneinander von Identifikation und Abstand zustandekommt. Marlene Jäger hat von einem völlig anderen Standpunkt aus dasselbe Phänomen mit der Formulierung erfaßt: "die der jeweiligen stofflichen Besonderheit entgegengesetzte Darstellungstendenz."[18] Denn nichts könnte sorgfältiger und umständlicher sein als Maltes ausführliche Beobachtung eines Ereignisses, das ihn "nahm wie Papier, (ihn) zusammenknüllte und fortwarf . . ." (SW VI, 768).

Zweitens bewirkt die Verlegung in die äußere Wirklichkeit eine Einschränkung der Subjektivität dieser Erscheinungen. Das geschieht nicht auf logischer, sondern auf assoziativer Ebene; Malte *deutet* zwar den Veitstänzer als Epiphanie des "Unerhörten," und er selber ist für den Parallelismus der Abschnitte 18–21 verantwortlich, aber der Veitstänzer macht für den Leser das Thema der in Bewegung geratenen Oberfläche der Wirklichkeit wieder lebendig, und die realistische Darstellungsweise dient dazu, das Moment der subjektiven Deutung weitgehend zu tarnen. Bezeichnenderweise läßt Malte keine solchen Fragen aufkommen (". . . kommt es nicht darauf an, was die ganze Sache für mich

17 *Form und Sinn.* S. 267.
18 *Malte Laurids Brigge*, S. 52.

gewesen ist? ”) wie bei der Schilderung des Gemüseverkäufers im 18. Abschnitt, sondern alles ist in dieser Aufzeichnung darauf angelegt, das “Unerhörte” als quasi-objektive Erscheinung glaubhaft zu machen.

Drittens begegnet beim Schluß dieser Episode eine ähnliche Verdoppelung der Metaphorik wie in früheren Abschnitten:

> Er wandte ein wenig den Kopf, und sein Blick schwankte über Himmel, Häuser und Wasser hin, ohne zu fassen, und dann gab er nach. Der Stock war fort, er spannte die Arme aus, als ob er auffliegen wollte, und es brach aus ihm aus wie eine Naturkraft und bog ihn vor und riß ihn zurück und ließ ihn nicken und neigen und schleuderte Tanzkraft aus ihm heraus unter die Menge. Denn schon waren viele Leute um ihn, und ich sah ihn nicht mehr.
>
> (SWVI, 773)

Genau wie Malte als Auftakt zur “Zeit der anderen Auslegung” von einem inneren Vorgang spricht, der “anfängt, mich von allem zu entfernen und abzutrennen” (SWVI, 755), so erfaßt der Blick des Veitstänzers im Moment vor dem Ausbruch die äußeren Gegenstände nicht mehr. Am Ende der Aufzeichnung sind es dann “die Leute,” die Malte die Sicht verstellen, die ihm gewissermaßen diese Widerspiegelung seines eigenen Ich entfremden. Der Veitstänzer vollzieht also einen analogen Prozeß zu dem, der nach dem Zeugnis des 18. Abschnitts Malte selbst bevorsteht; zugleich vertritt er denjenigen Aspekt der Ich-Struktur, der dem “alltäglichen” Bewußtsein als ein Fremdes gegenübersteht, und so verschwindet er hinter “den Leuten,” entzieht sich auf diese Weise dem Bewußtseinsaspekt, der “so gerne unter den Bedeutungen bleiben (würde), die mir lieb geworden sind” (SWVI, 756). “Die Leute” wirken hier als Metapher für die Beschränktheit dieser “konservativen” Bewußtseinshälfte, und so wird die maßgebliche Funktion der jeweiligen Perspektivierung des Erzählten nochmals unterstrichen.

“Schreiben” und “Verse” als Analogien

Die Rilke-Literatur wird nicht müde, Malte zum angehenden, reifen oder auch gar gescheiterten Künstler zu stempeln. Für Klaus Meyer verhindert Maltes Künstlertum seine Entwicklung zum “Heiligen,” obgleich ihm als Künstler auch keine Erfüllung zuteil wird;[19] für Ernst Hoffmann dagegen besteht das Strukturgesetz des Werkes in dem Übergang “von der Darstellung des Künstlers zu der seiner Kunst,” und die “Kunst” steht am Ende seiner Interpretation eben im Zeichen der Erfüllung:

---

19 *Bild der Wirklichkeit*, S. 157.

Hier hat sich also in sehr besonderem und bestimmtem Sinne der Kreis geschlossen. Denn es ist gewissermaßen durch all die Mühe, der sich Malte unterzogen hat . . . wieder möglich geworden, chronologisch zu erzählen.[20]

Wenn man den für Rilke sonst recht negativen Wert der "chronologischen Zeit" – wie er von Beda Allemann erschöpfend behandelt worden ist – in Betracht zieht, so scheint die chronologische Struktur der Geschichte vom verlorenen Sohn ein zwar interessantes, aber keineswegs ausschlaggebendes Merkmal des Werkschlusses zu sein. Darüber hinaus beziehen sich die immer wieder zitierten Worte Maltes: "Daß man erzählte, wirklich erzählte, das muß vor meiner Zeit gewesen sein . . ." (SWVI, 844) keineswegs auf die Fähigkeit, chronologisch zu erzählen, sondern – wie aus der flüchtigsten Lesung des 44. Abschnitts klar hervorgeht – auf die dem Grafen Brahe und Marquis de Belmare zugesprochene Gabe der *Vergegenwärtigung von Vergangenem:*

> Ich [Graf Brahe] saß in der Ecke einmal und hörte, wie er meinem Vater von Persien erzählte, manchmal mein ich noch, mir riechen die Hände davon.
>
> (SWVI, 848)

> "Sie hatte die Stigmata," sagte er, "hier und hier." Und er tippte mit seinem kalten Finger hart und kurz in ihre beiden Handflächen . . . Sie [Abelone] sah müde aus; auch behauptete sie, das Meiste vergessen zu haben. "Aber die Stellen fühl ich noch manchmal," lächelte sie und konnte es nicht lassen und schaute beinah neugierig in ihre leeren Hände.
>
> (SWVI, 851)

Dieses durchaus mythisch konzipierte Talent hat mit der Struktur der Geschichte des verlorenen Sohnes schwerlich etwas gemeinsam. Die Deutung Hoffmanns ist aber typisch für das in der *Malte*-Literatur vorherrschende, undifferenzierte Verständnis der Begriffe "Aufzeichnen," "Erzählen" und "Dichten." Die Erzähltechnik Maltes ist zwar im einzelnen von Jäger und Hoffmann auf äußerst sinnvolle Weise untersucht worden,[21] aber Maltes eigene Einstellung zum Akt des Schreibens ist allzu häufig zum Gegenstand ungenauer Pauschalinterpretationen geworden. Im ersten Drittel des Werkes lassen sich tatsächlich drei Hauptfunktionen des Schreibens unterscheiden, von denen jede einem jeweils anderen Aspekt des Persönlichkeitsmodells entspricht.

Zunächst erscheint die Rolle des Aufzeichnens als Autotherapie. Als ein "Tun gegen die Furcht" trägt das Führen des Tagebuchs dazu bei, das Ungeheuerliche an der Pariser Wirklichkeit zu relativieren und zu bannen. Die Zeitstruktur des 18. und 21. Abschnitts zum Beispiel macht vollkommen deutlich, daß das jeweils zu Berichtende schon überstanden ist, und wirkt in dieser Weise der Unmittel-

---

20 *Zum dichterischen Verfahren.* S. 213 und 230.
21 Ebenda, 202–206 und Jäger, *Malte Laurids Brigge,* S. 54–66.

barkeit der anschließenden Beschreibung entgegen. Auch daß Malte zeitweilig von der Pariser Wirklichkeit absehen und sich mit Imaginärem, Vergangenem oder Abstraktem beschäftigen kann, bewirkt eine vorübergehende Erleichterung seiner Lage, wie zum Beispiel am Anfang des 10. Abschnitts. Wenn Malte sich auf die eine oder die andere Interpretation eines Ereignisses im Akt des Aufzeichnens festlegt, so bedeutet das ebenfalls eine Einschränkung der "geradezu unbegrenzten Vermutungen," die ihn quälen, eine Minderung seiner chronischen Unsicherheit durch die Erschaffung eines Orientierungspunktes. In ähnlicher Weise dienen ihm die Abschriften von *A une heure du matin* und von der Stelle aus dem Buch Hiob als Talismane, obgleich ihr Inhalt sich nicht völlig mit den ihn in diesem Augenblick bedrängenden Problemen deckt.[22] Oben wurde betont, daß Malte bei dieser Art des Aufzeichnens zu seinem eigenen Gegenstand wird, und diese Tatsache liefert uns den Schlüssel zum Verständnis einer Seite seines Erlebens. Denken wir an andere Aufzeichnungen, wo die Gegenständlichkeit im Zeichen der Erleichterung seiner Lage erschien, so fällt sogleich die Verwandtschaft zum "Jammes-Modell," zum Lesen als Zuflucht und zu den schützenden Gestalten der Mutter und der "Heiligen" als innere Bilder auf.[23] Wenn die Oberfläche des Ich sowieso in Beobachter und Gegenstand geteilt ist, so kommt eine Erleichterung der sonst herrschenden Labilität dieser Situation dadurch zustande, daß der jeweilige Gegenstand etwas von der Unabhängigkeit eines objektiven Vorhandenseins annimmt. Deshalb "hat" Malte seinen Dichter als Schirm oder Schutzwand gegen die Feindlichkeit von Paris, deshalb beneidet er Francis Jammes um die Gegenstände seiner Kunst, deshalb verbindet er die Gestalt der "Heiligen" mit einem "bescheidenen" Lichtkreis und sagt von der Gestalt der Mutter: "Du aber kommst und hältst das Ungeheure hinter dir." Dieselbe positive Einschränkung seiner Empfänglichkeit kennzeichnet die Tätigkeit des Aufzeichnens.

Die beschwichtigende Wirkung des Schreibens läßt sich auch an einer Stelle des 23. Abschnitts aufzeigen, wo der Vorgang des Schreibens implizite mit der parallelen Situation einer mißlungenen Wirklichkeitsbewältigung kontrastiert wird. Es handelt sich um den Versuch, sich vor dem "Entsetzlichen" in Sicherheit zu bringen:

Die Menschen möchti vieles davon vergessen dürfen..., aber Träume drängen ihn [den Schlaf] ab und ziehen die Zeichnungen nach. Und sie wachen auf und keuchen und lassen einer Kerze Schein sich auflösen in der Finsternis und trinken, wie gezuckertes Wasser, die halbhelle Beruhigung...

---

22 Weder das Bibelzitat noch das Prosagedicht Baudelaires berühren das apokalyptische Thema der "Zeit der anderen Auslegung." Während das erstere eine Klage über die eigene Erniedrigung und Verlassenheit beinhaltet, befaßt sich das letztere lediglich mit einer Selbstrechtfertigung des Künstlers.
23 Siehe oben S. 92ff.

Nun hast du dich zusammengenommen in dich, siehst dich vor dir aufhören in deinen Händen, ziehst von Zeit zu Zeit mit einer ungenauen Bewegung dein Gesicht nach. Und in dir ist beinah kein Raum; und fast stillt es dich, daß in dieser Engheit in dir unmöglich sehr Großes sich aufhalten kann; daß auch das Unerhörte binnen werden muß und sich beschränken den Verhältnissen nach. Aber draußen, draußen ist es ohne Absehen; und wenn es da draußen steigt, so füllt es sich auch in dir . . .

(SWVI, 777)

Das Motiv des Lichtkreises und die ausdrücklich hervorgehobene Gegenständlichkeit des Bewußtseins — ". . . siehst dich vor dir aufhören in deinen Händen . . ." — sollen unverkennbar als Gegengewichte zum totalen Ausgesetztsein aufgefaßt werden. Sie reichen aber nicht aus, "das Entsetzliche" aufzuwiegen, und das Ergebnis lautet:

Dein Herz treibt dich aus dir hinaus, dein Herz ist hinter dir her, und du stehst fast schon außer dir und kannst nicht mehr zurück. Wie ein Käfer, auf den man tritt, so quillst du aus dir hinaus, und dein bißchen obere Härte und Anpassung ist ohne Sinn.

(SWVI, 777)

Innerhalb der dargestellten Situation scheitert der Versuch, dem "Entsetzlichen" auf diese Weise wirksam entgegenzutreten. Auf dem Niveau des *Aufzeichnens* jedoch endet dieser Abschnitt mit der triumphalen Evokation der Mutter. Das Versagen in der Mitte des Abschnitts erweist sich als kein endgültiges, denn das verzweifelte Bild des zerdrückten Käfers, das die völlige Unzulänglichkeit dieser Maßnahmen versinnbildlicht, scheint Malte in seiner Rolle als Aufzeichner zum Ansporn zu dienen, und so erschafft er den "gesteigerten" Gegenstand der idealisierten Muttergestalt. Der Schreibende verfügt daher über Hilfsquellen, die dem unmittelbar Erlebenden unzugänglich sind. In der nachträglichen oder verallgemeinernden Formulierung muß sich das "Unerhörte" eben "beschränken den Verhältnissen nach," denn als ein schon ein- oder mehrmals Überstandenes hat es durch die sprachliche Gestaltung nur weiter an Schrecklichkeit eingebüßt.

Der Sinn des 23. Abschnitts liegt daher zunächst im Sieg des "Entsetzlichen" auf existentieller Ebene, dann aber in seiner wirksamen Bekämpfung auf dem Niveau des Aufzeichnens. Anders formuliert bedeutet die Struktur des Abschnitts die erfolgreiche Verdrängung eines bedrohlichen Bewußtseinsgegenstandes durch einen schützenden. Nur wird dabei die allen drei Phasen dieses Prozesses zugrundeliegende Gegenständlichkeit des Bewußtseins keinesfalls aufgehoben, denn sowohl das "Entsetzliche" als auch die Gestalt der Mutter sind ausdrücklich im Inneren der Ich-Struktur vorhanden.

Die zweite Hauptfunktion des Schreibens ist die Erforschung des unbekannten Kernes. Die ausführlichste Formulierung dieser Tendenz befindet sich im 14. Abschnitt unmittelbar nach den "großen Fragen":

Wenn aber dieses alles möglich ist, auch nur einen Schein von Möglichkeit hat, – dann muß ja, um alles in der Welt, etwas geschehen. Der Nächstbeste, der, welcher diesen beunruhigenden Gedanken gehabt hat, muß anfangen, etwas von dem Versäumten zu tun ... Dieser junge, belanglose Ausländer, Brigge, wird sich fünf Treppen hoch hinsetzen müssen und schreiben, Tag und Nacht, ja er wird schreiben müssen, das wird das Ende sein.

(SWVI, 728)

Mit dieser Art des Aufzeichnens wird nicht bloß die Orientierung an einem stabilen Gegenstand bezweckt, sondern auch die Richtigstellung der falschen Oberfläche durch die ausdrückliche Integration von "echter" Oberfläche und Kern. So schickt sich Malte im folgenden Abschnitt an, Wesentliches und Wahres aus seiner Kindheit ans Licht zu bringen, und tatsächlich lassen sich anhand der Episode von Christine Brahe wertvolle Einsichten in die metaphorische Struktur der Gegenwartsrealität gewinnen. Es besteht außerdem ein etwas unklares Verhältnis zwischen diesem Bestreben und der "Zeit der anderen Auslegung." Im positiven Sinne bedeutet diese die Zerstörung aller falschen Oberflächlichkeit durch das Nach-außen-schlagen der wesenhaften Wirklichkeit des Kernes. Wenn nun die Erforschung der persönlichen Vergangenheit, die noch dazu "mythische" Züge trägt, ebenfalls die Ersetzung allgemeiner Mißverständnisse durch gültige Einsichten beabsichtigt, so dürfte man dieses Vorhaben als eine partielle Vorwegnahme der "Zeit der anderen Auslegung" betrachten. Man könnte etwa folgendermaßen argumentieren: wenn es Malte gelingt, die Integration von Oberfläche und Kern auf dem Niveau der vorsätzlichen Berichtigung der Vergangenheit erfolgreich zu vollziehen, so hat er nichts mehr von der "Zeit der anderen Auslegung" zu fürchten, denn die "neuen Bedeutungen" werden in seinen Aufzeichnungen schon gegenwärtig sein. Man kommt schwerlich auf einen anderen Sinn für den apokalyptisch gefärbten Schluß des 14. Abschnitts:

Dieser junge, belanglose Ausländer, Brigge, wird sich fünf Treppen hoch hinsetzen müssen und schreiben, Tag und Nacht, ja er wird schreiben müssen, das wird das Ende sein: ...

(SWVI, 728)

Das Schreiben-*müssen* auf ein nicht näher bestimmtes Ende zu und die offenbare Verwandtschaft des Imperativs mit der Verpflichtung, "etwas von dem Versäumten zu tun," stellen einen Themenkomplex dar, der sich zwar mit der Funktion des Schreibens als Autotherapie berührt, sich jedoch von ihr dadurch unterscheidet, daß hier keine "Verstellung" des Unerhörten, sondern vielmehr seine Integration in eine "vollkommen andere Auffassung aller Dinge" (SWVI, 775) als Ziel gesetzt wird.

Wie schon oben angedeutet wurde, haben wir es hier mit einer ironischen Diskrepanz zu tun, und zwar zwischen der unbegrenzten Tragweite dieses

Vorhabens und den äußerst begrenzten Mitteln, die sich für seine Ausführung darbieten.[24] Somit tritt wieder einmal die ganze Ambivalenz der "Welt" von *Malte Laurids Brigge* zutage. Wenn der Inhalt der Aufzeichnungen keine Gültigkeit außerhalb der privaten Sphäre eines völlig isolierten Individuums besitzt, dann könnte logischerweise die Richtigstellung seiner persönlichen Vergangenheit eine neue Sinngebung dieser ganzen "Welt" verwirklichen. Wenn aber die Pariser Wirklichkeit einmal so ist, wie Malte sie beschreibt, wenn seine Einsichten im Rahmen der Romanfiktion auch "objektiv" gültig sind, so kann er kaum imstande sein, durch das Aufschreiben seiner Kindheitserinnerungen eine Erneuerung der ganzen Wirklichkeit herbeizuführen. Das Eigentümliche an der Perspektive dieses Werkes ist, daß vom Leser niemals verlangt wird, sich für die eine oder die andere Alternative endgültig zu entscheiden. Einerseits wird ihm gelegentlich zu bedenken gegeben, daß Malte seine Erlebnisse nicht nur beschreibt, sondern auch interpretiert; andererseits wird ihm kein äußerer Maßstab geboten, um "wirklich Erlebtes" von Halluzination zu unterscheiden. Der Leser weiß lediglich, daß alles letzten Endes von der jeweiligen Erzählperspektive abhängt, aber das verhilft ihm kaum zu einem eindeutigen Urteil.

Die dritte Art der sprachlichen Verarbeitung von Erlebtem bietet sich gewissermaßen als Gegenstück zu den vorhergehenden. Liegt bei den zwei ersteren aller Nachdruck auf dem Entschluß zum Schreiben und auf der beiden zugrundeliegenden Zielstrebigkeit, so erweist sich das Thema des "Versemachens" als Modell eines spontanen Vorgangs:

> Ach, aber mit Versen ist so wenig getan, wenn man sie früh schreibt. Man sollte warten damit und Sinn und Süßigkeit sammeln ein ganzes Leben lang und ein langes womöglich, und dann, ganz zum Schluß, vielleicht könnte man dann zehn Zeilen schreiben, die gut sind. Denn Verse sind nicht, wie die Leute meinen, Gefühle ... – es sind Erfahrungen.
>
> (SWVI, 723)

Denn das Bewußtsein spielt dabei eine etwas untergeordnete Rolle:

> Und es genügt auch noch nicht, daß man Erinnerungen hat. Man muß sie vergessen können, wenn es viele sind, und man muß die große Geduld haben, zu warten, daß sie wiederkommen. Denn die Erinnerungen selbst *sind* es noch nicht. Erst wenn sie Blut werden in uns, Blick und Gebärde, namenlos und nicht mehr zu unterscheiden von uns selbst, erst dann kann es geschehen, daß in einer sehr seltenen Stunde das erste Wort eines Verses aufsteht in ihrer Mitte und aus ihnen ausgeht. Alle meine Verse aber sind anders entstanden, also sind es keine.
>
> (SWVI, 724)

---

24 Vgl. Maltes Vorsatz, "etwas von dem Versäumten zu tun" (SWVI, 728), mit dem individuell-begrenzten Wirkungskreis seiner Bestrebungen im folgenden Abschnitt.

Im "Vergessen" der Erinnerungen und in ihrer spontanen Rückkehr als Gedicht
wird eine Komplementarität von bewußter Oberfläche und unbewußter Tiefe der
Persönlichkeit ins Auge gefaßt. Die sprachliche Steigerung des Gedichts wäre
jedoch kaum als geplantes, literarisches Produkt zu erreichen, sondern müßte
eben in der Form eines inneren Diktats zutagetreten. Der Kunstwert solcher
"Verse" für Malte selbst steht außer Frage; problematisch wird dann wiederum,
ob die Tätigkeit des Aufzeichnens im Rahmen dieser Definition überhaupt als
Kunst bezeichnet werden kann. Denn beiden Arten von Aufzeichnung, der
gegenwärtigen Selbstbestätigung wie auch der Richtigstellung der Vergangenheit,
geht ausgerechnet das spontane Moment ab. Auch wenn die verlorenen
Erinnerungen wieder zum Vorschein treten, wird ihre Wiederkunft keineswegs
mit Geduld abgewartet, sondern eher unter dem Druck des "Schreiben-müssens"
oder als benötigtes Gegengewicht vorsätzlich herbeigeführt. Darüber hinaus
weisen Maltes Kindheitserinnerungen keineswegs die Seltenheit und Konzentration auf, die einem solchen "Diktat" als Ausdruck eines "ganzen langen Lebens"
zu eigen sind, sondern stellen das recht umfangreiche Ergebnis fortgesetzten
Zurückdenkens dar.

Diese vielleicht zugespitzte Formulierung ist nötig, um die Tatsache zu
unterstreichen, daß Malte selbst Kriterien für eine Wortkunst im gesteigerten
Sinne aufstellt, denen die überwiegende Mehrheit seiner Aufzeichnungen nicht
genügen. Diese Erörterung der Bedeutung seiner schriftstellerischen Tätigkeit
müssen wir vorläufig auf sich beruhen lassen, weil wir mit der Differenzierung
der drei möglichen Ausdrucksweisen an die Grenze des ersten Drittels von *Malte
Laurids Brigge* gekommen sind. Die weitere Entwicklung dieses Themen-
komplexes soll uns in den folgenden Kapiteln weiter beschäftigen. Die obigen
Ausführungen werden ihren Zweck erfüllt haben, wenn sie die so oft begegnende
Vereinfachung: Malte sei "ein Künstler," weil er immer längere und am Ende gar
chronologisch strukturierte Aufzeichnungen schreibt, fragwürdig erscheinen
lassen.[25] Wie er ja selbst sagt, ". . . kommt es nicht darauf an, was die ganze
Sache für mich gewesen ist? " (SWVI, 748), und für die Meinung, daß er seine
eigenen Aufzeichnungen für "Kunst" halten könnte, sind überhaupt keine
textlichen Belege vorhanden. Vielmehr stellt er mit seiner Definition von
"Versen" und seiner Beschreibung ihrer Genese als spontane Handlung des
Unbewußten die ersten Koordinaten eines Kunstbegriffs auf, der seine eigenen
Aufzeichnungen geradezu ausschließt.

---

25 So Ernst Hoffmann, *Zum dichterischen Verfahren*, S. 230; vgl. auch Fülleborn,
Form und Sinn, S. 264.

Ibsen

Der 26. Abschnitt bildet in unserem Aufbauschema den Abschluß des ersten Drittels des Werkes. Diese Aufteilung ist rein pragmatischer Art, denn es liegt nicht in der Beschaffenheit dieses Werkes, eine deutlich gegliederte, konventionelle Romanstruktur zu zeigen. Die Wahl dieses Abschnitts als Wendepunkt läßt sich jedoch in dreifacher Hinsicht begründen. Erstens beginnt nach diesem Abschnitt eine lange, ununterbrochene Folge von Kindheitserinnerungen (Abs. 27–37). Nach den drei die Gegenwart betreffenden Abschnitten (Abs. 38–40), die sich um die Dame à la licorne gruppieren und recht arm an unmittelbaren Pariser Eindrücken sind, setzen dann die Kindheitserinnerungen wieder ein (Abs. 41–43), bis Abelones Erzählung vom Grafen Brahe einen neuen Wendepunkt herbeiführt. Nach der Ibsen-Aufzeichnung ist von der Schrecklichkeit der Pariser Erlebnisse kaum mehr die Rede, und es werden keine weiteren Versuche dargestellt, die Großstadtrealität auf direkte Weise zu bewältigen.

Zweitens schließt Ibsen die Reihe der Gestalten ab, die mit der "Heiligen über der schlafenden Stadt" beginnt und die als experimentelle Lösungen der Problematik des Persönlichkeitsmodells zu betrachten sind. Nach den vier Abschnitten, die sich mit den Einbrüchen des Unerhörten befassen (18–21), scheint Malte durch die Evokation der "Heiligen" einen Standpunkt zu gewinnen, von dem aus er die Lehre vom "Seienden, das unter allem Seienden gilt," entwickelt. Wie mehrmals betont worden ist, setzt diese voraus, daß die vorhandene Wirklichkeit als das Seiende schlechthin akzeptiert werden darf und nicht etwa als eine verfälschte, entartete Oberfläche erscheint. Dieser Standpunkt geht dann im nächsten Abschnitt bei der überwältigenden Gegenwart des "Entsetzlichen" wieder verloren, und Malte fällt in seine alte, in mehrfachem Sinne dualistische Denkweise zurück. Es gelingt ihm auf metaphorischer oder auch "schriftstellerischer" Ebene, sich vor diesem "Entsetzlichen" dadurch zu retten, daß er eine dem Persönlichkeitsmodell innewohnende, positive Möglichkeit ausnutzt und die idealisierte Gestalt der Mutter zur schützenden, komplementären Hälfte der vordergründigen Persönlichkeit macht. Diese positive Lösung wird dann durch die Aufzeichnungen über Beethoven und den vogelfütternden Alten wiederum relativiert, indem die zwischenmenschliche Komplementarität von ihrer negativen Seite als Deformierung und Trivialisierung der rein individuellen Wirklichkeit gezeigt wird. Diese Abschnitte lesen sich wie Glossen zu der Behauptung: "Nein, es *ist* nur um den Preis des Alleinseins" (SWVI, 776), und Ibsen, der ebenfalls "auf seinem Ruhm eingeholt wird," stellt ein weiteres Opfer der falschen, öffentlichen Wirklichkeit dar.

Drittens summiert die Ibsen-Aufzeichnung einen wesentlichen Teil des gedanklichen Inhalts der vorhergehenden Abschnitte, und die Gestalt Ibsens weist interessante Parallelen zu Malte selbst auf. Malte unterscheidet gleich am Anfang das allgemeine, oberflächliche Verständnis von Ibsens Werk: "Da saß ich an deinen Büchern, Eigensinniger, und versuchte sie zu meinen wie die anderen, die dich nicht beisammenlassen und sich ihren Anteil genommen haben, befriedigt," (SWVI, 782), von dem tieferen Verständnis, das er erst durch die Einsicht in Ibsens Verzeiflung gewinnt:

> Und deine Worte führen sie mit sich in den Käfigen ihres Dünkels und zeigen sie auf den Plätzen und reizen sie ein wenig von ihrer Sicherheit aus. Alle deine schrecklichen Raubtiere.
>
> Da las ich dich erst, da sie mir ausbrachen und mich anfielen in meiner Wüste, die Verzweifelten. Verzweifelt, wie du selber warst am Schluß, du, dessen Bahn falsch eingezeichnet steht in allen Karten.
>
> (SWVI, 783)

Bezeichnenderweise distanziert er sich keineswegs von dieser Verzweiflung, sondern scheint sie eher zu teilen. Er greift nicht zu der an den Beispielen von Baudelaire und Flaubert gewonnenen Doktrin der künstlerischen Unvoreingenommenheit allen Wirklichkeitserscheinungen gegenüber, sondern scheint Ibsens Ablehnung der oberflächlichen Wirklichkeit zugunsten des unzugänglich gewordenen Kernes restlos beizupflichten:

> Was lag dir daran, ob eine Frau bleibt oder fortgeht und ob einen der Schwindel ergreift und einen der Wahnsinn und ob Tote lebendig sind und Lebendige scheintot: was lag dir daran? Dies alles war so natürlich für dich; da gingst du durch, wie man durch einen Vorraum geht und hieltst dich nicht auf. Aber dort weiltest du und warst gebückt, wo unser Geschehen kocht und sich niederschlägt und die Farbe verändert, innen.
>
> (SWVI, 783)

Daß Malte hier eben nicht auf der Wesenhaftigkeit der vorhandenen Wirklichkeit besteht, die im 22. Abschnitt seine Verurteilung jeder "Auswahl und Ablehnung" begründet, bestätigt unsere Vermutung, daß diese Lehre keineswegs von ausschlaggebender Bedeutung für den weiteren Verlauf des Werkes ist. Vielmehr hebt Malte die Verlegung des "Lebens" ins Innere der Persönlichkeit deutlich hervor und betont dabei die Diskrepanz zwischen Oberfläche und Kern:

> ... denn in solchen [inneren] Vorgängen war jetzt das Leben, unser Leben, das in uns hineingeglitten war, das sich nach innen zurückgezogen hatte, so tief, daß es kaum noch Vermutungen darüber gab.
>
> (SWVI, 784)

Das "endgültig Seiende" hat sich eben von der Oberfläche des Lebens entfernt; daher wäre es schwerlich eine Lösung der Ich-Problematik, diese Oberfläche ohne jede "Auswahl und Ablehnung" künstlerisch zu verarbeiten. Hier vollzieht sich die "Einschränkung" von Maltes Einsichten, von der Rilke im Brief vom

8. September 1908 spricht und die sich hier wie da als die Unfähigkeit erweist, das "Cézanne-Modell" zielbewußt und unbeirrt in die Praxis umzusetzen. Der Rückfall in die "alte" Denkweise am Anfang des 23. Abschnitts ist für Maltes Ibsen-Porträt immer noch ausschlaggebend, und die im 22. Abschnitt verkörperte Einsicht ist für Malte in dem Sinne "zu ungeheuer," daß sie der ganzen dualistischen Struktur des im ersten Drittel des Werkes aufgestellten Persönlichkeitsmodells vollkommen widerspricht. Malte kann sich aber unmöglich auf die Dauer von dem verhängnisvollen Einfluß dieser Struktur befreien, eben weil sie in ihm selbst "zu Hause" ist, ja seiner ganzen Denkweise zugrundeliegt.

Ibsen erweist sich daher als ein Gegenstück zum "Cézanne-Modell," und so ist es keineswegs überraschend, daß auch er im Zeichen des Versagens erscheint:

> Da konntst du nicht mehr. Die beiden Enden, die du zusammengebogen hattest, schnellten auseinander; deine wahnsinnige Kraft entsprang aus dem elastischen Stab, und dein Werk war wie nicht.
>
> (SWVI, 785)

Wenn wir nun nach dem Ursprung dieses Versagens suchen, so scheint er in der auffälligen Ähnlichkeit zwischen Ibsen und Malte selbst zu liegen. Angesichts des als historisch bedingt gesehenen Zerfalls der äußeren Wirklichkeit unternimmt Ibsen den Versuch, eine neue Synthese von Oberfläche und Kern dadurch zu erschaffen, daß er das nunmehr Verborgene wieder sichtbar macht:

> So wie du warst, auf das Zeigen angelegt, ein zeitlos tragischer Dichter, mußtest du dieses Kapillare mit einem Schlag umsetzen in die überzeugendsten Gebärden, in die vorhandensten Dinge. Da gingst du an die beispiellose Gewalttat deines Werkes, das immer ungeduldiger, immer verzweifelter unter dem Sichtbaren nach den Äquivalenten suchte für das innen Gesehene.
>
> (SWVI, 785)

Das erinnert sogleich an Maltes Vorhaben, "etwas von dem Versäumten zu tun," indem er Verlorenes aus der Kindheit von "unten in (seiner) Erinnerung" in die Gegenwart heraufholt und dadurch der allgemeinen Verfälschung und Trivialisierung der vorhandenen Wirklichkeit entgegenzuwirken versucht.[26] Ibsen erstrebt zwar eine allgemeine, öffentliche Anerkennung seiner Entdeckung, und so wird sein Werk in einer Zeit, wo jede Gemeinsamkeit zugleich eine Verzerrung der einzig auf individueller Ebene erfaßbaren Wahrheit bedeutet, zur "beispiellosen Gewalttat," aber in struktureller Hinsicht ist sein künstlerisches Vorgehen mit diesem Aspekt von Maltes Aufzeichnungen nahezu identisch, denn beide beruhen auf denselben begrifflichen Voraussetzungen.

---

[26] Darin besteht die einzige "Aufgabe" oder "Verpflichtung," die Malte im Verlauf der Aufzeichnungen ausdrücklich auf sich nimmt. Vgl. SWVI, 728.

Das Prinzip der verdoppelten Metaphorik, das sich bei der Darstellung anderer analoger Gestalten als konstituierend erwies, ist auch hier zu beobachten. So wie Ibsen selbst einzelne Einsichten in überlebensgroße und letztlich grotesk übertriebene "Äquivalente" umsetzt:

> Aber das reichte nicht aus; schließlich mußten die Türme herein und die ganzen Gebirge; und die Lawinen, die die Landschaften begraben, verschütteten die mit Greifbarem überladene Bühne um des Unfaßlichen willen.
>
> (SWVI, 785)

so verwendet Malte die Gestalten Beethovens, des vogelfütternden Alten und schließlich von Ibsen selbst, um Aspekte der eigenen Situation in überdimensionaler Vergrößerung sichtbar zu machen. Malte selbst braucht die Gefahren des Ruhmes eigentlich nicht zu fürchten, und so dienen seine emphatischen und übertriebenen Äußerungen zu diesem Thema lediglich dazu, die Vorteile des "Alleinseins" klarzumachen. Die Darstellung des vogelfütternden Alten ist in gleichem Maße hyperbolisch:

> Und wie er lockt, wie er anlockt, das können die vielen, kleinen, dummen Vögel gar nicht beurteilen. Wenn die Zuschauer nicht wären und man ließe ihn lange genug dastehn, ich bin sicher, daß auf einmal ein Engel käme und überwände sich und äße den alten, süßlichen Bissen aus der verkümmerten Hand.
>
> (SWVI, 781)

Dadurch verleiht sie Maltes eigener Armut und Isolierung etwas von der Aura dieser verpaßten Epiphanie, betont aber zugleich, daß die Bewußtseinshälfte, die vor der "Zeit der anderen Auslegung" zurückschrickt, auf ähnliche Weise wie hier "die Leute" einer solchen visionären Erfüllung im Wege steht.

Ibsen wird auch durch seine "Ungeduld" gekennzeichnet, und hierin wird der Unterschied zwischen dem zielbewußten Aufzeigen innerer Inhalte und dem geduldigen Warten auf ein inneres Diktat wieder sichtbar, der in den Ausführungen über "Verse" im 14. Abschnitt zum Ausdruck kommt. Ibsen kann nicht warten, bis dieselben historischen Prozesse, die die Entartung der oberflächlichen Wirklichkeit bewirkt haben, eine echte Gemeinsamkeit wieder möglich machen:

> Du konntest nicht warten, daß dieses fast raumlose von den Jahrhunderten zu Tropfen zusammengepreßte Leben von den anderen Künsten gefunden und allmählich versichtbart werde für einzelne, die sich nach und nach zusammenfinden zur Einsicht und die endlich verlangen, gemeinsam die erlauchten Gerüchte bestätigt zu sehen im Gleichnis der vor ihnen aufgeschlagenen Szene. Dies konntest du nicht abwarten.
>
> (SWVI, 784)

Dieser Passus beleuchtet wiederum die eine Seite von Maltes Dilemma: ebensowenig kann er die in der Definition von "Versen" umrissene Möglichkeit einer spontanen, beglückenden Integration von Oberfläche und Kern geduldig abwarten, weil er zugleich an sich selbst und an der Pariser Wirklichkeit Veränderungen wahrnimmt, die das, was ihm von einer "Identität" übriggeblieben ist, unmittelbar zu bedrohen scheinen. Daraus erklärt sich sein Bestreben, die "andere Auslegung" durch seine eigene Interpretation der Kernwirklichkeit vorwegzunehmen. Aber genau wie Ibsen in seinem Drama das Unmögliche versucht, indem er allein und eigenhändig die Verwandlung der trivialen Bühnenrealität ins Wesentliche unternimmt, so bleibt auch Maltes Vorhaben in der grundsätzlichen Diskrepanz zwischen individueller und allgemeingültiger Wirklichkeit stecken.

Ibsen scheitert daher in zweifacher Hinsicht. Erstens weil seine individuelle Vision gegen seinen "Ruhm," gegen das allgemeine Mißverständnis seiner Werke nicht aufkommen kann; zweitens weil der Versuch, eine direkte Synthese von "Unfaßlichem" und "Greifbarem" trotz der herrschenden Entartung der Oberfläche der Wirklichkeit zu erschaffen, schon von vornherein unmöglich ist. Ibsen fängt ausdrücklich beim Kern, beim "Unfaßlichen" an, weil ihm die vordergründigen Ereignisse als trivial erscheinen. Die Übersetzung dieses "Unfaßlichen" in die Bühnenwirklichkeit sprengt den Rahmen des modernen Theaters, genau wie das Nach-außen-schlagen des Inneren im Tode des Kammerherrn den Rahmen seiner vordergründigen Persönlichkeit sprengt. Wäre ihm die Einsicht, die in dem "Cézanne-Modell" zutagetritt, verfügbar gewesen, so hätte er vielleicht die Geduld gehabt, vor der Oberfläche der Wirklichkeit auszuharren, bis sich ihm das entschwundene "Leben" in der Form einer maßvollen, stabilen und dennoch gesteigerten Wortkunst offenbaren sollte. Aber hier geht es Rilke eben darum, "Maltes Einsichten einzuschränken,"[27] oder, genauer formuliert, seine Verwirklichung der in der Lehre vom 22. Abschnitt enthaltenen Rettungsmöglichkeit zu verhindern. So entsteht die ironische Situation, daß Malte, indem er die Gründe für Ibsens "Tragik" aufzählt, die Unentrinnbarkeit seiner eigenen Lage nur weiter bestätigt.

Die Parallele zu seiner eigenen Tätigkeit scheint jedoch eine wesentliche Folge zu zeitigen. Das Versagen Ibsens, eine dauernde Wirkung auf die "Oberfläche des Lebens" auszuüben, scheint auch bei Malte eine Abkehr von der Pariser Wirklichkeit zu bewirken. Er versucht kaum mehr seine Pariser Umgebung sprachlich zu bewältigen, sondern konzentriert sich im weiteren Verlauf des Werkes erstens auf seine Kindheitserinnerungen, und dann, nach dem 43. Abschnitt, auf die "Reminiszenzen seiner Belesenheit." Es scheint, daß er in dem tragischen Fehlschlag Ibsens und seiner deutlichen Relevanz für sich selbst die

---

27 B07–14, S. 54: "Nicht *meine* Einsichten will ich einschränken, sondern die seinen, an deren Kreis und Wendung ich noch muß glauben können."

Unmöglichkeit jeder *direkten* Bewältigung der Pariser Wirklichkeit und ihrer Gefahren gesehen hat. Was ihn in der Gegenwart mit dem Verlöschen seines Bewußtseins bedroht, ist nicht dadurch zu bändigen, daß er es zum unmittelbaren Gegenstand des Aufzeichnens macht, so wie es Ibsen nicht gelungen war, das "Unfaßliche" auf direkte Weise in seine Kunst zu übersetzen. Es bleibt lediglich die Möglichkeit einer indirekten Lösung dieser Probleme offen, indem man sich stofflicher "Vorwände" bedient, um anhand eines weniger widerspenstigen Materials eine mittelbare, gleichnishafte Auseinandersetzung mit der Wirklichkeit zu führen. Aus diesem Grunde scheidet die Pariser Wirklichkeit in thematischer Hinsicht aus dem Roman weitgehend aus, obwohl die durch die Begegnung mit ihr aktuell gewordenen Probleme unabgeschwächt weiterbestehen.

Kapitel 5

DER BEREICH DER VORWÄNDE

Der Begriff des Vorwands im Frühwerk

Im Februar 1898 schrieb Rilke die Vorlesung *Moderne Lyrik,* die allerdings erst 1965 veröffentlicht wurde.[1] Sie bietet einige Monate vor den Übertreibungen des Florenzer Tagebuchs ("Der Künstler ist die Ewigkeit, welche hineinragt in die Tage . . ." (TF, 39)) eine auffallend nüchterne und ausgeformte Darstellung der Ästhetik des jungen Rilke. Schon in dieser Vorlesung ist sein Kunstbegriff vollkommen dualistisch:

> Wenn alle Künste Idiome der Schönheitssprache sind, so werden die feinsten Gefühlsoffenbarungen . . . am klarsten in derjenigen Kunst erkennbar sein, welche im Gefühle selbst ihren Stoff findet, in der Lyrik. Aber selbst dieser Gefühlsstoff, mag es eine Abendstimmung oder eine Frühlingslandschaft sein, erscheint mir nur der Vorwand für noch feinere, ganz persönliche Geständnisse, die nichts mit dem Abend oder dem Blütentag zu tun haben, aber bei dieser Gelegenheit in der Seele sich lösen und ledig werden.
>
> (SWV, 365)

Der lyrische Ausdruck basiert auf der Komplementarität von "Kunst-Absicht" und "Kunst-Vorwand," wobei dieser eine Transparenz darstellt, hinter der das Eigentliche, die "ganz persönlichen Geständnisse" sichtbar werden.

> Dies kann geschehen, weil der Vorwand, als welcher mir stets der Stoff erscheint, um so vieles durchscheinender, beweglicher und veränderlicher ist, als in jeder anderen Kunst.
>
> (SWV, 366)

Im November desselben Jahres wird diese an der Lyrik gewonnene Theorie auf die Kunst als solche übertragen:

> Das Kunstwerk möchte man also erklären: als ein tief inneres Geständnis, das unter dem Vorwand einer Erinnerung, einer Erfahrung oder eines Ereignisses sich ausgiebt und losgelöst von seinem Urheber, allein bestehen kann.
>
> (SWV, 428)

Die "Loslösung von seinem Urheber" nimmt einen wesentlichen Aspekt des späteren "Kunst-Ding"-Begriffs vorweg, indem es einen Gedanken aus dem Florenzer Tagebuch vom April 1898 weiterentwickelt:

---

[1] Vgl. SWV, 692.

Es kann kein Mensch aus sich so viel Schönheit heben, daß sie ihn ganz
verdeckt. Seines Wesens ein Stück sieht immer dahinter hervor. Aber in den
Gipfelzeiten der Kunst haben einzelne neben ihrer Schönheit so viel edles
Erbtum vor sich aufgebaut, daß das Werk nicht mehr nach ihnen verlangt ...
In solchen Zeiten giebt es eine Kunst aber keine Künstler.

(TF, 32)

Es mutet vielleicht etwas paradox an, daß neben den zahlreichen Aussprüchen
über künstlerisches Übermenschentum — "Was Napoleon nach außen war, das ist
ein jeder Künstler nach innen ..." — auch die künstlerische Anonymität zum
Ideal erhoben wird, aber die Theorie des Vorwands beruht tatsächlich auf einer
Reihe von solchen Paradoxen. Die allerpersönlichsten "Geständnisse" können
nicht auf direkte Weise zum Ausdruck gebracht werden; sie brauchen einen
Vorwand, der aber ebenfalls aus "Gefühlen," im Sinne von persönlich Erlebtem,
bestehen kann; statt die Subjektivität des Produkts zu verstärken, soll dieses
Vorgehen in der Form der "Schönheit" eine größere Objektivierung des
Persönlichen erzielen:

Diese Selbständigkeit des Kunstwerkes ist die Schönheit. Mit jedem Kunstwerke kommt ein Neues, ein Ding mehr in die Welt.

(SWV, 428)

Der Begriff des Vorwands erweist sich also als ein geeignetes Mittel, die Kluft
zwischen dem zutiefst Persönlichen der "Kunst-Absicht" und der idealen
Autonomie und Allgemeingültigkeit des Kunst-Produkts zu überbrücken. Indem
Persönliches durch Persönliches vermittelt wird, entsteht eine "Schönheit," die
sich dann von ihrem Ursprung in der Person des Schaffenden loslöst und allein
weiterbesteht. Die Logik dieses Vorgangs läßt viel zu wünschen übrig, und die
"Objektivität" die dadurch erreicht wird, ist ebenso fragwürdig wie die des
"Kunst-Dinges" in der Periode der *Neuen Gedichte*. Wenn auch bei diesem
späteren Begriff der Eigenwert des "Vorwandes" viel stärker betont wird, so ist
dennoch eine auffällige Ähnlichkeit mit der Theorie von 1898 vorhanden:

... wir sind mit ihm [dem Anschauen] ganz nach außen gekehrt, aber gerade
wenn wirs am meisten sind, scheinen in uns Dinge vor sich zu gehen, die auf
das Unbeobachtetsein sehnsüchtig gewartet haben, und während sie sich,
intakt und seltsam anonym, in uns vollziehen, ohne uns, — wächst in dem
Gegenstand draußen ihre Bedeutung heran, ein überzeugender, starker, — ihr
einzig möglicher Name, in dem wir das Geschehnis in unserem Innern selig
und ehrerbietig erkennen ...

(B06—07, 214)

Trotzdem "dem Gegenstand draußen" eine größere Unabhängigkeit eingeräumt
wird, ist es "das Geschehnis in unserem Innern," um das es sich in erster Linie
handelt und das "selig und ehrerbietig" wiedererkannt wird.

Die maßgebliche Bedeutung des Begriffs des Vorwands beim frühen Rilke
zeigt sich auch darin, daß er sehr bald in der Form von Analogien in das
Persönlichkeitsmodell aufgenommen wird:

> Unsere Gefühle alle muten mich an wie Vorhänge vor Handlungen. Es muß
> nur ein Licht sich erheben irgendwo im Hintergrund, gleich bewegen sich
> große und geheimnisvolle Schatten über die Fläche des Vorhangs hin.
>
> (BT, 205)

Die inneren "Handlungen" kommen in den vordergründigen "Gefühlen" auf
ähnliche Weise zum Ausdruck, wie das "Geständnis" im Vorwand des künstlerischen Stoffes. Bezeichnenderweise entsteht diese Tagebucheintragung vom
3. November 1899 kurz nach dem Abschluß des ersten Teils vom *Stunden-Buch*
im vorausgehenden Monat. Das "Licht im Hintergrund" dürfte tatsächlich eine
weitere Manifestation des dem Kerne einer Persönlichkeit innewohnenden
Gottes sein, denn seine Gegenwart macht die inneren Handlungen der *Gebete*
sichtbar und verleiht ihnen Substanz.

In der Entstehungsperiode von *Malte Laurids Brigge* wird das Wort "Vorwand" sowohl im existentiellen wie auch im kunsttheoretischen Sinne verwendet. Folgende Beispiele sind Briefen an Lou Andreas-Salomé aus der zweiten
Hälfte von 1903 entnommen:

> Fern in meiner Kindheit, in den großen Fiebern ihrer Krankheiten, standen
> große unbeschreibliche Ängste auf, Ängste wie vor etwas zu Großem, zu
> Hartem, zu Nahem, tiefe unsägliche Ängste, deren ich mich erinnere; und
> diese selben Ängste waren jetzt auf einmal da, aber sie brauchten nicht erst
> Nacht und Fieber als Vorwand, sie erfaßten mich mitten am Tage, wenn ich
> mich gesund und muthig meinte, und nahmen mein Herz und hielten es über
> das Nichts.
>
> (BL, 46)

> Dann wäre alles auf einmal fern, Störung und Stimmen, und auch das
> Feindselige würde sich in die Arbeit einfügen . . . Der Stoff verlöre noch mehr
> an Wichtigkeit und Schwere und wäre ganz nur Vorwand; aber eben diese
> scheinbare Gleichgültigkeit gegen ihn, machte mich fähig alle Stoffe zu bilden,
> Vorwände für alles zu formen und zu finden mit den gerechten und
> absichtslosen Mitteln.
>
> (BL, 98)

Der Vorwand ist demnach ohneweiteres als Oberfläche zu bezeichnen, sowohl
des Erlebens wie auch des Kunstwerkes. Die scheinbaren Gegenstände oder
Ursachen der "Ängste" — "Nacht und Fieber" — sind ebenso vordergründig wie
der ostensible Inhalt eines lyrischen Gedichts. In beiden Fällen kommt es auf
eine Vermittlung des "Geschehnisses in unserem Innern" an, denn wenn diese
Ängste unvermittelt zutagetreten, wenn der Vorwand gleichsam ausgeklammert
wird, so ist das schrecklicher als alles andere.

Die Relevanz dieses Begriffes für *Malte Laurids Brigge* als Ganzes wird in einem Brief vom 28. Januar 1912 weiter bestätigt, worin es heißt, jetzt

> ... fang ich meinen Malte Laurids neuerdings selbst wieder an zu lesen mit Erstaunen, mit jenem Erstaunen an der Naivität und Bescheidenheit des Großen, das äußerst unzulängliche Anlässe benutzt, gegenwärtig zu werden, wenn diese Anlässe ... nach ihm zu offenstehen –, wie ich es immer wieder empfinde, wenn ich das Stunden-Buch aufschlage, darin schon ähnliche zu geringen und unbeholfenen Vorwänden weit überlegene Folgen sich herabließen.
>
> (ABI, 354)

Dabei ist zu beachten, daß diese Äußerung zu denen gehört, wo Rilke für ein positiveres Verständnis seines Werkes zu plädieren scheint, daß aber ein solches immer noch auf dem Dualismus von "unzulänglichen Anlässen," worunter wir etwa die vordergründige "Geschichte" Maltes verstehen dürfen, und von der Größe des darin zum Ausdruck kommenden "inneren" Gehalts beruht. Das Buch "gegen den Strom" zu lesen hieße daher, dieses "Große" hinter allen Vorwänden zu erkennen und nicht etwa Maltes faktisches Leben in eine positive Entwicklungsgeschichte umzudeuten.

Wenn wir nun die Hauptdeterminanten dieses Begriffes herauszulösen versuchen, so steht selbstverständlich die Vorstellung eines zweischichtigen Kunstwerkes an erster Stelle. Diese Zweischichtigkeit betrifft auch die Rezeption des Werkes, wie aus dem Maeterlinck-Aufsatz von November–Dezember 1900 hervorgeht:

> Es ist ihm [Maeterlinck] nicht darum zu tun, für diese Inhalte zu interessieren, die ausgedacht und Vorwände sind wie jeder Stoff ... Er strebt also danach, den Aufmerksamen und Schauenden noch eine zweite, tiefere Gemeinsamkeit zu geben hinter der Handlung.
>
> (SWV, 480)

Das Kunstwerk erschließt sich erst dem, dem der "Kunst-Vorwand" transparent wird, für den es auf das dahinterliegende "große Zentrum" hindeutet:

> Drama und Plastik haben das Bestreben gemeinsam, keinen Helden zu geben, um den sich Handlungen oder Gestalten stellen, sondern Bewegungen und Figuren so zu zeigen, daß sie das große Zentrum, auf welches sie sich beziehen (welches aber immer außerhalb ihres Umkreises liegt), ahnen lassen.
>
> (BT, 389–Nov. 1900)

Nach diesem Modell erscheint das Wesentliche eben nicht in den oberflächlichen "Handlungen oder Gestalten," sondern diese vermitteln höchstens eine "Ahnung" davon. Die Zweischichtigkeit entspricht daher einer idealen Wechselwirkung von Oberfläche und Kern.

Das zweite Hauptelement läßt sich als das Prinzip der entgegengesetzten Darstellung bezeichnen. Wenn Rilke in der Vorlesung von 1898 darauf besteht, daß die "noch feineren, ganz persönlichen Geständnisse" mit dem Vorwand "nichts zu tun haben" (SWV, 366), so ergibt sich die Möglichkeit, daß das "große Zentrum" nicht eine Intensivierung des vordergründigen Themas darstellt, sondern eben gegensätzlicher Natur sein könnte, etwa nach dem Muster von "Grundton" und "Kunstcharakter" in Hölderlins Ästhetik.[2] Der Vorwand steht in einem notwendigen Verhältnis zum "Geständnis," aber Rilke sagt keineswegs, daß eine Konsonanz des Inhalts oder des Gefühlswertes wünschenswert sei. Im *Malte*-Roman selbst scheint eher das Gegenteil der Fall zu sein. So wird für das Volk von Paris die totale Hilflosigkeit und Unfähigkeit Karls des Wahnsinnigen zum "Vorwand," hinter dem es das Handeln Gottes erkennt:

> Wenn man das alles bedacht hatte, immer wieder bis ans Ende, kurz wie es war, so begehrte das Volk einen zu sehen, und es sah einen: ratlos. Aber das Volk freute sich des Anblicks; es begriff, daß dies der König sei: dieser Stille, dieser Geduldige, der nur da war, um es zuzulassen, daß Gott über ihn weg handelte in seiner späten Ungeduld.
>
> (SWVI, 908)

Die Geduld des Wahnsinnigen wird zur Transparenz für die Ungeduld Gottes. Hier scheint dasselbe Prinzip wirksam zu sein, wie in Rilkes Kommentar zur Frage des "Krankhaften" in *Malte Laurids Brigge* im Brief vom 28. Januar 1912:

> Denn — scheint mir — auch das, was man "krankhaft" nennt, ist richtig, d.h. inständig, um der Gesundheit willen erlebt, nur eine Unbeholfenheit: und das Große, das nichts zu fürchten hat, kann dann auch davon angezogen und erbeten werden —.
>
> (ABI, 354)

Das soll nicht etwa heißen, daß das "Krankhafte" an der Gestalt Maltes im Verlaufe des Werkes durch die "Gesundheit" im Sinne einer erfolgreichen Bewältigung seiner Probleme abgelöst wird, sondern daß der faktische oder metaphorische Untergang Maltes durch das Prinzip der entgegengesetzten Darstellung im Sinne eines im Werke selbst nicht vollzogenen "Aufstiegs" verstanden werden kann:

> Ich habe den Ehrgeiz gehabt, mein ganzes Kapital in eine verlorene Sache zu stecken, andererseits aber konnten seine Werte nur in diesem Verluste sichtbar werden, und darum, erinner ich, erschien mir die längste Zeit der Malte Laurids nicht so sehr als ein Untergang, vielmehr als eine eigentümlich dunkle Himmelfahrt in eine vernachlässigte abgelegene Stelle des Himmels.
>
> (B07—14, 148)

2 Vgl. L. J. Ryan, *Hölderlins Lehre vom Wechsel der Töne*, Stuttgart 1960, S. 51ff.

Die *Malte*-Kritik hat es im allgemeinen vorgezogen, diese "Himmelfahrt" als eine faktische Rettung des Helden durch seine Entwicklung zum reifen Künstler zu sehen.[3] Wenn Rilke aber sagt, die positiven Werte werden nur in der Negativität des Verlustes sichtbar, so erhellt daraus, warum er einerseits immer wieder auf dem Untergang Maltes besteht, und andererseits auf die Möglichkeit hinweist, hinter diesem Untergang die Umrisse einer eigenartigen Seligkeit wahrzunehmen:

> Ich habe schon einmal, vor Jahren, über den Malte jemandem, den dieses Buch erschreckt hatte, zu schreiben versucht, daß ich es manchmal wie eine hohle Form, wie ein Negativ empfände, dessen alle Mulden und Vertiefungen Schmerz sind, Trostlosigkeiten und weheste Einsicht, der Ausguß davon aber, wenn es möglich wäre einen herzustellen ... wäre vielleicht Glück, Zustimmung; – genaueste und sicherste Seligkeit.

(AB2, 53)

Das Prinzip der entgegengesetzten Darstellung erlaubt es, eine größere Einheitlichkeit in Rilkes eigenen Äußerungen zum Roman festzustellen, als gemeinhin von der Rilke-Kritik akzeptiert wird. Nicht daß jeder "Kunst-Vorwand" seinem tieferen "Zentrum" völlig entgegengesetzt sein müsse, sondern daß das Verhältnis zwischen "Vorwand" und "Geständnis" dieselben Kontraste aufweisen kann, die wir bei der Aufstellung des Persönlichkeitsmodells in den Beziehungen zwischen Oberfläche und Kern aufgezeigt haben.

Das dritte Hauptmerkmal dieser Theorie besteht in der Verdeckung der Person des "Gestehenden" durch die künstlerischen Gestaltungen seines "Geständnisses." Dieses Prinzip geht aus dem obigen Zitat aus dem *Florenzer Tagebuch* klar hervor, nach dem die "Gipfelzeiten der Kunst" durch eine ideale Anonymität der Kunstwerke ausgezeichnet sind. Im August 1903 wird an antiken Kunstwerken gerühmt, "daß man sie so ganz wie Unbekannte betrachten kann," obwohl diese Anonymität immer noch einen Dualismus von Vorwand und vollkommen unpersönlich gewordenem "Geständnis" einschließt:

> ... und vieles, das gering scheint dem, der noch am Stofflichen, am Vorwand irrend nach Plastik sucht, lebt in dieser erhabenen Vollendung unter den Menschen, den abgebrochenen und angedeuteten.

(BL, 104)

Schließlich bildet dieses Moment einen wesentlichen Aspekt der anhand der Malerei Cézannes entwickelten Kunstlehre:

---

[3] So Armand Nivelle, *Sens et structure,* S. 32, Marlene Jäger, *Malte Laurids Brigge,* S. 194–202; Ernst Hoffmann distanziert sich von der Idee der faktischen Rettung des Helden auf etwas obskure Weise, indem er ein "irreflexives Erleben" postuliert *(Zum dichterischen Verfahren.),* S. 212–214.

... es ist ja natürlich, daß man jedes dieser Dinge liebt, wenn man es macht: zeigt man das aber, so macht man es weniger gut; man beurteilt es, statt es zu sagen. Man hört auf, unparteiisch zu sein; und das Beste, die Liebe, bleibt außerhalb der Arbeit, geht nicht in sie ein, restiert unumgesetzt neben ihr ...

(B06—07, 378)

Die Liebe zum Gegenstand, das "innere Geschehnis," darf nicht direkt zum Ausdruck kommen, denn dann wäre sie eben nur eine persönliche Gefühlsäußerung. Erst wenn sie in dem "Kunst-Vorwand," in dem gestalteten Ding restlos aufgegangen ist und sich aus diesem in vermittelter Form dem Betrachtenden fühlbar macht, entsteht die "Objektivität" der Malerei Cézannes, die lediglich eine geglückte Synthese von "Liebe" und Visuellem bezeichnet. Dabei wird das Gefühl "entpersönlicht" und wird zu einer "Angelegenheit der Farben untereinander" (B06—07, 405). Die restlose Verwirklichung dieser Lehre ist die "Einsicht," die für Malte "zu ungeheuer war" (B06—07, 395), denn obwohl er "in der Idee von ihrer Notwendigkeit überzeugt" sein mag und obwohl er sich in seinen Aufzeichnungen immer wieder solcher "Vorwände" bedient, um seine Gefühle auszudrücken, erreicht er keineswegs die ersehnte Anonymität, sondern läßt nie davon ab, die von ihm selbst gewählten "Vorwände" nicht nur indirekt, sondern auch absichtlich und ausdrücklich auf seine gegenwärtige Lage zu beziehen:

Da sitze ich in der kalten Nacht und schreibe und weiß das alles. Ich weiß es vielleicht, weil mir jener Mann begegnet ist, damals als ich klein war. Er war sehr groß, ich glaube sogar, daß er auffallen mußte durch seine Größe.

(SWVI, 915)

Damals erlebte ich, was ich jetzt begreife: jene schwere, massive, verzweifelte Zeit. Die Zeit, in der der Kuß zweier, die sich versöhnten, nur das Zeichen für die Mörder war, die herumstanden ...

(SWVI, 916)

In diesem Sinne kommt auch hinter den scheinbar "objektivsten" Aufzeichnungen "seines Wesens ein Stück" immer hervor (TF, 32).

Daß Malte nach dem ersten Drittel des Buches weitgehend aufhört, die unmittelbare Pariser Wirklichkeit in seinen Aufzeichnungen zu beschreiben, läßt sich am überzeugendsten durch die Theorie des "Vorwands" erklären: er geht von der direkten zu einer indirekten Darstellung seiner Lage über. Seine Aufzeichnungen erreichen aber niemals die ideale Anonymität reifer Kunstwerke, er selbst wird eben nicht zu einem zweiten Cézanne, weil der persönliche Anteil am Aufgezeichneten immer wieder hervortritt:

Ich weiß, wenn ich zum Äußersten bestimmt bin, so wird es mir nichts helfen, daß ich mich verstelle in meinen besseren Kleidern. Glitt er nicht mitten im

Königtum unter die Letzten? ... Es ist wahr, ich habe zuzeiten an die
anderen Könige geglaubt, obwohl die Parke nichts mehr beweisen. Aber es ist
Nacht, es ist Winter, ich friere, ich glaube an ihn.

(SWVI, 905)

Trotz der unverkennbaren Großartigkeit seiner Darstellung Karls VI. muß der
Leser sich dessen bewußt bleiben, daß sie kein "Aufbrauchen der Liebe in
anonymer Arbeit" nach dem Beispiel Cézannes bedeuten kann, sondern daß sie
zielbewußt als Analogie zu Maltes gegenwärtiger Lage aufgestellt wird und daß
Maltes Gefühle "neben der Arbeit restieren," denn eine Reflexion über das
eigene Elend geht der Beschreibung von Karl VI. unmittelbar voraus. Erst in
einem vollendeten Kunstwerk wäre der Schaffende vom Erschaffenen völlig
"verdeckt" — bei Maltes Aufzeichnungen kann es sich zwar um Ansätze zu einer
solchen Anonymität handeln, aber seine Anwendung der Theorie des Vorwands
bleibt eben auf halbem Wege stecken.

Gegenständlichkeit und Transparenz

Die oben umrissene Ästhetik hängt letzten Endes davon ab, daß ein
Gegenstand oder Thema für den Erlebenden oder Lesenden transparent wird,
daß also eine Dualität der Perspektive möglich wird, die erstens die Oberfläche
der Dinge oder des Kunstwerkes gebührend würdigt, dann aber imstande ist,
diese als Vorwand zu erkennen und die Umrisse von dem, was dahinterliegt,
auszumachen. Unsere Interpretation von *Malte Laurids Brigge* ist tatsächlich auf
eine solche Lesung des Werkes ausgerichtet,[4] und so bedarf der Begriff der
Transparenz der weiteren Erläuterung. Dualistische Perspektiven treten recht
früh in Rilkes dichterischer Entwicklung auf, wie in diesen Zeilen vom
November 1900:

> . . .
> die Kranken drängen sich am Saum des Saales
> und schaun: die Gnade eines frühen Strahles
> macht alle Gassen frühlinglich und weit;
> sie sehen nur die helle Herrlichkeit,
> welche die Häuser jung und lachend macht,
> und wissen nicht, daß schon die ganze Nacht
> ein Sturm die Kleider von den Himmeln reißt . . .
> daß draußen die Gewalt geht, eine Faust,
> die jeden von den Kranken würgen würde
> inmitten dieses Glanzes, dem sie glauben. —

(SWVI, 445)

4 Siehe unten S. 252f.

Die "helle Herrlichkeit" ist hier gleichsam der Vorwand, hinter dem Rilke die Gegenwart der "Gewalt" wahrnimmt. Hier sind Oberfläche und dahinterliegende Wirklichkeit entgegengesetzten Charakters, aber dieses Verhältnis ist nur dem lyrischen Ich und nicht den "Kranken" sichtbar. Für den Dichter ist die Oberfläche der Wirklichkeit transparent geworden, für die Anderen bleibt sie vollkommen undurchsichtig. Maltes Wirklichkeitsauffassung in den "großen Fragen" weist eine ähnliche Dualität der Perspektive auf: er weiß von der allgemeinen Verfälschung der Vergangenheit und der Gegenwart, aber er distanziert sich ausdrücklich davon, denn er hat angefangen, "die Dinge anders zu lesen als sie gemeint sind" (BL, 57). Aber, anstatt daß die Pariser Wirklichkeit für ihn völlig transparent wird, bleibt er der Gegenständlichkeit seiner eigenen Ich-Struktur verhaftet. Hinter der Oberfläche der Wirklichkeit vermag er nur "die Unterlage, das Nichtgesicht" zu erkennen.

Einerseits weiß Malte, daß man im Leben wie in der Kunst die Vorwände mit den "eigentlichen Bedeutungen" nicht verwechseln darf, und diese Einsicht liegt seiner Kritik am modernen Drama zugrunde:

> Und ich hätte doch wissen müssen, daß dieser Dritte, der durch alle Leben und Literaturen geht, dieses Gespenst eines Dritten, der nie gewesen ist, keine Bedeutung hat, daß man ihn leugnen muß. Er gehört zu den Vorwänden der Natur, welche immer bemüht ist, von ihren tiefsten Geheimnissen die Aufmerksamkeit der Menschen abzulenken. Er ist der Wandschirm, hinter dem ein Drama sich abspielt.
>
> (SWVI, 725)

Andererseits aber entzieht sich ihm der Inhalt des "Kernes," sei es der äußeren Wirklichkeit, sei es des eigenen Ich. Solche Einblicke, die er in diese Tiefendimension bekommt, sind wie die "Verbände, die verbargen, und Verbände, die zeigten, was darunter war" (SWVI, 760), von einer quälenden Ambivalenz. Auch wenn ein Teil dieser Kern-Wirklichkeit an der Oberfläche des Ich-Modells erscheint, so wird er eben nicht durchsichtig, sondern bestärkt nur die Gegenständlichkeit des Bewußtseins und manifestiert sich in der völligen Undurchsichtigkeit des "Großen" oder der Kindheitsängste. Um eine Formulierung aus einem Brief vom 4. September 1908 anzuwenden, verbleibt Malte bei den "tausend Verwandlungen, in denen das Äußerste sich verstellt und schwärzt und unkenntlich macht" (B07−14, 48), und der weitere Fortschritt, kraft dessen diese "Unkenntlichkeit" transparent wird, ist ihm eben verwehrt. Er gelangt nicht über die Gegenständlichkeit des eigenen Bewußtseins zur beglückenden und vereinfachenden Anonymität des "Cézanne-Modells" hinaus, obwohl er "in der Idee von ihrer Notwendigkeit überzeugt war" (B06−07, 395).

Es ist auch möglich, daß Malte im Rahmen dieser Theorie einen Fehler begeht, indem er im ersten Drittel des Werkes versucht, dem "Äußersten" unmittelbar zu begegnen, die Pariser Wirklichkeit auf direkte Weise zu bewältigen. Denn Rilke schreibt am 24. Juni 1907:

> Wir sind also sicher darauf angewiesen, uns am Äußersten zu prüfen und zu erproben, aber auch wahrscheinlich gebunden, dieses Äußerste nicht vor dem Eingang in das Kunstwerk anzusprechen, zu teilen, mitzuteilen: denn ... als persönlicher Wahnsinn sozusagen hat es einzutreten in das Werk um drin gültig zu werden und das Gesetz zu zeigen, wie eine angeborene Zeichnung, die *erst in der Transparenz des Künstlerischen* sichtbar wird ...
>
> (B06—07, 280)

Von Maltes Standpunkt aus ist es einfach nicht möglich, das "Äußerste" erst im Kunstwerk zum Ausdruck zu bringen, denn die Einbrüche des "Unerhörten" gehören zu seiner täglichen Erfahrung und drängen ihn dazu, sie in ihrer persönlichen Unmittelbarkeit aufzuzeichnen, damit er sich selbst gegenüber bestätigen kann, daß er sie überstanden hat. Für Rilke jedoch, der sich bei der Erschaffung *seines* Kunstwerks der Gestalt Maltes doch als Vorwand bedient, muß die eigentliche Bedeutung des Werkes darin gelegen haben, daß dieser Stoff eben für den Leser *transparent* werden sollte und daß man daher Maltes Untergang im entgegengesetzten Sinne verstehen könnte:

> Tâchez, ma Chère, de parcourir le trop-plein de ces pages dans cet esprit, — cela ne vous épargnera pas des larmes, mais cela contribuera à donner à tous vos pleurs une signification plus claire et, pour ainsi dire, transparente.
>
> (AB2, 248)

Wir bezeichneten im vorigen Kapitel die Aufzeichnung über Ibsen deshalb als Wendepunkt, weil Malte nach ihr kaum mehr versucht, die Pariser Wirklichkeit schreibend zu bewältigen, sondern sich vorerst nur mit Gestalten und Ereignissen aus der eigenen Kindheit abgibt. Wir sahen, daß Ibsen deshalb scheitert, weil er versucht, das unsichtbar gewordene Leben auf allzu vorsätzliche und direkte Weise sichtbar zu machen. Die Theorie des Vorwands stützt unsere Deutung der Gestalt Ibsens. Indem Ibsen das "Aufzeigen" dem "Bilden oder ... Sagen" vorzieht, fängt er beim "Geständnis" und nicht bei dem Vorwand an, und so wird sein Werk zur "Gewalttat," zu etwas "Ungeheuerem":

> Und dort, weil das Aufzeigen dir im Blute war und nicht das Bilden oder das Sagen, dort faßtest du den ungeheuren Entschluß, dieses Winzige, das du selber zuerst nur durch Gläser gewahrtest, ganz allein gleich so zu vergrößern, daß es vor Tausenden sei, riesig, vor allen. Dein Theater entstand. Du konntest nicht warten ...
>
> (SWVI, 784)

Daß Maltes Abkehr von der Pariser Wirklichkeit mit seiner Darstellung von Ibsen im Zeichen des Scheiterns zusammenfällt, kann kaum zufällig sein. Wenn er nun andere Gegenstände wählt als die sich ihm unmittelbar aufdrängenden, so bedeutet das keineswegs, daß er etwa die Pariser Wirklichkeit bewältigt habe, sondern eher, daß er nicht mehr auf eine *direkte* Bewältigung des "Äußersten" oder des "Unerhörten" hofft. Wenn Ibsen daran gescheitert ist, steht für Malte selbst kaum noch der Erfolg in Aussicht, und so orientiert er sich nun an der Möglichkeit einer indirekten, mittelbaren Überwindung der unmittelbaren Probleme. Sollte es ihm gelingen, in der Darstellung seiner Kindheit eine Transparenz des Stoffes und somit eine Befreiung von der opaken Gegenständlichkeit des vordergründigen Bewußtseins zu erzielen, so läge darin die Möglichkeit einer erfolgreichen, *wenn auch indirekten* Wirklichkeitsbewältigung.

Kindheitserinnerungen als Vorwand

Daß mit dem 27. Abschnitt eine neue Richtung eingeschlagen wird, zeigt sich auch in dem Umstand, daß hier zum ersten Male im Werk das Thema des Erzählens mit der Technik des "Aussparens" verbunden wird:[5]

> Damals zuerst fiel es mir auf, daß man von einer Frau nichts sagen könne; ich merkte, wenn sie von ihr erzählten, wie sie sie aussparten, wie sie die anderen nannten und beschrieben, die Umgebungen, die Örtlichkeiten, die Gegenstände bis an eine bestimmte Stelle heran, wo das alles aufhörte, sanft und gleichsam vorsichtig aufhörte mit dem leichten, niemals nachgezogenen Kontur, der sie einschloß.
>
> (SWVI, 785)

Nach der vorhergehenden Untersuchung des Vorwand-Begriffes sind wir nun in der Lage, dieses Prinzip in einen viel umfassenderen Zusammenhang zu stellen, denn "Aussparen" als Erzähltechnik läßt sich als eine indirekte Darstellungsweise bezeichnen und erinnert an die im Maeterlinck-Aufsatz von 1900 vorgeschlagene Methode, "Bewegung und Figuren so zu zeigen, daß sie das große Zentrum, auf welches sie sich beziehen (welches aber immer außerhalb ihres Umkreises liegt), ahnen lassen" (BT, 391). Man erzählt von Ingeborg, indem man sie nicht direkt beschreibt, sondern sich so vieler Vorwände bedient, daß die Gestalt lediglich als umgrenzte Abwesenheit erkennbar wird. Diese Art der Darstellung hat den Nachteil, daß sie die Gestalt nur andeutet, keineswegs veranschaulicht. Eine weitere Stufe des Erzählens wird jedoch von "Maman" erreicht:

> *Sehen* eigentlich konnte ich sie nur, wenn Maman mir die Geschichte erzählte, die ich immer wieder verlangte —.

---

5 Siehe Marlene Jäger, *Malte Laurids Brigge*, S. 47f.

— Dann pflegte sie jedesmal, wenn sie zu der Szene mit dem Hunde kam, die Augen zu schließen und das ganz verschlossene, aber überall durchscheinende Gesicht irgendwie inständig zwischen ihre beiden Hände zu halten, die es kalt an den Schläfen berührten.

(SWVI, 786)

Im folgenden Abschnitt *zitiert* Malte dann die Erzählung seiner Mutter (SWVI, 790–92), und es stellt sich heraus, daß es sich hier nochmals um ein "Aussparen" der Gestalt Ingeborgs handelt, denn was die Mutter sieht, ist nicht Ingeborg selbst, sondern nur ihre tödliche Wirkung auf den Hund Cavalier:

Er lief ihr entgegen, obwohl sie nicht kam; für ihn kam sie. Wir begriffen, daß er ihr entgegenlief. Zweimal sah er sich nach uns um, als ob er fragte. Dann raste er auf sie zu, wie immer, Malte, genau wie immer, und erreichte sie; denn er begann rund herum zu springen, Malte, um etwas, was nicht da war, und dann hinauf an ihr, um sie zu lecken, gerade hinauf.

(SWVI, 791)

Hier haben wir es mit einer ähnlichen Verdoppelung der Metaphorik zu tun, wie beim Tod des Kammerherrn und der Erscheinung von Christine Brahe: der Inhalt des Aufgezeichneten wiederholt auf thematischer Ebene die Struktur der Erzählsituation. In diesem Zusammenhang steht das Prinzip jedoch im Dienste einer zweifachen Mediation des Dargestellten. Wenn Ingeborg nämlich durch die einfache Anwendung der Technik des Aussparens dargestellt wird, so wird sie weder sichtbar, noch genau vorstellbar:

Wie war sie? fragte ich dann. "Blond, ungefähr wie du," sagten sie und zählten allerhand auf, was sie sonst noch wußten; aber darüber wurde sie wieder ganz ungenau, und ich konnte mir nichts mehr vorstellen.

(SWVI, 786)

Erst durch eine weitere Vermittlung nimmt sie für Malte Gestalt an, nämlich in der Erzählung einer Episode, in der diese Gestalt eben *nicht* gesehen wird, sondern ausschließlich als "Kontur" vorhanden ist. Es kann kaum zufällig sein, daß diese zweite Vermittlung im Zeichen der Transparenz steht: "Dann pflegte sie jedesmal ... die Augen zu schließen und das ganz verschlossene, *aber überall durchscheinende Gesicht* zwischen ihre beiden Hände zu halten ..." (SWVI, 786). Erzählende und Erzähltes werden dadurch zum Vorwand, durch den Malte die Tote *sieht,* obwohl die Erzählende selbst nach ihren eigenen Worten nur das Ereignis und nicht die Person der Toten selbst gesehen hat. Wenn wir den Erfolg dieser in zweifacher Hinsicht indirekten Darstellungsweise dem Fehlschlag Ibsens gegenüberstellen, so scheint das unsere Theorie des Vorwandes und ihre Anwendung auf das Werk vollends zu legitimieren. In beiden Fällen geht es um das Sichtbarmachen von Unsichtbarem. Ibsens Gebrauch von direkten, greifbaren Äquivalenten artet schließlich ins Groteske und Geisteskranke aus. In der paradoxen Transparenz einer Erzählung von einem *unsichtbaren* Geschehen bekommt Malte endlich die Frau zu *sehen* (SWVI, 786), und so wird für den weiteren Verlauf des Werkes der indirekten Darstellungsweise der Vorzug gegeben.

Die Mutter wird für die Erscheinung Ingeborgs auf ähnliche Weise transparent, wie im 15. Abschnitt das Gesicht von Mathilde Brahe für das der Mutter selbst transparent wird:

> Und trotzdem war etwas in ihr, das mich an meine zarte und schlanke Mutter erinnerte. Ich fand, je länger ich sie betrachtete, alle die feinen und leisen Züge in ihrem Gesichte, an die ich mich seit meiner Mutter Tode nie mehr recht hatte erinnern können; nun erst, seit ich Mathilde Brahe täglich sah, wußte ich wieder, wie die Verstorbene ausgesehen hatte; ja, ich wußte es vielleicht zum erstenmal. Nun erst setzte sich aus hundert und hundert Einzelheiten ein Bild der Toten in mir zusammen, jenes Bild, das mich überall begleitet.
>
> (SWVI, 731)

Es besteht ausdrücklich keine direkte, körperliche Ähnlichkeit zwischen Mathilde Brahe und der verstorbenen Mutter. Jene ist "außerordentlich stark, von einer weichen, trägen Fülle, die gleichsam achtlos in ihre losen, hellen Kleider hineingegossen war; ihre Bewegungen waren müde und unbestimmt, und ihre Augen flossen beständig über" (SWVI, 731), aber genau diese äußerliche Diskrepanz, so scheint es, ermöglicht die Transparenz ihrer Gesichtszüge. Hierin dürfen wir wiederum das "Prinzip der entgegengesetzten Darstellung" erkennen, das oben als zweite Hauptdeterminante der Ästhetik des Vorwandes aufgestellt wurde. Darüber hinaus ist es hier, wie auch in der Ingeborg-Erzählung, interessant, daß eine Gestalt als Vorwand oder Transparenz für eine andere auftreten kann, und dieser Umstand wird uns später bei der Untersuchung des Verhältnisses Maman—Abelone beschäftigen.

Wenn die Abschnitte vom 27. an einen neuen Anfang darstellen sollen, dann liegt die Neuigkeit nicht im Material — Malte hat schon "Verlorenes" aus seiner Kindheit mit den Pariser Aufzeichnungen verwoben — sondern in der Konzentration auf eine indirekte Darstellungsmethode. Dementsprechend wird das zweite Drittel des Werkes durch einen Exkurs über die Prinzipien der Aussparung und der Transparenz bei der Mitteilung von "Gespenstischem" eingeleitet. Es überrascht dann keineswegs, wenn die Thematik der folgenden Abschnitte zahlreiche Parallelen zu der des ersten Drittels aufweist. Die von der Begegnung mit der Pariser Wirklichkeit gestellten Probleme sind nicht gelöst worden, denn alle möglichen Lösungen erwiesen sich entweder als unmöglich — die Verwirklichung des "Cézanne-Modells" — oder als kompromißhafte Einschränkungen der Autonomie des Subjekts: "Lesen" — "Verstellung des Unerhörten durch die Mutter" — "Beethoven im Zeichen des Fehlschlags." Es erheben sich im Kontext der Kindheitserinnerungen wieder dieselben Fragen, die in der Verarbeitung der Pariser Wirklichkeit unbeantwortet blieben.

In diesem Sinne stellt die berühmt gewordene "Hand"-Episode eine Wiederholung des Themas der Abschnitte 18—21 dar: Einbruch des "Unerhörten" und entsprechende Zweiteilung des oberflächlichen Bewußtseins. Der beobachtende Teil des Bewußtseins distanziert sich von der *eigenen* Hand, was sehr an die Projektion der "Zeit der anderen Auslegung" erinnert:

> ... ich erkannte vor allem meine eigene, ausgespreizte Hand, die sich ganz allein, ein bißchen wie ein Wassertier, da unten bewegte und den Grund untersuchte. Ich sah ihr, weiß ich noch, fast neugierig zu; es kam mir vor, als könnte sie Dinge, die ich sie nicht gelehrt hatte, wie sie da unten so eigenmächtig herumtastete mit Bewegungen, die ich nie an ihr beobachtet hatte.
>
> (SWVI, 795)

Das "Unerhörte" manifestiert sich als eine "größere, ungewöhnlich magere Hand, wie ich noch nie eine gesehen hatte," und bewegt sich auf Maltes einigermaßen selbständig gewordene Hand zu. Typischerweise kommt diese Erscheinung "aus der Wand" — woher sonst? — und läßt auf diese Weise den ganzen Motivkomplex von "Wand—Mauer—Vorhang—Verkleidung—Maske" aktiv werden, der jedesmal auf eine Einschränkung der gegenwärtigen Perspektive aufmerksam macht. Wie bei anderen Einbrüchen des Unerhörten schrickt das "gewöhnliche" Bewußtsein vor dieser Begegnung zurück und versucht, die eigene Hand, hier als Symbol der plötzlich fremd gewordenen Bewußtseinshälfte, wieder unter Kontrolle zu bringen:

> Meine Neugierde war noch nicht aufgebraucht, aber plötzlich war sie zu Ende, und es nur Grauen da. Ich fühlte, daß die eine von den Händen mir gehörte und daß sie sich da in etwas einließ, was nicht wieder gutzumachen war. Mit allem Recht, das ich auf sie hatte, hielt ich sie an und zog sie flach und langsam zurück, indem ich die andere nicht aus den Augen ließ, die weiter suchte. Ich begriff, daß sie es nicht aufgeben würde, ich kann nicht sagen, wie ich wieder hinaufkam.
>
> (SWVI, 795)

Eine gewisse Ironie umgibt die Vermutung im letzten Satz, "daß sie es nicht aufgeben würde," denn Erlebnisse aus der Pariser Gegenwart wie die Episode des Sterbenden in der Crémerie oder die des Veitstänzers bezeugen geradezu, daß "sie" es tatsächlich nicht aufgegeben hat. Denn diese Gestalten gehen Malte auf ähnliche Weise an, wie sich hier die fremde Hand und die Hand Maltes "blind aufeinander zu bewegen."

Der 30. Abschnitt wiederholt dann das Erlebnis des "Fiebers," das wie früher im 20. Abschnitt eine Veräußerlichung innerer Inhalte bewirkt:

> Das Fieber wühlte in mir und holte von ganz unten Erfahrungen, Bilder, Tatsachen heraus, von denen ich nicht gewußt hatte; ich lag da, überhäuft mit mir, und wartete auf den Augenblick, da mir befohlen würde, dies alles wieder in mich hineinzuschichten, ordentlich, der Reihe nach. Ich begann, aber es wuchs mir unter den Händen, es sträubte sich, es war viel zu viel.
>
> (SWVI, 797)

Wie im 22. Abschnitt erfolgt die Erleichterung dieses Zustandes durch die Erscheinung der Gestalt der Mutter (SWVI, 798) — nur ist sie hier wirklich zugegen, während es sich im 22. Abschnitt um ein inneres Ereignis handeln muß, weil sie dann seit vielen Jahren tot ist.

Wenn wir nun fragen, was durch die Übertragung von Strukturen aus der Pariser Gegenwart auf Inhalte aus dem Bereich der Kindheitserinnerungen erreicht wird, so ergibt sich erstens eine weitere Relativierung der Kindheit als Zufluchtsort. War Malte geneigt, die Kindheit als mythischen Raum darzustellen, dessen Einheitlichkeit und Sinnfülle mit der verarmten Gegenwart deutlich kontrastierten, so findet er jetzt in der Kindheit dieselben Schrecknisse vor wie in der Pariser Gegenwart. Zweitens dient diese Wiederholungstechnik dazu, die Ungelöstheit der Probleme in der Pariser Gegenwart zu unterstreichen, eben weil sie hier trotz der erheblichen zeitlichen Distanz kaum etwas von ihrer Schrecklichkeit eingebüßt haben. Drittens fängt die Kindheit an, auf die sie bestimmenden Erfahrungsgesetze hin transparent zu werden — das bringt aber keine neuen Einsichten mit sich, sondern endet wiederum bei der nuancierten Undurchsichtigkeit der Gegenwart, wie sich anhand der Bildhaftigkeit des 29. Abschnitts demonstrieren läßt:

> Eingestellt auf die Helligkeit da oben und noch ganz begeistert für die Farben auf dem weißen Papier, vermochten meine Augen nicht das geringste unter dem Tisch zu erkennen, wo mir das Schwarze so zugeschlossen schien, daß ich bange war, daran zu stoßen . . .
>
> . . . und wollte eben schon Mademoiselle anrufen und sie bitten, mir die Lampe zu halten, als ich merkte, daß für meine unwillkürlich angestrengten Augen das Dunkel nach und nach durchsichtiger wurde. Ich konnte schon hinten die Wand unterscheiden, die mit einer hellen Leiste abschloß . . .
>
> (SWVI, 794—5)

Das Dunkel wird "durchsichtig" und die Wand, als abgrenzende Oberfläche der Wirklichkeit, läßt die Erscheinung der Hand durch; das ganze Ereignis wird aber eben nicht in dem Sinne transparent, daß Malte dadurch etwa zu einem größeren Verständnis solcher Phänomene verholfen würde. Die Erscheinung der Hand bleibt ihm in gleichem Maße unfaßlich wie die des Veitstänzers im 21. Abschnitt, und so erweist sich der Gebrauch von Vorwänden als bei weitem nicht so fruchtbar, wie die Aufzeichnungen über Ingeborg (27—28) vermuten ließen.

Im 31. Abschnitt wird zunächst das Thema des damals möglichen komplementären Verhältnisses von Malte und seiner Mutter weiter entwickelt:

> Aber wir lasen doch ein bißchen, um beschäftigt auszusehen; es war uns nicht angenehm, wenn irgend jemand eintrat, erst erklären zu müssen, was wir gerade taten; besonders Vater gegenüber waren wir von einer übertriebenen Deutlichkeit.
>
> (SWVI, 799)

Darin wird noch ein Echo der Kindheit als mythische Zeit der gemeinsamen Erlebnisse vernehmbar, aber sogleich geht Malte zu einer Erinnerung über, die die Gespaltenheit und Isolierung seines Ich in der Pariser Gegenwart zu begründen scheint. Es handelt sich um die Teilung seiner bisher wohl unversehrten Identität in die gegenteiligen Persönlichkeiten "Malte" und "Sophie," die wahrscheinlich als Quelle aller späteren Gegenständlichkeit des Bewußtseins anzusehen ist:

> Wenn sie dann fragte, wer da wäre, so war ich glücklich, draußen "Sophie" zu rufen, wobei ich meine kleine Stimme so zierlich machte, daß sie mich in der Kehle kitzelte. Und wenn ich dann eintrat . . ., so war ich einfach Sophie, Mamans kleine Sophie, die sich häuslich beschäftigte und der Maman einen Zopf flechten mußte, damit keine Verwechslung stattfinde mit dem bösen Malte, wenn er je wiederkäme. Erwünscht war dies durchaus nicht . . .
>
> (SWVI, 800)

So ergiebig diese Stelle für psychologisierende Deutungen auch gewesen ist,[6] enthält sie für unsere Untersuchung kaum etwas Neues, weil die hier zutagetretende Ich-Struktur doch seit den ersten Abschnitten des Romans wirksam gewesen ist. Daher die Ironie, mit der die Aufzeichnung endet:

> "Ich möchte wohl wissen, was aus Sophie geworden ist," sagte Maman dann plötzlich bei solchen Erinnerungen. Darüber konnte nun Malte freilich keine Auskunft geben. Aber wenn Maman vorschlug, daß sie gewiß gestorben sei, dann widersprach er eigensinnig und beschwor sie, dies nicht zu glauben, so wenig sich sonst auch beweisen ließe.
>
> (SWVI, 800)

Sophie "lebt" eben in der Gegenständlichkeit von Maltes eigenem Bewußtsein weiter; die nicht zu überwindende Dualität seiner vordergründigen Persönlichkeit

---

[6] Vgl. E. Simenauer, *Rainer Maria Rilke — Legende und Mythos,* Frankfurt a.M., 1956, S. 255f.

ist nichts anderes als eine Weiterentwicklung dieser primären Spaltung in zwei entgegengesetzte Rollen.[7] Konnte Malte damals, "keine Auskunft darüber geben," so ist er "jetzt" imstande, diesen Tatbestand dem Leser auf indirekte Weise durch den *Vorwand* einer Kindheitserinnerung mitzuteilen.

Der 32. Abschnitt befaßt sich mit Maltes Erlebnis vor dem Spiegel. Er dürfte als eine Variation über zwei bekannte Themen bezeichnet werden; "Oberfläche als Verkleidung" und "Einbruch des Unerhörten." Die Episode beginnt gewissermaßen als ein Spiel mit der Ich-Struktur. Wenn Malte sich in einer altertümlichen Tracht verkleidet, so nimmt er gleichsam eine "zweite Identität" an. Er tritt dann vor den Spiegel, und hat sich daher in zweifacher Hinsicht zum Gegenstand: er steht sich selber gegenüber und erkennt in seinem Spiegelbild ein Nebeneinander von Eigenem und Fremdem:

> Und nun war es etwas sehr Überraschendes, Fremdes, ganz anders, als man es sich gedacht hatte, etwas Plötzliches, Selbständiges, das man rasch überblickte, um im nächsten Augenblick doch zu erkennen, nicht ohne eine gewisse Ironie, die um ein Haar das ganze Vergnügen zerstören konnte.
>
> (SWVI, 803)

Die Gegenständlichkeit des oberflächlichen Bewußtseins wird dabei in leicht übertriebener Weise veranschaulicht und dramatisiert. Vorläufig bleibt das Gefährliche dieser Situation noch latent, und das spielerische Moment tritt stärker hervor:

> Diese Verstellungen gingen indessen nie so weit, daß ich mich mir selber entfremdet fühlte; im Gegenteil, je vielfältiger ich mich abwandelte, desto überzeugter wurde ich von mir selbst. Ich wurde kühner und kühner; ich warf mich immer höher; denn meine Geschicklichkeit im Auffangen war über allen Zweifel. Ich merkte nicht die Versuchung in dieser rasch wachsenden Sicherheit.
>
> (SWVI, 804)

Gegenständlichkeit im Sinne von Selbstbestätigung ist uns in der komplementären Funktion der "Heiligen," der Mutter, des Dichters, den Malte liest, und auch des Vaters in der Aufzeichnung über Christine Brahe schon mehrmals begegnet. Erwies sich dieses Thema als eine nur beschränkt gültige Lösung der Ich-Problematik, so zeigt sich jetzt das Spiel der Verkleidungen als Auftakt zu einem Einbruch des "Unerhörten." Schließlich verkleidet sich Malte so gründlich, daß nichts mehr von ihm sichtbar bleibt:

---

[7] Im *Puppen*-Aufsatz wird die primäre Spaltung des Bewußtseins ebenfalls anhand eines fingierten Gegenübers vollzogen. Vgl. SWVI, 1067.

Das war nun wirklich großartig, über alle Erwartung. Der Spiegel gab es auch
augenblicklich wieder, es war zu überzeugend. Es wäre gar nicht nötig
gewesen, sich viel zu bewegen; diese Erscheinung war vollkommen, auch wenn
sie nichts tat.

(SWVI, 806)

Dadurch wird nun aber eine ernstliche Selbstentfremdung zuwegegebracht. Sie
wird durch zwei uns schon bekannte Motive angekündigt:

> ... sehr erschreckt, verlor ich das Wesen da drüben aus den Augen und war
> arg verstimmt, zu gewahren, daß ich einen kleinen, runden Tisch umgeworfen
> hatte mit ... wahrscheinlich sehr zerbrechlichen Gegenständen. ... Die
> beiden ... Porzellanpapageien waren natürlich, jeder auf eine andere boshafte
> Art, zerschlagen.

(SWVI, 806)

Das Motiv des Zerbrechens steht gemeinhin für die quälende Uneinigkeit des Ich.
Im 18. Abschnitt behauptet Malte, den Schritt vom Elend zur Seligkeit deshalb
nicht tun zu können, "weil ich zerbrochen bin" (SWVI, 756), und das geht
wiederum auf das Bild des leeren Brunnens als Zeichen des Zwischenseins
zurück. Noch dazu erscheint eine Modifikation der fremdgewordenen Bewußtseinshälfte: "Eine Dose, aus der Bonbons rollten, die aussahen wie seidig
eingepuppte Insekten, hatte ihren Deckel weit von sich geworfen, man sah nur
seine eine Hälfte, die andere war überhaupt fort." (SWVI, 807)

Auf thematischer Ebene wird Malte dadurch auf die Unbequemlichkeit seiner
Verkleidung aufmerksam. Das weist auf symbolischer Ebene auf die Diskrepanz
zwischen der Vollkommenheit seiner Verkleidung und der prekären Lage seines
nunmehr geteilten Bewußtseins hin. Die Verkleidung gewinnt Macht über ihn
und, wie in den Abschnitten 18–21, leitet das Motiv der "schlechten Luft" das
"unerhörte Geschehen" ein:

> Die Schnüre des Mantels würgten mich, und das Zeug auf meinem Kopfe
> drückte, als käme immer noch mehr hinzu. Dabei war die Luft trübe
> geworden und wie beschlagen mit dem ältlichen Dunst der verschütteten
> Flüssigkeit.

(SWVI, 807)

Jetzt dient der Spiegel, als Symbol der Gegenständlichkeit, ausschließlich dazu
ihm "eine fremde, unbegreifliche, monströse Wirklichkeit" aufzudrängen. Sein
"gewöhnliches" Bewußtsein "fällt einfach aus," "das Äußerste geschieht," und
wie die parallelen Episoden des Sterbenden in der Crémerie oder des "Großen"
im Krankenhaus, kann er sich nur durch die Flucht retten. Die Entsprechung
zwischen der Struktur der Kindheitserlebnisse und der der Pariser Gegenwart ist
nun vollkommen.

Komplementäre Gestalten

Beschäftigten sich die Abschnitte 27–32 in erster Linie mit Erscheinungen oder Einbrüchen des "Unerhörten," so wird vom 33. Abschnitt an ein weiteres Thema aus dem ersten Drittel des Werkes wieder aufgegriffen, nämlich die Möglichkeit komplementärer Beziehungen zwischen menschlichen Individuen. Die tröstende, beschwichtigende Wirkung, die von dieser Relation ausgehen kann, ist schon mehrmals festgestellt worden; in der Ingeborg-Episode sahen wir eine weitere Möglichkeit, die dieses Verhältnis in sich birgt, nämlich daß Malte durch die transparent gewordene Gestalt der Mutter die verstorbene und daher unsichtbare Ingeborg tatsächlich sieht. Die anschließenden Episoden haben dann durch ihren Rückfall in die Verwirrung der Pariser Verhältnisse die weitere Entwicklung des Transparenz-Themas weitgehend verhindert. Wenn sich Malte jetzt an eine Reihe von komplementären Gestalten wendet, die in der Evokation seiner Liebe zu Abelone gipfelt, so darf nicht vergessen werden, daß das Verhältnis von zwei scheinbar unabhängigen Gestalten zueinander auch auf die eine Ich-Struktur übertragen werden kann, daß also einzelne Figuren als Aspekte ein und desselben Persönlichkeitsmodells behandelt werden können.

Der Tod seiner Mutter wird durch einen Exkurs über die Einstellungen seiner Eltern zu Gott eingeleitet. Von seiner eigenen Haltung zu Gott sagt Malte:

> Ziemlich in Ruhe gelassen, machte ich frühzeitig eine Reihe von Entwicklungen durch, die ich erst viel später in einer Zeit der Verzweiflung auf Gott bezog, und zwar mit solcher Heftigkeit, daß er sich bildete und zersprang, fast in demselben Augenblick. Es ist klar, daß ich ganz von vorn anfangen mußte hernach. Und bei diesem Anfang meinte ich manchmal, Maman nötig zu haben, obwohl es ja natürlich richtiger war, ihn allein durchzumachen. Und da war sie ja auch schon lange tot.
>
> (SWVI, 810)

Die Form dieser "Entwicklungen" wird niemals präzisiert. Der Tatsache aber, daß sein erster Annäherungsversuch an Gott an seiner eigenen "Heftigkeit" scheitert, können wir entnehmen, daß Malte diesen Bezug auf allzu direkte Weise herstellen wollte. Die Kraft seiner Verzweiflung bewirkt zwar, daß Gott als intentionaler Gegenstand momentan vorhanden ist, aber im nächsten Augenblick "zerspringt" er, genau wie bei Ibsens Versuch, das Unfaßliche unmittelbar greifbar zu machen: "die beiden Enden, die du zusammengebogen hattest, schnellten auseinander" (SWVI, 785). Wenn Malte nachher bei dem neuen Anfang seine Mutter "nötig zu haben meint," dann geschieht das wohl wegen der Möglichkeit einer vermittelnden Transparenz, die der persönlichen Komplementarität innewohnt. Dann scheint er sich daran zu erinnern, daß nach der eigenen "Geschichtsphilosophie" jede fruchtbare Gemeinsamkeit in der Gegenwart ausgeschlossen ist, so daß eine solche Komplementarität nur innerhalb der einen, differenzierten Ich-Struktur möglich wäre. Um diese Vermutungen gleichsam zu bestätigen, gestaltet sich der Tod der Mutter als "mythischer" Vorgang, der die Vorstellung von dem Rückzug des Lebens ins Innere (Abs. 26) wieder ins Bewußtsein ruft:

> Ihre Sinne gingen ein, einer nach dem andern, zuerst das Gesicht. Es war im Herbst, man sollte schon in die Stadt ziehen, aber da erkrankte sie gerade, oder vielmehr, sie fing gleich an zu sterben, langsam und trostlos abzusterben an der ganzen Oberfläche.
>
> (SWVI, 811)

Nach dem Tode der Mutter scheint sich Malte nach einem weiteren komplementären Gegenüber umzuschauen, und der erste, der dafür in Betracht kommt, ist "Mamans einziger Bruder," Graf Christian Brahe, der während der Agonie seiner Mutter nach Urnekloster zurückkehrt. In gewissem Sinne eignet dem Grafen schon von vornherein eine Art von Transparenz, denn "das Leben meines Onkels, von dem immer nur Gerüchte in die Öffentlichkeit und selbst in die Familie drangen, . . . war geradezu grenzenlos auslegbar" (SWVI, 812). Wie sollte man sonst erklären, daß das Verhältnis zwischen ihm und Malte von einer eigenartigen Gespanntheit geprägt ist:

> Freilich, wenn damals auf Urnekloster ein Wagen einfuhr, so erwartete ich immer, *ihn* eintreten zu sehen, und mein Herz klopfte auf eine besondere Art . . . Er kam nie, aber meine Einbildungskraft beschäftigte sich wochenlang mit ihm, ich hatte das Gefühl, als wären wir einander eine Beziehung schuldig, und ich hätte gern etwas Wirkliches von ihm gewußt.
>
> (SWVI, 812–3)

Sein Interesse geht dann "infolge gewisser Begebenheiten ganz auf Christine Brahe über." Das kann schwerlich etwas anderes als eine Anspielung auf den 15. Abschnitt sein, in der von einem kurzfristigen komplementären Verhältnis von Malte und seinem Vater die Rede war, obwohl zwischen ihnen gewöhnlicherweise "ein fast kühles Verhältnis" besteht. Auf der Suche nach dem Bildnis von Christine Brahe gerät Malte nun im Verlaufe des 34. Abschnitts in die Galerie von Urnekloster: "Und endlich merkte ich an der Tiefe, die mich anwehte, daß ich in die Galerie getreten sei" (SWVI, 813). Das Motiv der "Tiefe" macht diese Galerie zum "mythischen Raum," aber er trifft nicht auf Christine Brahe selbst, sondern auf den kleinen Erik. Die Szene mit Erik läßt sich kaum auf realistisch-psychologischer Ebene interpretieren, denn Eriks Benehmen scheint völlig unbegreiflich zu sein:

> Er sprang mir nach und hängte sich an meinen Arm und kicherte . . . Ich konnte es nicht hindern, daß er den Arm um meinen Hals legte . . . Ich wußte nicht, was ich redete. Er umarmte mich nun völlig und streckte sich dabei . . .

Ich stieß ihn unwillkürlich von mir weg, etwas knackte an ihm, mir war, als hätte ich ihn zerbrochen . . .

(SWVI, 816)

Wir haben keinen Grund zu glauben, daß Erik eine besondere Zuneigung zu Malte hat; der 15. Abschnitt scheint eher das Gegenteil zu bezeugen. Hier muß es sich um einen symbolischen Vorgang handeln, wobei sich Erik als komplementäre Hälfte der Persönlichkeit darbietet und Malte diese Gelegenheit nicht wahrnimmt. Das scheint durch den sonst nur schwer erklärbaren Inhalt von Eriks Äußerungen angedeutet zu sein:

"Ich hab ihr einen Spiegel gebracht," sagte er und kicherte wieder . . . "Ja, weil doch das Bild nicht da ist." . . . "Sie ist nicht drin," blies er mir ins Ohr . . . "Man ist entweder drin," diktierte er altklug und strenge, "dann ist man nicht hier; oder wenn man hier ist, kann man nicht drin sein."

(SWVI, 816)

Daß die Begegnung mit Erik aus keinem ersichtlichen Grunde Akzente eines geschlechtlichen Verhältnisses annimmt und daß Erik darauf zu bestehen scheint, daß man unmöglich zugleich im Spiegel und vor dem Spiegel sein kann, scheint nur in dem Sinne verständlich zu sein, daß das "gewöhnliche" Bewußtsein der Ergänzung durch eine ihm zunächst "fremd" erscheinende "Spiegelung" bedarf. Wenn Malte dann eine wohl abgeschwächte und verharmloste Formulierung dieser Möglichkeit versucht: "Wollen wir Freunde sein? schlug ich vor," so begeistert sich Erik keineswegs dafür:

"Mir ists gleich," sagte er keck.
Ich versuchte unsere Freundschaft zu beginnen, aber ich wagte nicht, ihn zu umarmen. "Lieber Erik," brachte ich nur heraus und rührte ihn irgendwo ein bißchen an. Ich war auf einmal sehr müde.

(SWVI, 817)

Malte ist offensichtlich nicht bereit, die weitesten Konsequenzen eines solchen Verhältnisses zu akzeptieren, und aus der "Freundschaft" wird nichts. Im folgenden Abschnitt ergeht er sich dann in etwas überschwenglichen Erinnerungen an Erik und sein Bildnis, die wiederum nur im Kontext einer verpaßten Gelegenheit, die Ich-Problematik ein für allemal zu lösen, glaubhaft werden:

Lieber, lieber Erik; vielleicht bist du doch mein einziger Freund gewesen. Denn ich habe nie einen gehabt. Es ist schade, daß du auf Freundschaft nichts gabst. Ich hätte dir manches erzählen mögen. Vielleicht hätten wir uns vertragen. Man kann nicht wissen.

(SWVI, 818)

Man darf nicht vergessen, daß Erik im 15. Abschnitt mit dem Großvater Brahe und daher mit der transzendent anmutenden "Kern-Wirklichkeit" verständigt zu sein schien. Dadurch eignet er sich dazu, zwischen Malte und diesem geheimnisvollen Bereich zu vermitteln, ja auf diese Wirklichkeit hin geradezu transparent zu werden — und daher die Nostalgie, mit der Malte auf die versäumte "Freundschaft" zurückblickt.

Die folgende Aufzeichnung über die Großmutter Brigge enthält einige weitere Beispiele komplementärer Beziehungen,[8] fügt aber zu unserem Verständnis dieses Begriffes nichts Neues hinzu. Der 37. Abschnitt stellt dann die Gestalt Abelones in den Vordergrund, und erst sie scheint die Mutter für Malte endgültig zu ersetzen: "Es war in dem Jahr nach Mamans Tode, daß ich Abelone zuerst bemerkte." (SWVI, 824). Im weiteren Verlauf des Abschnitts wird deutlich, daß Abelone als "Mamans jüngere Schwester" in geradezu wörtlichem Sinne die Nachfolge der Mutter antritt:

> Zunächst bestand unsere Beziehung darin, daß sie mir von Mamans Mädchenzeit erzählte. Sie hielt viel darauf, mich zu überzeugen, wie mutig und jung Maman gewesen wäre . . . "Sie war die Kühnste und unermüdlich, und dann heiratete sie auf einmal," sagte Abelone, immer noch erstaunt nach so vielen Jahren.
>
> (SWVI, 825)

Die zunächst etwas abstrakt gesehene Komplementarität — Abelone erzählt von der toten Mutter, so wie die Mutter einst von der toten Ingeborg erzählte — entwickelt sich zu einem regelrechten Liebesverhältnis:

> Ich lief in einen der Wege hinein und auf einen Goldregen zu. Und da war Abelone. Schöne, schöne Abelone.
> Ich wills nie vergessen, wie das war, wenn du mich anschautest. Wie du dein Schauen trugst, gleichsam wie etwas nicht Befestigtes es aufhaltend auf zurückgeneigtem Gesicht.
> Ach, ob das Klima sich gar nicht verändert hat? Ob es nicht milder geworden ist um Ulsgaard herum von all unserer Wärme? Ob einzelne Rosen nicht länger blühten jetzt im Park, bis in den Dezember hinein?
>
> (SWVI, 826)

Nach der geradezu konventionellen Überschwenglichkeit dieser Anrede dürfte man erwarten, daß diese einzige Liebeserfüllung in Maltes weiterem Leben doch eine entscheidende Rolle spielen sollte. Im Gegenteil jedoch wird bei vielen späteren Erwähnungen Abelones diese *Liebe* überhaupt nicht mehr erwähnt, und wir erfahren lediglich im 56. und 57. Abschnitt, daß die Gestalt Abelones in der

---

8 Z.B. das Verhältnis der Großmutter zur Komtesse Oxe oder das des Kammerherrn zu seiner Mutter: ". . . man konnte merken, wie er ihr in Gedanken seine eigene, ordentliche Luftröhre gleichsam anbot und ganz zur Verfügung stellte." (SWVI, 821).

Bettines "aufgegangen" ist.[9] Vorläufig weiß man also weder, was dieser Liebe als wirklich bestehender Gemeinsamkeit ein Ende bereitete, noch wie lange diese anscheinend ideale Komplementarität zweier Individuen gedauert hat. Von der Oberfläche der Aufzeichnungen weiß man lediglich, daß "ein Abschied notwendig" war (Abs. 22), aber diese Notwendigkeit wird hier nicht direkt begründet. Daß Malte eine so auffällige Lücke im Gewebe seiner Aufzeichnungen gelassen hätte, ist unwahrscheinlich, eben weil er auf bedeutsame Gestalten oder Ereignisse, wie die Mutter, den kleinen Erik oder die "Fieber" der Kindheit, mehrmals zurückkommt. Wenn wir nun aber den Abschluß des 37. Abschnitts im Sinne unserer früheren Schlußfolgerungen lesen, so bietet sich eine andere Erklärung:

> Ich will nichts erzählen von dir, Abelone. Nicht deshalb, weil wir einander täuschten: weil du Einen liebtest, auch damals, den du nie vergessen hast, Liebende, und ich: alle Frauen; sondern weil mit dem Sagen nur unrecht geschieht.

(SWVI, 826)

Hier wiederholt Malte die Einsicht, die sich ihm am Ende der Pariser Aufzeichnungen geradezu aufdrängte, nämlich daß mit der *direkten* Schilderung einer gesteigerten Wirklichkeit sehr wenig getan ist. Deshalb will er nicht im konventionellen Sinne von Abelone "erzählen," weil der Wirklichkeit ihres Verhältnisses auf diese direkte Weise eben nicht beizukommen ist. Stattdessen muß er sich eines *Vorwandes* bedienen, um Weiteres über seine Liebe zu Abelone mitzuteilen, und so läßt er im folgenden Abschnitt das Liebesthema fallen und beschäftigt sich mit einer ausführlichen Schilderung der Teppiche der Dame à la licorne, denn diese bieten sich als geeignete Transparenz, um das nunmehr Unsagbare andeutungsweise zum Ausdruck zu bringen.

Der Vorwand erscheint in erster Linie als eine Rückkehr zur Pariser Gegenwart. Das bedeutet eine Umkehrung der in den Abschnitten 27–32 herrschenden Verhältnisse, denn dort wurde die Vergangenheit zum Vorwand für die in der Gegenwart aktuelle Thematik. Wenn Malte jetzt ein Vergangenes auf indirekte Weise erfassen will, so bedient er sich der Vorstellung, daß er die Teppiche zusammen mit Abelone *in der Gegenwart* besichtigt:

> Es giebt Teppiche hier, Abelone, Wandteppiche. Ich bilde mir ein, du bist da, sechs Teppiche sinds, komm, laß uns langsam vorübergehen. Aber erst tritt zurück und sieh sie alle zugleich. Wie ruhig sie sind, nicht?

(SWVI, 826)

---

9 SWVI, 897.

Durch diese Sätze wird erstens nahegelegt, daß alles Folgende mit der Gestalt Abelones in gewissem Sinne verwandt ist und zweitens, daß es sich um einen imaginären Vorgang handelt, um eine in bezug auf Abelone errichtete Fiktion.[10]

Die Bilder selbst weisen eindeutig in die Richtung der besitzlosen Liebe hin. Alles scheint zunächst das am Ende der Beschreibung des vierten Bildes zitierte Motto "A mon seul désir" vorzubereiten, und unmittelbar danach entsteht "Befangenheit" unter den Bewohnern der Insel. Diese Dissonanz wird dann durch das letzte Bild ausgeglichen, in dem die Dame dem Einhorn sein Bild zeigt, sich also auf allegorischer Ebene gegen eine zwischenmenschliche Komplementarität entscheidet und sich an dem Symbol der Jungfräulichkeit festhält.[11] Die Wechselbeziehung von Einhorn und Spiegelbild scheint weiter zu bestätigen, daß auch in der Liebe keine wirkliche Gemeinsamkeit mehr möglich ist und daß die erwünschte Komplementarität lediglich in einer positiven Umwertung der schon herrschenden Gegenständlichkeit des Bewußtseins erreichbar wird.

Nach diesem Abschnitt endet der "erste Teil" der Aufzeichnungen, aber in dem Einschnitt erkennt man schwerlich die von W. Seifert wahrgenommene "innere Berechtigung, ja Notwendigkeit."[12] Wenn Rilke bereit war, die Wahl des Einschnitts seinem Verleger zu überlassen, so kann es sich bei dieser Zweiteilung des Buches wohl kaum um eine "innere Notwendigkeit" des Autors handeln.[13]

Darüber hinaus ist der Verfall alter Familien und ihrer Besitztümer im 39. Abschnitt höchstens eine Weiterführung schon bekannter Themen, keinesfalls eine Steigerung. Wenn Malte in diesem Abschnitt behauptet: "Familien können nicht mehr zu Gott," so ist das kaum mehr als eine Wiederholung der letzten der "großen Fragen" im 14. Abschnitt: "Ist es möglich, daß es Leute giebt, welche 'Gott' sagen und meinen, das wäre etwas Gemeinsames? " (SWVI, 728), und die Ausführungen über die Liebe der Frau als "Herrlichkeit" sind lediglich eine diskursive Verdeutlichung des in der Beschreibung der Wandteppiche intuitiv faßbaren Symbolgehalts.

Oben wurde darauf hingewiesen, daß die Darstellung der Dame à la licorne eine Rückkehr zum Erzählpräsens bedeutet, nicht aber zur Pariser Wirklichkeit, wie wir sie aus dem ersten Drittel des Werkes kennen. Die folgenden Abschnitte (39—40) haben die Funktion eines diskursiven Kommentars zu den Wandteppichen und entbehren daher der in den Teppichen selbst verwirklichten "Transparenz des Künstlerischen." Ja, es scheint fast als ob Malte den

---

10 So Walter Seifert, *Das epische Werk*, S. 261; C. Dédéyan, *Rilke et la France*, tôme IV, S. 323—328.

11 Vgl. *Das epische Werk*, S. 262—264.

12 Ebenda, S. 268.

13 Vgl. BV, 83, am Karfreitag 1910: "Bitte, lassen Sie mir in der zweiten Korrektur anzeichnen, wo der erste Band schließen soll; bestimmen Sie es womöglich selbst, oder, im Fall Zweifels, geben Sie mir zwei Stellen zur Wahl."

Kommunikationswert dieser Symbolik einschränken möchte, denn er spricht von
den jungen Mädchen, die die Bilder dieser Teppiche einfach kopieren, ohne ihre
"unendliche" Bedeutung im geringsten gewahr zu werden:

> Sie merken nicht, wie sie bei allem Zeichnen doch nichts tun, als das
> unabänderliche Leben in sich unterdrücken, das in diesen gewebten Bildern
> strahlend vor ihnen aufgeschlagen ist in seiner unendlichen Unsäglichkeit. Sie
> wollen es nicht glauben. Jetzt, da so vieles anders wird, wollen sie sich
> verändern.
>
> (SWVI, 832)

Wenn wir diesen Passus mit dem Abschluß des 38. Abschnitts vergleichen:
"Abelone, ich bilde mir ein, du bist da. Begreifst du, Abelone? Ich denke, du
mußt begreifen" (SWVI, 829), so gewinnen wir weiteren Aufschluß über die
Beschaffenheit dieser Symbolik. Obwohl die Bedeutung der Wandteppiche der
"inneren Wirklichkeit" dieser Mädchen entspricht, sind sie nicht imstande, diese
Relation einzusehen. Abelone dagegen, die in ihrem eigenen Leben den Übergang
von der "Befangenheit" in der konventionellen Liebe zur verklärten Selbstgenüg-
samkeit des "Festes" vollzogen hat, "muß begreifen," muß also durch das
Oberflächlich-Dekorative der Teppiche, das die jungen Mädchen geradezu als
Ersatzhandlung auf ihrem Zeichenblock nachzuahmen versuchen, das "Geständnis," das Wesentliche daran erkennen.

Mit diesem Kontrast scheint Malte ausdrücken zu wollen, daß eine solche
Transparenz, wie früher das Entstehen von "Versen," erst durch die produktive
Wechselwirkung von unmittelbarem Anlaß und vergangener Erfahrung, von
Oberfläche und Kern der Persönlichkeit möglich wird. Diese Mädchen dagegen
sind "dem unabänderlichen Leben in sich" in gleichem Maße entfremdet, wie
Malte selbst am Anfang seinem eigenen Inneren entfremdet ist, daher "merken
sie nicht," was sie über dem sinnlosen Zeichnen versäumen. Die Verhältnisse auf
der "Oberfläche des Lebens" haben sich daher in keinerlei Weise geändert, seit
Malte sie nicht mehr unmittelbar beschreibt. Diese Oberfläche ist zwar in
Bewegung geraten, aber daran wird immer noch weder eine Teleologie
ersichtlich, noch eine Minderung der herrschenden Fremdheit zwischen vorder-
gründigem Bewußtsein und innerer Wirklichkeit. Malte wendet sich dann wieder
an die Kindheit, und in den Abschnitten 41–43 zeichnet er die letzten seiner
ausführlichen Kindheitserinnerungen auf.

In chronologischer Hinsicht bedeutet der 41. Abschnitt eine Rückkehr zum
28., denn die Mutter, deren Tod im 33. Abschnitt beschrieben wurde, sitzt, wie
am Anfang dieser Reihe von Kindheitserinnerungen, wieder an Ingeborgs
Sekretär:

> Nun weiß ich auch, wie es war, wenn Maman die kleinen Spitzenstücke
> aufrollte. Sie hatte nämlich ein einziges von den Schubfächern in Ingeborgs
> Sekretär für sich in Gebrauch genommen.   (SWVI, 834)

Die einleitenden Worte legen nahe, daß diese Erinnerung Malte erst jetzt in ihrer vollen Bedeutung zugänglich geworden ist. In der Tat handelt es sich in diesem und im nächsten Abschnitt um zwei weitere Beispiele einer vollständigen Transparenz, die er zusammen mit seiner Mutter erlebt. Wenn sie die Spitzenstücke aufrollen, sehen sie zuerst nur die Muster, die ihnen die Sicht zu versperren scheinen:

> Dann war auf einmal eine ganze Reihe unserer Blicke vergittert mit venezianischer Nadelspitze, als ob wir Klöster wären oder Gefängnisse.
>
> (SWVI, 835)

Dieser Eindruck wird aber dann von dem einer zunehmenden Durchsichtigkeit abgelöst:

> Aber es wurde wieder frei, und man sah weit in Gärten hinein, die immer künstlicher wurden, bis es dicht und lau an den Augen war, wie in einem Treibhaus. (ebenda)

Schließlich erweitert sich das Erlebnis über das rein Visuelle hinaus, und sie betreten wortwörtlich die "Welt" dieser Spitzen:

> Plötzlich, ganz müde und wirr, trat man hinaus in die lange Bahn der Valenciennes, und es war Winter und früh am Tag und Reif. Und man drängte sich durch das verschneite Gebüsch der Binche und kam an Plätze, wo noch keiner gegangen war ... (ebenda).

Der nächste Abschnitt, der den Besuch bei Schulins und die "Erscheinung" des abgebrannten Hauses beschreibt, enthält auch das Moment der Undurchsichtigkeit als Vorstufe zum gespenstischen Ereignis:

> Zwischendurch fing es an, still weiterzuschneien, und nun wars, als würde auch noch das Letzte ausradiert und als führe man in ein weißes Blatt. Es gab nichts als das Geläut, und man konnte nicht sagen, wo es eigentlich war.
>
> (SWVI, 837)

Bei der Darstellung dieses "Unsichtbaren" wird aller Nachdruck auf das komplementäre Verhältnis zwischen Malte und seiner Mutter gelegt, wie früher die Erscheinung der Christine Brahe eine ähnliche Komplementarität von Malte und seinem Vater hervorrief.[14] "Wenn Maman und ich hier wohnten, so wäre es immer da," denkt Malte, und als das Ereignis dann Attribute des "Unerhörten" anzunehmen anfängt:

---

14 Siehe oben S. 107f. und vgl. unsere Interpretation der zweiten Fassung der *Weißen Fürstin* im 2. Kapitel.

Meine Angst steigerte sich. Mir war, als könnte das, was sie suchten, plötzlich aus mir ausbrechen wie ein Ausschlag; und dann würden sie es sehen und nach mir zeigen.

(SWVI, 842)

flüchtet er sich zur Mutter als einzige Möglichkeit, dieses Ungeheuere unter Kontrolle zu bringen:

Ganz verzweifelt sah ich nach Maman hinüber. Sie saß eigentümlich gerade da, mir kam vor, daß sie auf mich wartete. Kaum war ich bei ihr und fühlte, daß sie innen zitterte, so wußte ich, daß das Haus jetzt erst wieder verging . . . Aber wir ließen einander nicht los und ertrugen es zusammen; und wir blieben so, Maman und ich, bis das Haus wieder ganz vergangen war. (ebenda)

Bemerkenswert ist hier vor allem die Ambivalenz des komplementären Verhältnisses. Wie bei der Aufzeichnung über Ingeborg, scheint bei dem Erlebnis der Spitzen die Gegenwart der Mutter als Vorbedingung für die Verwirklichung der Transparenz nötig zu sein. In der Aufzeichnung über das abgebrannte Haus ist die Mutter vielmehr in ihrer "verstellten," beschwichtigenden Rolle wirksam, wie wir sie aus dem 22. Abschnitt schon kennen. In thematischer wie in struktureller Hinsicht enthalten diese Abschnitte kaum etwas Neues, und es fragt sich warum die Gestalt der Mutter hier zum letzten Male im Buch als lebendige Gestalt erscheint, wenn es sich hier um nichts Wichtigeres als eine Wiederholung schon mehrmals erschienener Strukturen handelt.

Wiederum scheint es angebracht, die Möglichkeit einer *indirekten* Darstellung ins Auge zu fassen. Daß Abelone die Rolle der Mutter nach ihrem Tode übernimmt und in gewissem Sinne als Emanation der Mutter betrachtet werden kann, ist schon mehrmals bestätigt worden; wir sahen ebenfalls, daß die weitere Geschichte der Liebe zwischen Malte und Abelone auf der Oberfläche der Erzählung "ausgespart" wird, um dann auf indirekte Weise dem Leser vermittelt zu werden. Nach der Theorie des Vorwandes müsste daher der Sinn dieser scheinbaren Wiederholungen darin liegen, daß die Mutter im 42. und 43. Abschnitt, wie die Dame à la licorne im 39. Abschnitt, als Vorwand für die Gestalt Abelones steht.

Erst in dieser Perspektive kommt der Ambivalenz des komplementären Verhältnisses eine klare Funktion im Zusammenhang dieser Abschnitte zu. Die Komplementarität zweier Menschen erreicht ihre höchste Bedeutung darin, daß sie, statt einander "die Sicht zu verstellen" (SWI, 714 – *Die 8. Elegie*), vielmehr das Negative der Gegenständlichkeit in das Positive der Transparenz umkehren und auf diese Weise den Einblick in eine höhere Wirklichkeit ermöglichen. In diesem Sinne und nicht etwa in dem einer konventionellen Liebeserfüllung ist wohl Maltes enigmatische Bemerkung im 37. Abschnitt zu verstehen:

Ich, der ich schon als Kind der Musik gegenüber so mißtrauisch war . . . ich ertrug diese Musik, auf der man aufrecht aufwärtssteigen konnte, höher und höher, bis man meinte, dies müßte ungefähr schon der Himmel sein seit einer Weile. Ich ahnte nicht, daß Abelone mir noch andere Himmel öffnen sollte.

(SWVI, 824)

Der gemeinsame Vorstoß in die imaginäre Wirklichkeit der Spitzen ("Die sind gewiß in den Himmel gekommen, die das gemacht haben" . . . "In den Himmel? Ich glaube, sie sind ganz und gar darin . . ." (SWVI, 836) darf also als Beispiel für die im Liebesverhältnis gegebenen Möglichkeiten der Erfüllung gelten. Tatsächlich erfahren wir später im 56. und 57. Abschnitt, daß die Gestalt Abelones zu einer Transparenz für das völlig idealisierte Bild der Bettine von Arnim wird (". . . so bleibt es unentschieden, ob ich an Bettine denke oder an Abelone.") (SWVI, 897) und so kommt der Gestalt der Mutter als Vorwand hier nicht nur eine verdeutlichende, sondern auch eine antizipierende Rolle zu.

Wir wissen aber auch schon, daß der Abschied von Abelone "notwendig" wurde, vermutlich wegen der in jeder menschlichen Gemeinsamkeit vorhandenen Einschränkung der Entelechie des Einzelnen. Es wurde ebenfalls schon hervorgehoben, daß Komplementarität als Trost, Beschwichtigung oder "Verstellung des Ungeheuerlichen," den Keim dieser Negativität schon in sich birgt. Die Episode des abgebrannten Hauses verschiebt also den Akzent vom Positiven auf die schon bekannte Thematik der menschlichen Gemeinsamkeit als Zuflucht vor dem, was es eigentlich auszuhalten gilt. Bot die Dame à la licorne eine Antwort auf die Frage, warum eine liebende Gemeinsamkeit für Abelone nicht mehr in Frage käme, so beantworten die Abschnitte 41–42 dieselbe Frage vom Standpunkt Maltes aus, indem die Gestalt der Mutter als stellvertretend für Abelone erscheint. Trotzdem Abelone ihm "noch andere Himmel" geöffnet haben mag, hält Malte doch daran fest, daß jede Möglichkeit des Fortschritts "nur um den Preis des Alleinseins" besteht, und so erfolgt die Nuancierung der Rolle der Mutter im Sinne des 22. und 23. Abschnitts. Auf die enge Verwandtschaft zwischen den Gestalten der "Heiligen" – vermutlich Abelone – und der Mutter in diesen Abschnitten ist schon mehrmals hingewiesen worden. Die Schilderung der "Geburtstage" im 43. Abschnitt geht dann weiter in dieser Richtung, indem sie die Entfremdung des Kindes von seiner Familie bei solchen Gelegenheiten ausführlich und eindeutig zum Ausdruck bringt:

. . . und man sah schon von weitem, daß es eine Freude für einen ganz anderen war, eine vollkommen fremde Freude; man wußte nicht einmal jemanden, dem sie gepaßt hätte: so fremd war sie.

(SWVI, 844)

Diese letzte detaillierte Kindheitserinnerung schließt nach unserer Interpretation das zweite Drittel des Romans ab. Die Thematik dieser Aufzeichnungen ist fast ausschließlich von den zwei Begriffen: Transparenz und Komplementarität bestimmt. Wir sahen, daß Malte sich seiner Kindheit bedient, um die Themen des ersten Drittels in dieser Verkleidung auftreten zu lassen. Die Vertauschbarkeit der weiblichen Gestalten ermöglicht eine indirekte Darstellung seiner Liebe zu Abelone, die zugleich das Positive daran würdigt und die Notwendigkeit des Abschieds vom Standpunkt beider Liebenden aus begründet. Wenn mit dem direkten "Sagen nur unrecht geschieht" (SWVI, 826), so gelingt es Malte durch den Gebrauch von *Vorwänden* im Rilkeschen Sinne, der existentiellen Bedeutung dieser Liebe für ihn gerecht zu werden. Das Moment der Wiederholung in diesem zweiten Teil des Werkes war nicht zu übersehen. Dazu ist zu bemerken, daß diese Wiederholungen nicht auf der Oberfläche der Aufzeichnungen sichtbar werden, sondern erst in der abstrahierenden Interpretation. Eben weil sie eher struktureller als stofflicher Art sind, beeinträchtigen sie keineswegs die ästhetische Wirkung des Werkes. Daß sie aber unbestreitbar in der Form von Parallelen und Spiegelungen vorhanden sind und durch die zahlreichen motivischen Verbindungsmomente unterstrichen werden, bestätigt uns in der Meinung, daß von einer bedeutsamen Entwicklung oder gar Steigerung der Thematik schwerlich die Rede sein kann. Vielmehr werden wir mit der Verlegung der Ich-Problematik von der Pariser Gegenwart in den Bereich der Kindheit konfrontiert. Dadurch erfolgt eine weitere Verarbeitung dieser Probleme, doch werden verbindliche Lösungen keineswegs erzielt. Vielmehr kehrt das Werk mit der erneuten Bestätigung der Notwendigkeit des Alleinseins und der resignierenden Abrechnung mit den in der Liebe gegebenen positiven Möglichkeiten zu den Positionen des ersten Drittels zurück. Zwar gelangt der Leser dabei zu einem volleren Verständnis der vielfältigen Determinanten von Maltes Lage, und Malte scheint auf eine direkte Lösung der Probleme endgültig verzichtet zu haben, aber für einen linearen oder dialektischen Fortschritt sind unserer Auffassung nach keine Beweise vorhanden. Die Ergebnisse unserer Untersuchung deuten eher auf eine kreisförmige Struktur hin.

Kapitel 6

DER ÜBERGANG ZUM UMKREIS DER "HISTORISCHEN" GESTALTEN

Die Erweiterung der Erzählperspektive im 44. Abschnitt

Zwischen dem Anfang des zweiten Drittels des Romans (Abs. 27–28) und dem 44. Abschnitt besteht eine deutliche Ähnlichkeit, indem das Erzählen selbst nochmals zum Thema wird und Malte zum zweiten Mal im Werk die Erzählung eines anderen an den Leser vermittelt. Erschien die Aufzeichnung über die tote Ingeborg ausdrücklich als Zitat (SWVI, 790–92), so macht Malte es am Anfang des 44. Abschnitts klar, daß er hier die Worte Abelones teils auf direkte teils auf indirekte Weise wiedergibt:

> Daß man erzählte, wirklich erzählte, das muß vor meiner Zeit gewesen sein. Ich habe nie jemanden erzählen hören. Damals, als Abelone mir von Mamans Jugend sprach, zeigte es sich, daß sie nicht erzählen könne. Der alte Graf soll es noch gekonnt haben. Ich will aufschreiben, was sie davon wußte.
>
> (SWVI, 844)

Somit werden wir vor einen offensichtlichen Widerspruch gestellt, denn die "mythische" Kunst des Erzählens, von der im weiteren Verlauf des 44. Abschnitts die Rede ist, besteht eben darin, Vergangenes auf so zwingende Weise zu vergegenwärtigen, daß die Zuhörer es *sehen* können:

> "Sie kann es nicht schreiben," sagte er scharf, "und andere werden es nicht lesen können. Und werden sie es überhaupt *sehen,* was ich da sage? " fuhr er böse fort und ließ Abelone nicht aus den Augen.
>
> (SWVI, 847)

> ". . . Du hast von Venedig gehört? Gut. Ich sage dir, die hätten Venedig hier hereingesehen in dieses Zimmer, daß es da gewesen wäre, wie der Tisch . . ."
>
> (SWVI, 848)

Wenn Malte nun behauptet, daß er nie "jemanden erzählen gehört" habe, so nimmt sich das äußerst merkwürdig neben der Stelle im 27. Abschnitt aus:

> Wie war sie? fragte ich dann. "Blond, ungefähr wie du," sagten sie und zählten allerhand auf, was sie sonst noch wußten; aber darüber wurde sie wieder ganz ungenau, und ich konnte mir nichts mehr vorstellen. *Sehen* eigentlich konnte ich sie nur, wenn Maman mir die Geschichte erzählte, die ich immer wieder verlangte.
>
> (SWVI, 786)

Es kann sich hier schwerlich um einen "Fehler" von seiten Rilkes handeln, denn solche Motive im früheren Kontext wie "das ganz verschlossene, aber überall durchscheinende Gesicht" unterstreichen deutlich die Tatsache, daß es sich bei dieser "Transparenz" um die Verwandlung von Unsichtbarem ins Sichtbare handelt. Im 44. Abschnitt dagegen wird diese Art des Erzählens noch weiter in die Vergangenheit zurückverlegt, und Malte behauptet jetzt, sie nur aus zweiter Hand durch Abelones keineswegs "mythische" Beschreibung zu kennen.

In früheren Teilen des Werkes wird vom Standpunkt der Pariser Gegenwart aus die Zeit der Kindheitsjahre als mythischer Raum gesehen, in dem nicht nur der "eigene Tod", sondern auch die komplementäre Gemeinsamkeit zweier Menschen und das Erzählen als Vergegenwärtigung von Unsichtbarem immer noch möglich waren. Diese Einstellung ist für den Anfang des zweiten Drittels immer noch gültig, und in diesem Sinne zitiert Malte die Erzählung seiner Mutter über die tote Ingeborg. Die anschließenden Abschnitte neigen aber dann dazu, den idealen Charakter der Kindheit dadurch zu relativieren, daß sie nunmehr als Spiegelung der Pariser Ereignisse erscheint (Abs. 29–32) und eben nicht als deren Gegenbild. Nur die Liebe zu Abelone scheint noch Elemente einer mythischen Idealität aufzuweisen, aber sogar die Bilder, zu denen Malte greift, um diese Qualität zu vermitteln (die Dame à la licorne oder das abgebrannte Haus), begründen gleichzeitig die Auflösung der Komplementarität der Liebenden. Es widerspricht keineswegs den Prinzipien dieser *mythischen* Handhabung der Vergangenheit, wenn Malte nun das Erzählen im Sinne von einer "magisch" anmutenden Vergegenwärtigung als etwas von ihm selbst nie Erlebtes bezeichnet und gleichsam zu einer weiteren distanzierenden Perspektivierung desselben Themas Zuflucht nimmt.[1] Denn was Malte von seinem Gespräch mit Abelone aufschreibt, enthält tatsächlich eine Erzählung des Grafen Brahe über den Marquis de Belmare, und diese Anekdote hat wiederum das Erzählen zum Thema.

Aus diesem Grunde sehen wir den Anfang des letzten Drittels des Werkes im 44. und nicht, wie Ernst Hoffmann, im 49. Abschnitt. Der Einschnitt läßt sich folgendermaßen begründen: je mehr sich Malte mit der eigenen Kindheit beschäftigt, desto deutlicher werden die Parallelen zur Pariser Gegenwart; auch wenn die evozierten Gestalten sich als Vorwände für andere Figuren verwenden lassen, so ergibt sich daraus noch keine Lösung der Probleme, sondern die dadurch gewonnenen Einsichten führen letztlich zur Bestätigung der Determinanten der Ausgangssituation. Dementsprechend erfolgt nun die Abkehr von den Kindheitserinnerungen als Stoff, und Malte wendet sich hauptsächlich Gestalten zu, die weder in Paris noch in der Kindheit beheimatet sind, obwohl "Rückfälle" in die früheren Stoffkreise immer noch möglich bleiben und eine klar umrissene Funktion haben. Wie schon mehrmals gesagt wurde, handelt es sich bei dieser

---

[1] Vgl. Ernst Zinn, *Rainer Maria Rilke und die Antike*, S. 230, der die Ungeschichtlichkeit der historischen Reminiszenzen in *Malte* als "verbindlich" für den Leser akzeptiert.

Aufteilung des Werkes nur um die Feststellung von Haupttendenzen und nicht um absolut gültige Abgrenzungen. Gäbe es solche im Roman, so hätte die Frage nach seiner Struktur schwerlich so verschiedenartige Antworten gezeigt.[2]

Bemerkenswert ist vor allem an dem 44. Abschnitt die Verschachtelung der Erzählperspektiven. War bei der Aufzeichnung über Ingeborg von höchstens drei Schichten des Erzählens die Rede: Malte als Schreibendem — der Erzählung der Mutter — dem Ereignis selbst, so kommen im 44. Abschnitt noch mindestens zwei weitere hinzu: Malte "schreibt auf," was er von Abelone gehört hat; Abelone berichtet von der Zeit, als sie noch "ein ganz junges Mädchen" war; im Rahmen dieses Berichtes wird sie ihrem Vater bei dem Aufzeichnen seiner Memoiren behilflich, wobei er von seiner eigenen Kindheit erzählt; der Graf selber wird von Zweifeln über die "mythische" Wirkung seiner Memoiren geplagt: "Und werden sie es überhaupt *sehen,* was ich da sage?" So stellt er als Kontrastfolie die Gestalt des legendären Scharlatans auf, der die in ihrer Idealität und zeitlicher Entfernung nunmehr unantastbare Art des Erzählens verkörpert:

... Ich sage dir, die [seine Augen] hätten Venedig hier hereingesehen in dieses Zimmer, daß es da gewesen wäre, wie der Tisch. Ich saß in der Ecke einmal und hörte, wie er meinem Vater von Persien erzählte, manchmal mein ich noch, mir riechen die Hände davon.

(SWVI, 848)

Der Marquis de Belmare bildet den Kern dieses Abschnitts, und nachdem *er* dann in eine fingiert historische Perspektive gestellt wird, kehrt die Aufzeichnung unter ausdrücklicher Betonung der dazwischenliegenden Erzählschichten zur vordergründigen Situation zurück.[3] In Anbetracht solcher Perspektivierungen sollte man allen Versuchen, *Malte Laurids Brigge* eine einheitliche "Geschichts-philosophie" zu unterstellen, äußerst skeptisch gegenüberstehen,[4] denn der Vergleich dieser Aufzeichnung mit dem Thema des Erzählens bei der Ingeborg-Episode ergibt ein Musterbeispiel dafür, daß die scheinbare Geschichtlichkeit solcher Gestalten wie der des Marquis de Belmare oder Karl VI. von Frankreich in großem Maße auf die Bedürfnisse der Erzählsituation zugeschnitten wird. Weder Malte noch Rilke selbst haben sich je in einem anderen Sinne zu diesem Problem geäußert. Am Anfang des 62. Abschnitts, gerade nach der Evozierung der Dunkelheit und Verzweiflung des späten Mittelalters, lesen wir:

---

[2] Vgl. oben S. 17f.

[3] Nachdem Abelone den Marquis de Belmare "gesehen" hat und die "Stigmata" der Julie Reventlow zu fühlen bekommt, löst sich die "mythische" Erzählsituation förmlich auf und die Aufzeichnung kehrt zur "prosaischen" Schicht zurück, die durch Maltes Erinnerung an Abelone vertreten wird (SWVI, 851).

[4] Walter Seifert, der diesen Standpunkt vertritt, wirft Malte sogar an einer Stelle vor, er habe "die geschichtsphilosophische Legitimation überschritten" (*Das epische Werk,* S. 300), als ob solche Kriterien für das Werk ohneweiteres gültig wären.

Da sitze ich in der kalten Nacht und schreibe und weiß das alles. Ich weiß es vielleicht, weil mir jener Mann begegnet ist, damals als ich klein war. Er war sehr groß, ich glaube sogar, daß er auffallen mußte durch seine Größe.

(SWVI, 915)

Am 10. November 1925 schreibt Rilke an Hulewicz:

Im "Malte" kann nicht davon die Rede sein, die vielfältigen Evokationen zu präzisieren und zu verselbständigen. Der Leser kommuniziere nicht mit ihrer geschichtlichen oder imaginären Realität, sondern durch sie mit Maltes Erlebnis . . .

(BM, 318–9)

Wenn der Leser eben *durch* diese Gestalten mit Maltes eigenem Erlebnis "kommunizieren" soll, so sehen wir dadurch unsere Theorie der "Transparenz" oder der indirekten Darstellung auf höchst prägnante Weise bestätigt. Da nun in diesem Punkt überhaupt keine Diskrepanz zwischen der Beschaffenheit der "mythischen" Perspektive im Werke selbst und dem deutlich in dieser Richtung weisenden Kommentar des Autors besteht, so sieht man schwerlich ein, warum man ausgerechnet in diesem Werk eine echt historische Dialektik hat erkennen wollen.[5] Die zunehmende Konzentration auf "historische" Gestalten, die unverkennbar eine Haupttendenz des letzten Drittels darstellt, schließt weitere Hinweise auf die persönliche Vergangenheit oder die Pariser Gegenwart keineswegs aus, denn diese Stoffbereiche bleiben eben durch die Ungelöstheit der ihnen zugehörigen Problematik aktuell.

Die "Reminiszenzen von Maltes Belesenheit" und Gestalten wie Felix Arvers oder Eleonora Duse stehen in keinem notwendigen Zusammenhang mit der Kindheit oder den Pariser Erlebnissen. Trotzdem macht Malte sie ausdrücklich zu Analogien oder Gegenbildern von dem, was ihn bedrängt, und so entsteht eine weitere Art der Transparenz, die in der Darstellung Karls VI. ihren Gipfel erreicht.

Der 44. Abschnitt muß daher, wie andere Beispiele der Verwendung von "Vorwänden," im Sinne der verdoppelten Metaphorik gelesen werden: die Struktur der Erzählperspektiven wird von dem Inhalt der Aufzeichnung selbst wiederholt. Zunächst finden wir unter den Motiven des Anfangs die Vorstellung einer mehrschichtigen Wirklichkeit:

Der Ausdruck In-den-Schlaf-fallen paßt nicht für dieses Mädchenjahr. Schlaf war etwas, was mit einem stieg, und von Zeit zu Zeit hatte man die Augen offen und lag auf einer neuen Oberfläche, die noch lange nicht die oberste war.

(SWVI, 844)

5 Ebenda, S. 299ff.

Dieses Motiv dürfte als vorausdeutende Parallele zum weiteren Ausbau der Erzählperspektive interpretiert werden, denn das Verhüllen des "Kernes" hinter immer weiteren Kulissen der Perspektivierung ist — in freilich umgekehrter Metaphorik — der Entdeckung von immer neuen Schichten der Oberfläche nicht unähnlich. Noch dazu spricht Abelone von einer "neuen Dunkelheit, mit der alles wieder anfing," was unserer Vorstellung der nuancierten Kreisförmigkeit der Werkstruktur entspricht, und dabei wird die Mischung von Kontinuität und Distanz in diesem "neuen Anfang" betont:

> Das hatte nichts Störendes; denn einmal war man durchaus nicht eilig, und dann kam es doch so, daß man manchmal aufsehen mußte und nachdenken, wenn man an einem Brief schrieb oder in das Tagebuch, das früher einmal mit ganz anderer Schrift, ängstlich und schön, begonnen war.
>
> (SWVI, 845)

Der rein assoziative Zusammenhang dieser Motive besagt selbstverständlich nichts Endgültiges, aber es läßt sich ohne Übertreibung sagen, daß der *Eindruck* eines neuen Anfangs, der zwar den Übergang zu einer "neuen Oberfläche," nicht aber einen absoluten Unterschied vom Vergangenen einschließt, dem aufmerksamen Leser dadurch vermittelt wird. Wenn wir dann zum Zentrum dieser Aufzeichnung gelangen, so stellt es sich heraus, daß die absichtliche Tarnung der "Wahrheit" durch eine bewußt erzielte "Oberflächlichkeit" zur eigentümlichsten Handlung des Marquis de Belmare wird.

Nachdem der Status des Marquis als "mythischer Erzähler" bestätigt worden ist (SWVI, 848), wird sein Glaube an den Vorrang der Innenwelt ausdrücklich hervorgehoben:

> "Aber es gab natürlich genug, die ihm übelnahmen, daß er an die Vergangenheit nur glaubte, wenn sie *in* ihm war. Das konnten sie nicht begreifen, daß der Kram nur Sinn hat, wenn man damit geboren wird."
>
> "Die Bücher sind leer," schrie der Graf mit einer wütenden Gebärde nach den Wänden hin, "das Blut, darauf kommt es an, da muß man drin lesen können . . ."
>
> (SWVI, 848)

Wie auch in den ersten Abschnitten des Werkes, taucht wiederum das Problem der Verfügbarkeit oder Unzugänglichkeit der gesteigerten inneren Realität auf. Als mythische Figur steht der Marquis zunächst als Beispiel für die harmonische Wechselwirkung von Oberfläche und Kern. Dann aber — und vergessen wir nicht, daß der "historische" Graf von Saint-Germain oder Marquis de Belmare im Jahre 1784 starb[6] — wird im Rahmen seines Lebens aus "historischen" Gründen die

---

6 Vgl. SWVI, 1603.

Trennung von Oberfläche und Kern vollzogen, die die Pariser Gegenwart und somit die Struktur der Aufzeichnung selbst kennzeichnet:

> Er hätte gut mit einer Wahrheit leben können, dieser Mensch, wenn er allein gewesen wäre ... "Adieu Madame," sagte er ihr wahrheitsgemäß, "auf ein anderes Mal. Vielleicht ist man in tausend Jahren etwas kräftiger und ungestörter. Ihre Schönheit ist ja doch erst im Werden, Madame," sagte er ...
>
> (SWVI, 849)

Saint-Germain trennt sich von seiner "inneren Wahrheit," weil die "historisch bedingte" Trivialisierung der Oberfläche des Lebens und die Flucht aller Wesenhaftigkeit in den Kern des Daseins anscheinend schon im Gange sind. Daß dieser Prozeß jetzt in das späte 18. Jahrhundert verlegt wird, – während in früheren Abschnitten sogar Maltes eigene Mutter imstande war, in der nunmehr einer viel entfernteren Epoche zugeordneten Weise zu "erzählen" – zeigt in welchem Maße die Mythisierung der Vergangenheit nach den Bedürfnissen der jeweiligen Erzählsituation über die Ansätze zu einer "Geschichtstheorie" vorherrschend geworden ist. Denn die ideale Wechselbeziehung von Oberfläche und Kern, auf der das mythische Erzählen basiert, wird in diesem Kontext bereits zur Zeit des Marquis de Belmare problematisch. Bezeichnenderweise nimmt der Mythos dieses "historischen" Verfalls genau dieselbe Struktur an, die wir an Maltes eigener Persönlichkeit beobachtet haben: die Unzugänglichkeit des Kernes bewirkt eine Vervielfältigung und zugleich eine Verfälschung der Oberfläche:

> Damit ging er fort und legte draußen [sic] für die Leute seinen Tierpark an, eine Art Jardin d'Acclimatation für die größeren Arten von Lügen, die man bei uns noch nie gesehen hatte, und ein Palmenhaus von Übertreibungen und eine kleine, gepflegte Figuerie falscher Geheimnisse ...
>
> (SWVI, 849)

Dabei ist der Humor nicht zu übersehen, mit dem Rilke die analoge Bedeutung dieser Metaphorik dem Leser signalisiert:

> "Eine oberflächliche Existenz: wie? Im Grunde wars doch eine Ritterlichkeit gegen seine Dame, und er hat sich ziemlich dabei konserviert."
>
> (SWVI, 849)

Dem Grafen von Saint-Germain gelingt gerade die Operation, die immer außer Maltes Reichweite bleibt. Nicht nur hat er die ideale Wechselwirkung von Oberfläche und Kern erlebt, sondern er ist auch imstande, wenn die "Zeit" diese Synthese zu etwas schwer Aushaltbarem macht, sich endgültig und erfolgreich für eine entsprechend "oberflächliche Existenz" zu entscheiden. Kein Wunder, daß er "sich dabei ziemlich konserviert," denn er geht dadurch allen quälenden Spannungen und Ungewißheiten, die Maltes *mittlerer* Lage zwischen diesen gegensätzlichen Möglichkeiten zueigen sind, auf höchst elegante Art aus dem Wege. Etwas von seiner Gabe, Vergangenes zu vergegenwärtigen, scheint dann trotzdem auf den Grafen Brahe übergegangen zu sein (SWVI, 850), aber daß Maltes Mutter sie auch hätte besitzen können, wie doch im 27. Abschnitt als feste Tatsache behauptet wurde, müßte vom weiteren Verlauf des 44. Abschnitts in Frage gestellt werden.

Angesichts dieser scheinbaren Inkonsequenz liegt die einzig mögliche Bedeutung des Widerspruchs wohl darin, daß Malte von nun an die erwünschte, ideale Transparenz nicht mehr in der Verarbeitung der Kindheit anstreben wird, sondern vielmehr in der Darstellung von Gestalten wie der des Marquis de Belmare. Ihnen wird jetzt die gleiche Idealität zugesprochen wie vormals der Kindheit, und so hat es seine Folgerichtigkeit, daß die Gestalt Abelones sich als Transparenz für den Großvater Brahe erweist und daß dieser wiederum, vielleicht weil er immer noch dem Bereich von Maltes Kindheit zugehört, zum *Vorwand* für die Darstellung des Marquis de Belmare wird. Schon die Austauschbarkeit der Eigennamen bei dieser Gestalt deutet aber auf seinen ambivalenten Charakter hin, und man soll keinesfalls darauf schließen, daß diese Gestalt eine "letzte Wirklichkeit" darstellt, denn hinter solchen "historischen" Gestalten wird immer eine weitere Bedeutung als Analogie oder Kontrast zu Maltes eigener Lage angedeutet. Es ist übrigens interessant, daß in dieser Aufzeichnung von der Möglichkeit des "chronologischen Erzählens" niemals die Rede gewesen ist.[7]

Von dem Tod des Vaters bis zum "kleinen grünen Buch"

Die Abschnitte 45—48 lassen sich dann als eine weitere Exemplifikation der im 44. Abschnitt herausgearbeiteten Prinzipien verstehen. Nochmals, wie bei der Wiedergabe von Abelones Erinnerungen, fängt Malte bei einem Ereignis aus seiner persönlichen Vergangenheit an. Der Tod des Vaters führt dann unmittelbar zur frei *zitierten* Anekdote über die Sterbestunde Christians IV., und im nächsten Abschnitt schließt sich an weitere persönliche Erinnerungen die Reflexion über die Todesfurcht als Erkenntnismittel an. Der 48. Abschnitt bringt dann noch zwei Anekdoten, die ebenfalls "historische" Gestalten betreffen und als Beispiele für Maltes soeben gewonnene Einsicht in den Tod und die Todesfurcht angeboten werden. Es handelt sich also wiederum um einen Vorgang, in dem eine persönliche Erinnerung den Zugang zu einem mythischen Ereignis eröffnet, dieses dann durch die Wechselwirkung mit weiteren Geschehnissen aus Maltes Leben ihn in die Lage setzt, allgemeinere Schlüsse über die Problematik der eigenen Situation — insbesondere der Selbstentfremdung —

---

7 Von Ernst Hoffmann dagegen am Ende seines *Malte*-Artikels als große Leistung der Geschichte des verlorenen Sohnes hervorgehoben. (*Zum dichterischen Verfahren*, S. 230.)

zu ziehen und diese Schlußfolgerungen dann anhand anderer quasi-mythischer Gestalten zu bekräftigen. Das Positive daran kommt am Anfang des 48. Abschnitts klar zum Ausdruck:

> Ich begreife übrigens jetzt gut, daß man ganz innen in der Brieftasche die Beschreibung einer Sterbestunde bei sich trägt durch all die Jahre. Es müßte nicht einmal eine besonders gesuchte sein; sie haben alle etwas fast Seltenes.
>
> (SWVI, 862)

Dieses "Begreifen" umfaßt nicht nur ein besseres Verständnis des Todes seines Vaters, sondern betrifft auch den Abschluß des vorhergehenden Abschnitts, der für Maltes Begegnungen mit dem "Äußersten" oder dem "Unerhörten" durchaus relevant ist:

> Aber seitdem habe ich mich fürchten gelernt mit der wirklichen Furcht, die nur zunimmt, wenn die Kraft zunimmt, die sie erzeugt. Wir haben keine Vorstellung von dieser Kraft, außer in unserer Furcht. Denn so ganz unbegreiflich ist sie, so völlig gegen uns, daß unser Gehirn sich zersetzt an der Stelle, wo wir uns anstrengen, sie zu denken.
>
> (SWVI, 861)

Diese Sätze lesen sich tatsächlich wie ein nachträglicher Kommentar zur hilflosen Verwirrung, die andere Abschnitte markiert. Die paradoxe Mischung von Hoffnung und Grauen, mit der Malte der "Zeit der anderen Auslegung" im 18. Abschnitt entgegensieht, wird hier in begrifflicher Hinsicht geklärt und begründet. Denn Malte behauptet jetzt, daß keine reine oder unmittelbare Vorstellung einer solchen "Kraft" möglich sei und daß die Furcht als "Vorwand" die Funktion habe, zwischen diesem unvorstellbaren Gegenstand und dem menschlichen Bewußtsein zu vermitteln. Nicht nur ist die Furcht die nächstliegende Reaktion auf alle Erscheinungen des "Äußersten," sondern sie bildet zugleich das einzige Medium, in dem man weiteren Aufschluß über die Beschaffenheit des dem normalen Bewußtsein Unzugänglichen gewinnen kann. Dabei bleibt die Bewußtseinshaltung eine vollkommen dualistische: der Erkenntnisprozeß geht gleichzeitig mit der gegensätzlichen emotionellen Reaktion vor sich; der Dualismus scheint doch hier weniger als sonst eine Zwickmühle für Malte zu sein und nimmt eher positive Akzente an.[8]

Ein weiterer und keineswegs unbedeutender Ertrag dieses Erkenntnisprozesses ist in den folgenden Sätzen festzustellen:

---

[8] In einer solchen Komplementarität der Gegensätze, nämlich im Verständnis von Maltes metaphorischem "Untergang" als Transparenz positiver Inhalte, erkennen wir die von Rilke vorgeschlagene Möglichkeit, das Werk "gegen den Strom zu lesen." Vgl. dazu unten S. 260.

Und dennoch, seit einer Weile glaube ich, daß es *unsere* Kraft ist, alle unsere Kraft, die noch zu stark ist für uns. Es ist wahr, wir kennen sie nicht, aber ist es nicht gerade unser Eigenstes, wovon wir am wenigsten wissen? Manchmal denke ich mir, wie der Himmel entstanden ist und der Tod: dadurch, daß wir unser Kostbarstes von uns fortgerückt haben . . . Nun sind Zeiten darüber vergangen, und wir haben uns an Geringeres gewöhnt. Wir erkennen unser Eigentum nicht mehr und entsetzen uns vor seiner äußersten Großheit. Kann das nicht sein?

(SWVI, 862)

Was schon mehrmals im Werke auf bildhaft-indirekte Weise suggeriert wurde, nämlich daß die Kräfte, die sich unter der Oberfläche der äußeren Wirklichkeit regen, mit denen des "Inneren, von dem ich nicht wußte," identisch sind und daß das Thema des "geschichtlichen Verfalls" mit dem der Selbstentfremdung aufs engste verknüpft ist, wird in diesen Reflexionen ausdrücklich bestätigt. Hier gewinnt Malte eine überraschende Einsicht in die Beschaffenheit seiner "Welt," indem er objektive Ereignisse (wie den Tod) oder gesellschaftlich bedingte Phänomene (wie die Vorstellung vom "Himmel") als entfremdete Abwandlungen "unseres Eigensten" bezeichnen kann. Nicht daß er alles Erfahrbare als "bloß Subjektives" abtun will, denn der Anspruch auf eine eventuelle, objektive Gültigkeit solcher Vorgänge wird niemals aufgegeben; vielmehr steuert er hier einen mittleren Kurs zwischen absolutem Gültigkeitsanspruch und dem Eingeständnis einer rein subjektiven Position. Es kann kaum zufällig sein, daß diese Haltung in allem dem Gesamteindruck der *Aufzeichnungen* entspricht. Wie wir bereits im 3. Kapitel gesehen haben, unterscheidet Malte einerseits zwischen seiner besonderen Auffassung der Dinge und der der "Anderen" oder der "Leute" überhaupt, andererseits aber kann er nicht umhin, seine Erlebnisse für wirklich Geschehenes und seine Ansichten für allgemeingültig zu halten. Hier, in der Theorie der Entfremdung von "unserem Eigensten," ist er nahe daran, die eigentümliche Mischung von Subjektivem und Objektivem, die das Werk als Ganzes charakterisiert, auf begrifflicher Ebene zu untermauern und zu rechtfertigen.

Genau wie im 44. Abschnitt die Reflexionen über den Marquis de Belmare zur weiteren Bestätigung der Notwendigkeit der indirekten Darstellung beitragen und diese Gestalt selbst erst durch die Transparenz von Abelones Erinnerung an den Grafen Brahe sichtbar wird, so ergeben sich auch hier die wichtigsten Erkenntnisse erst aus der produktiven Wechselwirkung von drei verschiedenen Modifikationen des Todesthemas: der Tod des Vaters, das Sterben des dänischen Königs im Jahre 1648 und Maltes eigene Erfahrung in Neapel und Paris. Erst diese mehrschichtige Darstellungsweise, scheint es, erlaubt etwas von derselben Genauigkeit und intellektuellen Treffsicherheit, die angeblich sonst nur in einer Sterbestunde erreicht wird, und darin liegt schließlich der Sinn des 48. Ab-

schnitts, in dem das Bewußtsein der Sterbenden — Felix Arvers und des heiligen
Jean de Dieu — im Zeichen der absoluten Wahrheitsliebe steht. Was diesen
Gestalten durch ihren bevorstehenden Tod auf einmal klar wird: die Ungenauigkeit und Wesenlosigkeit der alltäglichen Realität, oder wie Rilke in einem
anderen Zusammenhang sagte:

> . . . Sieh, die Sterbenden,
> sollten sie nicht vermuten, wie voll Vorwand
> das alles ist, was wir hier leisten. Alles
> ist nicht es selbst . . .

(SWI, 699)

scheint eben auch durch den erweiterten Gebrauch von Vorwänden erreichbar zu
sein. Indem gegenwärtige Probleme durch die zweifache Transparenz der
persönlichen Vergangenheit und der geschichtlichen Anekdote betrachtet werden, ergibt sich ein gedankliches Resultat, das zur retrospektiven Klärung der
Pariser Erlebnisse ein Wesentliches beisteuert. Der Fortgang dieses Prozesses läßt
sich dann durch alle vier Abschnitte (45—48) verfolgen.

Zunächst deutet Malte den Tod seines Vaters in seinem nächstliegenden
Sinne. Der Herzstich ist Ausdruck des Verlangens nach "Sicherheit" (SWVI,
853), und das ganze Ereignis unterstreicht nur Maltes eigene Isolation:

> Aber nun war der Jägermeister tot, und nicht er allein. Nun war das Herz
> durchbohrt, unser Herz, das Herz unseres Geschlechts. Nun war es vorbei. Das
> war also das Helmzerbrechen: "Heute Brigge und nimmermehr," sagte etwas
> in mir.
>
> An mein Herz dachte ich nicht. Und als es mir später einfiel, wußte ich zum
> erstenmal ganz gewiß, daß es hierfür nicht in Betracht kam. Es war ein
> einzelnes Herz. Es war schon dabei, von Anfang anzufangen.

(SWVI, 855)

Auf die mögliche Bedeutung des schweren Leidens des Kammerherrn läßt er sich
vorläufig überhaupt nicht ein, sondern beschäftigt sich vielmehr anhand der
Evokation der "veränderten Stadt" (SWVI, 856) mit seiner Entfremdung von der
noch nicht "geleisteten" Kindheit. Die zitierte Abschrift, die sein Vater in der
Tasche trug, verschafft ihm ebenfalls keinen unmittelbaren Zugang zur verborgenen Bedeutung des Todes. Es fällt ihm lediglich ein, daß "mein Vater viel
gelitten hatte zuletzt" (SWVI, 858). Darauf folgen seine Überlegungen über die
Todesfurcht, wobei er sich wiederum zunächst konkret-anschaulicher Beispiele
bedient. Der Wendepunkt und somit die Summierung des ganzen Erkenntnisprozesses stellt sich erst dann ein, als er gezwungen wird, die eigene Einsamkeit als
etwas Unerträgliches zuzugeben: "Diese Einsamkeit, die ich über mich gebracht
hatte und zu deren Größe mein Herz in keinem Verhältnis mehr stand." (SWVI,
861) Denn die Einsamkeit stellt einerseits für ihn ein "Eigenstes" dar, eine

Grundbedingung seines ganzen Daseinsentwurfs und nach dem 22. Abschnitt die einzige Möglichkeit eines "neuen Lebens voll neuer Bedeutungen." Andererseits entlarvt sich die Einsamkeit hier als totale Entfremdung und somit als äußerste Gefahr.[9] Ausgerechnet diese *Ambivalenz* jedoch gibt ihm den Schlüssel zum positiven Verständnis des Todes, der Furcht und des Leidens und läßt die in den vorangehenden Abschnitten nur ungenau vorgeformten Einsichten eine eindeutige Formulierung annehmen. Jetzt "begreift" er den ganzen Zusammenhang und erinnert sich an noch weitere Beispiele einer Koinzidenz vom Tode als äußerster Erfahrung und vom hartnäckigen Festhalten an Wahrheit und Genauigkeit. Die Verwendung "historischer Gestalten" als Analogien der eigenen Bewußtseinsinhalte erscheint dabei in einem umfassenderen Zusammenhang, als es im ersten Drittel bei den Aufzeichnungen über Beethoven oder Ibsen der Fall war. Denn dort wurde die mittlere Erzählschicht der persönlichen Vergangenheit, die hier als integraler Bestandteil des Erkenntnisprozesses auftritt, kaum oder überhaupt nicht ausgebaut.[10] Die Pseudo-Geschichtlichkeit solcher Figuren zeigt sich auch darin, daß Malte hier überhaupt nicht zwischen der Handlung des Felix Arvers (1806–1850) und des Jean de Dieu (1495–1550) differenziert. Es kommt offensichtlich auf die unmittelbare Relevanz des Inhaltes dieser Anekdoten an und nicht etwa auf die philosophische Gültigkeit der historischen Perspektivierung.

Gleichsam als Untermauerung dieses Standpunkts bieten die Abschnitte 49–55 eine Konstellation von vier Gestalten, von denen zwei Maltes eigenem Erfahrungsbereich entstammen, während die Geschichten der zwei anderen im "kleinen grünen Buch" enthalten sind. Die zwei Nachbarn, Nikolaj Kusmitsch und der kranke Student, stehen zeitlich in beträchtlicher Nähe zum Erzählpräsens, während Grischa Otrepjew 1606 ermordet wurde und Karl der Kühne im 15. Jahrhundert lebte. Wie wir sehen werden, tritt bei diesen Gestalten erneut das Moment der Wiederholung schon ausgearbeiteter Themen in Erscheinung, das anhand der Kindheitserinnerungen im vorigen Kapitel aufgezeigt wurde.[11] Nikolaj Kusmitsch, in dem wir eine ironisch-indirekte Behandlung der Subjektivität des vereinzelten Individuums zu erkennen meinen, und der Medizinstudent, der unter den scheinbar trivialen Störungen der Wirklichkeitsoberfläche

---

9 SWVI, 861: "Ich bildete mir ein, dort draußen könnte noch etwas sein, was zu mir gehörte, auch jetzt, auch in dieser plötzlichen Armut des Sterbens. Aber kaum hatte ich hingesehen, so wünschte ich, das Fenster wäre verrammelt gewesen, zu, wie die Wand. Denn nun wußte ich, ... daß auch draußen nichts als meine Einsamkeit war. Die Einsamkeit, die ich über mich gebracht hatte ..."

10 In der Beethoven-Aufzeichnung berichtet Malte, er habe die Maske Beethovens bei einem Mouleur gesehen; in bezug auf Ibsen teilt er lediglich mit, er habe ihn erst dann wirklich zu lesen begonnen, "da sie [deine Worte] mir ausbrachen und mich anfielen in meiner Wüste, die Verzweifelten." (SWVI, 783).

11 Siehe oben S. 161.

leidet, bringen auf der Ebene der interpretierenden Abstraktion kaum neues Material hinzu. Grischa Otrepjew und Karl der Kühne dürfen ebenfalls als Projektionen des Persönlichkeitsmodells betrachtet werden, denn der falsche Zar ist so sehr "Oberfläche" geworden, daß ihm überhaupt jede bestimmte Identität fehlt und er lediglich als Maske existiert, während Karl der Kühne dagegen an dem Übermaß seiner inneren Wirklichkeit, seines "Blutes" zugrundegeht. Nochmals muß betont werden, daß das Wiederholungsmoment den unmittelbaren Eindruck der Aufzeichnungen keineswegs beeinträchtigt. Der Stoff oder "Kunst-Vorwand" dieser Aufzeichnungen ist völlig neu und übt eine eigene Faszination aus. Die Wirkung der Wiederholungen besteht hauptsächlich darin, die Thematik der Ausgangssituation auf indirekte Weise für den Leser wieder lebendig zu machen, indem assoziative Verbindungen zum schon Gelesenen hergestellt werden, und somit die "Fortschritte" Maltes zu relativieren und einzuschränken.

Wir sahen am Anfang des zweiten Drittels von *Malte Laurids Brigge,* daß die Transparenz Mutter–Ingeborg die Aussicht auf neue Möglichkeiten der Erkenntnis und daher auch der Wirklichkeitsbewältigung freizugeben scheint. Die Abschnitte 29–32 führten dann eine beträchtliche Einschränkung dieser Möglichkeiten herbei, indem sie unter Verwendung von Kindheitserinnerungen als Vorwänden die negativsten Strukturen der Pariser Erlebnisse in aller Ausführlichkeit imitierten. Die abschließenden Aufzeichnungen des zweiten Drittels (42–43) hatten dann ebenfalls die Funktion, durch keineswegs versteckte Anspielungen auf Themen wie etwa das "Unerhörte," die Diskrepanz zwischen Maltes Wirklichkeitsauffassung und der der "Anderen," die Gestalt der Mutter als Zuflucht, das Unruhigwerden der Wirklichkeitsoberfläche und schließlich die Selbstentfremdung auch im Bereich der Kindheit, den Mangel an verbindlicher Lösungen sichtbar zu machen. Denn diese Anklänge an die Pariser Wirklichkeit wurden eben nicht durch den neuen Kontext verharmlost oder umgewertet; sie bleiben vielmehr von der ursprünglichen Negativität der Ausgangssituation bestimmt.[12] Wenn nun eine ähnliche Konfiguration am Anfang des letzten Drittels von *Malte Laurids Brigge* sichtbar wird, so ergibt sich wohl für den unbefangenen Leser eine Mischung aus Interesse an der Neuigkeit des Stoffes und dem durchaus berechtigten Gefühl, dem wesentlichen Gehalt dieser Aufzeichnungen schon einigemale begegnet zu sein. Das wird klar, wenn wir die vier Gestalten einzeln betrachten.

Maltes Verhältnis zu Nikolaj Kusmitsch unterscheidet sich deutlich von seiner Haltung gegenüber solchen Gestalten wie dem Veitstänzer oder dem Sterbenden in der Crémerie. Lag bei diesen aller Nachdruck auf der unmittelbaren

---

12   So etwa bei der Episode des "abgebrannten Hauses:" "Mir war, als könnte das, was sie suchten, plötzlich aus mir ausbrechen wie ein Ausschlag; und dann würden sie es sehen und nach mir zeigen. Ganz verzweifelt sah ich nach Maman hinüber . . ." (SW VI, 842).

Begegnung, wobei diese Figuren sogleich die Funktion der jeweils entfremdeten Bewußtseinshälfte übernahmen, so besteht Malte am Anfang des 49. Abschnittes darauf, daß die Beziehung zwischen ihm und seinen Nachbarn eben keine direkte gewesen ist:

> Ich könnte einfach die Geschichte meiner Nachbarn schreiben; das wäre ein Lebenswerk. Es wäre freilich mehr die Geschichte der Krankheitserscheinungen, die sie in mir erzeugt haben; aber das teilen sie mit allen derartigen Wesen, daß sie nur in den Störungen nachzuweisen sind, die sie in gewissen Geweben hervorrufen.

(SWVI, 864)

Hierin wird ein Echo seiner Reflexion über die Todesfurcht vernehmbar, denn das Wesen dieser Nachbarn wird ihm nur durch das Negative der in ihm erzeugten "Krankheiterscheinungen" zugänglich, sowie das Unfaßliche des Todes oder des "Himmels" nur in der Negativität der Furcht und dann sogar in äußerst begrenztem Ausmaß erfahrbar wird. Diese assoziative Verbindung soll dennoch nicht allzu wörtlich genommen werden. Es gilt keinesfalls, Kusmitsch oder den Studenten als "Boten des Unerhörten" erscheinen zu lassen, denn die Funktion von Maltes distanzierten Bemerkungen erschöpft sich darin, diese naheliegenden Parallelen zu Maltes eigener Situation mit der dem letzten Teil des Werkes angemessenen Indirektheit zu färben. Auf ähnliche Weise geht Maltes Interesse im 51. Abschnitt von dem Studenten selbst, den er angeblich "fast schon vergessen hat," auf dessen leeres Zimmer über, und die *Vorstellung* dieses Zimmers scheint einen ebenso großen Zwang auf ihn auszuüben wie die konkreten Ereignisse im vorhergehenden Abschnitt selbst. Damit wird eine erhebliche Abschwächung des Erfahrungscharakters dieser Aufzeichnungen erzielt, denn sie bewegen sich allzu deutlich im Bereich des Mutmaßlichen oder gar des Fiktiven, als daß man sie mit unmittelbaren Begegnungen verwechseln könnte. Bezeichnenderweise wird Malte die Geschichte des Nikolaj Kusmitsch von einer dritten Person erzählt, die keine andere Funktion in diesem Zusammenhang erfüllt, als die Erzählperspektive um eine Kulisse mehr zu erweitern. Dieser Vorgang läßt sich ohne weiteres als eine Variante des Modells: *Abelone – Graf Brahe – Marquis de Belmare* im 44. Abschnitt verstehen.

Die Geschichte des Nikolaj Kusmitsch fängt damit an, daß der kleine Beamte die Metaphorik der geläufigen Redeweise "Zeit ist Geld" zum Gegenstand der Reflexion macht und auf seinen Wahrheitsgehalt hin prüft. Er kommt dazu, mit seiner "Zeit" wie mit einem Geldvermögen umzugehen, und stellt sich eine "Zeitbank" vor, wo er seinen unerwarteten Reichtum in Sicherheit bringen könnte. Die ausgelassene und beinahe humorvolle Darstellungsweise dieser Aufzeichnung läßt keinen Zweifel daran, daß Ironisches hier mit im Spiel ist. Die Ironie liegt vor allem darin, daß Nikolaj Kusmitsch trotz aller Absurdität eine

ähnliche Entwicklung durchmacht wie Malte selbst. Kusmitsch hat eine
alltägliche Binsenwahrheit wörtlich genommen und daraus die letzten Konsequenzen gezogen. Dabei unterzieht er einen Aspekt der herkömmlichen
Denkweise, nämlich die wohl allzu unbefangene Gleichsetzung von Abstraktem
und Konkretem, einer zwar absurden, aber dennoch folgenschweren Prüfung.
Das Resultat davon ist eine ausgesprochen skeptische Haltung gegenüber allen
solchen Abstraktionen und insbesondere der Tatsache, daß man in bezug auf die
Zeit den Abstraktionen, mit denen man sie berechnet (den "Zahlen"), eine allzu
konkrete Wirklichkeit beimißt:

> Ich habe mich mit den Zahlen eingelassen, redete er sich zu. Nun, ich verstehe
> nichts von Zahlen. Aber es ist klar, daß man ihnen keine zu große Bedeutung
> einräumen darf; sie sind doch sozusagen nur eine Einrichtung von Staats
> wegen, um der Ordnung willen. Niemand hatte doch je anderswo als auf dem
> Papier eine gesehen ... Und dann war da diese kleine Verwechslung
> vorgefallen, aus purer Zerstreutheit: Zeit und Geld, als ob sich das nicht
> auseinanderhalten ließe ... Nun sollte es anders werden.
>
> (SWVI, 868)

Nikolaj Kusmitsch befindet sich in nahezu derselben Lage wie Malte selbst, als er
im 14. Abschnitt die "großen Fragen" entwirft. Er ist dahintergekommen, daß
die herkömmliche, allgemeingültige Auffassung dieses überaus wichtigen
Phänomens nicht nur "oberflächlich," sondern vollkommen falsch ist. So wie
sich Malte über die Irrtümer wundert, die die Menschen seit Jahrhunderten für
Wahrheiten halten, so fragt sich Kusmitsch:

> Die Zeit, ja, das war eine peinliche Sache. Aber betraf es etwa ihn allein, ging
> sie nicht auch den andern so, wie er es herausgefunden hatte, in Sekunden,
> auch wenn sie es nicht wußten?
>
> Nikolaj Kusmitsch war nicht ganz frei von Schadenfreude: Mag sie immer-
> hin —, wollte er eben denken, aber da geschah etwas Eigentümliches.
>
> (SWVI, 868)

Genau wie Malte den "Leuten" gegenüber eine gewisse Arroganz an den Tag
legt,[13] so wird auch bei dem kleinen Beamten eine leichte Schadenfreude über
die Beschränktheit der anderen bemerkbar. Dann aber "geschieht" etwas, und
die ironische Nuancierung dieses immer wieder in Verbindung mit dem
apokalyptischen Thema vorkommenden Verbums darf nicht übersehen werden.
Da er nun hinter die Oberfläche der Erscheinungen vorgedrungen ist, wird
Kusmitsch plötzlich mit dem *Wesen* der Zeit[14] konfrontiert:

---

13   Besonders in den "großen Fragen" (SWVI, 726ff.); auch in der Aufzeichnung über
den vogelfütternden Alten: "Dem sind nun, wie immer, die Leute im Wege." (SWVI, 781).
14   Vgl. dazu die Interpretation Seiferts, *Das epische Werk*, S. 275.

Es wehte plötzlich an seinem Gesicht, es zog ihm an den Ohren vorbei, er fühlte es an den Händen. Er riß die Augen auf. Das Fenster war fest verschlossen. Und wie er da so mit weiten Augen im dunklen Zimmer saß, da begann er zu verstehen, daß das, was er nun verspürte, die wirkliche Zeit sei, die vorüberzog.

(SWVI, 868)

Wie Malte bei solchen Offenbarungen des Kernes die Fassung verliert, von Furcht ergriffen wird, Übelkeit verspürt und sich seiner sonst vertrauten Umgebung entfremdet sieht,[15] so treten ähnliche Symptome bei Nikolaj Kusmitsch in Erscheinung:

Auch unter seinen Füßen war etwas wie eine Bewegung, nicht nur eine, mehrere, merkwürdig durcheinanderschwankende Bewegungen. Er erstarrte vor Entsetzen: konnte das die Erde sein? Gewiß, das war die Erde. Sie bewegte sich ja doch ... Er taumelte im Zimmer umher wie auf Deck und mußte sich rechts und links halten ... Nein, er konnte alle diese Bewegungen nicht vertragen. Er fühlte sich elend. Liegen und ruhig halten, hatte er einmal irgendwo gelesen. Und seither lag Nikolaj Kusmitsch.

(SWVI, 869)

Das geistige Abenteuer nimmt ein etwas klägliches Ende. Kusmitsch befindet sich in einem Niemandsland zwischen falscher, wenn auch stabiler Oberfläche und unfaßlicher Kernrealität. Er ist nicht imstande, sich den Bewegungen dieser neuen Wirklichkeit anzupassen, daher verbringt er den Rest seines Lebens im Bett und findet ausgerechnet in der Literatur die einzig mögliche Erleichterung seiner Lage:

Wenn man so ein Gedicht langsam hersagte, mit gleichmäßiger Betonung der Endreime, dann war gewissermaßen etwas Stabiles da, worauf man sehen konnte, innerlich versteht sich.

(SWVI, 870)

Es ist kaum nötig, an unsere frühere Darstellung des Aufzeichnens als Autotherapie oder an die anderen Motive zu erinnern, die sich um dieses Thema gruppieren,[16] denn die Parallele liegt auf der Hand.

Was man in der Sekundärliteratur vermißt, ist jeglicher Hinweis auf das Ironische oder Humoristische dieser Episode.[17]

---

15 Vgl. SWVI, 730: "Ich erinnere mich, daß dieser vernichtende Zustand mir fast Übelkeit verursachte, eine Art Seekrankheit [sic!], die ich nur dadurch überwand, daß ich mit dem Fuß das Knie meines Vaters berührte ..." Maltes Reaktionen im 18. und 19. Abschnitt (SWVI, 752 und 765) sind ähnlicher Art.

16 Siehe oben S. 121f.

17 Marlene Jäger, *Malte Laurids Brigge*, S. 162ff.

Wenn man sich einen Augenblick die Situation des Nikolaj Kusmitsch am Ende der Anekdote vergegenwärtigt, so ist das Absurde daran doch nicht zu übersehen. Kusmitsch steht aus dem Bette überhaupt nicht mehr auf, weil er bei jedem Versuch, aufrecht zu gehen, von einer Art metaphysischer Seekrankheit befallen wird. Als einziges Gegenmittel steht ihm das Wiederholen von Gedichten zur Verfügung, denn "er hatte sich immer ganz besonders für Literatur interessiert." (SWVI, 870). Obwohl für Kusmitsch diese Lage eine eigene Logik an sich hat, ist sie nicht nur für den Leser sondern auch für Malte selbst absurd. Die "Bewegung der Erde" oder das "Wesen der Zeit" bereiten Malte selbst keine solchen Schwierigkeiten und seine Begegnungen mit dem "Unerhörten," so entsetzlich sie auch sein mögen, zeitigen keine so ausgefallenen Konsequenzen. Darüber hinaus müssen doch die ganze kindliche Naivität von Kusmitschs Überlegungen und die scherzhafte Weise, in der sogar die "Ichspaltung" beschrieben wird, bei jeder adäquaten Deutung dieser Aufzeichnung schwer ins Gewicht fallen:

> "Nikolaj Kusmitsch," sagte er wohlwollend und stellte sich vor, daß er außerdem noch, ohne Pelz, dünn und dürftig auf dem Roßhaarsofa säße, "ich hoffe, Nikolaj Kusmitsch," sagte er, "Sie werden sich nichts auf Ihren Reichtum einbilden. Bedenken Sie immer, daß das nicht die Hauptsache ist, es gibt arme Leute, die durchaus respektabel sind; es gibt sogar verarmte Edelleute und Generalstöchter, die auf der Straße herumgehen und etwas verkaufen." Und der Wohltäter führte noch allerlei in der ganzen Stadt bekannte Beispiele an.
>
> (SWVI, 866)

Denn die *ironische* Parallele zu Maltes eigener Situation ergibt sich eben aus dieser Mischung von Absurdität und Relevanz. Wie man Maltes Leben in Paris und seinen Niederschlag im Tagebuch als geistiges Abenteuer bezeichnen kann, so erscheint uns die Geschichte des kleinen Beamten, die so stark an die Manier Gogols erinnert, geradezu als die parodistische Verzerrung eines solchen Abenteuers. Daraus erklärt sich die Wirkung dieser Geschichte auf Malte: "Ich erinnere mich dieser Geschichte so genau, weil sie mich ungemein beruhigte." (SWVI, 870). Wäre die Geschichte des Kusmitsch völlig ernst zu nehmen, so leuchtet nicht ein, in welchem Sinne sie beruhigend wirken könnte. Kusmitsch wäre dann eher ein Memento mori, das Beispiel eines Menschen, der seinen eigenen Einsichten nicht gewachsen ist und daran scheitert, denn das "Leben" des kleinen Beamten wird ja durch seine Entdeckung unmöglich gemacht. Malte aber findet die Geschichte "ungemein beruhigend," nicht nur weil er seine Verwandtschaft mit Kusmitsch erkennt (". . . der sicher auch mich bewundert hätte." SWVI, 870), sondern weil das Moment des Absurden eine zeitweilige Erleichterung seiner Bewußtseinslage herbeiführt. Es ginge zu weit zu behaupten, daß Malte hier im herkömmlichen Sinne eine ironische Distanz zu seiner

Situation gewinnt, denn die Wirkung dieser Geschichte ist bei weitem nicht so eindeutig. Eher haben wir es mit einer weiteren Nuancierung der Frage der Subjektivität seines Erlebens zu tun, wobei die sich vorübergehend zeigende Möglichkeit einer humoristischen Trivialisierung von Maltes eigenem Standpunkt ihn einen Augenblick lang von dem sonst bedrückenden Ernst seiner Situation abzulenken vermag – daher die "ungemeine Beruhigung."[18] Ein endgültiger Fortschritt wäre jedoch diese Episode kaum zu nennen, denn, wie wir öfters gesehen haben, hängt die Möglichkeit des Fortschrittes von der Hypothese ab, daß sich Malte eben nicht auf einem Holzwege befindet. Indem die Geschichte des Nikolaj Kusmitsch jedoch ein solches Denouement flüchtig in Aussicht stellt, trägt sie auch wohl in gewissem Maße dazu bei, die Gültigkeit von Maltes bisherigen "Entdeckungen" zu relativieren.

Daß man mit dieser Möglichkeit rechnen muß, geht daraus hervor, daß Malte bereits am Anfang des nächsten Abschnitts bestrebt ist, den Wirkungskreis dieser "Erleichterung" einzuschränken:

Ich nahm mir nach dieser Erfahrung vor, in ähnlichen Fällen immer gleich auf die Tatsachen loszugehen. Ich merkte, wie einfach und erleichternd sie waren, den Vermutungen gegenüber. Als ob ich nicht gewußt hätte, daß alle unsere Einsichten nachträglich sind, Abschlüsse, nichts weiter. Gleich dahinter fängt eine neue Seite an mit etwas ganz anderem, ohne Übertrag. Was halfen mir jetzt im gegenwärtigen Falle die paar Tatsachen, die sich spielend feststellen ließen. Ich will sie gleich aufzählen ...

(SWVI, 870)

Die Rückkehr zur Pariser Gegenwart ist wohl der sicherste Weg, zur "Wirklichkeit" in ihrem vollen Ernst zurückzukehren – die Kusmitsch-Episode findet in Petersburg statt – aber sofort stößt Malte auf Schwierigkeiten. Diese liegen nicht etwa in seiner Unfähigkeit, das Schreckliche an Paris auszuhalten, sondern vielmehr in der Art und Weise, wie im Falle des Medizinstudenten seine *Deutung* der Ereignisse die "paar Tatsachen, die sich spielend feststellen ließen," einfach übertönt. Den "Tatsachen" nach liegt der Grund der Störung im nächsten Zimmer darin, daß "das, was diesen Lärm auslöste, jene kleine, langsame, lautlose Bewegung war, mit der sein Augenlid sich eigenmächtig über sein rechtes Auge senkte und schloß, während er las." (SWVI, 873). Malte betont ausdrücklich: "Dies war das Wesentliche an seiner Geschichte, eine Kleinigkeit" (ebenda).

Von der Perspektive des ganzen Werkes aus gesehen stellt dieses Ereignis nichts Befremdliches dar: es geht ja nur um die Koinzidenz der Störungen der

---

18 Vgl. dagegen Walter Seifert, *Das epische Werk*, S. 227, der den Ausgang vollkommen ernst nimmt.

Persönlichkeitsoberfläche, des Körpers, mit einer entsprechenden Störung der Oberfläche der äußeren Wirklichkeit, nämlich das Fallen des blechernen Gegenstands und das "Stampfen." Solche Manifestationen wie das "Große" oder die "Ängste der Kindheit" waren weitaus schrecklicher. Was Malte Schrecken einflößt, ist der Inhalt seiner eigenen Vermutungen, die über die Gestalt des Studenten selbst ziemlich weit hinausgehen. So betont er, wie auch am Anfang des 18. Abschnitts im ersten Drittel des Werkes, den subjektiven Anteil an diesem "Erlebnis":

> Man kann sich mit Leichtigkeit ein beliebiges Zimmer vorstellen, und oft stimmt es dann ungefähr. Nur das Zimmer, das man neben sich hat, ist immer ganz anders, als man sich denkt.
>
> Ich sage mir, daß es dieser Umstand ist, der mich reizt. Aber ich weiß ganz gut, daß es ein gewisser blecherner Gegenstand ist, der auf mich wartet. Ich habe angenommen, daß es sich wirklich um einen Büchsendeckel handelt, obwohl ich mich natürlich irren kann. Das beunruhigt mich nicht. Es entspricht nun einmal meiner Anlage, die Sache auf einen Büchsendeckel zu schieben.

(SWVI, 876)

Die darauffolgenden Überlegungen, die nach vielfältigen Assoziationen im Bild des heiligen Antonius gipfeln (SWVI, 878–9), basieren alle auf dieser niemals bestätigten Vermutung, und blickt man dann auf den 50. Abschnitt zurück, so erkennt man, daß das geradezu obligatorische Erscheinen der Mutter des Medizinstudenten, die alles Störende zu beschwichtigen scheint, eigentlich eine ziemlich gewagte Interpretation Maltes ist. In diesem Sinne läßt sich die zunächst äußerst merkwürdig anmutende Behauptung Maltes verstehen, er habe seinen Nachbar "fast schon vergessen" (SWVI, 875). Denn die Figur des Studenten gerät nun in dem Sinne in Vergessenheit, daß das Interesse an ihr von den immer weitergreifenden Vermutungen über das leere Zimmer verdrängt wird. Die Motive "Blechbüchse" und "Deckel" werden dabei ausdrücklich als Symbole der "idealen" Komplementarität der zwei Bewußtseinshälften verwendet,[19] und so erkennt man, in welchem Maße diese Evokation von der Struktur der Persönlichkeit des Schreibenden beeinflußt wird:

> Es ist ja auch etwas geradezu Ideales, geduldig und sanft eingedreht auf der kleinen Gegenwulst gleichmäßig aufzuruhen und die eingreifende Kante in sich zu fühlen . . .

(SWVI, 877)

Wo aber einer ist, der sich zusammennimmt, ein Einsamer etwa, der so recht rund auf sich beruhen wollte Tag und Nacht, da fordert er geradezu den

19   Vgl. dazu Armand Nivelle, *Sens et structure*, S. 26f.

Widerspruch, den Hohn, den Haß der entarteten Geräte heraus, die, in ihrem argen Gewissen, nicht mehr vertragen können, daß etwas sich zusammenhält und nach seinem Sinne strebt . . .

(SWVI, 878)

Diese Positivierung der Gegenständlichkeit des Bewußtseins ist mit der Funktion der Mutter im 23. Abschnitt oder des "Lesens" im 16. durchaus vergleichbar — nur erfordert sie in diesem Kontext eine Willensstärke, die auch dem legendären "Heiligen" nicht zur Verfügung steht:

Und der Heilige krümmt sich und zieht sich zusammen; aber in seinen Augen war noch ein Blick, der dies für möglich hielt: er hat hingesehen. Und schon schlagen sich seine Sinne nieder aus der hellen Lösung seiner Seele. Schon entblättert sein Gebet und steht ihm aus dem Mund wie ein eingegangener Strauch. Sein Herz ist umgefallen und ausgeflossen ins Trübe hinein.

(SWVI, 879)

Wichtig für unsere Untersuchung ist die deutliche Tendenz, sich von den unmittelbar gegebenen Tatsachen loszulösen und das keineswegs ungewöhnliche Ereignis eines fallenden Büchsendeckels in die Perspektive der Breughelschen oder Boschschen Malerei zu stellen. Der Heilige wird dadurch zum *Vorwand* für Maltes "eigentliches" Anliegen, nämlich die Darstellung der Gefahren, denen der "Einsame" als solcher ausgesetzt wird, wobei diese Evokation freilich nichts Neues zur Ausarbeitung des Themas in den Abschnitten 24—26 hinzufügt. Wenn wir die Reihenfolge: "Tatsachen — Vermutungen — Reflexionen — Vergleich mit legendärer Gestalt — weitere Reflexionen" gleichsam als Skelett der Aufzeichnungen 50—54 betrachten, so ergibt sich ein sehr ähnliches Schema, wie bei dem Thema des "Erzählens" im 44. Abschnitt sichtbar wurde, denn dort handelte es sich um die Reihenfolge: "Erinnerung an Abelone — Abelones Erzählung — eingelegte Reminiszenzen des Grafen Brahe — Erklärung des Verhaltens des Marquis de Belmare." In beiden Fällen zeichnet sich eine deutliche Richtung ab, die von der persönlichen Unmittelbarkeit wegführt und durch verschiedene Mediationen in der Darstellung einer mythischen Figur gipfelt, die dann wiederum zu weiteren Reflexionen Anlaß gibt.

Die Frage der jeweiligen Perspektive, in der ein Bild, ein Motiv oder eine Aussage erscheint, ist von der *Malte*-Literatur im allgemeinen vernachlässigt worden.[20] Es ist jedoch wesentlich, daß Malte in den meisten Fällen den Leser ausdrücklich darauf aufmerksam macht, wenn er eine Geschichte aus zweiter oder gar dritter Hand erzählt oder sich in Phantasiekonstruktionen ergeht. Denn wenn Gestalten wie Kusmitsch oder der Medizinstudent auf thematischer Ebene im Dienste der weiteren Variation schon bekannter Themen auftreten, so

---

20   Hieraus erklärt sich wohl ein Teil der einander widersprechenden Meinungen in der *Malte*-Kritik über das ideologische Hauptanliegen des Werkes.

erfüllen sie in struktureller Hinsicht dieselbe Funktion wie Abelone, Graf Brahe und de Belmare im 44. Abschnitt, nämlich die typische Konstellation von Persönlichem, Mythischem und Abstraktem in diesem letzten Teil der Aufzeichnungen zur Geltung zu bringen.

Grischa Otrepjew und Karl der Kühne

Der Auftakt zu den Geschichten aus dem "kleinen grünen Buch" folgt ebenfalls dem Muster des 44. Abschnitts. Zunächst kommt eine Aussage, die auf die Dimension der Erzählgegenwart aufmerksam macht: "Diese Nacht ist mir das kleine grüne Buch wieder eingefallen, das ich als Knabe einmal besessen haben muß" (SWVI, 880) und die in markanter Weise der Differenzierung von Gegenwart und Vergangenheit am Anfang des 44. Abschnitts entspricht: "Daß man erzählte, wirklich erzählte, das muß vor meiner Zeit gewesen sein." (SWVI, 844). Danach stößt man in beiden Kontexten auf die Schicht der persönlichen Erinnerungen, durch die ein gewisser Abstand von der Gegenwart erzielt wird. Das kleine grüne Buch könnte "von Mathilde Brahe stammen," obgleich dies wiederum "Einbildung" sein mochte, und wir kennen diese Figur schon in ihrer Rolle als Transparenz für Maltes Mutter: es besteht keine physische Ähnlichkeit zwischen ihr und der Mutter, aber in ihrem Gesicht erkennt Malte nach langem Beobachten "alle Einzelheiten . . ., die die Züge meiner Mutter bestimmten" (SWVI, 732). Mit der Erwähnung der Mathilde Brahe entstehen weitere assoziative Verbindungen, wie sie in *Malte Laurids Brigge* ja so zahlreich sind. Der Leser wird an das Verhältnis zwischen Mathilde und der Mutter im 15. Abschnitt erinnert, an die Ähnlichkeit der Gesichtszüge, die doch wiederum keine ist,[21] an die Tatsache, daß Mathilde auch in jenem Abschnitt die "beruhigende" Rolle der Mutter übernimmt (SWVI, 739), und somit werden Elemente jener Struktur, die wir als Vorwand oder Transparenz bezeichnet haben, im Bewußtsein des Lesers aktiv. Andere Motive, die in die Schicht der persönlichen Erinnerungen verwoben sind, bekräftigen den Eindruck des "Geheimnisvollen" oder "Schicksalhaften" (SWVI, 881), genau wie im 44. Abschnitt der Diener Sten, der Swedenborg liest und mit Geistern verkehrt, wesentlich zu der Atmosphäre beiträgt, die die Anekdote über den Marquis de Belmare vorbereitet. Wenn man dann endlich zu den "historischen" Gestalten selbst kommt, hat in beiden Fällen die Perspektivierung der Erzählung einen Rahmen geschaffen, der das Faktische der jeweiligen Situation schon im voraus

---

21   SWVI, 732: ". . . daß in dem Gesicht des Fräuleins Brahe wirklich alle Einzelheiten vorhanden waren, die die Züge meiner Mutter bestimmten, — sie waren nur, als ob ein fremdes Gesicht sich dazwischen geschoben hätte, auseinandergedrängt, verbogen und nicht mehr in Verbindung miteinander." (SWVI, 732).

weitgehend tilgt und somit der zitierten Geschichte etwas von der Aura des Mythischen verleiht.

Man könnte Grischa Otrepjew, den falschen Zaren, mit den Worten des Grafen Brahe "eine oberflächliche Existenz" nennen, denn Anfang und Ende seiner Geschichte werden vom Motiv der Maske begleitet:

> ... und dalag drei Tage, zerfetzt und zerstochen und eine Maske vor dem Gesicht.
>
> (SWVI, 882)

> Und daß er im Tode doch noch die Maske trug, drei Tage lang, auf die er fast schon verzichtet hatte.
>
> (SWVI, 884)

Dieses Motiv steht nun in anderen Zusammenhängen für das Autonom-werden der Oberfläche durch die Loslösung vom Kern, und genau das Fehlen jeder Beziehung zu einem Kern der eigenen Identität ermöglicht es dem falschen Zaren, seine angenommene Rolle zu "leben":

> Er mag sich sehr sicher gefühlt haben, da er sie [die Zarenmutter] nach Moskau kommen ließ; ich bin sogar überzeugt, daß er zu jener Zeit so stark an sich glaubte, daß er in der Tat seine Mutter zu berufen meinte.
>
> (SWVI, 882)

Aber seine "Unsicherheit" fängt paradoxerweise damit an, daß er in dieser Rolle bestätigt wird, "daß sie ihn anerkannte" (SWVI, 882). Die Logik dieser Darstellung ist äußerst nuanciert und vielleicht auch nicht völlig zu rechtfertigen, denn die Anerkennung der Zarenmutter flößt ihm nur Ungewißheit ein, während das Volk, "das sich ihn erwünschte, ohne sich einen vorzustellen, ihn nur noch freier und unbegrenzter in seinen Möglichkeiten machte." (SWVI, 882) Wir gewinnen weiteren Aufschluß über diesen scheinbar widersprüchlichen Sachverhalt, wenn wir Parallelstellen aus früheren Aufzeichnungen berücksichtigen.

Von den undurchsichtigen Milchglasfenstern der Krankenwagen im 6. Abschnitt schreibt Malte:

> Es ist zu bemerken, daß diese verteufelten kleinen Wagen ungemein anregende Milchglasfenster haben, hinter denen man sich die herrlichsten Agonien vorstellen kann... Hat man noch mehr Einbildungskraft und schlägt sie nach anderen Richtungen hin, so sind die Vermutungen geradezu unbegrenzt.
>
> (SWVI, 713)

Von der Perspektive der späteren Teile des Werkes aus sind wir jetzt in der Lage, in diesen enigmatischen Bemerkungen das Problem der Transparenz zu erkennen. Die Undurchsichtigkeit der Fenster lädt gewissermaßen zu Mutmaßungen ein. Die "Phantasie einer Concierge" reicht nun aus, um diese Undurchsichtigkeit

auf Vorstellungen von "Agonien" hin transparent werden zu lassen — das ist ja
doch das Nächstliegende. Auf ähnliche Weise bedeutet der Tod des Vaters
zunächst nur, daß für Malte von nun an alle Familienzugehörigkeit ausgeschlossen ist (Abs. 45). Es wird aber in bezug auf die Milchglasfenster auf die
weitere Möglichkeit hingewiesen, daß man durch die bewußte Abkehr von der
nächstliegenden Transparenz dieses Phänomens, zu "geradezu unbegrenzten
Vermutungen" gelangen könnte, vielleicht zu solchen, wie Malte im 47. Abschnitt aufstellt, als er gleichsam als verzögerte Reaktion auf den Tod des Vaters
der Todesfurcht eine positive Funktion als Erkenntnismittel einräumt. Die
Vermutungen über die Todesfurcht werden in dem Sinne "unbegrenzt," daß sie
eine Annäherung des Bewußtseins an das prinzipiell Unfaßliche gestatten.

Der Prolog zur Geschichte des Nikolaj Kusmitsch im 49. Abschnitt tritt an
dieses Thema von der entgegengesetzten Richtung aus heran:

> Und trotz der Musik meines linken Nachbars, war es dieser mit seinen
> Gedichten, der sich in meinem Kopf einpuppte, und Gott weiß, was da
> ausgekrochen wäre, wenn nicht der Student, der ihn zuweilen besuchte, sich
> eines Tages in der Tür geirrt hätte. Er erzählte mir die Geschichte seines
> Bekannten, und es ergab sich, daß sie gewissermaßen beruhigend war.
> Jedenfalls war es eine wörtliche, eindeutige Geschichte, an der die vielen
> Würmer meiner Vermutungen zugrunde gingen.
>
> (SWVI, 865)

Hier geht es eben um eine Einschränkung der dieser Gestalt innewohnenden
Möglichkeiten, wobei sie auf die eine, humoristisch dargestellte Anekdote
reduziert werden. Daraus wird ersichtlich, daß das Motiv der "unbegrenzten
Vermutungen bzw. Möglichkeiten" einerseits auf jene gesteigerte Transparenz
hindeutet, aus der allein verbindliche Einsichten in Maltes Lage hervorgehen :
können, andererseits aber auf die damit verbundene Gefahr, daß gerade die
Unbegrenztheit dieser Vorgänge den Rahmen des Bewußtseins zu sprengen
droht. Wie oben angedeutet wurde, liegt in der zielbewußten Erforschung solcher
Möglichkeiten die einzige Hoffnung auf einen endgültigen Fortschritt — sich auf
die eine beschränkte Möglichkeit festlegen zu lassen, bedeutet dagegen, daß man
Gefahr läuft, die Autonomie des individuellen Standpunktes einzubüßen und von
den "Leuten" oder von einem anderen Menschen determiniert zu werden.

Das sind unserer Meinung nach die recht komplizierten Richtlinien für die
Deutung des Grischa Otrepjew. Sein Potential besteht darin, daß die geradezu
verabsolutierte Oberflächlichkeit seiner Identität "unbegrenzte Möglichkeiten"
in sich birgt. Daraus läßt sich die Form seiner Epiphanie im Augenblick vor dem
Tode ableiten:

Ob es gesagt wird oder nicht, man muß darauf schwören, daß zwischen Stimme und Pistolenschuß, unendlich zusammengedrängt, noch einmal Wille und Macht in ihm war, *alles zu sein.*

(SWVI, 884)

Die Anerkennung der Mutter dagegen reduzierte ihn auf "ein müdes Nachahmen; sie setzte ihn auf den Einzelnen herab, der er nicht war" (SWVI, 883), weil ihrem Bilde von ihm eben die amorphe Allgemeinheit des "Volkes" fehlte. Die Gegenwart der Mutter als beschwichtigende Einschränkung des "Äußersten" ist ein ziemlich oft begegnendes Motiv im Werke, und wir haben mehrmals auf die darin enthaltene negative Möglichkeit einer Relativierung des individuellen Standpunktes hingewiesen.[22] Die besondere Nuancierung, die das Verständnis dieser Episode erschwert, ist, daß das Bewußtsein des "Volkes" hier einem "mythischen Spielraum" gleichkommt, während in anderen Zusammenhängen der Bereich der "Anderen" oder der "Leute" als Verfälschung der Wahrheit und Bedrohung des Individuums erscheint.[23]

Die Bedeutung der Geschichte Otrepjews für Maltes eigene Lage liegt darin, daß die einzig fruchtbare Einschränkung der "unbegrenzten Möglichkeiten" in einer stabilen Komplementarität von Oberfläche und Kern liegt, in der Lösung eben, die Malte am unerreichbarsten erscheint. In der Transparenz der "historischen" Gestalt wird ihm diese Notwendigkeit nochmals veranschaulicht, denn Otrepjews Fähigkeit "alles zu sein" setzt sich nur im Augenblick des Scheiterns durch, und er soll keineswegs als nachzuahmendes Beispiel verstanden werden. Sein totales Ausgesetztsein und seine Abhängigkeit von den Vorstellungen anderer unterstreichen vielmehr die Gefahren, denen Malte selbst als ein vom Kern der Persönlichkeit entfremdetes, "oberflächliches" Bewußtsein gegenübersteht. Die folgende Aufzeichnung über Karl den Kühnen zeigt jedoch die genauso verzwickte Lage einer Persönlichkeit, die von ihrem "Kern" dominiert wird.

Das "Blut" des Herzogs Karl des Kühnen scheint eine ähnliche Bedeutung anzunehmen wie das "Große" oder das "Fieber" in früheren Abschnitten:

Es konnte ihm selber grauenhaft fremd sein, dieses behende, halbportugiesische Blut, das er kaum kannte. Oft ängstigte es ihn, daß es ihn im Schlafe anfallen könnte und zerreißen. Er tat, als bändigte ers, aber er stand immer in seiner Furcht.

(SWVI, 885)

Wie auch im Bereich der Pariser Erlebnisse, bewirkt dieses "Unfaßliche" die Entfremdung der "normalen" Persönlichkeit von ihrer Umgebung:

22 Siehe oben S. 96f.
23 Wie z.B. bei Beethoven, Ibsen und dem vogelfütternden Alten.

Dann durfte keiner von seiner Umgebung herein; er begriff nicht, was sie redeten. Den fremden Gesandten konnte er sich nicht zeigen, öd wie er war. Dann saß er und wartete, daß es aufwachte. Und meistens fuhr es mit einem Sprunge auf und brach aus dem Herzen aus und brüllte.

(SWVI, 885)

Sogar die Verwendung des "Blutes" als Symbol der inneren Wirklichkeit ist im 44. Abschnitt vorweggenommen worden, denn der Marquis de Belmare besitzt, bevor er sich von seiner inneren "Wahrheit" verabschiedet, die Fähigkeit, "in seinem Blut zu lesen" (SWVI, 848). Man erkennt, in welchem Maße diese Aufzeichnung schon bekannte Themen und Motive wiederholt. Für die Frage der eventuellen "Entwicklung" Maltes ist es durchaus relevant, daß Karl der Kühne dem Mutwillen seiner inneren Wirklichkeit ebenso hilflos ausgeliefert ist wie Malte selbst im ersten Drittel des Buches. Es wird überhaupt keine Möglichkeit angedeutet, wie man dieses Innere beherrschen könnte oder wie man sich daran anzupassen vermöchte; der "Kern" bleibt in gleichem Maße unfaßlich und gefährlich wie am Anfang des Buches.

Was diese Aufzeichnungen dagegen auch für das letzte Drittel des Werkes typisch macht, ist daß es sich offenbar um eine "mythische" Gestalt handelt, daß die Beschreibung des Todes eine besonders verschlüsselte Variante des Transparenz-Themas enthält. Das Thema der anfänglichen "Opazität" wird zunächst auf motivischer Ebene angekündigt:

Die Stadt war kaum mehr zu sehen; denn das Wetter hatte sich inzwischen geschlossen, trotz der Kälte, und war grau und undurchsichtig geworden.

(SWVI, 888)

Man denke etwa an die Milchglasfenster im 6. Abschnitt, an die "zuge-schlossene" Dunkelheit, die dann "durchsichtiger" wurde, in der Hand-Episode (SWVI, 794–5), an die "vergitterten Blicke" der Spitzen-Episode (SWVI, 835) oder an die Schnee-Landschaft, in der "alles ausradiert wurde," im 42. Ab-schnitt: in allen Fällen ist von einer anfänglichen Undurchsichtigkeit der Phänomene die Rede, die im weiteren Verlauf der jeweiligen Aufzeichnung von der Metapher der Transparenz abgelöst wird.

Das Auffallendste am Leichnam des Herzogs liegt darin, daß sein Gesicht zu einem "Nichtgesicht" geworden ist:

Aber das Gesicht war eingefroren, und da man es aus dem Eis herauszerrte, schälte sich die eine Wange dünn und spröde ab, und es zeigte sich, daß die andere von Hunden oder Wölfen herausgerissen war; und das Ganze war von einer großen Wunde gespalten, die am Ohr begann, so daß von einem Gesicht keine Rede sein konnte.

(SWVI, 889)

Dieser Satz enthält deutliche Anklänge an die Schrecknisse der Pariser Wirklichkeit, aber das Denouement der Geschichte geht recht weit über die Pariser Verhältnisse hinaus:

> Der Narr aber zappelte, als würde er gekitzelt, und schrie: "Ach, Monseigneur, verzeih ihnen, daß sie deine groben Fehler aufdecken, die Dummköpfe, und dich nicht erkennen an meinem langen Gesicht, in dem deine Tugenden stehn."

(SWVI, 890)

Der Narr ist wortwörtlich zu einer Transparenz geworden, in der die wertvollen, menschlichen Eigenschaften des Herzogs, die weder in seinem vom rebellischen "Blut" verzerrten Leben noch an seinem gesichtslosen Leichnam erkennbar waren, endlich sichtbar werden sollen. Die "Tugenden" des Herzogs werden letztlich vom traurigen Gesicht des Narren bezeugt, nachdem sie von der Wirklichkeitsoberfläche als solcher endgültig verschwunden sind. Weil der Leichnam des Herzogs nunmehr als leere Hülle zurückbleibt, kommt er dem Narren wie eine "Puppe" vor, und sein Interesse daran beschränkt sich auf die ästhetische Wirkung, die dadurch erzielt wird:

> Er trat noch einmal zurück um des Überblicks willen. Die Farben waren merkwürdig unzusammenhängend im Schneelicht. Er prägte sich jede einzelne ein. "Gut angekleidet," sagte er schließlich anerkennend, "vielleicht eine Spur zu deutlich." Der Tod kam ihm vor wie ein Puppenspieler, der rasch einen Herzog braucht.

(SWVI, 890)

Genau wie Mathilde Brahe zur Transparenz für die Gestalt der Mutter wird, die Mutter wiederum zusammen mit der Dame à la licorne zur Transparenz für Abelone, Abelone dann für den Grafen Brahe und den Marquis de Belmare, so wird das Gesicht des Narren zum Vorwand für die nicht mehr zugängliche Persönlichkeit Karls des Kühnen. Die Übertragung dieser Struktur auf Maltes eigene Persönlichkeit dürfte auch nicht ausbleiben – nur muß man sich dann darauf besinnen, daß die "Welt" des Werkes im Grunde die der einen, äußerst differenzierten und mannigfaltigen Persönlichkeitsstruktur ist und daß eine Gestalt wie Karl der Kühne daher nur einen Aspekt des ganzen Zusammenhangs verkörpert.

Wenn man nun von der Wiederholung früherer Themen absieht, liegt das Wesentliche dieser Geschichte in der ausdrücklichen Bestätigung, daß eine untergeordnete Figur (hier Louis-Onze, der Hofnarr) in die Eigenschaften der Hauptgestalt dieser Episode Einsicht gewähren kann. Das Prinzip der verdoppelten Metaphorik ermöglicht dann die Übertragung dieser Struktur auf das Werk als solches. Die "historischen" Gestalten, deren Geschichten eine so deutliche Beimischung von Interpretation, Mutmaßung, Perspektivierung und

Identifikation von seiten des Schreibenden aufweisen, stehen logischerweise in einem untergeordneten Verhältnis zu Malte selbst. Wenn er solche Erzählungen aus seinem Gedächtnis rekonstruiert, so zeigt es sich gelegentlich, daß er nicht zögert, die Freiheit seiner Nachbildung zuzugeben:

> Und nun kam, leiser auflösend, diese Marina Mniczek hinzu, die ihn auf ihre Art leugnete, indem sie, wie sich später erwies, nicht an ihn glaubte, sondern an jeden. Ich kann natürlich nicht dafür einstehen, wie weit das alles in jener Geschichte berücksichtigt war. Dies, scheint mir, wäre zu erzählen gewesen.

(SWVI, 883)

Es überrascht durchaus nicht, wenn das, was "zu erzählen gewesen wäre," Aspekte der Erzählgegenwart widerspiegelt, daß es "unter dem Vorwand" einer historischen Anekdote "vom Ureigensten handelt," um Rilkes Brief an Lou Andreas-Salomé über den *Puppen*-Aufsatz von 1914 zu zitieren.[24] So beginnen sich in diesen Aufzeichnungen die Umrisse der Relation zwischen Malte und der bedeutendsten der "historischen" Gestalten, Karl dem Wahnsinnigen, abzuzeichnen, die uns im folgenden Kapitel beschäftigen soll.

Bettine und Abelone

Im 56. Abschnitt begegnet noch eine jener scheinbaren Inkonsequenzen, die ihren Ursprung im Wandel der Erzählperspektiven haben. Nachdem Malte am Ende des 37. Abschnitts kategorisch erklärt hat, daß er von seiner Liebe zu Abelone nicht erzählen wolle, "weil mit dem Sagen nur unrecht geschieht" (SWVI, 826), erzählt er doch im 56. Abschnitt von einem Ereignis, das "mitten in unsere seligste Zeit fiel" (SWVI, 894). Was beim ersten Blick als einfacher Widerspruch erscheint, erweist sich bei näherem Betrachten als das Resultat einer Verschiebung der Perspektive. Denn Malte ist nun im 56. Abschnitt in der Lage, von seiner Beziehung zu Abelone auf direkte Weise zu berichten, ohne das Sakrale dieses Verhältnisses dabei zu verletzen, eben weil die Liebe als persönliches Erlebnis *nicht* den Hauptgegenstand dieser Aufzeichnung bildet, sondern lediglich zum Vorwand für etwas anderes geworden ist. Es handelt sich im Grunde um die gesteigerte Wirklichkeit der Gestalt Bettines, und Abelones Rolle ist vor allem darauf ausgerichtet, zwischen Malte und dieser transzendenten Wirklichkeit zu vermitteln. Um diesen Sachverhalt zur Geltung zu bringen, sollen die Abschnitte 56–59 einer progressiven Analyse unterzogen werden.

Am Anfang des 56. Abschnittes greift Malte nochmals zum Thema des Lesens, um eine weitere Differenzierung der Kindheit von der Welt der

24 BL, 341.

Erwachsenen vorzunehmen. Er verlegt das Lesen in die Zeit, wo "das eigentümlich Unbegrenzte der Kindheit ... überstanden sein würde" (SWVI, 891), und verstärkt dadurch die Verbindung dieses Themas mit der Gegenständlichkeit des isolierten Bewußtseins, wie wir sie schon aus dem ersten Drittel des Werkes kennen. Die Erwachsenen sind für das Gefühl des "Unbegrenzten" überhaupt nicht mehr empfänglich, und Malte formt sich noch als Kind ein Bild dieses beschränkten, wenn auch stabilen Bewußtseinszustandes:

> Dann würde man mit Büchern umgehen wie mit Bekannten, es würde Zeit dafür da sein, eine bestimmte, gleichmäßig und gefällig vergehende Zeit, gerade so viel, als einem eben paßte. Natürlich würden einzelne einem näher stehen ...
>
> (SWVI, 891)

In diesen Vermutungen zeigt sich die Gegenständlichkeit des Bewußtseins von der positiveren Seite, aber in den nächsten Seiten wird typischerweise eine Nuancierung merkbar, und bald erscheint das Lesen als "Versäumnis" wichtigerer Erfahrungen:

> In späteren Jahren geschah es mir zuweilen nachts, daß ich aufwachte, und die Sterne standen so wirklich da und gingen so bedeutend vor, und ich konnte nicht begreifen, wie man es über sich brachte, so viel Welt zu versäumen. So ähnlich war mir, glaub ich, zumute, sooft ich von den Büchern aufsah und hinaus, wo der Sommer war, wo Abelone rief ...
>
> (SWVI, 894)

Das Zusammensein mit Abelone wird dann durch ein Bild der Vollzähligkeit, das sehr stark an den 12. Abschnitt erinnert, assoziativ zur "höheren Wirklichkeit" erhoben, und ein typisches Bild der Komplementarität begleitet[25] die weitere Ausgestaltung der Szene:

> Da giebt es im Garten keine Hauptsache; alles ist überall, und man müßte in allem sein, um nichts zu versäumen.
>
> In Abelonens kleiner Handlung aber war das Ganze nochmal ... Ihre im Schattigen hellen Hände arbeiteten einander so leicht und einig zu ...
>
> (SWVI, 895)

Eine weitere Steigerung erfolgt aber, wenn Abelone aus den Briefen Bettines an Goethe vorliest, denn ihre Gestalt verschmilzt nunmehr in Maltes Erinnerung mit der Bettines:

---

25 Man geht sicher zu weit, wenn man, wie Walter Seifert (*Das epische Werk*, S. 295), "Abelonens kleine Handlung" zur "Totalität" erhebt.

. . . so bleibt es unentschieden, ob ich an Bettine denke oder an Abelone. Nein, Bettine ist wirklicher in mir geworden, Abelone, die ich gekannt habe, war wie eine Vorbereitung auf sie, und nun ist sie mir in Bettine aufgegangen wie in ihrem eigenen, unwillkürlichen Wesen.

(SWVI, 897)

Abelone nimmt danach eine untergeordnete Rolle ein, und nichts könnte die herrschende Tendenz dieses letzten Drittels des Werkes überzeugender zum Ausdruck bringen, als Maltes Reduktion der Figur, die er "wirklich gekannt hat," auf eine vorbereitende Folie für die mythische Gestalt Bettines, die ihm schließlich nur durch mehrere Kulissen hindurch sichtbar wird. Wie im Falle des Medizinstudenten werden die "Tatsachen" der direkten Erfahrung zugunsten einer im Grunde spekulativen Mythisierung bald aufgegeben. Nichtsdestoweniger scheint diese Annäherung an die Gestalt Bettines tatsächlich eine mythische "Vergegenwärtigung" der Vergangenheit zu bewirken, die vorher ausschließlich dem Marquis de Belmare und dem Grafen Brahe zugeschrieben wurde:

Eben *warst* du noch, Bettine; ich seh dich ein. Ist nicht die Erde noch warm von dir, und die Vögel lassen noch Raum für deine Stimme. Der Tau ist ein anderer, aber die Sterne sind noch die Sterne deiner Nächte. Oder ist nicht die Welt überhaupt von dir? denn wie oft hast du sie in Brand gesteckt mit deiner Liebe . . .

(SWVI, 897)

Die unmittelbare Gegenwart der idealen Liebenden, die Malte hier einen Augenblick lang zu verspüren scheint, kommt einer "Epiphanie" gleich, und es ist dann verständlich, warum Abelone am Ende zum "Rahmen" für dieses Ereignis werden mußte. Somit stellt sich noch einmal die Frage nach der Funktion dieser Aufzeichnungen als Kunst.

Wenn nach der im 14. Abschnitt entworfenen Theorie das Wesen "echter Gedichte" in der Vergegenwärtigung anonym gewordener "Erfahrungen" liegt und wenn dem Kunstwerk eine höhere Wirklichkeit zuzeigen ist, als sonst "an der Oberfläche des Lebens" zugänglich wird, so scheint die Evokation der Figur Bettines hier die Voraussetzungen einer solchen Kunst zu erfüllen. Dagegen aber ist einzuwenden, daß diese Epiphanie von ihrem existentiellen Kontext innerhalb der Fiktion der Aufzeichnungen selbst nicht loszulösen ist und daß sie auch nicht direkt gestaltet, sondern eben "ausgespart" wird: "Eben *warst* du noch Bettine; ich seh dich ein." Der Übergang von der diskursiven Beschreibung ihrer Natur in dem ersten Absatz des 57. Abschnitts zur rückblickenden Feststellung ihrer Gegenwart am Anfang des folgenden Absatzes erlaubt eben keine direkte Gestaltung ihrer Erscheinung. Malte scheint — nochmals innerhalb der Fiktion der Aufzeichnungen — in diesem Punkt als "Künstler" zu versagen, denn er verfällt sogleich wieder in die *Interpretation* dieser gesteigerten Wirklichkeit. Aus den kunsttheoretischen Äußerungen der Cézanne-Periode wissen wir, daß das Wesen der Kunst in der *Gestaltung* und nicht in der diskursiven Deutung von Gefühlen und Gegenständen besteht; auch wenn es Malte gelungen ist, durch die Transparenz der Gestalt Abelones eine mythische Vergegenwärtigung Bettines zu erzielen — das Ereignis bleibt der existentiellen Schicht der "Welt" der Aufzeichnungen verhaftet, wird also nicht zum vollendeten Kunstgebilde, und die Aufzeichnung enthält letztlich nur Maltes vorbereitende und rückblickende Bemerkungen. Vom Standpunkt *Rilkes* aus gesehen besitzt der ganze Zusammenhang — die Darstellung Maltes und des Aufzeichnens selbst mit einbegriffen — selbstverständlich einen künstlerischen Wert. Das bedeutet aber nicht, daß man Malte automatisch zum Künstler stempeln darf, weil er als fiktive Person im Grunde nur sein Tagebuch fortführt und offensichtlich außerstande ist, das flüchtige Gegenwärtigwerden Bettines in einem Kunstwerk festzuhalten. Stattdessen ergeht er sich in Erklärungen, Deutungen und Mutmaßungen, die alle einen unverkennbar rhetorischen Charakter tragen: er argumentiert, statt zu gestalten.[26]

Die hier angewandte Definition der Kunst ist freilich eine sehr enge und eigenwillige, aber sie ergibt sich aus dem Werke selbst und bildet einen integralen Teil der Regeln, nach denen hier "gespielt" wird. Wenn Malte eine Definition der Kunst aufstellt, um an ihr dann in aller Deutlichkeit zu versagen, so darf das als ein Hinweis auf die verborgene "Handlung" dieses Romans aufgefaßt werden. Wenn man aber, wie Ernst Hoffmann behauptet, daß die Darstellung des "Künstlers" hinter der seiner "Kunst" zurücktritt,[27] so begeht man den Fehler, die Fiktion des Werkes im Sinne eines *äußeren* Standpunktes zu beurteilen, als ob dieser mit der rein immanenten Bedeutung von Maltes schriftstellerischer Tätigkeit ohne weiteres gleichzusetzen wäre. Auf diese Weise verwechselt man die Tätigkeit Maltes mit der von Rilke selbst. Wäre Malte ein "Künstler" im Sinne seiner eigenen Definitionen,[28] so hätte er sich selbst und die ihn quälende Ich-Problematik eben nicht in allen drei Teilen des Werkes zum Gegenstand. Daß er vielmehr immer wieder auf die Probleme des ersten Drittels Bezug nimmt, ohne Lösungen für sie bieten zu können, daß es keine "reine" Darstellung einer "historischen" Gestalt gibt, sondern daß Malte ständig auf sich selbst in seiner Rolle als Interpretierendem aufmerksam macht und den Mythos, den er entwirft, ausdrücklich auf die noch unbewältigte Gegenwart bezieht[29] — das alles zeugt

---

26 Vgl. B06—07, 378: "... es ist ja natürlich, daß man jedes dieser Dinge liebt, wenn man es macht: zeigt man das aber, so macht man es weniger gut; *man beurteilt es, statt es zu sagen.* Man hört auf, unparteiisch zu sein; und das Beste, die Liebe, bleibt außerhalb der Arbeit, geht nicht in sie ein, restiert unumgesetzt neben ihr: so entstand die Stimmungsmalerei ..."

27 Hoffmann, *Zum dichterischen Verfahren*, S. 213f.

28 Siehe oben S. 124f.

29 Siehe unten S. 205.

davon, wie weit er noch vom Künstlertum im Sinne der Cézanne-Briefe von 1907–08 entfernt ist.

Man könnte aber durchaus behaupten, daß die erweiterte Transparenz dieser "historischen" Gestalten ihm gültige und manchmal zusammenfassende Einsichten in seine eigene Situation verschafft. Episoden wie die Geschichte vom Marquis de Belmare, Nikolaj Kusmitsch, Karl dem Kühnen und Bettine selbst führen zu Reflexionen, die öfters als partielle Klärungen sonst verwickelter Sachverhalte zu bezeichnen sind. So erscheint im 57. Abschnitt die Verurteilung Goethes und seiner "dichterischen" Relativierung der Liebe Bettines als ein weiteres Beispiel der Einschränkung "unbegrenzter Möglichkeiten," die ja doch in einem durchaus positiven Lichte am Anfang der Episode von Nikolaj Kusmitsch erschien:

> Du selber wußtest um deiner Liebe Wert, du sagtest sie laut deinem größten Dichter vor, daß er sie menschlich mache; denn sie war noch Element. Er aber hat sie den Leuten ausgeredet, da er dir schrieb. Alle haben diese Antworten gelesen und glauben ihnen mehr, weil der Dichter ihnen deutlicher ist als die Natur. Aber vielleicht wird es sich einmal zeigen, daß hier die Grenze seiner Größe war.

(SWVI, 898)

Hierin ist eine wichtige Einsicht in die Beschaffenheit des Erzählens im herkömmlichen Sinne oder gar des "Aufzeichnens" selbst enthalten: über etwas schreiben, heißt die Vielfalt der Möglichkeiten drastisch reduzieren. Bei der Geschichte des Nikolaj Kusmitsch bewirkte dieser Faktor eine "Erleichterung" von Maltes Lage; bei Goethes Briefwechsel mit Bettine hat sein Kommentieren dieser Liebe nur dazu gedient, ihre potentielle Größe zu verringern. Das Aufzeichnen hat für Malte selbst eine offenbar beschwichtigende, therapeutische Funktion – darin, so darf man aus diesem Zusammenhang schließen, liegt aber auch die Gefahr einer trivialisierenden Reduktion von etwas "Großem" auf die beschränkten Verhältnisse des Schreibenden. Diese Entdeckung selbst aber stellt in gewisser Hinsicht für Malte einen intellektuellen Fortschritt dar, denn es ist ihm gelungen, in seinen Aufzeichnungen verschiedene Aspekte desselben Vorgangs zu beleuchten.

Andererseits aber haben solche Einsichten die deutliche Tendenz, keine Änderung seiner Lage in Aussicht zu stellen, sondern vielmehr die Gültigkeit der Koordinaten der Ausgangssituation zu bestärken. In diesem Sinne ergeben seine Ausführungen über die Einsamkeit im 53. Abschnitt im Grunde genommen keine hoffnungsvollere Prognose als die Darstellung von Beethoven und Ibsen früher im Buch.[30] So läßt die durch die Absurdität der Geschichte vom "kleinen Beamten"

---

30 Siehe oben S. 129. Man muß sich dessen bewußt bleiben, daß Beethoven und Ibsen, wie auch Karl VI. und Eleonora Duse, als "Idealgestalten" am Ende doch im Zeichen des Scheiterns stehen.

bezweckte Erleichterung, von der Malte im folgenden Abschnitt spricht, keine dauernde Distanzierung von der Problematik der Gegenwart zu, weil Malte es sich keinesfalls leisten kann, die darin enthaltene Möglichkeit einer völligen Verharmlosung seiner Lage allzusehr an Wahrscheinlichkeit gewinnen zu lassen. Denn das "bebende Gleichgewichtsspiel, das dauernde Umschlagen des einen ins andere," von dem Ulrich Fülleborn spricht, scheint ebensosehr gegen Malte wie für ihn zu wirken. Das Spiel der gedanklichen Inhalte sieht tatsächlich an vielen Stellen einem Teufelskreis ähnlich, aus dem sich jeder Ausweg auf die Dauer als unmöglich erweisen könnte.

Kapitel 7

DIE AUFZEICHNUNGEN UM DIE GESTALT KARLS VI.

Der Zeitungsverkäufer und die "verblichenen, alternden Mädchen"

Die *Malte*-Literatur hat der Figur des blinden Zeitungsverkäufers berechtigterweise eine große Bedeutung beigemessen,[1] weil Maltes eigene Äußerungen diese Erscheinung zu einem unerwarteten Positivum erheben:

Mein Gott, fiel es mir mit Ungestüm ein, so *bist* du also. Es giebt Beweise für deine Existenz. Ich habe sie alle vergessen und habe keinen je verlangt, denn welche ungeheuere Verpflichtung läge in deiner Gewißheit. Und doch, nun wird mirs gezeigt. Dieses ist dein Geschmack, hier hast du Wohlgefallen. Daß wir doch lernten, vor allem aushalten und nicht urteilen. Welche sind die schweren Dinge? Welche die gnädigen? Du allein weißt es.

Wenn es wieder Winter wird und ich muß einen neuen Mantel haben, – gieb mir daß ich ihn *so* trage, solang er neu ist.

(SWVI, 903)

Der letzte Satz ist äußerst wichtig, weil Malte darin die Relevanz dieser Gestalt für sich selbst präzisiert, indem er auf einen besonderen Aspekt seiner Beschreibung des Blinden hinweist, nämlich daß er "einen anderen Hut hatte und eine ohne Zweifel sonntägliche Halsbinde" (SWVI, 902). Malte nimmt sich sogar die Mühe, diese zu beschreiben, obwohl die Einzelheiten angeblich unwichtig sind:

... sie war schräg in gelben und violetten Vierecken gemustert, und was den Hut angeht, so war er ein billiger neuer Strohhut mit einem grünen Band. Es liegt natürlich nichts an diesen Farben, und es ist kleinlich, daß ich sie behalten habe. Ich will nur sagen, daß sie an ihm waren wie das Weicheste auf eines Vogels Unterseite. Er selbst hatte keine Lust daran ...

(SWVI, 902)

Wenn Malte aber auf der folgenden Seite darauf besteht, daß er, wenn er einen "neuen Mantel" haben muß, ihn "*so* tragen" möchte wie der Blinde seinen Hut und seine Halsbinde, und er Gott sogar anruft, ihm dieses zu gönnen, so muß ihm sehr viel an diesem Aspekt der Gestalt gelegen sein. Sind die Farben an sich unwesentlich, so kann es nur auf den Gesamteindruck ankommen, der durch diese neuen Kleidungsstücke vermittelt wird, auf die Tatsache, "daß sie an ihm waren wie das Weicheste auf eines Vogels Unterseite." Die Zärtlichkeit dieses

---

[1] So Fülleborn, *Form und Sinn*, S. 269; Marlene Jäger, *Malte Laurids Brigge*, S. 169ff., Walter Seifert, *Das epische Werk*, S. 287ff.

Vergleichs ist umso auffälliger, als Malte sich früher in der Beschreibung solcher Bilder bedient hat wie: "Ich hatte nie an seinen Mund gedacht, der eingezogen war wie die Öffnung eines Ablaufs." Es scheint also, daß die unerwartete Wirkung der neuen Kleidungsstücke einen ebenso integralen Bestandteil des "Gottesbeweises" bildet wie die "Hingegebenheit seines Elends," sonst wäre Maltes "Gebet," er möge eventuell in dieser besonderen Hinsicht dem blinden Zeitungsverkäufer ähnlich sein, eine unwesentliche Zutat — was ja dem ganzen Ton des Satzes widerspricht.

Es ist daher etwas verwunderlich, daß man in den Interpretationen von Marlene Jäger, Klaus Meyer und Walter Seifert überhaupt keine Erwähnung dieses Faktors vorfindet.[2] Es handelt sich zwar um ein Detail, aber um eines, das von Malte selbst ausdrücklich hervorgehoben wird, und das zur unerwartet metaphysischen Bedeutung dieser Gestalt wesentlich beiträgt. Wenn man nun auf das Vorhergehende zurückblickt, um weiteren Aufschluß über diese Änderung an der Gestalt des Blinden zu gewinnen, so stellt es sich heraus, daß er früher einen Hut getragen hatte, der überhaupt nicht zu ihm paßte:

> ... denn dies begriff ich schon damals, daß nichts an ihm nebensächlich sei: ... und ganz besonders nicht der Hut, ein alter, hochgewölbter, steifer Filzhut, den er trug wie alle Blinden ihre Hüte tragen: ohne Bezug zu den Zeilen des Gesichts, ohne die Möglichkeit, aus diesem Hinzukommenden und sich selbst eine neue äußere Einheit zu bilden; nicht anders als irgendeinen verabredeten fremden Gegenstand.
>
> (SWVI, 901)

Der Sinn des Kontrastes wird nun offensichtlich. Die Änderung besteht nämlich darin, alles dasjenige, was "ohne Bezug zu den Zeilen seines Gesichts" war, was eine "neue, äußere Einheit" dieser Gestalt verhinderte, zu entfernen und diese Attribute durch andere zu ersetzen, die "an ihm waren wie das Weicheste auf eines Vogels Unterseite." Dadurch wird also eine ideale Einheit der äußerlichen Erscheinung erzielt: aus dieser "Richtigstellung" der Figur des Blinden ergibt sich die vollkommene Kongruenz aller Bestandteile und die Harmonie mit der Umgebung, die wir aus anderen Bildern der idealen Einheit im Werke schon kennen. Nun erhebt sich aber folgende Frage: wem zuliebe ist diese Änderung vorgenommen worden? Malte sagt ausdrücklich: "Er selbst hatte keine Lust daran, und wer von allen (ich sah mich um) durfte meinen, dieser Staat wäre um seinetwillen?" (SWVI, 902). Der Blinde selbst nimmt keinen Anteil an seiner neuen Kleidung, denn er wird dadurch gekennzeichnet, daß sein Inneres von der äußeren Wirklichkeit völlig abgeschnitten ist:

---

[2] Diese Deutungen kreisen in erster Linie um das Thema des Elends und lassen dabei das Wesentliche dieses "Gottesbeweises" außer Betracht.

Möglicherweise hatte er Erinnerungen; jetzt aber kam nie mehr etwas zu seiner Seele hinzu als täglich das amorphe Gefühl des Steinrands hinter ihm, an dem seine Hand sich abnutzte.

(SWVI, 902)

Er hat also überhaupt kein Interesse daran, wie er für andere aussieht. Die "Richtigstellung" seiner äußeren Erscheinung gilt weder ihm noch den Passanten. Vielmehr setzt sie einen "Zuschauer" voraus, der an dieser Gestalt in ihrer neuen Einheitlichkeit "Wohlgefallen" haben könnte, und dieser Zuschauer, so folgert Malte, ist Gott. Schon 1900 hatte Rilke eine Bemerkung Lou Andreas-Salomés zitiert, die die "Notwendigkeit" Gottes in seiner Fähigkeit begründete, "Zuschauer zu sein bei denjenigen Ereignissen und Schicksalen, die niemand sieht, weil sie in keinem Sinne Schauspiel werden . . ., denn in diesen nirgends gesagten, mit keinen Augen ergreifbaren Dingen sind Vorräte von Kraft angesammelt, . . . die mehr bedeuten als das, was aus bunten Heldentaten ausstrahlt." (BT, 398). Malte ist nicht so egozentrisch, selbst die Rolle dieses "Zuschauers" übernehmen zu wollen, vielmehr sieht er in der neuen, durch den Vergleich mit "eines Vogels Unterseite" geradezu naturhaften Einheit dieser Gestalt ein Zeichen der Gnade des sonst abwesenden Gottes, denn für Gott kann ein solches Ereignis in gleichem Maße "Schauspiel" sein wie die "Scheinwirklichkeiten" der Geschichte.[3]

Die erste wirkliche Einsicht, die er in das Wesen des Zeitungsverkäufers bekommt, liegt in der Feststellung, "daß nichts an ihm nebensächlich sei . . . und ganz besonders nicht der Hut."[4] Wenn dieses Detail von besonderer Bedeutung ist, dann muß eben dessen *Änderung* sorgfältig überprüft werden, zumal der letzte Satz des Abschnitts einen keineswegs versteckten Hinweis darauf enthält.

Es ist dennoch erforderlich, die thematische Funktion des Elends in diesem Zusammenhang nicht außer Betracht zu lassen. Wenn der Begriff des Vorwands die vorhin skizzierte Gültigkeit für die Symbolik Rilkes besitzt, so besteht die Möglichkeit eines schroffen Kontrastes zwischen der oberflächlichen Erscheinung einer Gestalt oder eines Motivs und der darin verborgenen Bedeutung.[5] So bedeutet die Ratlosigkeit des Königs Karl VI. paradoxerweise, daß Gott in der Geschichte tätig ist und durch diesen ganz und gar untätigen Vorwand hindurch die Ereignisse lenkt, und in entsprechender Weise wird, wie Walter Seifert ganz richtig festgestellt hat, das Elend des Zeitungsverkäufers zu

---

[3] Diese Anti-Geschichtlichkeit Rilkes ist schon im *Fragment von den Einsamen* (wahrscheinlich im Winter 1903—04 geschrieben) vorgeformt. Vgl. SWV, 638: "Völker ihr seid vorbei, Könige ihr seid Grabsteine, Berge und bronzene Bilder und wer weiß noch von euch, Frauen, wenn ihr gestorben seid. *Wie lange wird es noch dauern und man vergißt die Geschichte; denn einmal kommt das große Ausräumen der Gedächtnisse* und dann wird, wie aus alten Schubladen, alles ins Feuer geworfen werden, Briefe, Bilder, Bänder und Blumen."
[4] Von allen Kritikern außer Ulrich Fülleborn übersehen, vgl. *Form und Sinn,* S. 269.
[5] Siehe oben S. 137f.

einer Transparenz für die Herrlichkeit Gottes.[6] Nur muß man darauf bestehen, daß ohne die Bedeutung der neuen Kleidungsstücke der erkenntnishafte "Umschlag" nicht möglich wäre und daß dieses Elend, wie das der "Fortgeworfenen" sonst, vollkommen "undurchsichtig" bliebe.[7] Denn ein "Umschlag" im Rilkeschen Sinne kann ebensogut das Erlebnis eines Perspektivenwechsels sein als eines "Geschehens" im apokalyptischen Sinne.

Auch andere Aspekte dieses Abschnitts sind von der *Malte*-Literatur auf ziemlich ungenaue Weise gedeutet worden. Wenn der Zeitungsverkäufer mit "einem Zeiger, eines Zeigers Schatten, (mit der) Zeit" verglichen wird (SWVI, 900), dann soll dadurch betont werden, wie wenig Aufmerksamkeit ihm die meisten Menschen schenken. Erkennt man dagegen den Sinn dieses Vergleichs darin, daß der Blinde damit "elementarisiert" wird,[8] so verlegt man dabei das Hauptgewicht seiner Bedeutung für Malte auf die einleitende Beschreibung und läßt daher das Wesentliche des "Gottesbeweises," das Malte erst gegen Ende der Aufzeichnung registriert, außer Betracht. Auch wenn man "die Arbeit, ihn einzubilden," zum positiven Prinzip des ganzen Zusammenhangs erhebt und daraus schließt: "Diese innere Leistung ist die Anstrengung des Herzens. Es ist die "Arbeit," die Malte als *seine* Aufgabe begriffen hat ..." und wenn man diesen Vorgang nicht nur mit der "Arbeit der Liebe," sondern auch mit Maltes angeblichem "Dichterberuf" identifiziert,[9] so sieht man einfach an der Tatsache vorbei, daß sich diese "Arbeit" des Vorstellungsvermögens ganz deutlich als ein Fehlschlag erweist:

Ich wußte sofort, daß meine Vorstellung wertlos war. Die durch keine Vorsicht oder Verstellung eingeschränkte Hingegebenheit seines Elends übertraf meine Mittel. Ich hatte weder den Neigungswinkel seiner Haltung begriffen gehabt noch das Entsetzen, mit dem die Innenseite seiner Lider ihn fortwährend zu erfüllen schien.

(SWVI, 902)

Weit davon entfernt, seinen Weg zur "Liebe" und "Kunst" hier dargestellt zu haben, übt Malte an seinen eigenen *Deutungen* der Wirklichkeit eine scharfe Kritik. Seine Tendenz, die eigenen Phantasieprodukte den "Tatsachen" vorzuziehen, wurde anhand seiner Mutmaßungen über das leere Zimmer des Medizinstudenten aufgezeigt, und hier kritisiert er eben dieses Vorgehen, weil in diesem Falle die Wirklichkeit alle Vorstellungen "übertraf."

Auch ist es abwegig, zu behaupten, daß der Zeitungsverkäufer "gesteigert in der Gestalt Christi aufgeht."[10] Malte wird, "ein wenig" dabei geholfen, sein

---

6 *Das epische Werk*, S. 288.
7 Vgl. dazu Marlene Jäger, *Malte Laurids Brigge*, S. 169; vgl. Meyer S. 103ff.
8 Walter Seifert, *Das epische Werk*, S. 287.
9 Marlene Jäger, *Malte Laurids Brigge*, S. 170.
10 Walter Seifert, *Das epische Werk*, S. 287.

imaginäres Bild vom Blinden zu entwerfen, wenn er "an die vielen abge-
nommenen Christusse aus streifigem Elfenbein" denkt (SWVI, 901), weil gewisse
visuelle Ähnlichkeiten zwischen dem Blinden und diesen Figuren bestehen.
Darauf erfolgt aber ausgerechnet eine *Abgrenzung* dieser Gestalt gegen die
"Christusse," weil Malte eine Reihe von Merkmalen aufzählt, die überhaupt
nichts mit Christusfiguren zu tun haben:

> Aber es war *außerdem* [Hervorhebung d. Verf.] so vieles, was zu ihm gehörte;
> denn dies begriff ich schon damals, daß nichts an ihm nebensächlich sei: nicht
> die Art, wie der Rock oder der Mantel, hinten abstehend, überall den Kragen
> sehen ließ . . .; nicht die grünlich schwarze Krawatte, die weit um das Ganze
> herumgeschnallt war . . .
>
> (SWVI, 901)

Von einer "Steigerung" oder vom "Aufgehen" der einen Gestalt in der anderen
kann hier schwerlich die Rede sein. Die Erinnerung an gewisse Elfenbeinfiguren
hilft Malte eben nur "ein wenig" (SWVI, 900) und nicht weiter. Was sich an
dieser "Einbildung" völlig objektiv aufzeigen läßt, ist die Verwandtschaft mit der
Einleitung zur Geschichte des Nikolaj Kusmitsch. So wie es dort auf Malte
"beruhigend" wirkt, "die vielen Würmer meiner Vermutungen" durch die
Tatsachen bekämpfen zu können, so erhofft Malte von seiner Konfrontation mit
der greifbaren Wirklichkeit des Zeitungsverkäufers eine ähnliche "Erleichterung"
seines Bewußtseinszustandes:

> In meiner Feigheit, nicht hinzusehen, brachte ich es so weit, daß das Bild
> dieses Mannes sich schließlich oft auch ohne Anlaß stark und schmerzhaft in
> mir zusammenzog zu so hartem Elend, daß ich mich, davon bedrängt,
> entschloß, die zunehmende Fertigkeit meiner Einbildung durch die auswärtige
> Tatsache einzuschüchtern und aufzuheben. Es war gegen Abend. Ich nahm
> mir vor, sofort aufmerksam an ihm vorbeizugehen.
>
> (SWVI, 901)

Dadurch wird ihm die Unzulänglichkeit seiner "Einbildung" eingeschärft,
besonders weil an dem Äußeren des Zeitungsverkäufers eine Änderung vorgenommen worden ist, die er unmöglich in seiner Vorstellung hätte vorwegnehmen
können, die aber den "fremden Gegenstand," den "alten, hochgewölbten, steifen
Filzhut," durch einen mit der Gestalt völlig homogenen ersetzt hat. Dadurch
wird dieses unscheinbare Beispiel des Elends zur gestaltenhaften Einheit, und
wenn Malte den Wunsch ausdrückt: "Daß wir doch lernten, vor allem aushalten
und nicht urteilen." (SWVI, 903), so weist er darauf hin, daß vorgefaßte
Meinungen oder autonome Phantasiebilder, die doch einen beträchtlichen Teil
der Vorstellungswelt der "Leute" ausmachen — daher die allgemeine Verfälschung des Lebens — für solche subtilen Änderungen an der Wirklichkeitsoberfläche unempfänglich machen, die jedoch eine "unbegrenzte" Bedeutung

haben können. Ohne jeden Zweifel wirken zahlreiche Anklänge an Themen wie
die ideale Armut im dritten Teil des *Stunden-Buchs,* die paradoxe Heiligkeit von
Flauberts Saint Julien l'Hospitalier und Baudelaires dichterische Technik bei *Une
Charogne* in dieser Darstellung des Zeitungsverkäufers mit,[11] aber die Auf-
zeichnung selbst hat eine scharf ausgeprägte Struktur, und diese gibt dem ganzen
Themenzusammenhang eine unerwartete, wenn auch objektiv nachweisbare
Wendung. Daß Malte nunmehr von der Existenz Gottes überzeugt sein soll,
besagt aber nicht, daß sein Verhältnis zu Gott aufgehört hat, weiterhin in jeder
Hinsicht problematisch zu sein.

So gibt er im folgenden Abschnitt, sobald er versucht, aus dieser "Offenbarung" Konsequenzen für sein eigenes Leben zu ziehen, im Grunde nur seiner
fortdauernden Ratlosigkeit Ausdruck. Er trägt sich einige Sätze lang mit dem
Gedanken einer *Imitatio* dieser Fortgeworfenen, stellt aber fest: "Ich habe nicht
das Herz zu ihrem Leben" (SWVI, 903) und: "Ich hätte weder ihre Stärke noch
ihr Maß" (SWVI, 904). Es bietet sich dann auch eine andere Möglichkeit:

> Vielleicht meinst du, mein Gott, daß ich alles lassen soll und sie lieben. Oder
> warum wird es mir so schwer, ihnen nicht nachzugehen, wenn sie mich
> überholen?

(SWVI, 904)

Marlene Jägers Kommentar zu diesem Satz ist wiederum bezeichnend für die in
der *Malte*-Literatur allzu häufige Tendenz, einzelne Sätze oder Worte an Stelle
der Struktur der ganzen Aufzeichnung zu interpretieren.[12] Man weiß ja, daß
Malte im 22. Abschnitt davon gesprochen hat, daß man sich "zu den Aussätzigen
legen" müßte, um den Imperativ "Auswahl und Ablehnung gibt es nicht" zu
erfüllen. Im 60. Abschnitt, wie das obige Zitat zeigt, knüpft Malte nochmals an
diesen Gedanken an, aber die Antwort, die am Ende der Aufzeichnung auf diese
rhetorische Frage gegeben wird, lautet eindeutig *nein:*

> Und doch, ich weiß, wenn einer nun versuchte, sie liebzuhaben, so wären sie
> schwer an ihm wie Zuweitgegangene, die aufhören zu gehen. Ich glaube, nur
> Jesus ertrüge sie, der noch das Auferstehen in allen Gliedern hat; aber ihm
> liegt nichts an ihnen.

(SWVI, 905)

Wie Malte selbst mehrmals nahelegt, ist er selber in keinem Sinn des Wortes
als "Heiliger" zu betrachten.[13] Er mag zwar "in der Idee" von der Notwendigkeit

---

11   Vgl. SWVI, 775 und siehe oben S. 89f.
12   Marlene Jäger, *Malte Laurids Brigge,* S. 171. Bezeichnenderweise wird Maltes
Antwort auf diese Frage nicht zitiert.
13   Auch von Klaus Meyer überzeugend dargelegt, vgl. *Bild der Wirklichkeit,* S. 12ff.
und passim.

einer bestimmten Haltung überzeugt sein,[14] die zu einer spezifisch Rilkeschen "Heiligkeit" führen könnte, aber es steht nicht in seiner Macht, diese Haltung konsequent und unbeirrt zur Basis seines Lebens zu machen. Der 60. Abschnitt wirft diesen Gedanken noch einmal auf, aber die resigniert-negative Antwort, mit der die Aufzeichnung schließt, muß doch im Sinne einer Einschränkung der realen Wirksamkeit seiner Vision des Zeitungsverkäufers im vorigen Abschnitt verstanden werden. Er mag zwar jetzt von der Existenz Gottes überzeugt sein — hat er denn je überhaupt an seiner *Existenz* gezweifelt? [15] — aber er ist von einer praktischen Anwendung seiner immer noch recht abstrakt anmutenden "Liebe" ebensoweit entfernt wie im 22. Abschnitt. Er fühlt einen gewissen Zwang, den "verblichenen, alternden Mädchen" zu folgen, er untersucht das Phänomen, und kommt dann zum Schluß, daß es für ihn in Wirklichkeit vergeblich wäre, den vorsätzlichen Versuch zu machen, "sie liebzuhaben." Hierin zeigen sich die Grenzen seiner neuen Überzeugung. Der blinde Zeitungsverkäufer mag tatsächlich zu einer Transparenz für den Gott geworden sein, die ganze Struktur der Aufzeichnung läßt aber erkennen, in welchem Maße eine nüchterne und differenzierte Interpretation dieses Ereignisses nötig ist. Eine weitere Dimension der Abschnitte 59—60 eröffnet sich jedoch, wenn wir sie als Vorspiel zu der Darstellung Karls VI. betrachten.

Karl VI. von Frankreich als transparente Gestalt

Der Themenkomplex der Aufzeichnungen um Karl VI. ist wohl der dichteste und komplizierteste im ganzen Werk. Rilke hat nicht nur, wie Charles Dédéyan dargelegt hat,[16] erstaunlich viele Einzelheiten aus den alten Chroniken übernommen, sondern fast alle begrifflichen Gegensatzpaare, die den Ideengehalt des Werkes bisher bestimmt haben, treten in seiner Verarbeitung der geschichtlichen Episode wieder einmal auf: Oberfläche-Kern, Vorwand-verborgene Bedeutung, Elend-Herrlichkeit, Theater-Wirklichkeit, Einsicht-Mißverständnis, Vergangenheit-Gegenwart usw. Darüber hinaus dienen die Fülle der Motive und Begebenheiten und die mehrfach verschlungene Handlungslinie dazu, die Verbindungen zwischen dem äußeren Verlauf der Geschichte und ihrer Bedeutung als Analogie zu Maltes eigener Situation alles andere als klar und übersichtlich zu machen. Der

---

14 Siehe den Brief vom 19. Oktober 1907: "Ist es nicht das, daß diese Prüfung ihn überstieg, daß er sie am Wirklichen nicht bestand, obwohl er in der Idee von ihrer Notwendigkeit überzeugt war . . ." (B06—07, 394f.)

15 In Maltes Äußerungen zu diesem Problem ist es vorwiegend das Ungewisse an seiner Beziehung zu Gott und nicht die Frage nach Gottes Existenz, was ihn unmittelbar zu quälen scheint.

16 Vgl. die Darstellung des Quellenmaterials bei Charles Dédéyan, *Rilke et la France*, tôme IV, S. 171—204, und bei Brigitte von Witzleben, *Quellenstudien*, passim.

blinde Zeitungsverkäufer und die "alternden Mädchen" gehören ebenfalls zu diesem Themenkreis und bilden gleichsam die erste Kulisse der gesamten Perspektivierung dieser Episode, nämlich die der persönlichen Erfahrung.

Wir machten bereits darauf aufmerksam, daß die Bedeutung des Blinden für Malte derjenigen Karls VI. für das Volk von Paris sehr ähnlich zu sein scheint. Eine weitere Parallele geht aus der Tatsache hervor, daß die isolierende Funktion von Karls Wahnsinn durch die der Blindheit des Zeitungsverkäufers auf assoziativer Ebene vorweggenommen wird. Die Epiphanie des Königs, die Verwirklichung des "Mysteriums der Liebe" auf dem Balkon des Hotels von Saint-Pol (SWVI, 908), scheint eine ideale Selbstlosigkeit einzuschließen, einen Verzicht auf jede Selbstbehauptung, der ebenfalls an die Entpersönlichung des Blinden im 59. Abschnitt erinnert, die durch sein Abgeschnittensein von der äußeren Umgebung nur weiter bestärkt wird. Schließlich wird in beiden Fällen den Beobachtenden eine plötzliche Einsicht gewährt, die mit der oberflächlichen Erscheinung dieser Figuren keine unmittelbar einleuchtende Verbindung aufweist:

> Mein Gott, fiel es mir mit Ungestüm ein, so *bist* du also. Es giebt Beweise für deine Existenz . . .
>
> (SWVI, 903)

> Aber das Volk freute sich des Anblicks; es begriff, daß dies der König sei: dieser Stille, dieser Geduldige, der nur da war, um es zuzulassen, daß Gott über ihn weg handelte in seiner späten Ungeduld . . .
>
> (SWVI, 908)

> So hielt er sich hin, und es war einer jener Augenblicke, die die Ewigkeit sind, in Verkürzung gesehen. Die Menge ertrug es kaum. Gestärkt, von unerschöpflich vermehrter Tröstung gespeist, durchbrach sie die Stille mit dem Aufschrei der Freude . . .
>
> (SWVI, 909)

Die hyperbolische Darstellungsweise der Reaktion des Volkes entspricht etwa der scheinbaren Diskrepanz zwischen dem "billigen Strohhut" und der "gelben und violetten Halsbinde" einerseits und ihrer Wirkung auf Malte andererseits. In beiden Fällen kommt die "Offenbarung" dadurch zustande, daß die jeweilige "Erscheinung" in einem keineswegs naheliegenden Sinne verstanden wird — man könnte sogar sagen: in einem entgegengesetzten Sinne. Gegenüber solchen Gestalten gibt es zwei mögliche Haltungen; für die eine wird die Gestalt auf eine "transzendente" Bedeutung hin transparent, während die andere an dem unscheinbaren Äußeren keine Spur einer solchen Transparenz wahrnimmt, sondern entweder achtlos an der Wirklichkeit vorbeisieht (wie die "Menschen" im Falle des "Zeitungsverkäufers") oder schließlich nur für das Negative an dieser Erscheinung empfänglich ist, wie die Zeitgenossen Karls überhaupt mit

Ausnahme nur des Pariser Volkes und einzelner, "aufgeklärter" Individuen wie dem Chancelier Gerson, der verlangt, daß der König "ewig sei, und das war damals, als er schon der Dürftigste war . . ." (SWVI, 906). Eine solche Dualität der Standpunkte gegenüber Manifestationen des "Unerhörten" oder gar des Transzendenten wurde schon in der Periode des "Zwischenseins" (Oktober—Dezember 1900) Thema des Rilkeschen Werkes und bildet eine der grundsätzlichen Ambivalenzen von *Malte Laurids Brigge*.[17] Am häufigsten handelt es sich um den Gegensatz zwischen Maltes Einsichten und den Mißverständnissen der "Leute" als Symptom der öfters gestellten, aber prinzipiell unlösbaren Frage der Subjektivität oder Objektivität von Maltes Aufzeichnungen. Daß das Volk von Paris im 61. Abschnitt die Stelle des einsichtsvollen Beobachters einnnimmt, erinnert an die positive Rolle des Volkes in der Aufzeichnung über Grischa Otrepjew und deutet auf den mythischen Charakter beider Zusammenhänge hin. Wenn in anderen Abschnitten Maltes eigene Kindheit als mythische Idealität dargestellt wird (z.B. Abs. 15, 27, 41), so scheint in diesem Rahmen eine fruchtbare menschliche Gemeinsamkeit durchaus möglich zu sein; wenn die Kindheit aber die Struktur der Pariser Gegenwart annimmt, so bestimmen Isolierung und Selbstentfremdung den Grundton der Aufzeichnungen (z.B. Abs. 20, 32, 43). Erscheint nun einerseits diese ganze geschichtliche Periode von der Zeit Johanns XXII. (1245–1334) zu der des "Sohnes des Grafen de Ligny" (1369–1384) und von Karl VI. selber (1368–1422) im Zeichen der heillosen Verwirrung und der undurchdringlichen "Finsternis" (SWVI, 915), so vermag andererseits die Epiphanie des Königs innerhalb dieser "Finsternis" einen mythischen Raum zu schaffen, in dem das ganze Volk von Paris an dem "Mysterium der Liebe" teilnehmen kann. Man sieht, wie weit man hier von einer "Geschichtsphilosophie" im üblichen Sinne entfernt ist, denn genau dieselbe geschichtliche Periode tritt einmal als Paradigma der in der *Gegenwart* des Romans herrschenden Entfremdung, Ziellosigkeit und Verzweiflung auf, zum anderen aber kommt ihr in der Episode auf dem Balkon von Saint-Pol eine genau entgegengesetzte Bedeutung zu, denn einige Seiten lang wird sie zum mythischen Bereich, zum Schauplatz einer idealen Gemeinsamkeit (der des Volkes) und Transparenz (der der Funktion des Königs). Es ergibt sich also wiederum eine Dualität der Perspektiven, nach der die "Finsternis" oder "Erleuchtung" völlig von dem jeweiligen Standpunkt des Beobachtenden abhängt, d.h. von Maltes jeweiliger Verwendung historischer Gestalten, um diesen oder jenen Aspekt seiner eigenen Situation indirekt zur Geltung zu bringen.

Es beginnen sich außerdem die Umrisse einer weiteren Dualität abzuzeichnen, die für unser Verständnis der Gestalt Karls VI. maßgebend sein wird. Es läuft letztlich darauf hinaus, ob er selber eine "Erscheinung" oder ein Symbol ist,

---

17 Siehe oben S. 140f.

oder ob er lediglich Zuschauer solcher Ereignisse bleiben muß. Gegenüber dem
Zeitungsverkäufer ist Maltes Haltung ausschließlich die eines Erkennenden; im
folgenden Abschnitt trägt er sich mit dem Gedanken, ob er selber das Dasein
eines Fortgeworfenen auf sich nehmen sollte und ob er, wenn es ihm auch
unmöglich ist, ihrem Beispiel zu folgen, diese "verblichenen, alternden
Mädchen" liebhaben sollte. Der Gegensatz erweist sich als der zwischen Passivität
und Selbstbestätigung, zwischen Anschauung und Handeln, und er wird für
unsere Untersuchung der folgenden Aufzeichnungen von zentraler Bedeutung
sein.

Die Gestalt Karls VI. wird am Anfang des 61. Abschnitts als ausdrückliche
Analogie zu Maltes eigener Lage eingeführt:

> Ich weiß, wenn ich zum Äußersten bestimmt bin, so wird es mir nichts helfen,
> daß ich mich verstelle in meinen besseren Kleidern. Glitt er nicht mitten im
> Königtum unter die Letzten? ... Aber es ist Nacht, es ist Winter, ich friere,
> ich glaube an ihn. Denn die Herrlichkeit ist nur ein Augenblick, und wir
> haben nie etwas längeres gesehen als das Elend. Der König aber soll dauern.

Karl erscheint als extreme Verkörperung von zwei Aspekten der gegenwärtigen
Situation: erstens der Gefahr, daß auch Malte, ohne die "Stärke und das Maß"
der idealtypischen "Fortgeworfenen" zu haben, doch noch "unter die Letzten"
hinabgleiten wird, also ein klägliches Ende ohne jede "transzendente" Bedeutung
erleben könnte, und zweitens der Tatsache, daß sich Malte immer noch
"verkleidet" und an einer "besseren" äußeren Erscheinung festhält. Denn der
wahnsinnige König *scheint* beim ersten Blick ein Musterbeispiel für den sinnlosen
Verfall eines menschlichen Daseins zu sein, während der ganze Staat eines
mittelalterlichen Herrschers als Hypertrophie der "Verkleidung" unangenehmer
Wirklichkeiten verstanden werden kann. Bezeichnenderweise enthält Maltes
Hinweis auf seine gegenwärtige Situation keine Anspielung auf die Kunst und
bietet in der Tat keinen Grund zum Optimismus. Wenn man berücksichtigt, daß
Deutungen wie die Ernst Hoffmanns in Malte schon zu diesem Zeitpunkt den
gereiften Künstler erkennen, so läßt es sich fragen, warum er sich, wenn diese
Deutungen richtig sind, die Zukunft in so trostlosen Farben ausmalt und gar
nichts von seiner angeblich schon in Erfüllung begriffenen "Aufgabe" der
künstlerischen Wirklichkeitsbewältigung sagt.[18] Wenn man diese einleitenden
Sätze mit Abstand liest, so scheint ihre Haupttendenz darin zu liegen, daß Malte
seine gegenwärtige Lage als äußerst prekär, trostlos und verworren empfindet
und sich daher an ein analoges Beispiel klammert, in der Hoffnung, daß er in
dieser etwas übertriebenen Parallelgestalt positivere Elemente entdecken könnte,

---

[18] Wenn er sich tatsächlich auf dem Wege zur künstlerischen Erfüllung befände, so
müßte er doch ab und zu auf einen so bedeutenden Fortschritt ausdrücklich hinweisen, denn
was seine gegenwärtige Misere betrifft, so zeigt er sich auch gegen Ende des Buches als
keinesfalls zurückhaltend.

die seinen "Glauben" rechtfertigen würden. Von sich selbst als schaffendem
Künstler spricht er überhaupt nicht, und das hat wohl seinen Grund darin, daß
die Wirkung solcher Abschnitte für den Leser eine ganz andere als für Malte ist,
weil ein überaus wichtiger Bestandteil dieses Kunsteffekts für uns in der
Beobachtung der Wechselwirkung der von der Erzählgegenwart gestellten
Probleme mit Maltes Handhabung der "historischen" Gestalten besteht. Denn er
ist ja die ganze Zeit hindurch bestrebt, eine existentielle Lösung dieser Probleme
zu entdecken, die sich im Hinblick auf die Realien seiner Situation verwirklichen
ließe, und darin liegt der Grund seines "Glaubens" an Karl VI. Wie sollte man
sonst erklären, daß er gegen Ende des Buches immer wieder auf die Relevanz
solcher "historischer" Gestalten oder Ereignisse zur eigenen Erfahrung verweist:

> Da sitze ich in der kalten Nacht und schreibe und weiß das alles. Ich weiß es
> vielleicht, weil mir jener Mann begegnet ist, damals als ich klein war. Er war
> sehr groß, ich glaube sogar, daß er auffallen mußte durch seine Größe.
>
> (SWVI, 915)
>
> Damals erlebte ich, was ich jetzt begreife: jene schwere, massive, verzweifelte
> Zeit . . .
>
> (SWVI, 916)
>
> Außen ist vieles anders geworden. Ich weiß nicht wie. Aber innen und vor Dir,
> mein Gott, innen vor Dir, Zuschauer: sind wir nicht ohne Handlung? . . . Und
> so gehen wir herum, ein Gespött und eine Hälfte: weder Seiende, noch
> Schauspieler.
>
> (SWVI, 920—1)
>
> Wir verdünnen fortwährend unser Verstehen, damit es reichen soll, statt zu
> schreien nach der Wand einer gemeinsamen Not, hinter der das Unbegreifliche
> Zeit hat, sich zu sammeln und anzuspannen.
>
> (SWVI, 922)

Diese Hinweise auf die Erzählgegenwart, zu denen auch die einleitenden
Betrachtungen über Karl VI. gehören, haben die Funktion, die Schicht der
vorhandenen Pariser Wirklichkeit als Bereich der ungelösten Probleme dem Leser
ständig vor Augen zu halten, damit er in der Lage sein soll, zu einem
differenzierten Verständnis der Parallelen und Kontraste zu gelangen, die in den
historischen Episoden sichtbar werden, statt alle Gestalten und Begebenheiten
pauschal als "Maltes Kunst" hinnehmen zu müssen. Auf diese Weise können
einzelne Stellen in der Geschichte Karls VI. in sehr spezifischem Sinne
Einsichten in die Erzählgegenwart vermitteln, denn der von Würmern zerfressene
König soll nicht nur für die Pariser Bevölkerung transparent werden, sondern
auch für Malte und durch ihn für den Leser.[19]

---

[19] Logischerweise endet die Reihe dieser transparenten Gegenstände in einer nicht
mehr ästhetischen, sondern existentiellen Gegensätzlichkeit, nämlich bei den Antinomien
innerhalb einer weiteren "Person des Schreibenden," Rilke selbst.

Wahnsinn und Geschichte

Die ersten Anzeichen einer positiveren Umdeutung der Gestalt des Königs zeigen sich dann auch sofort. Er "erhält sich" nämlich "unter seinem Wahnsinn wie Wachsblumen unter einem Glassturz" (SWVI, 906). Sein Wahnsinn, wie auch sein abstoßendes Äußeres, dient ihm zur Hülle, zum Schirm, hinter dem er Zuflucht gesucht hat vor den "Ereignissen jener Zeitläufte," die mit ihrem Übermaß an Mord und Grausamkeit in gleichem Maße sinnlos zu sein scheinen, wie der Wahnsinn selbst.[20] Hierin erkennt man sogleich einen analogen Vorgang zum mythischen Rückzug des "Lebens" von der Oberfläche der modernen Wirklichkeit, der die Entfremdung der Persönlichkeitsoberfläche von dem wesenhaften Kern bewirkt und zum Ausgangspunkt für Ibsens großartige Fehlleistung wird.[21] Tatsächlich wird diese anhand des physischen Verfalls von Karl VI. entwickelte Struktur sogleich auf ein Modell seines Bewußtseins übertragen:

> So drang niemand mehr durch dieses Geistes Verwilderung; niemand half ihm aus den Schluchten seiner Seele; niemand begriff es, wenn er selbst plötzlich heraustrat mit dem runden Blick eines Tiers, das auf die Weide geht. Wenn er dann das beschäftigte Gesicht Juvenals erkannte, so fiel ihm das Reich ein, wie es zuletzt gewesen war. Und er wollte nachholen, was er versäumt hatte.
>
> (SWVI, 907)

Sogar der Wahnsinn ist nicht frei von Ambivalenzen. Dient er dem König einerseits zum Schutz, zum Mittel der Selbsterhaltung, so bewirkt er andererseits, als "dieses Geistes Verwilderung," seine Isolierung von der Welt. Darüber hinaus aber scheint Karl selber einen gewissen Zwang zu fühlen, als König von Frankreich den Staat zu regieren und der heillosen Verwirrung jener Zeiten entgegenzuwirken, während andererseits das offenbar analoge Bild des "eisernen Amuletts," das in die "jäsige Wunde auf seiner Brust ... eingesunken war," so daß es "tief in ihm, fürchterlich kostbar, in einem Perlensaum von Eiter wie ein wundertuender Rest in der Mulde eines Reliquärs" stand (SWVI, 906), eine positivere Interpretation des Wahnsinns andeutet.[22] Sich unter dem Schutz des "Wahnsinns" zu erhalten oder herauszutreten und Handelnder zu werden, sind die alternativen Möglichkeiten, die der Gestalt des Königs innewohnen. Seine Epiphanie vor dem Volk von Paris erweist sich dann logischerweise als eine glückliche Synthese der Gegensätze.

---

20   Vgl. die Darstellung der verworrenen politischen Lage, SWVI, 907.
21   SWVI, 784f.; siehe auch die Schilderung von "Mamans Tod" SWVI, 811: ". . . sie fing gleich an zu sterben, langsam und trostlos abzusterben an der ganzen Oberfläche."
22   Vgl. Walter Seifert, *Das epische Werk*, S. 291.

Sein Erscheinen auf dem Balkon gehört einerseits zu seinen "aufgeklärten Augenblicken" (SWVI, 908), indem er sich seiner Identität bewußt ist;[23] andererseits aber verzichtet er in solchen Momenten völlig darauf, die Angelegenheiten des Staates in Ordnung bringen zu wollen:

> Wenn man das alles bedacht hatte [die gegenwärtige Situation], immer wieder bis ans Ende, kurz wie es war, so begehrte das Volk einen zu sehen, und es sah einen: ratlos. Aber das Volk freute sich des Anblicks; es begriff, daß dies der König sei: dieser Stille, dieser Geduldige, der nur da war, um es zuzulassen, daß Gott über ihn weg handelte in seiner späten Ungeduld . . .
>
> (SWVI, 908)

Aus der Bereitschaft einerseits, die Konfrontation mit der Wirklichkeit auszuhalten, und aus der totalen Ratlosigkeit und Passivität andererseits ergibt sich das "Mysterium der Liebe:"

> Dies hier wollte nicht begriffen sein; es war genau so wunderbar wie einst der Hirsch mit dem goldenen Halsband im Wald von Senlis. Nur daß er jetzt selber die Erscheinung war, und andere waren versunken in Anschauen.

So wie der Hirsch für den jungen König eine durchaus symbolische Bedeutung hatte,[24] so bestätigt er für das Pariser Volk, daß Gott gegen allen Anschein in der Geschichte doch noch tätig ist, obwohl diese Tätigkeit auf direkte Weise unfaßlich bleibt.[25] Der König ist sich zwar seiner Rolle als "Erscheinung" bewußt, aber das "Mysterium der Liebe" wäre ohne die Teilnahme der Zuschauer undenkbar:[26]

> Aber, wenn das damals der Triumph des Todes war, so war dieses, daß er hier stand auf seinen schwachen Knieen, aufrecht in allen diesen Augen: das Mysterium der Liebe.
>
> (SWVI, 908)

Das Gewicht liegt also nicht etwa auf der Innerlichkeit dieses Ereignisses, sondern vielmehr auf seiner äußeren Wirksamkeit, und wenn Seifert dann eine weitere Relativierung der Episode mit dem Hinweis auf die kurze Dauer der "Erscheinung" begründet:

---

23   Bei Juvenal des Ursins liest man, daß der König während seiner Wahnsinnsperioden nicht mehr gewußt haben soll, wer er sei.
24   Vgl. Charles Dédéyan, *Rilke et la France*, tôme IV, S. 190—193.
25   Vgl. Seiferts Darstellung des Themas der "Selbstbestätigung" S. 292. Was das Verständnis des "Welttheaters" betrifft, so schlägt die vorliegende Deutung eine andere Richtung ein.
26   Vgl. dagegen Seiferts "Aufbauschema," *Das epische Werk*, S. 326: "Karl VI. als innere Totalität."

... aber da ihm die Integration nur im mythischen Augenblick gelingt, muß er sich in einem äußeren Äquivalent objektivieren, um sich nach dem Durchgang durch das Anderssein vermittelt zurückzuempfangen.[27]

so läßt sich fragen, ob diese Einschränkung berechtigt ist. Der Text lautet:

Das Geheimnis seiner Sichtbarkeit verbreitete sich über seine sanfte Gestalt; er rührte sich nicht, aus Scheu, zu vergehen, das dünne Lächeln auf seinem breiten, einfachen Gesicht nahm eine natürliche Dauer an wie bei steinernen Heiligen und bemühte ihn nicht. So hielt er sich hin, und es war einer jener Augenblicke, die die Ewigkeit sind, in Verkürzung gesehen.

In Maltes Darstellung scheint diesem "Augenblick" überhaupt nichts Unvollkommenes oder Negatives anzuhaften, und es ist außerdem eine durchaus typische Eigenschaft solcher visionären Erfüllungen, daß sie innerhalb der chronologischen Zeit nur einen Augenblick lang dauern.[28] Indem Malte betont, daß es sich hier um einen "jener Augenblicke, die die Ewigkeit sind, in Verkürzung gesehen" handelt, scheint er sogar dem einen Ereignis eine uneingeschränkte, absolute Bedeutung beimessen zu wollen. Die Epiphanie hält nur einen Augenblick vor, weil der König nicht nur eine "Erscheinung," sondern auch ein Individuum ist, das weiterhin zwischen den Extremen der Selbstaufgabe und der Selbstbehauptung schwankt, zwischen der Isolation des persönlichen Wahnsinns und der ebenso sinnlosen Wirrnis der politischen Ereignisse. Aus dem Gefühl seiner Verpflichtung, "nachzuholen, was er versäumt hatte," erwächst seine Faszination für die Mysterienspiele, denn in ihnen allein erkennt er eine deutliche "Ordnung," und die einzig sinnvolle "Handlung" wäre demnach, diese "Ordnung" dem Chaos der geschichtlichen Wirklichkeit aufzuprägen:

... denn der König wünschte nichts mehr, als daß sie viele anstecken sollten und hineinreißen in ihre starke Aktion, in der Ordnung war. Was ihn selbst betrifft, so sehnte er sich, von ihnen zu lernen.

(SWVI, 919)

Von der "Erscheinung" auf dem Balkon zu seinem endgültigen Scheitern an diesem Unternehmen durchzieht jedoch die Linie der Aufzeichnungen mehrere Episoden, die sich zunächst von dem eben nur erwähnten Thema der Mysterienspiele sehr weit entfernen, um dann gegen Ende des 62. Abschnitts dazu zurückzukehren.

---

27 *Das epische Werk*, S. 292.
28 So etwa die Vision am Grabe der Geliebten in Novalis, *Hymnen an die Nacht* oder die "Aufhebung der Zeit" im "göttlichen Augenblick" bei Hölderlin. Rilke selber hat in einem sehr späten Brief die Überwindung des "Gegenübers" als ein in gleichem Maße momentanes Ereignis bezeichnet; vgl. M. Betz, *Rilke in Frankreich*, Wien 1938, S. 291f.

Der Weg zu den "Mysterien"

Die erste Erwähnung der Mysterien hat eine unverkennbar vorausdeutende Funktion:

> Aber oben auf dem Balkon war nur noch Juvenal des Ursins, und er rief in die nächste Beruhigung hinein, daß der König rue Saint-Denis kommen würde zu der Passionsbrüderschaft, die Mysterien sehen.

(SWVI, 909)

Zwischen dieser Stelle und dem zweiten Auftauchen des Themas (SWVI, 912) schreibt Malte ziemlich ausführlich über die Beschäftigung des Königs mit dem Buch von Christine de Pisan und mit dem Kartenspiel. Nach einigen Bemerkungen über "das Verhängnisvolle" der Mysterienspiele erfolgt der lange Exkurs über das späte Mittelalter als Zeit der "Finsternis." Dieser enthält wiederum die Episode aus Maltes Kindheit, die den subjektiv-mythischen Charakter seiner "Geschichtsschreibung" einfürallemal begründet. Wenn Malte dann ein zweites Mal zu den Mysterien zurückkehrt, so geschieht es erstens, um das Erscheinen des Erzengels auf der Mysterienbühne darzustellen, und zweitens, um die Unfähigkeit des Königs, den Sinn der "großen, bangen, profanen Passion, in der er spielte" einzusehen (SWVI, 920), sowie sein endgültiges Versagen auch zu unterstreichen. Es ist sehr wichtig, daß Karl VI. wie andere "Idealgestalten," trotz seiner Verwirklichung des "Mysteriums der Liebe" am Ende doch scheitert, nicht etwa, wie Walter Seifert meint, weil die "Konstellation . . . von absoluter Substantialität und leerem Anschein . . . durch die Umwelt verhindert wird,"[29] sondern weil der Grund dieses Fehlschlags in der dargestellten Persönlichkeit des Königs selber liegt.

In dem Augenblick, da der König das "Mysterium der Liebe" verwirklicht, spricht Malte von seinem "heimlichen Fortschritt" (SWVI, 908). Dieser besteht in dem Übergang vom "Triumph des Todes" bei dem Sieg von Roosebecke zu seiner völligen Passivität als Transparenz Gottes. Statt etwa als "Feldherr," als Handelnder, auf die Welt zu wirken, freut er sich nun des "Geheimnisses seiner Sichtbarkeit," seiner Intuition, daß er inmitten aller sinnlosen irdischen Handlung dem Volke den Einblick in das Handeln Gottes gewährt, indem er überhaupt nichts tut. Diese Transparenz verleiht seiner Gestalt etwas von dem "Dasein im Paradiese," macht sie zur "gestillten Figur" (SWVI, 909). Der König scheint also in diesen Augenblicken so sehr zum Vorwand für Gott geworden zu sein, daß er an einer idealen Selbst- und Zeitlosigkeit teilnimmt. Sein Fortschritt läßt sich also als der Übergang vom Handelnden zur "Erscheinung," von der Selbstbehauptung zur Selbstaufgabe begreifen. Nur müssen wir die äußerst

---

29 Das epische Werk, S. 298.

wichtige Nuancierung dieser Episode nicht aus der Sicht verlieren: einerseits stellt sie einen "ewigen" Augenblick dar und besitzt für das Volk von Paris einen entsprechend absoluten Wert; andererseits aber steht sie *im Leben des Königs selbst* innerhalb eines Prozesses, der zu dem Fehlschlag am Ende des 62. Abschnitts führt. Denn sein Austritt "aus seines Geistes Verwilderung," seine Rückkehr zur "Oberfläche" seines Lebens, steht ausgerechnet im Zeichen des Handeln-wollens:

> Wenn er dann das beschäftigte Gesicht Juvenals erkannte, so fiel ihm das Reich ein, wie es zuletzt gewesen war. Und er wollte nachholen, was er versäumt hatte.

(SWVI, 907)

Denn der König läßt es bei seiner "Ratlosigkeit" nicht bewenden. Er gibt der Versuchung nach, die "Ordnung" der Mysterien auf die Wirklichkeit übertragen zu wollen, und so werden sie ihm zum "Verhängnis," indem er am Konflikt zwischen seiner Rolle als statisches Symbol und zwischen dem Bestreben, die totale Verwirrung der zeitgenössischen Geschichte in ein sinnvoll geordnetes "Mysterienspiel" zu verwandeln, endgültig scheitert. Als Transparenz Gottes wird nur die Geduld von ihm erfordert; als Handelnder fühlt er sich verpflichtet, der "Finsternis" seiner Zeit entgegenzuwirken, dadurch daß er der Geschichte einen eindeutigen, offenbaren Sinn aufdrängt. Der Widerspruch liegt aber, wie schon bei Ibsen und Malte selbst, in der Diskrepanz zwischen direkter Wirklichkeitsbewältigung und entgegengesetzter Symbolik: als Transparenz oder Symbol besteht die Bedeutung des Königs darin, durch seine Hilflosigkeit das Handeln Gottes zu versinnbildlichen; als Handelnder möchte er der Geschichte dieselbe unmittelbare Sinnfülle und Deutlichkeit verleihen, die den biblischen oder legendären Handlungen der Mysterienspiele zueigen ist. Auf diese Weise kommt er dazu, Symbol mit Wirklichkeit, Kunstwerk mit Geschichte und schließlich seine beiden Rollen miteinander zu verwechseln. Im Hinblick auf Rilkes ganzes Werk stellen die Mysterien etwa die von Gott belebte Wirklichkeit des ersten Teils des *Stunden-Buchs* dar, die Finsternis der Geschichte dagegen, — die nur *im entgegengesetzten Sinne* verstanden eine positive Bedeutung, nämlich die "späte Ungeduld Gottes" aufweist —, entspricht vielmehr der völlig problematisch gewordenen Welt von *Malte Laurids Brigge* selbst. Daraus erklären sich die vielen Äußerungen des Autors, in denen er von einem "Negativ" oder einer "hohlen Form" spricht und dem Leser den Rat erteilt, die Aufzeichnungen "gegen den Strom" zu lesen. So wie das Volk von Paris in Karls Erscheinung das Gegenteil von seiner naheliegenden Bedeutung zu erkennen vermag, soll der Leser auch vielleicht hinter Maltes faktischem Scheitern die Umrisse einer entgegengesetzten, "positiven" Deutung des Werkes erkennen, wie ja Malte selbst im "Elend" des Königs positivere Elemente entdeckt und aufzeigt.

Wenn wir nun die Stationen des Weges zu den Mysterien im 61. und 62. Abschnitt einzeln betrachten, so geht es im Wesentlichen um drei Hauptthemen: die zunehmende "Selbstbestätigung" des Königs, die Abstrahierungen von der Wirklichkeit, mit denen er sich beschäftigt, und die Verwirrung der Zeit als Produkt einzelner Fehlhandlungen. Das Buch der Christine de Pisan bietet sich zunächst als willkommener Kontrast zur Kompliziertheit der Realität. Der König liest vor allem "die einfachsten Stellen . . . wo von dem Herzen die Rede war . . ." (SWVI, 910). Diese Stellen deuten auf die notwendige Wechselbeziehung von "wahrer Konsolation" und völlig ausgelittenem Unglück, was wiederum eine Parallele zum Elend des Königs und seiner transzendenten Bedeutung bildet.[30] Das "Herz" der Dichterin dient dem König zur Transparenz, durch die die Welt in einer geradezu idealen Einfachheit erscheint:

> . . . liebte er es, durch dieses von der starken Cumäa zu großen Wegen ergriffene Herz die Welt zu sehen, die damalige: die gewagten Meere, fremdtürmige Städte, zugehalten vom Andruck der Weiten . . .
>
> (SWVI, 910)

Tatsächlich beinhaltet *Le Chemin de long estude* eine imaginäre Reisebeschreibung mit vielen übernatürlichen Elementen und bedient sich einer Geographie, die von der Wirklichkeit ziemlich weit entfernt sein dürfte.[31] Das Buch stellt daher für Karl VI. eine vereinfachende "Erleichterung" der damaligen Wirklichkeit dar, und der Kontakt zwischen Himmel und Erde, der durch die imaginäre Reise durch beide Bereiche versinnbildlicht wird, dient dazu, die "Versuchung" der Mysterienspiele vorzubereiten.[32]

Das Kartenspiel wird ebenfalls zu einer vereinfachenden, abstrahierenden Darstellung der "Welt," einer Welt aber, die eine viel größere Ähnlichkeit zur geschichtlichen Wirklichkeit hat als die Dichtungen Christines:

> Genau wie er nun zwei Könige nebeneinander aufschlug, so hatte Gott neulich ihn und den Kaiser Wenzel zusammengetan; manchmal starb eine Königin, dann legte er ein Herz-Aß auf sie, das war wie ein Grabstein. Es wunderte ihn nicht, daß es in diesem Spiel mehrere Päpste gab; er richtete Rom ein drüben am Rande des Tisches, und hier, unter seiner Rechten, war Avignon.
>
> (SWVI, 911)

---

[30] Hier handelt es sich, wie auch bei der Wechselwirkung von "Kunst-Absicht" und "Kunst-Vorwand," um ein weiteres Beispiel der komplementären Gegensätzlichkeit.

[31] Vgl. Charles Dédéyan, *Rilke et la France*, tôme II, S. 86–89.

[32] SWVI, 912: "Niemand wußte, welcher Versuchung er nachgab, wenn er dann nach den Mysterien fragte und nicht erwarten konnte, daß sie begännen."

Weil auch er in diesem Spiel als Karte auftritt, kommt logischerweise das Thema der "Selbstbestätigung" zum Vorschein:

> ... aber die Gewißheit bestärkte sich in ihm, daß auch er eine bestimmte Karte sei, vielleicht eine schlechte, eine zornig ausgespielte, die immer verlor: aber immer die gleiche: aber nie eine andere. Und doch, wenn eine Woche so hingegangen war in gleichmäßiger Selbstbestätigung, so wurde ihm enge in ihm. Die Haut spannte ihn um die Stirn und im Nacken, als empfände er auf einmal seinen zu deutlichen Kontur. Niemand wußte, welcher Versuchung er nachgab, wenn er dann nach den Mysterien fragte und nicht erwarten konnte, daß sie begännen.

> (SWVI, 911)

Das Kartenspiel, indem es das Motiv der Selbstbehauptung, des möglichen Handelns wiederholt, hat die Funktion, den König von der idealen Passivität seines Erscheinens auf dem Balkon weg und in die Richtung auf sein "Verhängnis" zu führen. In diesem Sinne sind die Mysterien für ihn eine "Versuchung," weil ihre klare und deutliche Handlung ihn dazu verlocken kann, selbst handeln zu wollen. Schlimmer noch — sie stellen einen Bereich dar, in dem Kunst und Leben ineinanderfließen:

> Es war das Verhängnisvolle dieser dargestellten Gedichte, daß sie sich immer noch ergänzten und erweiterten, ... so daß die Zeit in ihnen schließlich die wirkliche war; etwa so, als machte man einen Globus im Maßstab der Erde ...
> SWVI, 912)

Einerseits stellen die Mysterien einen schroffen Kontrast zur zeitgenössischen Wirklichkeit dar, denn ihre "Ordnung" liegt eben auf der Oberfläche in der künstlerisch gestalteten Einfachheit der Legenden und biblischen Geschichten, während die Bedeutung der gegenwärtigen Wirklichkeit keineswegs so unmittelbar zugänglich ist; andererseits aber besteht eine *quantitative* Äquivalenz der wirklichen Zeit mit der dieser sich immer weiter ausdehnenden Kunstwerke. Dieser Faktor bedeutet nichts Positives, wie es der absurde Vergleich des "Globus im Maßstab der Erde" klar macht, aber in ihm liegt eben die "Versuchung," Kunst und Wirklichkeit derart miteinander zu verwechseln, daß man alle Gesetze der einen irrtümlicherweise auf die andere überträgt. Obgleich die Beziehung des Irdischen zum Göttlichen in dieser Zeit völlig obskur geworden ist, stellen die Mysterien eine Wirklichkeit dar, die immer noch in Richtung auf "Himmel und Hölle" hin offen ist. Diese "Gedichte" für einen Spiegel der gegenwärtigen Wirklichkeit zu halten, heißt daher einer "Täuschung" anheimzufallen, — nämlich, daß diese Kunstprodukte in allem der Wirklichkeit entsprechen:

Denn dieses Jahrhundert hatte in der Tat Himmel und Hölle irdisch gemacht: es lebte aus den Kräften beider, um sich zu überstehen.

(SWVI, 912)

Die oberflächlichen Ähnlichkeiten zwischen Mysterienspiel und "Wirklichkeit," im Sinne des herrschenden Wirklichkeits*bildes,* und die quantitative Entsprechung zwischen der "wirklichen" Zeit und der Länge dieser künstlerischen Hypertrophien dienen dazu, "die Täuschung zu verringern," indem das Moment der dichterischen Idealisierung an den Mysterienspielen weitgehend übersehen wird und die Versuchung, sie auf die unmittelbare Wirklichkeit zu übertragen, stärker und selbstverständlicher wird.

Die Geschichte des Papstes Johann XXII. exemplifiziert dann erstens die Tendenz, "Himmel und Hölle irdisch zu machen" und zweitens das falsche Handeln in einer Zeit, da die direkte Wirklichkeitsbewältigung nicht mehr möglich ist. Johann XXII. projiziert die auf Erden herrschende Verzweiflung und Unsicherheit in die Himmel, indem er leugnet, daß es vor dem jüngsten Gericht die Seligkeit nach dem Tode geben könne. Außerdem wird sein *Handeln,* das ketzerische Glaubensbekenntnis mit einbegriffen, von der Ironie seiner Situation überschattet und führt schließlich zur Katastrophe:

Er selbst aber, der kleine, leichte, geistige Greis, wohnte noch im Offenen. Während er, kaum angekommen, ohne Aufschub, nach allen Seiten hin rasch und knapp zu handeln begann, standen die Schüsseln mit Gift gewürzt auf seiner Tafel . . .

(SWVI, 912)

. . . in einem plötzlichen Bedürfnis, wie um ihn selbst wiederzusehen, hatte er seinen Glauben gezeigt; aus dem fünfundachtzigjährigen Tabernakel hatte er ihn mit aller Kraft langsam herausgehoben und auf der Kanzel aufgestellt: und da schrieen sie ihn an. Ganz Europa schrie: dieser Glaube war schlecht.

(SWVI, 914)

Sein Handeln erschöpft sich darin, die Not und "Finsternis" zu verstärken, und auch das Gegenbeispiel zum Papst, der achtzehnjährige Pierre de Luxembourg, der schon in diesem Alter "in einer Ekstase seiner Vollendung gestorben war" (SWVI, 915), hat "etwas Verzweifeltes" an sich. Diese "frühreife Heiligkeit" gleicht tatsächlich einer Flucht aus der Welt, aus der "Finsternis" der Geschichte, die allem Anschein nach durch nichts zu erhellen ist. Auch der "Leuchtende" kann dieser überwältigenden Verwirrung nicht standhalten, und so verläßt er auf fast gewaltsame Weise die Erde.

Die Rolle des Königs liegt zwischen diesen kontrastierenden Beispielen. Stellt der avignonesische Papst die Sinnlosigkeit des zielgerichteten Handelns dar und verkörpert Pierre de Luxembourg den absoluten Verzicht auf das nunmehr "verfinsterte" irdische Dasein, so zeigt die Gestalt Karls VI. einerseits Ansätze zum "politischen" Handeln, andererseits aber bietet der Wahnsinn, in den er immer wieder zurückfällt, ein Asyl dar, in dem der König sich "erhalten" kann, "wie Wachsblumen unter einem Glassturz" (SWVI, 906). Der Papst steht dementsprechend im Zeichen der "Selbstbestätigung" — er "zeigt" seinen Glauben, "wie um ihn selbst wiederzusehen" —, während der junge Heilige als Gegenstück sein irdisches Dasein einfach aufgibt, um dieser "Finsternis" zu entfliehen:

> Warum verweilten die Leuchtenden nicht unter den mühsamen Lichtziehern? War es nicht diese Finsternis, die Johann den Zweiundzwanzigsten dahin gebracht hatte, zu behaupten, daß *vor* dem jüngsten Gericht keine ganze Seligkeit gäbe, nirgends, auch unter den Seligen nicht?
>
> (SWVI, 915)

Diese zwei Tendenzen sind auch in Karl VI. vorhanden und beide lassen sich in der Beschreibung der Episode im Dreifaltigkeitshospital am Ende des 62. Abschnitts aufzeigen.

Bevor die Geschichte des Königs wieder aufgenommen wird, gibt es zwei weitere retardierende Momente zu berücksichtigen: die parallele Episode aus Maltes eigener Kindheit und den letzten Exkurs über das späte Mittelalter, "jene schwere, massive, verzweifelte Zeit" (SWVI, 916). Wir wissen nicht, aus welcher Phase der Kindheit die Episode am Anfang des 62. Abschnitts erzählt wird, und es ist auch nicht wesentlich, darüber Hypothesen aufzustellen. Wir haben schon oft genug zur Kenntnis nehmen müssen, daß der jeweilige Gefühlswert oder gedankliche Inhalt der Kindheitserinnerungen von den Bedürfnissen der Gegenwartssituation völlig abhängig ist. Von der Perspektive des Schreibenden aus können Kindheit und Weltgeschichte dieselbe repräsentative Funktion erfüllen. Auch wenn beide Stoffbereiche wie hier im Dienste der wechselseitigen Erhellung stehen, sind sie für Malte in gleichem Maße "Vokabeln seiner Not."[33] Daß das eine Ereignis aus seiner Kindheit Malte angeblich den Schlüssel zum Verständnis einer ganzen geschichtlichen Periode gibt, hebt außerdem eine sehr wichtige Eigenschaft aller "Vorwand"-Aufzeichnungen hervor.

Wie die Kapitel über das Persönlichkeitsmodell gezeigt haben, ist die Welt des Romans die einer sehr ausführlich und genau strukturierten Persönlichkeit. Da nun die Verbindungen zwischen Erzählgegenwart und erzählter Vergangenheit in den meisten Fällen analoger oder assoziativer Art sind, tragen diese als Parallelen oder Variationen zur weiteren Ausgestaltung des Persönlichkeitsmodells bei, ohne daß die Welt des Romans in den verzweifelt-monotonen Solipsismus ausartet, der die Romane eines Samuel Beckett kennzeichnet.[34] Die Einflechtung

---

33 BM. 320.
34 So wie *Malone meurt* oder *L'Innommable*.

dieser Kindheitsepisode hat eindeutig die Funktion, den Leser an den Vorwands-
charakter aller Exkurse über geschichtlich-legendäre Gestalten oder Ereignisse
zu erinnern; zugleich aber lädt sie dazu ein, die Tragweite solcher Analogien in
der Richtung der Pariser Gegenwart hin zu erweitern und nach weiteren
Entsprechungen zu suchen. Denn es ist das Eigentümliche am *Malte*-Roman, daß
die Darstellung der Persönlichkeit des "Helden" über alle direkten Evokationen
oder Analogien hinaus in der Strukturierung der erzählten Erinnerungen oder
verarbeiteten "Reminiszenzen seiner Belesenheit" konsequent fortgesetzt wird.

Der Schlüssel zum Verständnis des 62. Abschnitts liegt in der Struktur seiner
Bildhaftigkeit. Malte berichtet von einem scheinbar trivialen Ereignis, das jedoch
seine völlige Entfremdung von der damaligen Umgebung zufolge hatte. Er läuft
um eine Ecke und stößt gegen einen unbekannten Erwachsenen, der, statt das
Kind zu trösten, eine feindliche, bedrohliche Haltung ihm gegenüber einnimmt.
Auf realistisch-psychologischer Ebene ist die Reaktion des Kindes verständlich
genug:

> Ehe ich noch Zeit hatte, mein Gesicht wegzusenken, lief ich schon; ich wich
> links an ihm vorbei und lief geradeaus eine leere, furchtbare Gasse hinunter,
> die Gasse einer fremden Stadt, einer Stadt, in der nichts vergeben wird.
>
> (SWVI, 916)

Was aber nicht auf dieser Ebene ersichtlich wird, ist die Verbindung dieser
Episode mit einer Zeit, "in der der Kuß zweier, die sich versöhnten, nur das
Zeichen für die Mörder war, die herumstanden . . ." (SWVI, 916), einer Zeit, von
der Malte fragt: "Wer konnte stark sein und sich des Mordes enthalten? " (SWVI,
918). Nur auf der Ebene der motivischen Verbindungen wird eine präzise
Analogie erkennbar, denn wenn wir folgende Abschnitte aus der Kindheitsepisode und der anschließenden "historischen" Beschreibung miteinander
vergleichen:

> Plötzlich kam sein Gesicht. Wie es war? Ich weiß es nicht, ich will es nicht
> wissen. Es war das Gesicht eines Feindes. Und neben diesem Gesicht, dicht
> nebenan, in der Höhe der schrecklichen Augen, stand, *wie ein zweiter Kopf*
> [Hervorhebung d. Verf.], seine Faust.
>
> (SWVI, 916)

> Und dann, vor dem späten Nachtessen diese Nachdenklichkeit über die Hände
> in dem silbernen Waschbecken. Die eigenen Hände. Ob ein Zusammenhang in
> das Ihre zu bringen war? Eine Folge, eine Fortsetzung im Greifen und
> Lassen? Nein. Alle versuchten das Teil und das Gegenteil. Alle hoben sich
> auf, Handlung war keine.
>
> (SWVI, 919)

so werden wir sogleich an das im ersten Teil des Werkes häufig wiederkehrende
Motiv der Zwiespältigkeit des vordergründigen Bewußtseins erinnert.

Wie wir bereits im 4. Kapitel sahen, bringen die Abschnitte 18—21 eine Reihe von Variationen über das Thema der Ich-Teilung und der Bedrohung des "gewöhnlichen Bewußtseins" durch das sich ebenfalls auf der Oberfläche des Ich-Modells manifestierende "Unerhörte." Zu den Bildern des "Unerhörten" gehört auch das "Große," das in der Episode im Krankenhaus so beschrieben wird:

> Jetzt wuchs es aus mir heraus wie eine Geschwulst, wie ein zweiter Kopf, und war ein Teil von mir, obwohl es doch gar nicht zu mir gehören konnte, weil es so groß war. Es war da, wie ein großes totes Tier . . .
>
> (SWVI, 765)

Nach diesem Einbruch des "Unerhörten, weiß Malte auch nicht mehr, in welcher Stadt er sich befindet, und wird seiner Umgebung in solchem Maße entfremdet, daß er die Namen auf den Tafeln der Straßenbahnen nicht mehr erkennt, genau wie er sich nun im 62. Abschnitt plötzlich "in einer fremden Stadt" sieht, "einer Stadt, in der nichts vergeben wird." (SWVI, 916). Im 4. Kapitel wurde ebenfalls festgestellt, daß Maltes Vorstellung der "Zeit der anderen Auslegung" durch die Gespaltenheit seines gegenwärtigen Bewußtseins maßgeblich beeinflußt wird und daß seine Unfähigkeit, den nächsten, rettenden Schritt zu tun, von der Tatsache abhängt, daß er "zerbrochen" ist, daß die beiden Hälften der vordergründigen Persönlichkeit in eine jeweils andere Richtung ziehen. Aus dieser Uneinigkeit kann kein sinnvolles *Handeln* hervorgehen, genau wie im späten Mittelalter die Antinomie von "Teil und Gegenteil" in derselben Persönlichkeit zur gegenseitigen "Aufhebung" führt:

> Alle versuchten das Teil und das Gegenteil. Alle hoben sich auf, Handlung war keine.
>
> (SWVI, 919)

Das Fehlen jeder eindeutigen "Handlung" wird dann zu einem wesentlichen Merkmal der geschichtlichen "Finsternis," und so schließt sich der Kreis an der Stelle, wo Persönliches und "Historisches" wieder einmal ineinander übergehen.

Die Gespaltenheit in "Teil und Gegenteil" erweist sich daher als der allen drei Kontexten zugrundeliegende gemeinsame Nenner. In der Kindheitsepisode erscheint sie in der Diskrepanz zwischen erwarteter Tröstung und realer Bedrohung, wobei die Worte "wie ein zweiter Kopf" den assoziativen Zusammenhang, in dem diese Variation des Themas "Ich-Teilung/Selbstentfremdung" verstanden werden soll, auf einprägsame Weise zur Geltung bringen. Die heillose Verwirrung der geschichtlichen Sphäre ist in großem Maße als die Summe vieler solcher Uneinigkeiten und ihrer Entäußerung in der Form von Fehlhandlungen zu betrachten, wie ja auch kein "Zusammenhang" in der Bewegung der eigenen Hände erkennbar zu sein scheint. In diesem Sinne hebt der Papst Johann XXII.

seine eigenen Handlungen auf, indem er geradezu zwangsläufig alles Bisherige
widerruft:

> Er widerrief einmal über das andere. Es wurde die senile Leidenschaft seines
> Geistes, zu widerrufen. Es konnte geschehen, daß er nachts die Kardinäle
> wecken ließ, um mit ihnen von seiner Reue zu reden ...
>
> (SWVI, 914)

Bei ihm nimmt die Antinomie von Teil und Gegenteil ebenfalls die Form einer
ironisch gesehenen Diskrepanz an: einerseits versteht er sich als "herrischen
Arzt" (SWVI, 914) der ganzen, "kranken" Welt, andererseits aber teilt er die
Verzweiflung dieser Zeit, ist er selbst der "Finsternis" völlig anheimgegeben.
Deshalb stiften seine "Heilmethoden" nur weitere Verwirrung.

Was Karl VI. betrifft, so steht er zwischen den Polen der zielgerichteten
Handlung und der totalen Hilflosigkeit. Stellt der "Triumph des Todes" im Siege
bei Roosbecke das negative Extrem des ersteren dar, so scheinen seine Rückfälle
in den Wahnsinn, wobei er allen Kontakt mit der wirklichen Umgebung verliert
und aus "seines Geistes Verwilderung" nicht mehr hinaus kann, die Reduktio
ad absurdum des Nicht-handelns zu bedeuten. Seine Epiphanie auf dem Balkon
des Hotels von Saint-Pol stellt eine augenblickliche, beglückende Synthese dieser
Richtungen dar, indem er weder handelt noch vor der Wirklichkeit flieht,
sondern in dem Ausgleichspunkt beider Tendenzen zum Symbol einer fruchtbaren, sinnvollen Gegensätzlichkeit wird, die anders konzipiert ist als die
Antinomie von Teil und Gegenteil. Diese einmalige Mischung von Selbstbe-
wußtheit und Selbstpreisgabe, so absolut sie in ihrer Wirkung auf das Pariser
Volk sein mag, hält für den König selbst nicht lange vor, und der Drang zur
"Selbstbestätigung" als Voraussetzung erfolgreichen Handelns gewinnt in den
nächsten Episoden die Oberhand. Er erkennt, daß die so dringend benötigte
Sicherheit und Eindeutigkeit des Handelns nicht in der Wirklichkeit, sondern
lediglich in den Mysterien vorhanden ist. Statt an dem Unterschied zwischen
Kunstwerk und Wirklichkeit festzuhalten, wird er durch gewisse Ambivalenzen,
die das "Verhängnisvolle" an diesen "dargestellten Gedichten" bilden (SWVI,
912), dazu gebracht, die restlose Verschmelzung von Wirklichkeit und Mysterienspiel herbeiführen zu wollen. So ermutigt er die Missionsbrüder dazu, in ihre
Bühnenkostüme gekleidet mit den Bürgern von Paris zu verkehren, um auf diese
Weise der herrschenden Verwirrung etwas von der Klarheit und Eindeutigkeit
eines Kunstwerkes zu verleihen:

> Es gab keine Handlung, außer bei den Missionsbrüdern. Der König, so wie er
> sie hatte sich gebärden sehn, erfand selbst den Freibrief für sie. Er redete sie
> seine lieben Brüder an; nie war ihm jemand so nahegegangen. Es wurde ihnen
> wörtlich bewilligt, in ihrer Bedeutung unter den Zeitlichen herumzugehen;
> denn der König wünschte nichts mehr, als daß sie viele anstecken sollten und

hineinreißen in ihre starke Aktion, in der Ordnung war. Was ihn selbst
betrifft, so sehnte er sich, von ihnen zu lernen. Trug er nicht, ganz wie sie, die
Zeichen und Kleider eines Sinnes an sich?

(SWVI, 919)

Dieses Projekt wird ihm zum Anlaß für "ungeheuere Hoffnungen," denn die
"Ordnung" der Mysterienspiele auf das Chaos der Geschichte zu übertragen,
hieße die "Finsternis" nicht nur der äußeren Wirklichkeit, sondern auch seines
Geisteszustands ein für allemal zu erhellen. Sein Wahnsinn ist in Maltes
Verarbeitung der Geschichte tatsächlich nichts anderes als der Ausdruck seiner
Unverträglichkeit mit der entarteten Realität. Wir wissen aber schon, daß seine
Rolle in der Geschichte einzig darin besteht, daß er "nur da war, um es
zuzulassen, daß Gott über ihn weg handelte in seiner späten Ungeduld." (SWVI,
908). Innerhalb der Fiktion dieser Abschnitte ist das Chaos dieser Zeit ein von
Gott gewolltes, und die Rolle des Königs in dieser "göttlichen Unordnung" ist
eben eine *symbolische* und nicht etwa eine schöpferische oder zurechtstellende.
Die Katastrophe erfolgt durch einen für Rilke durchaus typischen "Umschlag,"
indem der Augenblick der scheinbaren Erfüllung zum Anlaß des Scheiterns
wird.[35]
Die "Erfüllung" liegt im Erscheinen des Erzengels auf der Mysterienbühne:

Manchmal im Äußersten, wenn ein abgesprochener Spieler plötzlich wegtrat
aus seinem großen Blick, hob er das Gesicht und erschrak: seit wie lange
schon war Er da: Monseigneur Sankt Michaël, oben, vorgetreten an den Rand
des Gerüsts in seiner spiegelnden, silbernen Rüstung.

In solchen Momenten richtete er sich auf . . .

(SWVI, 920)

Es ist überaus schwierig, diese Stelle zu deuten, ohne an andere bekannte
Erscheinungen des Engels im Rilkeschen Werk zu denken,[36] aber wir werden
trotzdem den Versuch machen, den Passus aus dem unmittelbaren Zusammenhang zu interpretieren. Der Engel erscheint im Mysterienspiel in gewisser Hinsicht
als Parallele zu der Erscheinung des Königs auf dem Balkon: nach dem Abtritt
des "abgesprochenen Spielers" richtet sich die Aufmerksamkeit des Beobachtenden plötzlich auf den vermutlich schon einige Zeit vorhandenen Erzengel,
etwa wie für das Pariser Volk die transzendente Bedeutung des hilflosen Königs
plötzlich zur Offenbarung wird. In beiden Fällen wird die Oberfläche des
Gesehenen transparent: die Ratlosigkeit des Königs auf die Handlung Gottes hin

---

35 Hierin erkennt man ohneweiteres eine direkte Parallele zum Tod Grischa Otrepjews.
36 Vgl. dazu Seiferts Ausführungen über die vierte Duineser Elegie, *Das epische Werk*,
S. 297.

und die dramatische Fiktion auf das Vorhandensein des Engels. Aber ausgerechnet in dieser Parallele liegt ein entscheidender Kontrast: denn die Erscheinung des Engels auf der Mysterienbühne bedeutet eine direkte Steigerung
der sakralen Handlung, während das Verhältnis des "Geduldigen" zur "späten
Ungeduld" Gottes auf der *Gegensätzlichkeit* von "Vorwand" und dahinter-
liegender Bedeutung basiert. Anders formuliert: eröffnet das Mysterienspiel eine
Perspektive auf eine übernatürliche Welt, weil sein Inhalt ohnehin aus Darstellungen des Transzendenten besteht, so ist es die Rolle des Königs, *trotz allem
Anschein* und auf indirekte Weise auf das Wirken Gottes in der Geschichte
aufmerksam zu machen. Darüber hinaus findet das Erscheinen des Erzengels in
einem Kontext statt, der eine idealisierte Abstrahierung von der Wirklichkeit
vertritt, während der König seine Epiphanie eben im Rahmen der größten
Verwirrung und Unordnung erlebt.[37]

Die Analogie der Mysterienspiele erweist sich also für den König als
irreführend, weil sakrales Theater und "Welttheater" nicht identisch, sondern
nach genau entgegengesetzten Prinzipien eingerichtet sind: jenes weist die
Ordnung und Klarheit einer dogmatischen Verarbeitung der religiösen Über-
lieferung auf, während dieses sich nur dem Beobachter als sinnvoll erschließt, der
in der Ratlosigkeit eines "Wahnsinnigen" den Ausdruck des göttlichen Willens zu
erkennen vermag. Öffnet sich die Mysterienbühne unmittelbar auf die übernatürliche Welt, so führen die Ereignisse auf der Bühne der Geschichte eher dazu,
die Gläubigen an den Tröstungen der Religion irrezumachen,[38] und somit läuft
die Bestrebung des Königs den herrschenden Verhältnissen zuwider, denn er lebt
nicht mehr in einer Welt, deren Sinn auf der Oberfläche sichtbar werden kann,
wie ja der Sinn der Mysterien in ihren eindeutigen "Handlungen" offenbar wird.
Er hat zwar in dieser äußerst greulichen Szene auf der Bühne des Welttheaters
eine bestimmte Rolle, aber sie liegt nicht darin, die gegenwärtige Situation
wieder ins Geleise zu bringen, indem er sie etwa in eine Heiligenlegende
verwandelt, sondern vielmehr in der momentanen Koinzidenz seiner Passivität
mit seiner symbolischen Funktion als Transparenz Gottes. So wird die
Weltgeschichte zum "Gegenstück" der Mysterienspiele, und der König geht an
der Verwechslung beider zugrunde.

In solchen Momenten richtete er sich auf. Er sah um sich wie vor einer
Entscheidung. Er war ganz nahe daran, das Gegenstück zu dieser Handlung
hier [auf der Mysterienbühne] einzusehen: die große, bange, profane Passion,

---

37 Vgl. die Darstellung der "Ereignisse jener Zeitläufte," SWVI, 907.
38 SWVI, 915: "Und in der Tat, wieviel rechthaberische Verbissenheit gehörte dazu,
sich vorzustellen, daß, während hier so dichte Wirrsal geschah, irgendwo Gesichter schon im
Scheine Gottes lagen, an Engel zurückgelehnt und gestillt durch die unausschöpfliche
Aussicht auf ihn."

in der er spielte. Aber auf einmal war es vorbei. Alle bewegten sich ohne Sinn. Offene Fackeln kamen auf ihn zu, und in die Wölbung hinauf warfen sich formlose Schatten . . .

(SWVI, 920)

Das Mysterienspiel und sein eigenes Leben sind insofern parallel, als beide als "Passion" bezeichnet werden dürfen; die gegenwärtige Situation ist jedoch "bang" und "profan," während die Leidensgeschichte Jesu die vorgezeichnete Bahn der alttestamentlichen Propheten befolgt und als Erfüllung des göttlichen Versprechens verstanden wird. Seine eigene Rolle in dieser "großen, bangen, profanen Passion" einzusehen, hieße also für den König den Unterschied zwischen Legende und Geschichte zu erkennen und demzufolge die Zweck- losigkeit jeder direkten Einwirkung und die Notwendigkeit des passiven Duldens zu begreifen. Das würde aber bedeuten, daß er zugleich einsichtiger Zuschauer und unbefangener Schauspieler sein müßte, selbständig Urteilender und "Vor- wand Gottes," selbstloser "Heiliger" und Zeuge der eigenen Verklärung. An diesen Unmöglichkeiten zerbricht seine ohnehin prekäre Identität und erlischt sein Bewußtsein. Die Erscheinung des Engels führt also die Katastrophe herbei, indem sie die in der ganzen Situation latenten Antinomien verschärft und zu einer "Entscheidung" (SWVI, 920) bringt. Die Parallele zwischen sakralem Spiel und profaner Wirklichkeit schlägt dann in ihre bisher verborgene Gegensätzlich- keit um, und der König verliert nochmals allen Kontakt mit der Umgebung:

Menschen, die er nicht kannte, zerrten an ihm. Er wollte spielen: aber aus seinem Mund kam nichts, seine Bewegungen ergaben keine Gebärde. Sie drängten sich so eigentümlich um ihn, es kam ihm die Idee, daß er das Kreuz tragen sollte. Und er wollte warten, daß sie es brächten. Aber sie waren stärker, und sie schoben ihn langsam hinaus.

(SWVI, 920)

Es ist durchaus ironisch, daß seine letzte "Idee" einer weiteren Verwechslung zuzuschreiben ist: er meint, er befinde sich innerhalb einer sakralen Handlung und spiele die Rolle Christi. Stattdessen aber ist er in die klägliche Rolle des "Wahnsinnigen" zurückgefallen und, weit davon entfernt, die Welt zu erlösen durch sein Leiden, wird er lediglich zu einer Kuriosität des "profanen Gegenstücks" der Mysterien, nämlich der Weltgeschichte. Es ist daher nicht die "Umwelt," welche die ideale Synthese verhindert,[39] sondern die innere Zwiespältigkeit des Königs selbst, die ihn dazu verführt, Zuschauer und Spieler zugleich sein zu wollen, und die wiederum dann nur ein weiteres Symptom der allgemeinen "Finsternis" ist.

---

[39] Vgl. Walter Seifert, *Das epische Werk,* S. 297f.

Karl VI. als Analogie zu Malte selbst

Die Geschichte Karls wird am Anfang des 61. Abschnitts als existentiell wichtig für Malte bezeichnet: "Aber es ist Nacht, es ist Winter, ich friere, ich glaube an ihn," (SWVI, 905) und die Kindheitsepisode im 62. Abschnitt stellt eine Parallele zwischen dem späten Mittelalter und den Zeiten totaler Entfremdung auf, die Malte nicht nur "in der Kindheit," sondern auch in Paris durchmacht. Auch tritt der König als paradoxe Gestalt auf, indem sein "Elend" nicht nur als schützende Hülle für sein "Selbst" fungiert, sondern auch die völlig unerwartete Verwirklichung des "Mysteriums der Liebe" ermöglicht. In ähnlicher Weise hatte Malte im 18. und 22. Abschnitt auf eine in gleichem Maße paradoxe, positive Umkehr gehofft: "Nur ein Schritt, und mein tiefes Elend würde Seligkeit sein . . ." (SWVI, 756), und diese Möglichkeit der Erlösung schien eine radikale Vereinfachung der Ich-Struktur vorauszusetzen. Wenn Karl nun an seiner Unfähigkeit scheitert, *entweder* Instrument Gottes *oder* selbständig Handelnder zu sein, so erinnert das einerseits an Maltes Vorstellung der "Zeit der anderen Auslegung" als Zustand dingähnlicher Passivität: "Aber diesmal werde ich geschrieben werden . . ." (SWVI, 756), und andererseits an seine "namenlose Furcht," er könnte als Person einfach ausgetilgt werden. Daß er ohnehin unfähig ist, den nächsten Schritt vom Elend zur Seligkeit zu tun, begründet Malte mit den Worten: "weil ich zerbrochen bin." "Zerbrochensein" heißt mit sich selbst uneinig sein, heißt auf der einen Seite den Anbruch der "Zeit der anderen Auslegung" ersehnen und auf der anderen als bedrohte Persönlichkeit davor zurückschrecken. Dementsprechend "ahnt" der König einerseits, daß sein "heimlicher Fortschritt" eben im Nicht-handeln besteht (SWVI, 908), andererseits aber kann er nicht umhin, die Unordnung der Zeit durch die "Ordnung" der Mysterienspiele bekämpfen zu wollen, und so versucht er "von ihnen zu lernen" (SWVI, 919). Der Wahnsinn entspräche dann den verschiedenen Ausweichmöglichkeiten, die Malte vorschweben und die das Motiv einer schützenden Hülle oder eines "Asyls" beinhalten.[40] Die Rechtfertigung dieser Parallelen liegt nicht nur in der Kindheitsepisode von Abschnitt 62., sondern auch im 63. Abschnitt, der Maltes letzten Hinweis auf die Pariser Wirklichkeit enthält:

> Außen ist vieles anders geworden. Ich weiß nicht wie. Aber innen und vor Dir, mein Gott, innen vor Dir, Zuschauer: sind wir nicht ohne Handlung? Wir entdecken wohl, daß wir die Rolle nicht wissen, wir suchen einen Spiegel, wir möchten abschminken und das Falsche abnehmen und wirklich sein.
>
> (SWVI, 920)

---

40 Siehe oben S. 92f.

Genau wie der König unmittelbar vorher seiner Umgebung entfremdet wird —
"Alle bewegten sich ohne Sinn . . . Menschen, die er nicht kannte, zerrten an
ihm . . ." — so legt Malte hier seine Unfähigkeit an den Tag, die äußeren
"Veränderungen" zu beschreiben. Das geschieht nicht etwa, weil sein inneres
Leben im Zeichen der künstlerischen Erfüllung steht und ihn deshalb so sehr
beschäftigt, daß seine äußere Umgebung irrelevant wird, denn er weiß nur von
seiner quälenden Unzulänglichkeit auch im inneren Bereich zu berichten. In
Anlehnung an die letzte Szene der Geschichte Karls VI. wird Gott zum inneren
Zuschauer, genau wie der Erzengel auf der Bühne der Mysterienspiele zum
Zuschauer der "großen, bangen, profanen Passion" wird, in der die "wirklichen"
Menschen spielen. Im Rahmen des Persönlichkeitsmodells scheint Gott hier das
Zentrum der inneren Welt bezogen zu haben, eine Stellung, die er ebenfalls in
der Periode des *Buches vom mönchischen Leben* (1899) einnahm, die aber dann,
wie wir gesehen haben, in den folgenden Jahren immer problematischer wurde.
Seine Anwesenheit im Inneren führt auch hier zu keiner idealen Erfüllung, denn
die Rolle Gottes, als direkte Vorwegnahme des Engels der ersten *Duineser
Elegien* und der *Gedichte an die Nacht,*[41] liegt darin, die Gespaltenheit und
Unsicherheit der menschlichen Situation nur umso deutlicher zur Geltung zu
bringen, als die menschliche Unzulänglichkeit durch Anwendung eines absoluten
Kriteriums "bewiesen" wird. Um diesen Sachverhalt etwas anschaulicher zu
machen: bildet die Oberfläche der Persönlichkeit die "Bühne" und der Kern der
Persönlichkeit den Zuschauerraum, so wird die Uneinigkeit des vordergründigen
Ich zum trivialen Drama, das auf dieser Bühne gespielt wird. Dieses Schauspiel ist
aus genau demselben Grunde "ohne Handlung," wie die Aktion der mittelalterlichen Geschichte für die "Handelnden" völlig undurchschaubar und verworren
war:

> Die eigenen Hände. Ob ein Zusammenhang in das Ihre zu bringen war? . . .
> Nein. Alle versuchten das Teil und das Gegenteil. Alle hoben sich auf,
> Handlung war keine.

> (SWVI, 919)

Aus der Wechselwirkung von "Teil und Gegenteil" ergibt sich eben keine positive
Synthese, sondern vielmehr ein Zwischending, das jede eindeutige Handlung
ausschließt. Ähnlich entsteht auf der Bühne des Persönlichkeitsmodells kein
komplementäres Verhältnis von "Verkleidung" und "Wirklichkeit," keine
Synthese der gegensätzlichen Bewußtseinshälften, sondern das Spiel erschöpft
sich in der uns schon zur Genüge bekannten Misere des "Zwischenseins":

> . . . wir suchen einen Spiegel, wir möchten abschminken und das Falsche
> abnehmen und wirklich sein. Aber irgendwo haftet uns noch ein Stück

41   Vgl. A. Stephens, *Rilke's Gedichte an die Nacht,* S. 110ff.

Verkleidung an, das wir vergessen. Eine Spur Übertreibung bleibt in unseren Augenbrauen, wir merken nicht, daß unsere Mundwinkel verbogen sind. Und so gehen wir herum, ein Gespött und eine Hälfte: weder Seiende noch Schauspieler.

(SWVI, 921)

Diese Stelle bietet ein treffendes Beispiel für Rilkes Abneigung gegen Synthesen überhaupt, insofern sie die Erzählgegenwart dieses Werkes betreffen. Intendierte der *Malte*-Roman tatsächlich eine "dialektische Totalität," wie Walter Seifert behauptet, so könnte nichts natürlicher sein, als daß sich ein gesteigertes Ganzes aus der Opposition von "Teil und Gegenteil" in ihren vielfältigen Bedeutungen bilden sollte. Im Verlauf der Aufzeichnungen trifft man auf eine überaus reiche Auswahl an antinomischen oder komplementären Gegensatzpaaren, doch wie Ulrich Fülleborn richtig bemerkt hat, sind diese eben nicht "Antithesen, die zur Synthese drängen,"[42] denn die Uneinigkeit von Maltes Bewußtsein als konstituierendes Prinzip der Aufzeichnungen verhindert, daß sämtliche Oppositionen in die progressive Bewegung einer dialektischen Entwicklung einbezogen und aufgehoben werden. Sogar der "heimliche Fortschritt" des französischen Königs stellt keine dauerhafte Synthese dar, auf der weiter gebaut werden könnte. Vielmehr erscheint er als zeitweiliger Ausgleich entgegengesetzter Tendenzen, und seine Bedeutung für den König selbst geht auf dem Weg zu den "Mysterien" anscheinend verloren. Der letzte Satz des 63. Abschnitts: "Und so gehen wir herum, ein Gespött und eine Hälfte: weder Seiende noch Schauspieler" (SWVI, 921), deutet ebenfalls auf das Ausbleiben jeglicher Synthese hin und beklagt die Unfähigkeit der Menschen, sich für die eine oder die andere Rolle endgültig zu entscheiden. Als Seiender wäre man wohl imstande, eine autonome "Handlung" zu erfinden und zu verwirklichen; als Schauspieler bestünde die Möglichkeit, in der einem auferlegten Rolle restlos aufzugehen, in übertragenem Sinne also zum Werkzeug transzendenter Kräfte zu werden. Was sich jedoch bei der herrschenden Gegenständlichkeit des vordergründigen Bewußtseins ergibt, ist eine zwitterhafte Mischung von beiden Möglichkeiten, eine Art von Gegen-Synthese, die jeden weiteren Fortschritt auszuschließen scheint.

Daraus wird ersichtlich, warum Rilke das Wort "unmöglich" auf die Existenz Maltes angewandt hat. Genau wie der französische König "ganz nahe daran" ist (SWVI, 920), in seine eigene Rolle ein für allemal Einsicht zu gewinnen, als er wieder einmal in den Wahnsinn zurückfällt, so befindet sich Malte im Verlauf der indirekten wie auch der direkten Darstellungen seiner Lage mehrmals an der Stelle, wo alles eine eindeutige, endgültige Wendung oder Klärung seiner Verhältnisse anzukündigen scheint — zum Beispiel als er die Bedeutung des Zeitungsverkäufers plötzlich einsieht oder Karl VI. als Transparenz Gottes

---

42 *Form und Sinn*, S. 261.

gestaltet — aber jedesmal wird die dadurch gewonnene Gewißheit und Einheitlichkeit von dem Thema der grundsätzlichen Gespaltenheit des Bewußtseins abgelöst und somit relativiert. Der 63. Abschnitt hat unverkennbar diese Funktion, und seine Wirkung dürfte umso stärker sein, als Malte am Anfang dieses Abschnitts zum letzten Male auf die Pariser Wirklichkeit Bezug nimmt. Er steht hier der äußeren Wirklichkeit in völliger Ungewißheit gegenüber und kann sich im Inneren vom quälenden Dualismus des eigenen Bewußtseins unmöglich befreien. Der Umkreis der "historischen" Gestalten hat ihm zwar des öfteren die Aussicht auf ideale Lösungen freigestellt, aber jedes Mal, — sei es innerhalb der erzählten Episode wie bei Karl VI. oder sei es als Determinante der Erzählgegenwart dargestellt, wie in diesem Abschnitt — setzt sich das Thema der Uneinigkeit des Ich und der Gegenständlichkeit des Bewußtseins als allzu wirksames "Gegenteil" durch. Die positive Lösung muß daher *hinter* dem Vorwand des faktischen Scheiterns erkannt werden, und in diesem Sinn hat Rilke dem Leser empfohlen, das Buch "gegen den Strom" zu lesen, das heißt: gegen die Haupttendenz der "Geschichte" Maltes, denn der rettende Umschlag von der Zwiespältigkeit in die Einigkeit des Ich wird von Malte selbst als faktische Handlung niemals vollzogen.

Theater und Wirklichkeit

Die Abschnitte über das Theater zu Orange und die Schauspielerin Eleonora Duse schließen die Reihe der Aufzeichnungen um die Gestalt Karls VI. ab. Die zwei Abschnitte dürfen als einander ergänzende Gegenbilder bezeichnet werden, etwa nach dem Muster von Grischa Otrepjew und Karl dem Kühnen oder Johann XXII. und Pierre de Luxembourg. Der direkte Bezug zur Thematik der vorhergehenden Abschnitte liegt erstens in dem Gebrauch der Theater-Metaphorik und zweitens in der nochmals hervorgehobenen Notwendigkeit, den Unterschied zwischen Künstlerischem und Existentiellem aufrechtzuerhalten. Denn das Theater bleibt für Rilke eine Abstrahierung von der konkreten Wirklichkeit. Es mag eine bis zu einem gewissen Grade parallele Struktur aufweisen, aber wie wir am Beispiel der Mysterienspiele gesehen haben, kann es sich als ein "verhängnisvoller" Irrtum enthüllen, den Unterschied zwischen den beiden Bereichen nicht zu respektieren. In diesen beiden Abschnitten geht es in erster Linie um den schroffen Kontrast zwischen antikem und modernem Theater, darüber hinaus aber und im erweiterten Sinne um die Diskrepanz zwischen der Oberflächlichkeit der Moderne und der idealen Einheit der Antike. Um die Voraussetzungen zum Verständnis dieser Aufzeichnungen zu präzisieren, müssen zunächst einmal folgende Prinzipien berücksichtigt werden: Theater und Wirklichkeit werden beide der Struktur des Persönlichkeitsmodells nachgebildet; in der mythischen Gegenüberstellung von Gegenwart und Antike entspricht die

Form des Theaters der jeweiligen Wirklichkeitsstruktur; als Abstrahierung von der jeweiligen Wirklichkeit besitzt das Theater eine Dimension oder Oberflächenschicht mehr als die entsprechende äußere Realität.

Bei dem Theater zu Orange handelt es sich um ein dreischichtiges Modell. Zunächst erblickt Malte die "gewaltige Szenenwand," deren dynamische Form schon allein "ein übermenschliches Drama" zu sein scheint (SWVI, 921). Diese Szenenwand aber ist nur "die starke, alles verstellende antikische Maske, hinter der die Welt zum Gesicht zusammenschoß," und dieses Gesicht ist wohl mit der "Handlung" identisch, die durch die Szenenwand selbst "durchgepreßt" wird (SWVI, 922). Maske und Gesicht bilden also die zweifache Oberfläche dieses antiken Theaters, aber dahinter liegt noch eine weitere Dimension: "Und von drüben kam (wenn man hoch aufsah) leicht, über den Wandgrat: der ewige Einzug der Himmel . . ." Gewöhnlicherweise erscheint das Motiv der verdoppelten Oberfläche als Symptom der Trennung von Oberfläche und Kern; hier aber erklärt sich die Nuancierung der Oberfläche aus dem Kunstcharakter dieses Gebildes, denn genau wie die Szenenwand zum Vorwand für das "Gesicht der Welt" wird, so verweist dieses Gesicht wiederum auf den "Einzug der Himmel," auf die Tatsache, daß, wie Rilke in einem Brief vom 4. November 1909 schreibt, "selbst Götter und Himmel" in den Bezirk der "antikischen Tragik" hineinreichten (B07–14, 84).

Durch solche "Gestaltvorwände" (SWVI, 923) wird das Göttliche in dieses idealtypische Kunstgebilde einbezogen und den Zuschauern vermittelt. Wenn Malte dann diese Prinzipien auf die gegenwärtige Wirklichkeit überträgt, so fällt die Dimension der künstlerischen Abstraktion weg, und es bleibt bei dem schon bekannten Dualismus von Vorwand und "Unbegreiflichem:"

> Wir verdünnen fortwährend unser Verstehen, damit es reichen soll, statt zu schreien nach der Wand einer gemeinsamen Not, hinter der das Unbegreifliche Zeit hat, sich zu sammeln und anzuspannen.
>
> (SWVI, 922)

Was beiden Bereichen gemeinsam bleibt, ist die Notwendigkeit des Vorwands, der vermittelten Apperzeption des "Göttlichen" oder des "Unbegreiflichen," und diese Formulierung erinnert sogleich an den Exkurs über die Todesfurcht als einzig mögliche Transparenz für die "Kraft," die unser Vorstellungsvermögen sonst völlig übertrifft (SWVI, 862).[43] Ideales Theater und existentielle Erfüllung in diesem Sinne beruhen beide auf einer vermittelnden Komplementarität von Oberfläche und Tiefe. Außerdem umfaßt der Begriff des antiken Theaters eine ideale Gemeinsamkeit aller Zuschauer.[44] In dem Maeterlinck-Essay aus dem

---

[43]   Siehe oben S. 171f.
[44]   Die Bildhaftigkeit des 64. Abschnitts weist in diese Richtung: "Hier, in diesem großen, eingebogenen Sitzkreis herrschte ein wartendes, leeres, saugendes Dasein . . ." (SWVI, 922).

Jahre 1902 vergleicht Rilke das ideale Theater mit der Wirkung von Naturkatastrophen, die "manchmal die Menschen miteinander verbinden zu einem Schmerz oder einer Freude":

> Diese gewaltige Zusammenfassung Aller war und wird immer die höchste Aufgabe der Schaubühne sein.
>
> (SWVI, 549)

Im vollkommenen mythischen Rahmen des 64. Abschnitts umfaßt die ideale Einheit des Theaters zu Orange auch die Zuschauer, wie ja in *Malte Laurids Brigge* jede positive Gemeinsamkeit in eine nähere oder entferntere Vergangenheit zurückprojiziert wird, damit die Gegenwart jeweils als Zeitalter der Vereinsamung erscheinen kann:

> Laßt uns doch aufrichtig sein, wir haben kein Theater, so wenig wir einen Gott haben: dazu gehört Gemeinsamkeit.
>
> (SWVI, 922)

Diese Verurteilung der Gegenwart, die die Argumente der "großen Fragen" im 14. Abschnitt wieder einmal aufgreift, wird in der langen Apostrophe an die Schauspielerin Eleonora Duse im nächsten Abschnitt fortgesetzt. Für Malte ist das moderne Theater kein wirkliches Theater, erstens weil es die Trivialisierung einer sowieso entarteten Wirklichkeit darstellt und zweitens weil die Komplementarität von Vorwand und Tiefe verlorengegangen ist:

> Hätten wir ein Theater, stündest du dann, du Tragische, immer wieder so schmal, so bar, so ohne Gestaltvorwand vor denen, die an deinem ausgestellten Schmerz ihre eilige Neugier vergnügen?
>
> (SWVI, 923)

Als Kunstprodukt sollte die Bühnenaktion selbst Vorwand für wichtigere Einsichten oder Handlungen sein, die dem ebenfalls idealen Zuschauer hinter der Oberfläche sichtbar werden sollten. Stattdessen findet man auf der Bühne nur "dieselbe ungare Wirklichkeit, die auf den Straßen liegt und in den Häusern . . ." (SWVI, 922). Eleonora Duse, als geradezu zeitlose Gestalt, hebt sich von dieser "ungaren Wirklichkeit" allzu deutlich ab und erfährt die Beschaffenheit der modernen Realität und ihr Verhältnis zu ihr als quälendes Ausgesetzt-sein:

> Du sahst, unsäglich Rührende, das Wirklichsein deines Leidens voraus, in Verona damals, als du, fast noch ein Kind, theaterspielend, lauter Rosen vor dich hieltst wie eine maskige Vorderansicht, die dich gesteigert verbergen sollte.
>
> (SWVI, 923)

Das Leben dieser Figur erschöpft sich tatsächlich in dem Suchen nach Vorwänden, die zwischen ihr und der "ungaren Wirklichkeit," in der sie leben muß, vermitteln könnten:

> Dir sollte dieser Beruf werden, was für Marianna Alcoforado ... die Nonnenschaft war, eine Verkleidung, dicht und dauernd genug, um hinter ihr rückhaltlos elend zu sein ...

> ... aber sie begriffen nicht, wie du, aussichtsloser von Tag zu Tag, immer wieder eine Dichtung vor dich hobst, ob sie dich berge. Du hieltest dein Haar, deine Hände, irgendein dichtes Ding vor die durchscheinenden Stellen.... du verstecktest dich, wie Kinder sich verstecken, ... und höchstens ein Engel hätte dich suchen dürfen ...

> (SWVI, 923)

Am Ende aber zeigt sich die Duse als "wirkliche Gestalt" im prägnanten Sinne und befremdet das Publikum:

> Aber da brachen sie schon in Beifall aus in ihrer Angst vor dem Äußersten: wie um im letzten Moment etwas von sich abzuwenden, was sie zwingen würde, ihr Leben zu ändern.

> (SWVI, 924)

Ein ähnlicher Effekt wird in dem Aufsatz *Furnes* beschrieben, als Rilke von der Prozession der Büßer schreibt, die "alte, bemalte und bekleidete Holzpuppen ..." tragen:

> ... und wie bei einem Gartenfest da und dort manchmal ein Lampion sich entzündet und alle beim Anblick der Flamme einen Moment die Wirklichkeit sehen, drohend und voll Gefahr, so schlägt auch aus diesen Darstellungen oft unerwartet die tragische Größe der Handlung, und ihr Feuerschein geht über die Gesichter der Zuschauer.

> (SWVI, 1012)

Wegen des qualitativen Unterschiedes zwischen Wirklichkeit und künstlerischer Darstellung wirkt es immer befremdend, wenn ein unvermittelt Wirkliches im Rahmen der künstlerischen Abstraktion erscheint; die Situation der Schauspielerin ist nur umso schmerzlicher, weil sie sowieso in der "ungaren Wirklichkeit" ihrer Zeit nicht beheimatet ist, sondern, wie etwa Graf Brahe in Maltes Kindheit, einer mythisch konzipierten, gesteigerten Wirklichkeit zu entstammen scheint. Sie leidet also unter einer doppelten Diskrepanz: einmal ist es die Antinomie von Theater und Wirklichkeit und zum anderen die Gegensätzlichkeit des legendären Raums, dem sie selber zugehört, und der entarteten Realität der Gegenwart. Die einzige Erleichterung für sie läge in der Errichtung schützender "Vorwände" zwischen ihr und dem Publikum; weil aber das moderne Theater der Grundstruktur der modernen Wirklichkeit entspricht, ist jede rettende Transparenz oder Komplementarität von Vorwand und Tiefe ausgeschlossen, und so ergibt sich ihr völliges Preisgegeben-sein. Die Logik dieser Aufzeichnung ist äußerst verwickelt, aber die Voraussetzungen dafür sind bereits im Exkurs über das Theater und in den "großen Fragen" vom 14. Abschnitt vorhanden. Indem Malte wieder einmal Gegenwart und Vergangenheit gegeneinander ausspielt, werden die Variationen über dieses Thema immer kunstvoller und nuancierter, obwohl der zugrundeliegende Ideengehalt derselbe bleibt, wie im ersten Drittel des Buches. So bekräftigen diese Aufzeichnungen die an der Pariser Episode gewonnene Vorstellung der Gegenwart und bestätigen die Vermutung, daß sich Malte von den Koordinaten der Ausgangssituation immer noch nicht losgesagt hat.

Zwar ließe sich nach dem schon bekannten Schema eine "mythische Theatergeschichte" aufstellen: Antike = ideale Einheit von Bühne und Publikum, Mittelalter = Bühne immer noch als Transparenz des Übernatürlichen; Wirklichkeit artet in "Finsternis der Geschichte" aus; Moderne = Theater als weitere Trivialisierung der ebenfalls entarteten Wirklichkeit, – aber es lohnt sich kaum bei dieser Variante des Perspektivierungsvorgangs zu verweilen, denn das Hauptinteresse liegt in der dadurch erzielten Betonung des Unterschieds zwischen Kunst und Wirklichkeit. Weder im Mittelalter noch in der Moderne – scheint Malte sagen zu wollen – darf man Theater mit der Wirklichkeit verwechseln oder die Gesetzmäßigkeit des einen auf die des andern übertragen. Wenn wir dann dieses Prinzip auf das Werk als ganzes anwenden, so liegt die Schlußfolgerung nahe, daß man die schriftstellerischen Elemente der Romanfiktion mit der Wirkung des Romans als Kunst nicht verwechseln darf. Anders gesagt: daß Malte innerhalb der Romanfiktion als existentielle Handlung Aufzeichnungen schreibt, ist nicht dasselbe wie die Wirkung der *Aufzeichnungen des Malte Laurids Brigge* als Kunstwerk auf den jeweiligen Leser. Die Aufzeichnungen haben für den Leser einen uneingeschränkten Kunstwert, den sie für Malte selbst nicht haben können, weil für ihn die existentielle Problematik immer wieder in den Vordergrund tritt oder auch die Richtung der jeweiligen Aufzeichnungen maßgebend beeinflußt. Mag seine Verarbeitung der französischen Geschichte "in der Transparenz des Künstlerischen"[45] dem Leser als großartige Leistung erscheinen, für Malte selbst bleibt die Tatsache unumgänglich, daß das Scheitern Karls VI. an der Diskrepanz zwischen Mysterienspiel und Wirklichkeit im übertragenen Sinne das Vereiteln eines weiteren Versuchs bedeutet, die existentielle Problematik auf indirekte Weise zu lösen. Die Differenzierung von Kunstwerk und existentieller Wirklichkeit, die in diesen Aufzeichnungen mit allem Nachdruck anhand des Dualismus: Theater/Wirklich-

45 Siehe oben S. 142.

keit ausgearbeitet wird, sollte den Leser gegen jede einfache Gleichsetzung von Existentiellem und Künstlerischem skeptisch machen, zumal, wie oben betont wurde, Maltes Aufzeichnungen seinen eigenen Kriterien für ein selbständiges, anonym gewordenes Kunstwerk nicht genügen.

Kapitel 8

ERZÄHLGEGENWART UND LEGENDE

Problematik einer besitzlosen Liebe

Nach der kontrapunktischen Bearbeitung des Themas Theater/Wirklichkeit in den Abschnitten 63–65 wenden sich die Aufzeichnungen endgültig dem Themenkomplex der "intransitiven Liebe" zu, der dann auch der Verarbeitung der Geschichte des verlorenen Sohnes zugrundeliegt. Im 2. Kapitel wurde die Genese dieses Themas aufgezeigt, wobei es sich als ein geeignetes Mittel für Rilke erwies, die Ästhetik der Rodin-Vorlesung von 1905 auf den Bereich menschlichen Erlebens zu übertragen, wie ja auch die ästhetische Theorie des Vorwands in der Periode 1899–1900 zugleich Parallelbildungen auf dem Gebiet der Persönlichkeitsmodelle zeitigt. Es ist zwar immer noch fraglich, ob die Kunstanschauungen in solchen Fällen wirklich das Primäre oder Determinierende sind, denn der Anreiz zur Kunsttheorie kann ebensogut aus Reflexionen oder Mutmaßungen über die Persönlichkeitsstruktur hervorgegangen sein, aber die Wirkung dieses Parallelismus auf den menschlichen Inhalt des Liebesthemas geht ganz eindeutig in die Richtung einer entpersönlichenden Abstrahierung. Dieses Moment konnte schon bei der Analyse der Beziehungen zwischen Malte und Abelone beobachtet werden, wobei die Dame à la licorne und Bettine von Arnim als Transparenzen für Abelone eine zielbewußte Steigerung ins Legendäre erfuhren. Auch das von Karl VI. verwirklichte "Mysterium der Liebe" weist einen hohen Grad an Abstraktheit auf. Es wird nirgends gesagt oder auch nur suggeriert, daß Karl die Bevölkerung von Paris "liebt" oder daß sie ihn liebt; daß Gott seine Liebe zur Welt auf diese paradoxe Weise zum Ausdruck bringen könnte, ist möglich aber niemals ausdrücklich bestätigt, und so bleibt – wenn man es genau nimmt – der Anteil der "Liebe" an diesem Mysterium weitgehend ungeklärt. Wirft man dann einen Blick auf die Werkstufe 1912–1913, so verkörpert das Thema der "Strömung" in den *Gedichten an die Nacht* eine konsequente, wenn auch menschlich völlig indifferente Weiterführung des Liebesthemas in den letzten Aufzeichnungen von *Malte Laurids Brigge*.[1] Genau wie die indirekte Darstellung der Persönlichkeit Maltes anhand der vielfältigen Vorwände der erfundenen oder aus verschiedenen Quellen übernommenen Gestalten ihn als Person in immer größerem Maße von der simulierten Alltäglichkeit oder Glaubhaftigkeit konventioneller Romanpersonen entfernt hat, so distanziert sich sein Begriff der Liebe immer weiter von der geläufigen Bedeutung des Wortes, und die Liebesthematik wird gewissermaßen zu einer Pauschalbezeichnung für die Gesamtheit der gegen Ende des Werkes noch

---

[1] Vgl. A. Stephens, *Rilke's Gedichte an die Nacht*, S. 127ff.

aktuellen Probleme. Wenn nun Armand Nivelle, um nur ein Beispiel zu nehmen, von den "idées salvatrices de l'amor fati, de l'amor sui et de l'amor Dei" spricht,[2] so scheint er für Malte eine emotionelle Normalität in Anspruch zu nehmen, die jedoch vom Werke selbst eher verleugnet als bestätigt wird. Ebensowenig treffen die herkömmlichen religiösen Kriterien auf Maltes Begriff des Heiligen zu,[3] und so muß seine Antwort auf die Frage, ob er den Versuch machen soll, die Fortgeworfenen "liebzuhaben," also ob er die Bedingungen einer "konventionellen" Entwicklung zum Heiligen zu erfüllen berufen wäre, eindeutig negativ ausfallen.[4] Denn das Werk entwirft eine eigene Psychologie, so wie es eine eigene Ästhetik entwirft, deren Eigenart allzu häufig mit "Liebe" oder "Kunst" im traditionellen Sinne verwechselt wird.[5] Aus diesem Grunde scheint es uns besonders aufschlußreich, den Begriff der besitzlosen Liebe einer weiteren werkhistorischen Betrachtung zu unterziehen.

Seit ihrer ersten Formulierung im Jahre 1906 erweist sich der Begriff der besitzlosen Liebe in ihrer Funktion als vereinfachende Überwindung der Gegenständlichkeit menschlichen Erlebens als erstaunlich stabil. Setzt man folgende Sätze aus dem Brief an Gräfin Mary Gneisenau vom 11. September 1906:

> ... aber es war doch so reich, so schöpferisch, so sehr der Fortschritt und die Herrlichkeit dieses Herzens, daß es ... über den Gegenstand hinaus groß und gültig wurde, unerschöpflich und schön ... Mit den Maßen der Hingabe selbst gemessen, existiert ihr Gegenstand nicht mehr; es [dieses Herz] ist Raum geworden, und die immense inständige Klage geht durch ihn durch und auf keinen mehr zu.

(B06–07, 74)

neben die Äußerungen zum selben Thema in der *Rede/Über die Gegenliebe Gottes* vom April 1913, so trifft man auf dieselbe Herabwürdigung des "Gegenstandes" und dasselbe Lob der besitzlosen Liebe als Überwindung der Gegenständlichkeit der Gefühle überhaupt:

> ... ich vermute vielmehr ..., daß dieses Herz bei jedem seiner Fortschritte seinen Gegenstand durchbricht oder einfach verliert und dann unendlich hinausliebt.

(SWVI, 1042)

---

[2] *Sens et Structure*, S. 26.
[3] Vgl. die Nuancierungen der Armut in Kapitel 2. oben, die Betonung von Flauberts Saint Julien l'Hospitalier und die "Heiligenbilder" im 52. Abschnitt. Rilke hat außerdem Cézannes Kunstwerke als "Heilige" bezeichnet (B06–07, 369).
[4] SWVI, 905: "Und doch, ich weiß, wenn einer nun versuchte, sie liebzuhaben ..."
[5] Dieser Einwand wäre gegen die Deutungen Jägers, Hoffmanns und Seiferts zu erheben.

... aber gehen nicht seither alle unsere Erfahrungen dahin, daß die Gegenwart eines geliebten Gegenstands zwar für den Beginn der Liebe hilfreich ist, ihrem späteren Großsein aber Kummer und Abbruch tut? ... Ist es möglich, in den Briefen der großen Verlassenen länger den unbewußten Jubel zu übersehen, ... sooft ihnen zum Bewußtsein kommt, daß ihr Gefühl auch den Geliebten nicht mehr vor sich hat, sondern seine eigne schwindelnde, seine selige Bahn?

(SWVI, 1044)

Die im *Malte*-Roman herrschenden Analogien zwischen der Struktur des einzelnen Bewußtseins und den Determinanten zwischenmenschlicher Beziehungen werden durch die hier angekündigte Progressivität von der vorläufigen Gemeinsamkeit des Liebesverhältnisses zur autarken Selbstherrlichkeit des nunmehr gegenstandslosen Gefühls nur weiterhin bestätigt. In der Tat scheint das Prosafragment von 1913 dem Ideengehalt der Aufzeichnungen 66—71 in allem zu entsprechen. Beim Aufzeigen der Genese dieses Themas haben wir auf ihre Affinität zur Lehre von der "einen, einzigen, tausendfältig bewegten Oberfläche" hingewiesen und Rilkes überschwengliche Begeisterung für die "portugiesische Nonne" in der Wirkung dieses Begriffes als Vereinfachung der Ich-Problematik begründet gesehen. Die Schlußfolgerung liegt nun nahe, daß die ausschließliche Hinwendung zum Thema einer äußerst abstrakt konzipierten Liebe in den letzten Aufzeichnungen eine ähnliche Vereinfachung der gesamten Werkproblematik bedeuten könnte, denn Maltes Bearbeitung dieses Themas faßt nur eine begrenzte Auswahl der im ganzen Werk skizzierten Möglichkeiten ins Auge. In ästhetischer Hinsicht ist diese Vereinfachung äußerst sinnvoll und verständlich. Rilke stand vor dem Problem, die "unendliche Mannigfaltigkeit"[6] der gesamten Persönlichkeit Maltes in einem künstlerisch wirksamen Werkschluß zu erfassen. Die Substitution der Geschichte des verlorenen Sohnes für die viel diffuseren *Tolstoj*-Aufzeichnungen[7] zeigt deutlich, daß der Autor sich verpflichtet fühlte, das Werk trotz der sonst in ihm herrschenden Tendenz zur immer weiteren Indirektheit und Verzweigung[8] zu einem künstlerisch adäquaten Ende zu bringen.

Diese Lösung hat sich aber dann für Rilke als nicht völlig geglückt erwiesen, und nach der ersten Erleichterung über das Ende der langwierigen Arbeit scheint er sehr bald in bezug auf das Endergebnis Bedenken gehabt zu haben, denn am 11. April 1910, noch bevor das Buch gedruckt wurde, schreibt er den vielzitierten Brief, in dem er behauptet: "... was nun das Buch ausmacht ist durchaus nichts Vollzähliges" (B07—14, 95) und drei Tage später stellt er

---

6 Zitiert von Maurice Betz, *Rilke in Paris*, S. 78.
7 SWVI, 1453f.
8 Vgl. B07—14, 95.

resigniert fest: "Die (Aufzeichnungen) sind schließlich zu einer Art Abschluß gekommen, man druckt sie nun, auch da geht das Leben weiter." (B07—14, 100). Der Grund dieser lauwarmen Beurteilung nicht des Werkes überhaupt, sondern nur des Werkschlusses, liegt wohl darin, daß seine abrundende, zusammenfassende Funktion eher den Bedürfnissen der konventionellen Einheitsvorstellungen als der Haupttendenz der Aufzeichnungen selbst entspricht:

> Was dieser erfundene junge Mensch innen durchmachte (an Paris und an seinen über Paris wieder auflebenden Erinnerungen), ging überall so ins Weite; es hätten immer Aufzeichnungen hinzukommen können . . .
>
> (B07—14, 95)

Wenn man berücksichtigt, daß der ganze Werkschluß um die für Rilke in dieser Periode geradezu bei jedem Anlaß hervorgebrachte und angepriesene Lehre von der besitzlosen Liebe kreist und daher wohl persönliche Überzeugungen des Autors zum Ausdruck bringt, so bestätigt das unsere Vermutung, daß ihn vor allem das einengende, vereinfachende Moment an dieser "Art Abschluß" beunruhigt haben könnte.

Eine weitere Einschränkung des Erfolgs der letzten Aufzeichnungen wäre vielleicht darin zu erkennen, daß die besitzlose Liebe anscheinend nur von legendären Gestalten verwirklicht werden kann, während Abelone, die Frau, die Malte wirklich "gekannt hat" (SWVI, 897), ziemlich weit hinter dem Ziele zurückzubleiben scheint. Sappho mag wohl eine "neue Maßeinheit von Liebe und Herzleid" eingeführt haben, aber inwieweit sich diese Lehre von Malte selbst in die Praxis umsetzen ließe, bleibt weitgehend ungeklärt, und Abelones letzte "Veränderung" nimmt einen eigentümlich ambivalenten Ton an:

> . . . aber wenn diese Briefe an jemanden gerichtet waren, dem sie seit Jahren nahestand, wie mag er gelitten haben unter ihrer Veränderung. Und sie selbst: ich vermute, sie fürchtete nichts als jenes gespenstische Anderswerden, das man nicht merkt, weil man beständig alle Beweise dafür, wie das Fremdeste, aus den Händen läßt.
>
> (SWVI, 938)

Was man bei den Darstellungen der besitzlosen Liebe im allgemeinen vermißt, ist eben die nuancierte Wechselwirkung von Positivem und Negativem, von "Teil und Gegenteil," von Idealität und Tragik, die andere Themenkomplexe im Werke kennzeichnen. Solchen Gestalten wie Beethoven und Ibsen, Grischa Otrepjew und Pierre de Luxembourg-Ligny, Karl VI. und Eleonora Duse wird auf der einen Seite eine unverkennbar ideale Leistung oder Wesenhaftigkeit zugesprochen, auf der anderen aber scheitern sie an Widersprüchlichkeiten oder Gebrechen, die ebenfalls in ihrer Situation oder Ich-Struktur begründet sind. Auf diesen Sachverhalt scheint die sehr spezifische Nuancierung des Wortes "tragisch" zu verweisen,[9] die man in den Aufzeichnungen über Ibsen und die Duse vorfindet und die dann ohne weiteres auf das Schicksal Karls VI. angewendet werden könnte. Die ästhetische Funktion des Werkschlusses verlangt aber im Gegenteil eine eindeutigere Ausrichtung, und so finden wir in den letzten Aufzeichnungen lediglich einige Ansätze zu einer Relativierung der besitzlosen Liebe. Es mag jedoch von Interesse sein, die weiteren Konsequenzen dieser Lehre ebenfalls in den Bereich ihres "Gegenteils" zu verfolgen.

Klaus Meyer hat als erster auf die diesem Begriff innewohnenden antinomischen Möglichkeiten hingewiesen:

Es spielen so in der Liebesbeziehung zwei Faktoren gegeneinander. Das Überschreiten und Hinschwinden der personalen Verfassung, ... und das fortwährende wieder zur Person Werden an dem Gegenüber des Geliebten, das sich notwendig aus dem durch Liebe und Gegenliebe zustandekommenden Verhältnis der Liebenden ... ergibt.[10]

Denn die besitzlose Liebe gipfelt in einem letzten Gegenüber, nämlich dem der Liebenden und des Gottes,[11] und auch wenn man bereit ist, anzunehmen, daß "dieser Erlauchte Geliebte ... die vorsichtige Weisheit, ja ... die edle List gebraucht, sich nie zu zeigen," (B07–14, 82), so "zeigt" sich wohl an seiner Stelle die von der Liebenden selbst auf den Gott projizierte Imago ihrer eigenen Gefühle.[12] Selbstverständlich bedeutet das logischerweise einen Rückfall in die Gegenständlichkeit des individuellen Bewußtseins, aber diese Gefahr ist schon in der ersten Phase der Begeisterung für Marianna Alcoforado vorhanden:

Alleingelassen, nahm ihre Natur es auf sich, alle die Ansprüche nachzuholen und zu erfüllen, die der Geliebte, in seiner Oberflächlichkeit und Eile, vergessen hatte. Und fast möchte man sagen, daß Einsamkeit nötig war, um aus dieser hastig und nachlässig begonnenen Liebe etwas so Vollkommenes zu machen.

(SWVI, 1001)

---

9   Alle drei Gestalten, Ibsen, Karl VI. und die Duse, stehen in bewußtem Gegensatz zur entarteten Oberflächlichkeit der herrschenden Verhältnisse. Ibsen wird (SWVI, 785) als "zeitlos tragischer Dichter" und Eleonora Duse als "du Tragische" bezeichnet.
10   *Bild der Wirklichkeit*, S. 108.
11   Vgl. dazu AB1, 276f. und SWVI, 924: "... und *vor* ihnen ist nur noch Gott." Am 23. Januar 1912 schreibt Rilke von der portugiesischen Nonne: "Hätte sie, diese über die Maßen Herrliche, — einen Moment nachgegeben, sie wäre in Gott hineingestürzt wie ein Stein ins Meer, und hätte es Gott gefallen, an ihr zu versuchen, was er beständig an den Engeln tut ... usw." Solchen Mutmaßungen liegt eindeutig die Situation des *Gegenübers* zugrunde. (AB1, 347).
12   Der noch während der letzten Arbeit an *Malte* geschriebene Brief an Mimi Romanelli vom 5. Januar 1910 enthält die Sätze: "S'il (Dieu) n'est plus ou pas encore: qu'importe. Ce sera ma prière qui le fera car elle est toute création telle qu'elle s'élance vers les cieux. Et si le Dieu qu'elle projette hors de soi ne persiste point: tant mieux: on le fera de nouveau, et il sera moins usé dans l'éternité." (AB1, 277).

Der Gedanke des zielbewußten "Machens" dieser Liebe widerspricht offensichtlich der idealen Offenheit und Gegenstandslosigkeit, die sonst für sie in
Anspruch genommen wird, und ein Brief vom 14. April 1910 läßt ebenfalls an
der idealen Offenheit eines solchen Gefühls zweifeln:

> Mir geht es oft so, daß ich mich frage, ob die Erfüllung eigentlich etwas mit
> dem Wünschen zu tun hat. Ja, solang der Wunsch schwach ist, ist er wie eine
> Hälfte und braucht das Erfülltwerden wie eine zweite Hälfte, um etwas
> Selbständiges zu sein. Aber Wünsche können so wunderbar zu etwas Ganzem,
> Vollem, Heilem auswachsen, das sich gar nicht mehr ergänzen läßt, das nur
> noch aus sich heraus zunimmt und sich formt und füllt.

(B07–14, 98)

Schließlich läßt gerade die großangelegte Rechtfertigung der besitzlosen Liebe
von 1913 diesen Sachverhalt in aller Deutlichkeit hervortreten:

> Wen hat es nicht ungeduldig gemacht, die Strahlen seines Herzens gleich vor
> sich gebrochen zu sehen und in ein anderes Leben verwirkt? ... Dieses bringt
> zwischen den Menschen das meiste Entsetzen hervor, daß keiner die Liebe
> mehr sehen kann, die er gestern vollbracht hat; jeder neue Antrieb stürzt
> unter ihm weg und, aufwachend, *sieht er den anderen, wo er Not hätte sich
> selbst zu sehen* [Hervorhebung d. Verf.].

(SWVI, 1045)

Der besitzlos Liebende scheint in dieser Nuancierung des Begriffes nur die eine
Form der Gegenständlichkeit gegen eine andere eingetauscht zu haben. Es wird
sogar als großer Vorteil der Hinwendung zu Gott gerühmt, daß man die eigenen
Gefühle in aller Ruhe und Klarheit genießen kann:

> Wer aber zu Gott die Liebe versucht, dem ist kein Wert seines Herzens
> entwunden, der kommt und sieht alles was er getan hat und hebt in lautloser
> Klarheit auf sein gestern gefügtes, höher, sein nächstes Gefühl.

(SWVI, 1045)

Nun haben wir in *Malte Laurids Brigge* selbst zahlreiche Beispiele aufgezeigt,
wo eben dieses Verhältnis im Zeichen der Gespaltenheit und Selbstentfremdung
des Ich erschien. Außerdem besagt die im *Puppen*-Aufsatz vom Februar 1914
entwickelte Theorie des Bewußtseins in der Tat nichts anderes.[13] Die Kehrseite
der besitzlosen Liebe entlarvt sich somit als keine dauerhafte Überwindung der
Grundaporie des Bewußtseins, sondern lediglich als ihre etwas fragwürdige

---

[13] Vgl. SWVI, 1067: "Sie [die Puppe] erwiderte nichts, so kamen wir in die Lage, für
sie Leistungen zu übernehmen, unser allmählich breiteres Wesen zu spalten in Teil und
Gegenteil ... Wie in einem Probierglas mischten wir in ihr, was uns unkenntlich widerfuhr,
und sahen es dort sich färben und aufkochen ..."

Übersetzung in einen gesteigerten Narzißmus. Diese Variante des Themas wird in *Malte Laurids Brigge* selbst eben nicht zur Geltung gebracht, denn die Zulassung solcher Implikationen müßte das Abschließende, Summierende der letzten Aufzeichnungen wiederum beträchtlich abschwächen. Tatsächlich hat Rilke erst im *Puppen*-Aufsatz das gebührende Gegenstück zur positiven Seite dieser Lehre geschaffen, und so ist es keineswegs erstaunlich, daß Maltes Einsichten in dieser Richtung rudimentär bleiben. Wenn wir nun die Darstellungen der idealen Liebenden gegen Ende der Aufzeichnungen in Betracht ziehen, so müssen wir uns dennoch dessen bewußt sein, daß hier nur die eine Hälfte des ganzen Themenkreises zum Ausdruck kommt, während es Malte beim Konzipieren anderer Idealgestalten gelungen war, beide Seiten des jeweiligen Zusammenhanges zu zeigen.

Die idealen Liebenden in den letzten Aufzeichnungen

Der 66. Abschnitt übernimmt die bereits anhand der Gestalt Bettines entworfene Vision der Liebenden als elementare Natur, denn in ihnen ist "das Geheimnis heil geworden, sie schreien es im Ganzen aus wie Nachtigallen, es hat keine Teile" (SWVI, 924), wobei es durchaus berechtigt erscheint, das "Heil-werden" im Sinne einer Überwindung der Spaltung in "Teil und Gegenteil," einer Heilung der sonst schmerzlichen Fragmentation menschlichen Bewußtseins zu interpretieren. Wie jedoch oben nahegelegt wurde, bleibt die Aussicht auf eine letzte, gesteigerte Intentionalität, auf ein endgültiges Gegenüber immer noch bestehen: ". . . und *vor* ihnen ist nur noch Gott." (SWVI, 924). Die Unglücklichen, "die als Geliebte zurückblieben" (SWVI, 925), werden dagegen mit einem leeren Schmucketui verglichen, vermutlich weil sie keine solche elementare Kraft aus sich selbst entwickelt haben, sondern lediglich vorübergehend den Gefühlen der "wirklich" Liebenden zum Gefäß dienten.[14]

Der nächste Abschnitt nuanciert dann diese Begriffe, doch nicht auf sofort ersichtliche Weise. Waren in der vorigen Aufzeichnung die Liebenden völlig in der Natur aufgegangen, so beruft sich Malte jetzt auf eine allgemeine Erfahrung des Ausgeschlossen-seins aus dem harmonischen Wechsel der Natur: "Es war Lust zum Frohsein in euch, und doch, wenn ihr hinaustratet in das geräumige Freie, so entstand draußen eine Befremdung in der Luft, und ihr wurdet unsicher im Weitergehen wie auf einem Schiffe." (SWVI, 925). Ungewiß bleibt außerdem, an wen diese Apostrophe gerichtet ist. Der Abschnitt beginnt mit dem Imperativ: "Blättert zurück in euren Tagebüchern . . .," aber es läßt sich nicht feststellen, ob sich Malte hier, wie im folgenden Abschnitt, an die "Mädchen in

---

14 Das scheint der Symbolwert der nunmehr abwesenden Juwelen zu sein.

meiner Heimat" (SWVI, 927) wendet oder ob er durch eine letzthin rhetorische Figur eine größere Gültigkeit für die anschließenden Beobachtungen beanspruchen will. Wie dem auch sei, es scheint auf jeden Fall eine Differenzierung der legendären Liebenden von dem Erlebnisbereich Maltes und seiner Zeitgenossen im Gange zu sein, denn ohne auf die Darstellung im vorigen Abschnitt Bezug zu nehmen, fährt Malte fort:

> Blüten und Früchte sind reif, wenn sie fallen; die Tiere fühlen sich und finden sich zueinander und sind es zufrieden. Wir aber, die wir uns Gott vorgenommen haben, wir können nicht fertig werden. Wir rücken unsere Natur hinaus, wir brauchen noch Zeit ... Noch eh wir Gott angefangen haben, beten wir schon zu ihm: laß uns die Nacht überstehen ...
>
> (SWVI, 926)

Die Relevanz dieser Überlegung zur Verherrlichung der großen Liebenden ist nicht auf den ersten Blick einzusehen. Jene haben *"vor* ihnen nur noch Gott" und sind doch in die Natur einbezogen, während "wir, die wir uns Gott vorgenommen haben," eine anscheinend dadurch bewirkte Entfremdung von der Natur erleiden müssen. Man könnte zwar argumentieren, daß die Bezogenheit der Liebenden auf Gott als spontane Handlung *nach* dem Leidensweg durch die menschliche Liebe eintritt, während andere — Malte selbst mit einbegriffen — ohne jede vermittelnde Erfahrung oder transparent gewordenen "Gestaltvorwand" gleich an Gott herantreten wollen. Das brächte aber nur weitere begriffliche Schwierigkeiten mit sich, und so muß man sich wohl darauf beschränken, den Unterschied zwischen der mythischen Qualität der großen Liebenden und der alles andere als ideal gesehenen Erzählgegenwart festzustellen. In diesem Sinne läßt sich vielleicht die Lobrede auf Clémence de Bourges verstehen, mit der der Abschnitt schließt. Diese Jungverstorbene scheint eine gewisse Parallele zum seligen Pierre de Luxembourg-Ligny darzustellen, denn beide haben vor ihrem Tod mit erstaunlicher Frühreife eine legendäre Größe erreicht, die sie als "gesteigerte Beispiele"[15] qualifiziert, und somit wäre die Distanz solcher Idealgestalten zur Gegenwart noch stärker betont.

In der Tat wirken alle solchen Beispiele in diesem Zusammenhang als eine Vorbereitung auf die Gestalt Sapphos, die mehr als jede andere Liebende die Vervollkommnung ihres Typus zu verkörpern scheint. Die übergreifende Struktur der Aufzeichnungen 66—68 basiert auf dem Wechsel von vorwärtsdrängender Rhetorik und weniger emphatischen, retardierenden Momenten, und die Schilderung des "zurückgezogenen Mannes," der Sappho übersetzt, gehört offen-

---

15   Vgl. SWI, 686: ..... Hast du der Gaspara Stampa
       denn genügend gedacht, daß irgend ein Mädchen,
       dem der Geliebte entging, am gesteigerten Beispiel
       dieser Liebenden fühlt: daß ich würde wie sie?

sichtlich in die letztere Kategorie.[16] Wie in den Aufzeichnungen um Karl VI. die
Episoden von Christine de Pisan und dem Kartenspiel einen alternativen "Weg zu
den Mysterien" bildeten, so soll Sappho einmal als letzte und herrlichste im
Katalog der großen Liebenden erscheinen, zugleich aber soll dem Leser auch
durch die ausführliche Evozierung einer frei erfundenen Gestalt auf andere Weise
Zugang zum Wesen der Dichterin verschafft werden. Mit diesen technischen
Mitteln wird die Gestalt Sapphos in gleichem Maße "gesteigert," wie früher die
maßgebende Bedeutung der Mysterien für das Schicksal des Königs hervorgehoben wurde.

Die Reflexionen des Alten über die Antike werfen ein letztes Mal die Frage
der Geschichtlichkeit solcher Gestalten wie Sappho oder Karl VI. auf. Seine
Beschäftigung mit dem griechischen Text scheint tatsächlich für den Alten eine
Vergegenwärtigung dieser entfernten Zeit zu bewirken und den geschichtlichen
Vergangenheitscharakter der Antike weitgehend zu tilgen:

> . . . er schließt die Augen über einer wiedergelesenen Zeile, und ihr Sinn
> verteilt sich in seinem Blut. Nie war er der Antike so gewiß. Fast möchte er
> der Generationen lächeln, die sie beweint haben wie ein verlorenes Schauspiel,
> in dem sie gerne aufgetreten wären.
>
> (SWVI, 928)

So wie die Gestalt Bettines oder die "Finsternis" des späten Mittelalters ein Echo
in Maltes gegenwärtigem Bewußtsein fanden, das sie aus ihrem chronologischen
Zusammenhang hob und in ein unmittelbares Verhältnis zur Erzählgegenwart
stellte, so scheint der "Nachbar," der doch nur Maltes eigene Gedanken
nachvollzieht, von jener Haltung Distanz zu nehmen, die auf die Einmaligkeit
und das endgültige Vergangen-sein der Antike allzuviel Nachdruck legt. Vielmehr
erscheint ihm die Antike als Modell oder Konstellation, die sich doch zu
verschiedenen Epochen wiederholen könnte. Daher zieht er folgende Parallele
zwischen seiner Vision der Antike, die vom Kontrapunkt der geschlossenen
Einheit und der "Traurigkeit dessen was noch nicht zu bewältigen war" (SWVI,
929) bestimmt wird, und dem symbolischen Charakter des Apfels auf seinem
Schreibtisch:

16 Seiferts Deutung des "älteren Mannes" als Cézanne, wie seine Cézanne-Deutung
überhaupt, scheint mir jeder Grundlage zu entbehren. Bei dem Cézanne-Modell handelt es
sich um die Reduktion des sonst zwiespältigen Bewußtseins auf die eine, einheitliche
Schicht, die dann in ein komplementäres Verhältnis zu den Dingen tritt. Auf diese Weise
wird die effektive "Ausschaltung der Subjektivität" erreicht, insofern man von einer solchen
sprechen darf, und Seiferts Argumente (*Das epische Werk*, S. 306–311) scheinen uns eher
ein Schattengefecht zu sein. Während Cézanne für Rilke den Inbegriff des Schöpferischen
verkörpert, ist der "Alte" keinesfalls als Künstler tätig. Vielmehr züchtet er "berühmte
Pfirsiche" und sammelt "Equitationsstiche."

Zwar war dort wirklich des Lebens himmlische Hälfte an die halbrunde Schale des Daseins gepaßt, wie zwei volle Hemisphären zu einer heilen, goldenen Kugel zusammengehen. Doch dies war kaum geschehen, so empfanden die in ihr eingeschlossenen Geister diese restlose Verwirklichung nur noch als Gleichnis; das massive Gestirn verlor an Gewicht und stieg auf in den Raum, und in seiner goldenen Rundung spiegelte sich zurückhaltend die Traurigkeit dessen, was noch nicht zu bewältigen war . . .

Unwillkürlich greift er einen Apfel heraus und legt ihn vor sich auf den Tisch. Wie steht mein Leben herum um diese Frucht, denkt er. Um alles Fertige steigt das Ungetane und steigert sich.

(SWVI, 929)

Kreis und Kugel sind durch Rilkes ganzes Werk hindurch Modelle sowohl der begrenzten, provisorischen wie auch der endgültigen, idealen Einheit. In einer Betrachtung der spätesten Lyrik hat der Verfasser auf das ständige "Wechsel-spiel" zwischen Einheiten dieser Art und dem gegenteiligen Zustand des Ausgesetzt-seins im Bereich des "Noch-nicht-Bewältigten," des in diesem Sinne "Ungetanen" verwiesen.[17] Wie hier die Form des Apfels, so stellt in einem späten Gedicht das in sich geschlossene Wesen einer "Frucht" das Modell einer solchen Einheit dar;[18] bemerkenswert im vorliegenden Zusammenhang ist aber, daß Malte zugleich auf die Begrenztheit solcher Einheiten aufmerksam macht. Genau wie das, "was noch nicht zu bewältigen war," außerhalb der "heilen, goldenen Kugel" restiert, so bleibt das "Leben" des Alten als Ungestaltetes, noch zu Bewältigendes außerhalb der von ihm erfaßten, idealen Einheiten der Antike und der Frucht. Wenn ihm nun "über dem Ungetanen" die Gestalt Sapphos "ersteht,"[19] so erscheint sie gleichsam als Antwort auf die von diesem Sachverhalt gestellten Fragen, als Lösung der sich aus dieser Dualität ergebenden Spannungen.

Kraft der Intensität ihres Gefühls, die jedes menschliche Mittelmaß übersteigt, wird Sapphos Herz "zur Natur" und ihre Leistung immer mythischer und herrlicher. Indem Sappho auch zur Zeit ihrer Verklärung sich keineswegs der körperlichen Leidenschaft enthält — in deutlichem Kontrast zu Abelone —, geht sie immer wieder mit ihren "Geliebten" ein komplementäres Verhältnis ein, um dann "den zeitlichen Zweck des Geschlechtes . . . mit ihrer unendlichen Absicht zu durchbrechen" (SWVI, 930).[20] Letzteres läuft vermutlich darauf hinaus, daß sie sich immer wieder aus der zeitweiligen Gegenständlichkeit der Gefühle befreit

[17] Vgl. *Problem of Completeness*, S. 179ff.
[18] SWII, 148f.
[19] Vgl. dazu E. L. Stahl, *R. M. Rilke's Duineser Elegien*, Blackwell. Oxford 1965, S. xxif.
[20] Die Bildhaftigkeit hat hier einen unverkennbar phallischen Charakter. Siehe unten Anm. 23.

und sogar "die schwachen Geliebten" zu selbständig Liebenden macht (SWVI, 931). Darin liegt nun der weitere Sinn der bildhaften Darstellung der Antike: jedes Liebesverhältnis stellt eine provisorische, komplementäre Einheit dar – nur bleibt außerhalb dieses "Fertigen," "Geschlossenen" der Bereich weiterer möglicher Steigerungen der Liebe als "Ungetanes," "noch nicht zu Bewältigendes" weiterhin bestehen, und so gestaltet sich das Leben der größten aller Liebenden als das abwechselnde Erschaffen und "Durchbrechen" solcher begrenzten und vorläufigen Einheiten in Richtung auf Gott zu.

Soweit die Idealisierung Sapphos. Der Vorwand des "älteren Mannes" hat es Malte tatsächlich ermöglicht, diese Figur zu gestalten, d.h. bildhaft zu erfassen und nicht bloß zu kommentieren, denn der ganze Kontext der Abschnitte 66–68 schafft einen angemessenen Rahmen, in dem das Wesen der Dichterin "erstehen" kann. Die Verwendung des "Sappho-Übersetzers" als erzählerische Kulisse hebt einerseits durch die Unmittelbarkeit der Evokation die "Geschichtlichkeit" Sapphos auf, andererseits bringt sie in die Zeitstruktur des ganzen Zusammenhangs einen weiteren Unbestimmtheitsfaktor hinein, indem die ganze Episode letztlich ja eine Projektion der Erzählgegenwart bleibt.[21]

Eine ähnliche Ungewißheit umgibt die letzten Aufzeichnungen über Abelone. Sicher ist nur, daß sie die Nachfolge Sapphos oder Louise Labés nicht antritt und daß ihre Trennung von Malte eine endgültige gewesen ist. Der Ton der Abschnitte 69–70 läßt die Möglichkeit offen, daß sie gestorben sein könnte, zumal Malte im 70. Abschnitt von ihrem Leben als von etwas Abgeschlossenem zu berichten scheint. Vielleicht aber hat es damit dieselbe Bewandtnis wie mit dem Tode Maltes selbst. Rilke gab das ursprüngliche Projekt auf, den Tod Maltes zu gestalten, sprach aber immer noch von seinem "Untergang."[22] Die Faktizität des Todes ist am Ende des Romans fast irrelevant geworden, weil ein solcher Ausgang, was die Erzählgegenwart betrifft, von dem nunmehr statischen Charakter der existentiellen Lage in großem Maße vorweggenommen worden ist. Ein Brief vom 30. August 1910 bekräftigt diese Vermutung:

... wie ich mit ihm in der konsequenten Verzweiflung bis hinter alles geraten war, bis hinter den Tod gewissermaßen, so daß nichts mehr möglich war, nicht einmal das Sterben.

(B07–14, 111)

In diesem Sinne hätten "immer noch Aufzeichnungen hinzukommen können," ohne jedoch eine Änderung von Maltes Lage mit sich zu bringen, denn es besteht

---

[21] Die ganze Aufzeichnung wird von den optativen Verbformen am Anfang bestimmt. Unserer Auffassung nach wäre der "Zurückgezogene" als ein in eine mythische Zukunft projiziertes Wunschbild von Malte selbst zu betrachten. Der "alte Sonderling" ist ja "in seiner Jugend gereist" und dient Malte als Transparenz für die eigenen Gedanken.

[22] Siehe oben S. 22f.

anscheinend eine nicht auszugleichende Diskrepanz zwischen den Realitäten der Erzählsituation und den aus ihr projizierten Idealbildern der "großen Lieben-den."

Wir wissen lediglich, daß Abelone "die Kalorien ihres großartigen Gefühls nicht an Gott wandte" (SWVI, 937) und das Lied, das von dem dänischen Mädchen, Abelones letzter Transparenz, gesungen wird, feiert wohl ihren Verzicht auf jegliches Besitzenwollen, aber sagt nichts von einer positiveren Erfüllung. Man könnte sogar die letzte Zeile: "weil ich niemals dich anhielt, halt ich dich fest" (SWVI, 936) als Symptom der gleichen Gegenständlichkeit der Gefühle beim Festhalten am imaginären Bild eines geliebten Menschen be-zeichnen, die wir früher anhand der Evokationen der Mutter und zuletzt im Kontext der *Rede/Über die Gegenliebe Gottes* aufgezeigt haben.[23] Wenn Abelone eben nicht gewußt haben soll, "daß keine Gegenliebe von ihm (Gott) zu fürchten war" (SWVI, 937) und ihn daher vermutlich auf allzu menschliche Art konzipierte, so kann es sein, daß sie sich ebensowenig zur idealen Einfachheit und "lauter Sicherheit" der legendären Liebenden durchgerungen hat, wie Malte selbst über die mißliche Lage hinaus, "ein Gespött und eine Hälfte, weder Seiender noch Schauspieler" zu sein, zur idealen Einigkeit mit sich selbst und künstlerischen Wirksamkeit des Cézanne-Modells gelangt ist. Gewiß ist wiederum nur, daß Christus, als "Erleichterung Gottes" (SWVI, 937), eine solche Gefahr für angehende Heilige bedeutet:

> Ach, der für die Schwachen ein Helfer war, ist diesen Starken ein Unrecht; wo sie schon nichts mehr erwarteten, als den unendlichen Weg, da tritt sie noch einmal im spannenden Vorhimmel ein Gestalteter an und verwöhnt sie mit Unterkunft und verwirrt sie mit Mannheit . . .
>
> (SWVI, 937)

Genaugenommen kann sich Christus als "Gestalteter" schwerlich in bedeutender Weise von jeder anderen Vorstellung Gottes oder Vergegenständlichung der eigenen Gefühle unterscheiden, aber, was ja öfters bei Rilke vorkommt,[24] hilft

---

23   Vgl. dazu in den Briefen von 1903 an Lou Andreas-Salome die Funktion, die das innere *Bild* der Freundin übernimmt: ". . . da hielt ich mich daran, daß mir Dein Bild nicht fremd geworden war, daß es sich nicht entfernt hatte wie alles andere, sondern allein stehen geblieben war in der fremden Leere, in der ich leben mußte." Es ist äußerst interessant, daß Rilke sich im Briefe vom 15. Januar 1904 an Lou als "Dein irgendwie verlorener Sohn" bezeichnet. Wenn man die Vertauschbarkeit von "Gott" und "Geliebter" in der Periode von Rilkes erstem Zusammensein mit Lou, die enge Verwandtschaft Abelones mit der Gestalt von Maltes Mutter, den idealen Charakter hermaphroditischer Figuren und die transzendente Bedeutung berücksichtigt, die diese Gestalten durch ihre verschiedenen Transparenzen erreichen, so wären im Rahmen einer biographischen Deutung die Vermutungen "geradezu unbegrenzt" (SWVI, 713).

24   Vgl. die Differenzierung der Puppen von jeder anderen Art von "Dingen," SWVI, 1069f.

sich Malte über die logischen Schwierigkeiten hinweg, indem er seine positive Vorstellung Gottes gegen eine nuancierte "Erleichterung" desselben Begriffes ausspielt. Alle diese Mutmaßungen zielen letztlich auf eine mögliche Erklärung der eigentümlichen Negativität der Sätze, mit denen sich Malte von Abelone verabschiedet:

> Ich könnte mir vorstellen, daß es Briefe von ihr giebt, die an die aufmerksame innere Beschauung der Fürstin Amalie Galitzin erinnern; aber wenn diese Briefe an jemanden gerichtet waren, dem sie seit Jahren nahestand, wie mag der gelitten haben unter ihrer Veränderung. Und sie selbst: . . . sie fürchtete nichts als jenes gespenstische Anderswerden, das man nicht merkt, weil man beständig alle Beweise dafür, wie das Fremdeste, aus den Händen läßt.
>
> (SWVI, 938)

Durch dieses "Anderswerden" und die damit verbundene Selbstentfremdung wird man an Maltes Analyse der eigenen Lage am Anfang des Buches erinnert:

> Wozu soll ich jemandem sagen, daß ich mich verändere? Wenn ich mich verändere, bleibe ich ja doch nicht der, der ich war, und bin ich etwas anderes als bisher, so ist klar, daß ich keine Bekannten habe. Und an fremde Leute, an Leute, die mich nicht kennen, kann ich unmöglich schreiben.
>
> (SWVI, 711)

Nicht nur die Fürstin Amalie Galitzin, sondern doch auch Malte selbst dürfte als Beispiel der "aufmerksamen inneren Beschauung" angeführt werden, und auch Malte hat "Veränderungen" durchgemacht, die, nach seinen letzten Äußerungen zur gegenwärtigen Situation zu urteilen, keinesfalls zu einer Apotheose geführt haben. Daß Abelone trotz ihrer Veranlagung dazu den Weg zu Gott nicht beschritten hat und daß die "Zeit der anderen Auslegung" für Malte niemals gekommen ist und vermutlich niemals kommen wird, verweist auf die in der Erzählgegenwart herrschende Grundaporie, welche diesen Realitätsbereich von den so oft aus ihm hinausprojizierten Gegenbildern mythischer Erfüllungen effektiv unterscheidet. Es steht außer Zweifel, daß Malte im 18. und 22. Abschnitt den Anbruch der "Zeit der anderen Auslegung" als ein konkretes Ereignis konzipiert; am Anfang der Aufzeichnungen über Karl VI. scheint er immer noch die Möglichkeit einer wie auch gearteten Entelechie ins Auge zu fassen: "Ich weiß, wenn ich zum Äußersten bestimmt bin . . ." (SWVI, 905). Die ersten Stationen der Geschichte des wahnsinnigen Königs muten tatsächlich wie eine positive Umdeutung des Elends, ja sogar des "Wahnsinns" im Sinne der totalen Isolierung von der Umgebung an, aber das Folgende zeigt, daß der König nicht imstande ist, die herrschende Finsternis der Geschichte auf tätige Weise zu lichten, eben weil diese eine von Gott gewollte und wohl absichtlich herbeige- führte ist. Da nun Malte diese "Finsternis" mit seiner eigenen Lage gleichgesetzt hat,[25] ist es keineswegs überraschend, daß dieser 63. Abschnitt, der die Gedanken der König-Karl-Aufzeichnungen wieder aufgreift und ausdrücklich auf die gegenwärtige Lage Bezug nimmt, ein vollkommen statisches Bild des menschlichen Daseins entwirft. Indem Malte aus seiner Interpretation von Karl VI. die Konsequenzen zieht, scheint er ebenfalls in bezug auf die Erzählgegenwart festzustellen, daß die auf seine "Veränderungen" gesetzten Hoffnungen nicht in Erfüllung gehen können, einmal weil die Gegenwartsrealität eben nicht im Begriffe steht, in einen Mythos überzugehen, und zum anderen weil seine Untersuchung der Geschichte Karls VI. das Ergebnis gezeitigt hat, daß man eine "reale Finsternis" durch die ideale Ordnung eines Kunstwerks eben nicht erhellen kann. Das sind dann tatsächlich die Themen, die in den anschließenden Aufzeichnungen über antikes und modernes Theater herausgearbeitet werden.

Nach dieser Interpretation wird derselbe Unterschied zwischen Erzählgegenwart und mythischer Projektion, der bei den ersten Kindheitserinnnerungen am Anfang der Aufzeichnungen mit ziemlicher Genauigkeit herausgearbeitet wurde, am Ende des Buches noch aufrechterhalten. Man könnte sonst schwerlich die Notwendigkeit einsehen, warum Abelone, nachdem sie im Verlaufe der Aufzeichnungen in so vielen Transparenzen erschienen ist und so viele Steigerungen erfahren hat,[26] am Ende doch nicht zur verklärten "Gottliebenden" wird, sondern allen Anzeichen nach in einer ähnlichen Ungewißheit endet wie Malte selbst.

Die Legende des verlorenen Sohnes

Eine dem Werkschluß entsprechende Ungewißheit scheint sich auch in der *Malte*-Literatur fortgepflanzt zu haben, denn es herrscht ein geradezu "spätmittelalterlicher" Mangel an Einstimmigkeit in den Interpretationen der letzten Aufzeichnungen. Die Deutungen von Marlene Jäger, Klaus Meyer und Ernst Hoffmann legen die Geschichte aus den verschiedensten Gründen in einem eindeutig positiven Sinne aus, während Hans Borchert und Käte Hamburger das Ende der Geschichte im Zeichen der "tiefen Resignation" und des "Scheiterns" sehen.[27] Für Walter Seifert dient die kreisförmige Struktur der Legende dazu, den Roman zur geradezu obligatorischen "Totalität" abzurunden, obwohl der

---

[25] BM, 319: "... seine Notzeit und die große Notzeit der avignonesischen Päpste, wo alles nach außen trat, was nun heillos nach innen schlägt, sind gleichgesetzt ..."

[26] Z.B. die "Heilige" des 22. Abschnitts, die Dame à la licorne im 38. Abschnitt, die Mutter im 41. Abschnitt und schließlich Bettine von Arnim im 57. Abschnitt.

[27] Hans Borcherdt, *Worte und Werte — Bruno Markwardt zum 60. Geburtstag*, "Das Problem des verlorenen Sohnes bei Rilke," S. 28; Käte Hamburger, *Fides et Communicatio — Festschrift für Martin Doerne*, "Die Geschichte des verlorenen Sohnes bei Rilke," S. 142f.

verlorene Sohn selbst "auf dem Weg zum Absoluten . . . auf den Nullpunkt seiner Biographie zurückfällt," so daß am Ende lediglich "das absolute Bewußtsein bestehen bleibt,"[28] etwa wie Fortinbras am Schluß von Shakespeares *Hamlet*. Auch unter jenen Kritikern, die eine positive Deutung der Legende befürworten, herrscht keine Konsonanz der Standpunkte. Marlene Jäger und Ulrich Fülleborn kommen darin überein, den verlorenen Sohn zum "Dichter" zu stempeln, während Klaus Meyer in ihm genau das Gegenteil erkennt, nämlich den völlig "entpersönlichten Heiligen," denn nach seinen Definitionen schließen Dichter und Heiliger einander aus.[29] Trotz der Popularität der "Künstler"-Interpretation, muß man darauf verweisen, daß in der Geschichte selbst kein Wort von einer schriftstellerischen Tätigkeit von seiten des verlorenen Sohnes fällt und daß das Wort "dichten" ganz deutlich nur in einem Vergleich vorkommt:

> Er war *wie* einer, der eine herrliche Sprache hört und fiebernd sich vornimmt, in ihr zu dichten. Noch stand ihm die Bestürzung bevor, zu erfahren, wie schwer diese Sprache sei . . . Nun, da er so mühsam und kummervoll lieben lernte, wurde ihm gezeigt, wie nachlässig und gering bisher alle Liebe gewesen war, die er zu leisten vermeinte.
>
> (SWVI, 943–44)

Die erste prosaische Bedeutung dieses Vergleichs scheint darin zu liegen, daß die Liebe zu Gott erst mühsam "gelernt" werden müsse, bevor man imstande wäre, darin etwa die Virtuosität einer Marianna Alcoforado zu erreichen, genau wie man eine Fremdsprache erst erlernen muß, bevor man sich anmaßen dürfte, "in ihr zu dichten."

Eine weitere Kontroverse hat sich um die Entsprechungen zwischen Maltes eigenem Leben und dem der legendären Figur entfacht. In der Regel scheinen die positiveren Deutungen der Legende auf deren Nähe zur persönlichen "Entwicklung" Maltes zu bestehen, während die negativeren die Frage der genauen Entsprechungen in großem Maße offen lassen.[30] Klaus Meyer bildet hier eine Ausnahme, denn er legt den Ausgang der Geschichte Maltes negativ aus, während er doch in dem Auszug des verlorenen Sohnes "den wichtigsten Schritt zur Verwirklichung des Heiligen" sieht.[31] Walter Seifert lehnt einerseits die "Erkenntnishaltung" Marlene Jägers kategorisch ab, "alle Abschnitte als Bild

---

28 Seifert, *Das epische Werk*, S. 322.
29 Klaus Meyer versteht die Geschichte des verlorenen Sohnes als Darstellung des "Heiligen" (*Bild der Wirklichkeit*, S. 17 und passim), während er an anderer Stelle behauptet: "Eine Realisierung des Heiligen [von seiten Maltes] hätte, im Gegenteil, gerade den Tod des Künstlers bedeutet." (S. 145).
30 Die Gleichsetzung von Malte mit dem verlorenen Sohn kommt am deutlichsten in der Interpretation Armand Nivelles zur Geltung, während Deutungen wie Hans Borcherdts und Käte Hamburgers keine solche Korrelation aufstellen.
31 Meyer, *Bild der Wirklichkeit*, S. 99ff.

oder Gegenbild auf Maltes Situation zu beziehen," während er andererseits jedoch behauptet:

> In der Geschichte des "verlorenen Sohnes" ist demnach der Übergang vom Mythos zum Personalen und vom Personalen zum Mythos überwunden, insofern das Mythische und das Personale in einer Gestalt zusammengefaßt worden sind.[32]

Seifert weist ganz richtig darauf hin, daß es sich hier eben um eine Legende, um eine "idealtypische, als Mythos entworfene Biographie" handelt, aber im weiteren Verlauf seiner Analyse scheint er der doch wesentlichen Frage nach dem persönlichen Anteil Maltes an dieser Geschichte ausgewichen zu sein.

Angesichts der Vielfalt dieser einander widersprechenden Deutungen drängt sich uns die Feststellung geradezu auf, daß das Vorhandensein einer eindeutigen, linearen oder gar einer dialektischen Entwicklung in der zweiten Hälfte von *Malte Laurids Brigge* schwerlich eine so markante Uneinigkeit unter den Interpretationen der letzten zwanzig Jahre zufolge gehabt haben könnte. Das einzige Fazit, das sich aus der Unverträglichkeit der in den meisten Fällen ausführlich begründeten Standpunkte ziehen läßt, ist daß der Schluß des Werkes in hohem Grade ambivalent bleibt, daß also "Maltes nach Sicherheit suchende Natur" eben keine Sicherheit gefunden hat und daß seinem Ende eher eine unbestimmte Negativität zu eigen ist. Eine solche Deutung entspräche nun völlig Rilkes eigenen Äußerungen über den Zustand, in dem "nichts mehr möglich war, nicht einmal das Sterben," oder über den virtuellen Beweis, "daß dieses so ins Bodenlose gehängte Leben unmöglich sei,"[33] d.h. wenn wir diese "Unmöglichkeit" im Sinne der Stasis seiner Situation und der faktischen Unlösbarkeit der vom Werke selbst gestellten Probleme verstehen dürfen. Es hätten "immer noch Aufzeichnungen hinzukommen können," und zwar so, daß weitere Vorwände aus dem Bereich seiner Belesenheit den Stoff zu beliebig vielen Variationen über dieselben Grundthemen gegeben hätten, aber die bisher tragende Hoffnung, daß sich die höchst ambivalenten Veränderungen als eine rettende Entelechie entpuppen könnten, scheint auf dem Niveau der Erzählgegenwart erloschen zu sein.

So bleiben letztlich die Legende selbst und ihr problematisches Verhältnis zur Person des Schreibenden. Eben weil dieses Verhältnis so unbestimmt bleibt, läßt sich eben kein objektiv nachweisbarer Zusammenhang von Erzählgegenwart und Legende aufzeigen, wie etwa bei Karl VI. Dort verwies Malte am Anfang seiner Verarbeitung der Geschichte auf seinen "Glauben" an diese Gestalt; am Ende dagegen überträgt er die Determinanten von Karls Scheitern in solcher Weise auf

---

[32] *Das epische Werk*, S. 315.
[33] B07—14, 111 und BM, 332.

die Erzählgegenwart, daß die Wirksamkeit dieses Glaubens als existentielle Stütze weitgehend aufgehoben zu sein scheint. In der Geschichte des verlorenen Sohnes legt Malte unverkennbar einen hohen Grad an Einfühlung an den Tag, aber das gilt ebenfalls für seine Evokation der Gestalt Sapphos, wo es sich eindeutig um eine ideale Projektion handelt. Was direkte Äußerungen oder Stellungnahmen des Erzählenden zu seinem Stoff betrifft, so sind die Indizien äußerst spärlich. Malte gesteht einerseits auf rhetorisch-schwungvolle Art seine Unfähigkeit ein, die "Hirtenjahre" des verlorenen Sohnes zu gestalten:

> Wer beschreibt, was ihm damals geschah? Welcher Dichter hat die Über-redung, seiner damaligen Tage Länge zu vertragen mit der Kürze des Lebens? Welche Kunst ist weit genug, zugleich seine schmale, vermantelte Gestalt hervorzurufen und den ganzen Überraum seiner riesigen Nächte.
>
> (SWVI, 942)

Andererseits aber nimmt er im folgenden eine etwas mutwillige Haltung gegenüber eben dieser Aufgabe ein:

> Oder soll ich ihn denken zu Orange, an das ländliche Triumphtor geruht? Soll ich ihn sehen im seelengewohnten Schatten der Allyscamps . . .?
>
> Gleichviel. Ich seh mehr als ihn, ich sehe sein Dasein, das damals die lange Liebe zu Gott begann . . .
>
> (SWVI, 943)

Auf die *Gestaltung* selbst kommt es anscheinend nicht so sehr an wie auf den gedanklichen Inhalt der Legende, auf die Herausarbeitung der *Idee* dieser Liebe, und in dieser Gewichtsverlagerung wäre man vielleicht in Anlehnung an die Ausführungen Käte Hamburgers geneigt, eine erhebliche Einschränkung des Kunstwertes dieser Parabel zu sehen. Unserer Auffassung nach gehört sie nicht zum Besten, was Rilke Malte schreiben läßt, denn das Schematische und Rhetorische daran, wie ja bei der Verherrlichung Bettines und der Verurteilung Goethes, läßt die "Kunst-Absicht" den gestalthaften "Kunst-Vorwand" an vielen Stellen einfach übertönen. Lediglich die Evokation der Kindheit und die erhabene Ironie des letzten Satzes dürfen unserer Meinung nach als künstlerisch gelungen gelten, denn das Moment des "Idealtypischen" wird sonst von der Erzähltechnik nur allzu deutlich hervorgehoben. Das sind aber Erwägungen, die bei einer wissenschaftlichen Interpretation kaum angebracht sind, denn die Funktion dieser parabolischen Rhetorik als abschließende Zusammenfassung des Liebesthemas kann in rein struktureller Hinsicht als durchaus sinnvoll er-scheinen.

Mit annähernder Objektivität läßt sich allein feststellen, daß die "Knaben-jahre" des verlorenen Sohnes nur eine enge Auswahl der in Maltes Kindheit vorhandenen Elemente wiedergibt. Die eigentliche "Kindheit" der Parabelfigur erscheint als schlichte Idealität, und "als Knabe" schon will er "seine

Gewohnheiten ablegen," sich von der Liebe der anderen emanzipieren. Aspekte
dieses Zustandes erinnern an das Cézanne-Modell sowie an das verwandte Thema
der idealen Armut,[34] an die fluide Identität des Grischa Otrepjew und an Maltes
Verkleidungsspiel im 21. Abschnitt. Das Thema der mißverstehenden, die
Identität des Gegenstandes deformierenden Liebe knüpft nicht nur an die sehr
ähnlichen Gedanken des 66. Abschnitts an, sondern darin sind Maltes Bitterkeit
gegen den "Ruhm," seine Überzeugung von der Notwendigkeit des "Alleinseins"
und seine etwas herablassende Haltung den "Leuten" gegenüber ebenfalls
aufgegangen. Von "Einbrüchen des Unerhörten" oder gar "Ängsten der
Kindheit" ist in der Legende jedoch niemals die Rede, und das Fortgehen von
Zuhause erfolgt aus eigenem Entschluß, während sich Maltes Familie im Verlauf
seiner Kindheit und Jugend förmlich auflöst. Dem verlorenen Sohn wird als
besitzlos Liebendem ein geradezu verfrühter Erfolg zuteil:

> Denn er hat geliebt und wieder geliebt in seiner Einsamkeit; jedesmal mit
> Verschwendung seiner ganzen Natur und unter unsäglicher Angst um die
> Freiheit des andern. Langsam hat er gelernt, den geliebten Gegenstand mit
> den Strahlen seines Gefühls zu durchscheinen, statt ihn darin zu verzehren.
> Und er war verwöhnt von dem Entzücken, durch die immer transparentere
> Gestalt der Geliebten [sic] die Weiten zu erkennen, die sie seinem unend-
> lichen Besitzenwollen auftat.
>
> (SWVI, 941)

Obwohl die Gestalt Abelones für Malte in mehrfacher Hinsicht transparent
geworden ist, hat Malte niemals eine solche Meisterschaft in der Liebe
beansprucht, und von nun an scheint sich die Geschichte des verlorenen Sohnes
immer deutlicher von der faktischen Situation Maltes zu trennen. Denn im
nächsten Absatz erweist es sich, daß der verlorene Sohn tatsächlich geliebt
werden will, und zwar in genau derselben Weise, wie er selber zu lieben gelernt
hat:

> Wie konnte er dann nächtelang weinen vor Sehnsucht, selbst so durchleuchtet
> zu sein ... O, trostlose Nächte, da er seine flutenden Gaben in Stücken
> wiederempfing, schwer von Vergänglichkeit ... Denn er hatte die Hoffnung
> nicht mehr, die Liebende zu erleben, die ihn durchbrach.
>
> (SWVI, 941)

Die ganze weitere Laufbahn des verlorenen Sohnes ist nunmehr auf diese ideale
Gegenliebe ausgerichtet, was bedeutet, daß seine Abneigung gegen die Liebe als
solche am Anfang der Legende durch eine typisch Rilkesche Nuancierung zur
spezifischen Ablehnung einer als falsch verpönten Abart der Liebe geworden ist.

---

34   Vgl. dazu Klaus Meyer, *Bild der Wirklichkeit,* S. 108.

Die "lange Liebe zu Gott, die stille, ziellose Arbeit" hat sich ganz eindeutig dieses ideale "Geliebt-werden" als Ziel gesetzt:

> Und diesmal hoffte er auf Erhörung. Sein ganzes ... Wesen versprach ihm, daß jener, den er jetzt meinte, zu lieben verstünde mit durchdringender, strahlender Liebe. Aber während er sich sehnte, endlich so meisterhaft geliebt zu sein, begriff sein an Fernen gewohntes Gefühl Gottes äußersten Abstand.
>
> (SWVI, 943)

Das widerspricht freilich den Grundbegriffen der "besitzlosen Liebe" in früheren Aufzeichnungen, nach denen keine Gegenliebe von seiten Gottes nötig oder gar wünschenswert sein soll, aber wie im ersten Abschnitt dieses Kapitels dargelegt wurde, ist die Lehre von der besitzlosen Liebe nur solange als einheitliches Begriffssystem aufrechtzuerhalten, bis man aus ihr die keineswegs verborgenen, negativen Konsequenzen gezogen hat. Dann entlarvt sie sich als eine emotionelle Steigerung von eben jener Gegenständlichkeit der Gefühle, deren Überwindung sie bewirkt haben soll. Daß der verlorene Sohn nunmehr nichts anderes als die "durchleuchtende" Gegenliebe Gottes ersehnt, nimmt das Thema des "Anerkanntwerdens" in der Zeit der *Gedichte an die Nacht* vorweg, während die "klassische" oder "orthodoxe" Art der besitzlosen Liebe sich ebenfalls in der späteren Periode im Thema der "Strömung" einer scheinbar ungetrübten Existenz erfreut. Wie dem auch sei, die zwei Möglichkeiten des "Geliebtwerdens" verhalten sich zueinander wie die Vorstellungen von Gott und Christus im 70. Abschnitt. Indem alle dem Sinnzusammenhang innewohnende Negativität und Widersprüchlichkeit auf die eine Möglichkeit geschoben wird, kann der im Grunde nicht radikal andersgeartete "Gegenpol" vorbehaltlos bejaht werden.

Erst auf dieser Stufe der Legende scheint die Ich-Struktur sich als spezifisches Problem zu bieten:

> Er ging ganz darin auf, zu bewältigen, was sein Binnenleben ausmachte, er wollte nichts überspringen, denn er zweifelte nicht, daß in alledem seine Liebe war und zunahm. Ja, seine innere Fassung ging so weit, daß er beschloß, das Wichtigste von dem, was er früher nicht hatte leisten können ... nachzuholen.
>
> (SWVI, 944)

Hierin die Parallele zu Maltes Verarbeitung der eigenen Kindheitserinnerungen zu sehen, ist zwar sehr verlockend, aber die Ähnlichkeit darf nicht übertrieben werden. Maltes Handlung erfolgt unter dem Druck seelischer Nöte und in der Hoffnung, daß die persönliche Vergangenheit sich eher "bewältigen" ließe, als die völlig widerspenstige Gegenwart. Der verlorene Sohn dagegen zweifelt überhaupt nicht mehr an der Richtung, die sein Leben genommen hat, ja er ist seiner Entelechie so gewiß, daß er "Gott beinah ... vergaß über der harten Arbeit, sich ihm zu nähern" (SWVI, 944). Wenn er dann zu seiner Familie zurückkehrt, muß er wieder einmal den Andrang der "falschen" Liebe erleiden, aber er sieht bald ein, daß er jetzt dagegen gefeit ist und daß sie ihm daher nicht weiter bedrohlich werden kann:

> Es muß für ihn unbeschreiblich befreiend gewesen sein, daß ihn alle mißverstanden . . . Denn er erkannte von Tag zu Tag mehr, daß die Liebe ihn nicht betraf . . . Fast mußte er lächeln, wenn sie sich anstrengten, und es wurde klar, wie wenig sie ihn meinen konnten.

(SWVI, 946)

Wiederum bietet sich eine Auswahl von Parallelstellen in den Aufzeichnungen selbst. Man denke zum Beispiel an die Schilderung der Geburtstage im 43. Abschnitt, wo dem Kinde dieselbe Distanzierung von den Gefühlen der Erwachsenen bei solchen Gelegenheiten zugesprochen wird:

> Talent war eigentlich nur nötig, wenn sich einer Mühe gegeben hatte, und brachte, wichtig und gutmütig, eine Freude, und man sah schon von weitem, daß es eine Freude für einen ganz anderen war, eine vollkommen fremde Freude; man wußte nicht einmal jemanden, dem sie gepaßt hätte: so fremd war sie.

(SWVI, 844)

Eine andere Möglichkeit wäre diese über alles vulgär Menschliche erhabene Endstufe der Legende mit der Einsamkeit der Dame à la licorne zu vergleichen, oder auch das Isolierende, Schützende dieses Zustandes mit der entsprechenden Eigenschaft des "Wahnsinns" Karls VI. in Verbindung zu setzen, kraft deren er "sich erhielt unter seinem Wahnsinn wie Wachsblumen unter einem Glassturz" (SWVI, 906). Klar ist auf jeden Fall, daß nach dieser Station nur noch die Konfrontation mit dem Gott in Aussicht steht:

> Was wußten sie, wer er war. Er war jetzt furchtbar schwer zu lieben, und er fühlte, daß nur Einer dazu imstande sei. Der aber wollte noch nicht.

(SWVI, 946)

Es ergibt sich also eine Fülle von möglichen Bezügen zu den anderen siebzig Aufzeichnungen, aber ohne der Legende Gewalt anzutun oder wichtige Unterschiede einfach zu verwischen, kann man die Geschichte des verlorenen Sohnes kaum als eindeutig positive Antwort auf sämtliche Fragen des Werkes bezeichnen. Malte selbst erlebt keine "Hirtenjahre," so wie der verlorene Sohn keine "Einbrüche des Unerhörten" aushalten muß, und die Diskrepanzen zwischen Legende und Erzählgegenwart ließen sich beliebig vervielfältigen.[35] Wie

---

35 Malte erfährt zum Beispiel keinesfalls das Abgleiten ins physische Elend des verlorenen Sohnes (". . . da sich überall an seinem Leibe Geschwüre aufschlugen wie Notaugen gegen die Schwärze der Heimsuchung . . ."), sondern er "verstellt sich" immer

soll man aber dann die unabstreitbaren Ähnlichkeiten zum Hauptteil des Werkes auslegen, wenn von einer genauen Parallelgeschichte nicht die Rede sein kann? Wenn man die Abweichungen von der Liebeslehre der Abschnitte 66—70 berücksichtigt, so muß man die niemals aufgegebene Hoffnung des verlorenen Sohnes auf die Gegenliebe Gottes entweder als eine Aberration oder als die ersten Andeutungen einer Zurücknahme der kategorischen Behauptung im 70. Abschnitt: "daß keine Gegenliebe von ihm zu fürchten war" (SWVI, 937) betrachten. Um die Frage etwas präziser zu formulieren: entweder hat diese idealtypische Gestalt das Wesen der idealen Liebe völlig mißverstanden, oder Malte selbst spielt mit weiteren diesem Themenkomplex innewohnenden Möglichkeiten. Genau wie der Rückfall in die narzißtische Gegenständlichkeit der eigenen Gefühle eine im Werk selbst nicht entwickelte, aber dennoch durchaus mögliche Variante der besitzlosen Liebe darstellt, so scheint in dieser Parabel eine "Erhörung" von seiten Gottes als Alternative zur Haupttendenz dieses Themas vorgeschlagen zu sein. Der letzte Satz: "Der aber wollte noch nicht" verstärkt dann das Moment der Ungewißheit an dem ganzen Zusammenhang und dient dazu, die negativeren Deutungen der Legende zu rechtfertigen. Hat aber nicht die ganze Parabel in der Freiheit ihrer Entsprechungen zum Hauptteil des Werkes, in ihrer niemals präzisierten Relevanz zur existentiellen Lage Maltes und schließlich in der posierten Rhetorik ihres Stils den deutlich ausgeprägten Charakter einer *Variation über schon bekannte Themen?* Denn sie ist nicht nur eine eigenwillige Bearbeitung der biblischen Legende, sondern sie weist eine ähnliche Selbständigkeit in bezug auf die Thematik der anderen Aufzeichnungen auf, insbesondere was die Determinanten von Maltes gegenwärtiger Situation betrifft. Sie ist zwar durch ihre Form dazu geeignet, einen zusammenfassenden, abschließenden Eindruck zu vermitteln; in inhaltlicher Hinsicht aber birgt sie als Variation den Keim anderer möglicher Variationen in sich, und in diesem Sinne hatte Rilke recht, als er im April 1910 einer Bekannten schrieb, die Aufzeichnungen seien "zu einer Art Abschluß gekommen."[36] Indem aber der letzte Satz der Parabel die Frage nach der Beziehung Gottes zum Menschen in ihrer ganzen Ambivalenz wieder einmal aufleben läßt, knüpft das Ende des Werkes überraschenderweise an die erste Phase der Entstehungsgeschichte an,[37] und wir werden den weiteren Implikationen dieses Sachverhalts eine kurze Betrachtung widmen.

---

noch in seinen "besseren Kleidern." Er hat ganz ausdrücklich nicht "das Herz zu (einem solchen) Leben" (SWVI, 903). Auch wird sein Verhältnis zu Gott nach dem 33. Abschnitt als "neuen Anfang" nach einem ersten Fehlschlag bezeichnet (SWVI, 810), was auf die Geschichte des verlorenen Sohnes keineswegs zutrifft. Das "Binnenleben" des verlorenen Sohnes scheint der "Bewältigung" keinen Widerstand zu bieten, während das Gegenteil für Maltes "Binnenleben" gilt usw.

36 B07—14, 100.

37 Siehe oben S. 38ff.

Die "Rückseite der Götter"

Unser Verständnis des Werkes beruht auf einem Paradox, demselben Paradox aber, das dem Autor selbst ermöglichte, im Verlauf des einen Briefes Maltes "Untergang" mit aller Eindeutigkeit hervorzuheben, um dann auf der nächsten Seite von einer "eigentümlich dunklen Himmelfahrt" zu sprechen (B07–14, 147 f.). Das Prinzip der gegensätzlichen Symbolik, das einen wichtigen Bestandteil der Theorie des Vorwands bildet, ergibt jedoch die Möglichkeit, Maltes eigenes Leben als Analogie zu der "Erscheinung" Karls VI. und ihrer Bedeutung für das Volk von Paris zu verstehen. Maltes "Untergang" wäre in diesem Sinne der negative Vorwand, hinter dem die positiveren Gehalte des Werkes — Themen wie das "Cézanne-Modell," die Idealität solcher Gestalten, wie Graf Brahe oder den Marquis de Belmare, und vor allem die Lehre von der "intransitiven, durchleuchtenden Liebe" sichtbar werden können. Wenn man die Summe aller von der Erzählgegenwart in einen mythischen Raum projizierten Möglichkeiten der Erfüllung nimmt, so kommt das wohl dem von Rilke betonten "aufsteigenden Sinne" des Werkes gleich.

Ein ähnliches Paradox bestimmt unser Verständnis der "Person des Schreibenden." Wie Rilke selbst behauptete — ohne jedoch von der neueren *Malte*-Literatur mit Ausnahme von Marlene Jäger ernstgenommen zu werden — liegt die Einheit des Werkes tatsächlich in der Persönlichkeit Maltes. Nur wird diese Einheit in zweierlei Hinsicht nuanciert: erstens ist Maltes Persönlichkeit zugleich ein Koordinatensystem, nach dem sowohl die äußere Wirklichkeit als auch die Theorie des idealen sprachlichen Kunstwerks (Abs. 12) und die Möglichkeiten menschlichen Zusammenseins strukturiert werden; zweitens besteht eine Diskrepanz zwischen der formalen Einheitlichkeit dieser Struktur und der thematischen Negativität von Maltes Erleben. Anders gesagt: Malte erforscht seine eigene Bewußtseinsstruktur unter Furcht und Verzweiflung; das Ich-Modell, das daraus resultiert, gibt dem Leser jedoch einen Schlüssel in die Hand, den geradezu überwältigenden Bezugsreichtum im Werke zu erfassen und in ein dem Werke selbst keineswegs aufgedrängtes Schema einzuordnen. Die räumliche Metaphorik von "Oberfläche" und "Innerem" sowie der Themenkomplex von "Vorwand und Transparenz" werden ja im Werke selbst mit genügender Häufigkeit und Ausdrücklichkeit betont, um unser interpretierendes Vorgehen zu rechtfertigen. Die Paradoxien des Romans lassen sich auf diese Weise dann im Sinne einer auf das Werk als ganzes erweiterten Komplementarität der Gegensätze verstehen.

Unbeantwortet bleibt dabei jedoch die Frage, warum die gedanklichen Inhalte von *Malte Laurids Brigge* einen so hohen Grad an Widersprüchlichkeit und Vorläufigkeit aufweisen, warum die Gegenliebe Gottes, zum Beispiel, im 70. Abschnitt als reale Möglichkeit ausgeschlossen wird, während sie in der Parabel des verlorenen Sohnes als Endziel der Entwicklung der Hauptgestalt erscheint. Nun hat Rilke im Brief an Hulewicz von "Maltes nach Sicherheit suchender Natur" gesprochen (BM, 323), und wir dürfen tatsächlich in der fast chronischen Labilität und Nanciertheit von Maltes Gedankengängen einen weiteren Ausdruck dieser Unsicherheit erkennen. Nirgends, scheint es, kommt diese Unsicherheit deutlicher zum Ausdruck als in seinem Verhältnis zum Gott. Es ist außerdem durchaus bezeichnend, daß der Name Gottes mit immer größerer Häufigkeit gegen Ende des Buches erwähnt wird, als ob dieses Thema im Begriffe wäre, durch die Transparenz der anderen Thematik immer sichtbarer zu werden. Nach dem "Gottesbeweis" der Episode des blinden Zeitungsverkäufers eröffnet die Geschichte Karls VI. eine Perspektive auf "Gottes späte Ungeduld," und der 63. Abschnitt kreist um die Unzulänglichkeit menschlicher "Handlung" in den Augen des "göttlichen Zuschauers." Die großen Liebenden haben "*vor* ihnen nur noch Gott," und im folgenden Abschnitt spricht Malte im Namen derer, "die wir uns Gott vorgenommen haben." Im 70. Abschnitt wird Abelones Versagen als "Gottliebende" notiert und die Möglichkeit der Gegenliebe Gottes verneint. In der Legende des verlorenen Sohnes tritt die Ausrichtung auf den fernen Gott als Entelechie der Hauptgestalt zum Vorschein, und der Zurückgekehrte wartet am Ende der Parabel auf die seine Entwicklung ergänzende und bestätigende Gegenliebe Gottes.

Unsere Untersuchung des Frühwerks ergab, daß die erste Erscheinung der typisch Malteschen Ich-Struktur und existentiellen Thematik in der Zwischensein-Aufzeichnung vom Dezember 1900 vorzufinden war. Diese Aufzeichnung befaßt sich außerdem mit dem Dualismus von Gott und "Zwischengott," und letzterer erschien uns über das Thema des "fremden Todes" in der *Weißen Fürstin* von 1904 eine Vorform des "Unerhörten" oder der Dämonisierung der Pariser Wirklichkeit in *Malte Laurids Brigge* zu sein. Andere Themen, die in der ersten Pariser Zeit aufgezeigt werden konnten, waren die Abwesenheit des Gottes — als "Retter, . . . den das Gebet nicht erreicht" (SWIII, 768), — und die Unerreichbarkeit der eigenen "beladenen Tiefen" der Persönlichkeit (BL, 69), sonst der Wohnsitz des "vertrauten Gottes" in seiner Rolle als "dunkler Unbewußter" (SWI, 276). Wenn man nun die einer solchen Metaphorik des Gottesthemas innewohnenden Möglichkeiten wörtlich nimmt und als Bruchstücke einer werkimmanenten "Theologie" betrachtet, so wird auf einmal klar, in welchem Maße das Verhältnis zum Gott in der Thematik der Entstehungsperiode zu Maltes chronischer Unsicherheit beigetragen haben könnte. In den früheren Teilen des Werkes wird das Gottesthema weitgehend "ausgespart," um nur desto deutlicher gegen Ende der Aufzeichnungen hinter den verschiedenen Vorwänden hervorzutreten. Eine weitere Möglichkeit, diesen Sachverhalt zu erfassen, ergäbe sich vielleicht aus Rilkes Äußerungen zur Frage der *Synthese* im Brief an Lou Andreas-Salomé vom 15. August 1903:

Auch in den innersten Vorgängen meines Schaffens sind Spuren dieser
Anlage . . . wenn jedesmal die Synthese, das Endlichste und Fernste als der
Ausgangspunkt erscheint, von dem aus rückwärtsgehend, ich Vorgänge und
Wege erfinden muß, vollkommen unsicher über ihren Verlauf und nur in das
Ziel eingeweiht, in die letzte schließliche Zusammenfassung und Apotheose.

(BL, 109)

Wenn man den Inhalt dieses Zitats auf *Malte Laurids Brigge* überträgt, so muß
man sofort die erste und wesentlichste Einschränkung machen, daß Malte auf
existentieller Ebene am Schluß eben keine "Apotheose" zuteil wird und daß
seine "eigentümliche dunkle Himmelfahrt" eben durch die entgegengesetzte
Symbolik seines "Untergangs" vermittelt werden müßte. Vorausgesetzt diese
Modifizierung des Prinzips wäre legitim, so könnte man dann das Verhältnis zum
Gott in der Periode 1902–1904 mit der Gottesthematik am Ende der
Aufzeichnungen durchaus vergleichen, nur mit der weiteren Einschränkung, daß
es sich bei diesem "Ausgangspunkt," so wie bei der Endstufe, in bezug auf die
existentielle Ebene der Romanfiktion, also das Leben Maltes, eben nicht um eine
positive Synthese im herkömmlichen Sinne handelt, sondern vielmehr um eine
fundamentale *Unsicherheit,* um eine Art von Gegen-Synthese, von der aus die
"Apotheose" zuletzt als Projektion ins Legendäre möglich wird. In diesem Sinne
wäre das Verhältnis zum Gott das "eigentliche" Thema, die Hauptdeterminante
der Ausgangssituation so wie das Ende der Entwicklung des verlorenen Sohnes,
nur daß die Trennung am Ende von "idealtypischer Biographie" und existentieller Stasis der Erzählgegenwart (Abs. 63) die Unsicherheit des Anfangs in
großem Maße bestätigt. In diesem Sinne könnte man der Meinung von Käte
Hamburger zustimmen, Rilke habe mit der Geschichte des verlorenen Sohnes die
Gottesthematik gewissermaßen erschöpft, denn ihre Rolle wird in der Lyrik der
nächsten Jahre von Motiven wie "Nacht" und "Engel" weitgehend übernommen.
Die *Rede/Über die Gegenliebe Gottes* von 1913 kreist eigentlich um die
Herrlichkeit des autonomen Gefühls, und die Möglichkeit einer "Gegenliebe"
wird einfach ausgeklammert. Nur desto inbrünstiger wird dagegen in der Lyrik
dieser Periode eine Antwort von seiten der Nacht oder des Engels erhofft.

Wenn wir nun die Widersprüchlichkeit der Gottesvorstellungen und Maltes
grundsätzliche Unsicherheit dem Gotte gegenüber in den Mittelpunkt unserer
abschließenden Betrachtung stellen, so ergibt sich daraus die Möglichkeit, das
Negative an Maltes Erleben und Einsichten als indirekten Ausdruck der
Gottesproblematik zu verstehen, was besagt, daß sein Leiden an der Ausweglosigkeit der realen Situation für ihn die einzige Möglichkeit bilden könnte, mit
dem nunmehr verheimlichten Gott Kontakt zu haben, wie etwa nach dem
47. Abschnitt "unser Eigenstes" nur in der Negativität der Todesfurcht
zugänglich sein soll. Daraus erklärte sich auch vielleicht, warum in den späteren
Phasen des Werkes das apokalyptische Thema des ersten Drittels nicht mehr

aufgegriffen wird, denn der direkte Kontakt mit dem Gott oder die Möglichkeit seines rettenden oder vernichtenden Eingreifens wird in immer größerem Maße durch die Intuition einer vermittelnden Transparenz verdrängt, und so bleibt die Möglichkeit einer direkten Konfrontation zuletzt nur dem Bereich der Legende oder der Idealität vorbehalten. So wird gegen Ende des Werkes die "Zeit der anderen Auslegung" allem Anschein nach nicht mehr erwartet. Dieser Sachverhalt bedarf offensichtlich der weiteren Begründung und Klärung, und so wenden wir uns ein letztes Mal dem Ende der Aufzeichnungen zu.

In der ersten Fassung des ursprünglichen Werkschlusses, *Tolstoj*, liest man:

> Er veränderte sich auch: würde er sterben? Und mit einem Entsetzen ohnegleichen ahnte er, daß sein eigener, eingeborener Gott kaum begonnen war; daß er, wenn er jetzt stürbe, nicht lebensfähig sein würde im Jenseits; daß man sich schämen würde für seine rudimentäre Seele und sie in der Ewigkeit verstecken würde wie eine Frühgeburt.
>
> (SWVI, 968)

Die zweite Fassung lautet dagegen:

> Er veränderte sich auch. Und mit einem Entsetzen ohnegleichen ahnte er, *daß sein Inneres kaum angefangen war* [Hervorhebung d. Verf.]; daß er, wenn er jetzt stürbe, nicht lebensfähig sein würde im Jenseits ...
>
> (SWVI, 976)

Diese Texte wurden um die Jahreswende 1909/10 verfaßt und gewähren also einen etwas unerwarteten Einblick in Rilkes Gottesvorstellungen zu der Zeit, als er die Aufzeichnungen zu "einer Art Abschluß" brachte. Außerdem nimmt der Eingang der ersten Fassung von *Tolstoj* die in der Periode des Florenzer Tagebuchs (1898) so stark betonte Vorstellung eines im Werden begriffenen Gottes überraschenderweise auf:

> Wenn Gott *ist*, so ist alles getan und wir sind triste, überzählige Überlebende, für die es gleichgültig ist, mit welcher Scheinhandlung sie sich hinbringen. Sahen wirs nicht? Hat nicht jener große Todesfürchtige, da er immer geiziger einging auf einen seienden und gemeinsamen Gott, das gesegnete Erdreich seiner Natur zerstört?
>
> (SWVI, 967)

Wenn man diese Entwürfe neben die Geschichte des verlorenen Sohnes stellt, so ist die in der Parabel herrschende Vorstellung eines durchaus stabilen, keineswegs verinnerlichten und sich "in äußerstem Abstand" aufhaltenden Gottes mit dem personalen und "erst zu machenden" Gott der *Tolstoj*-Aufzeichnungen nicht ohne weiteres in Einklang zu bringen. Zwischen der "langen Arbeit" der Liebe zu Gott in der Parabel und der hier vorgeschlagenen Arbeit *an* dem "eigenen, eingeborenen Gott" im Innern muß ja ein wesentlicher Unterschied bestehen.

Und doch, wenn man die Aufzeichnungen als Ganzes berücksichtigt, so lassen sich die scheinbaren Alternativen: Gott/Inneres der *Tolstoj*-Fragmente in den Zusammenhang des Persönlichkeitsmodells recht gut einordnen, weil der "unfaßliche Kern" der Persönlichkeit tatsächlich eine der möglichen Positionen des *Stunden-Buch*-Gottes vertritt,[38] und Maltes Versuche, eine positive Komplementarität von Oberfläche und Kern durch den introspektiven Prozeß des Aufzeichnens herzustellen, könnten im weitesten Sinne als "Arbeit" an diesem Gott bezeichnet werden, obwohl diese Arbeit alles andere als konsequent und erfolgreich gewesen ist. Die Vorstellung einer "rudimentären Seele," die in dem idealen Bereich des Jenseits "nicht lebensfähig sein würde," entspräche dann der in den Aufzeichnungen immer wieder hervorgehobenen Fragmentation der gesamten Ich-Struktur, die als Anlaß und Thema zugleich vieler Abschnitte aufgezeigt wurde.[39] Der Begriff des personalen Gottes gewinnt weiter an Substanz, wenn man den allgemeinen Verlust jeder Gemeinsamkeit als Determinante der Erzählgegenwart in Betracht zieht und den "eigenen, eingeborenen Gott" als extremen Ausdruck der Notwendigkeit des "Alleinseins" auslegt.

Im Kontrast zu diesem Themenkomplex jedoch läßt sich in den Aufzeichnungen eine Gegenströmung feststellen, die die Gottesvorstellung der Geschichte des verlorenen Sohnes vorbereitet und die ihren Ursprung ebenfalls im *Stunden-Buch* hat.[40] Dieser Gott befindet sich nicht im Inneren, und die ihm zugehörige Metaphorik ist die der unerreichbaren Ferne und des Verborgenseins hinter den "Wänden" oder "Verkleidungen" der äußeren Wirklichkeit.[41] So selten Malte sich auf theologische Spekulationen im Hauptteil des Werkes auch einläßt, der ganze Roman wird durch eine fundamentale Unsicherheit über den Ort und die Beschaffenheit des *Deus absconditus* bestimmt, eine Unsicherheit, die, wie die verschiedenen Fassungen des Werkschlusses zeigen, am Ende noch einander widersprechende Variationen über das Gottesthema ermöglicht. Die Hypothese des dem Kern der Persönlichkeit immanenten Gottes wird niemals widerlegt; ebensowenig wird die Hoffnung auf einen spontanen Eingriff von seiten des "sich niemals zeigenden," aber doch "endgültig daseienden"[42] Gottes

---

38   Siehe oben S. 73f.
39   Besonders der Abschnitte 18–21 und 30–32.
40   Siehe oben S. 44f.
41   Vgl. SWIII, S. 363:
Gott flüchtet sich von allem Dargestellten,
das in der Zeit sich seine Farben fand,
in allen Bildern bleibt nur das Gewand,
mit dem die Ungeduldigen ihn umhellten;
Gott dunkelt hinter seinen Welten,
und einsam irrt des Malers Hand.
42   Vgl. SWVI, 937 und B07–14, 82: "Dieser erlauchte Geliebte hat die vorsichtige Weisheit, ja . . . die edle List gebraucht, sich nie zu zeigen." Die Formulierung "endgültig daseiend" wird einem Brief vom 19. Dezember 1912 entnommen (B07–14, 265).

ganz und gar aufgegeben, und das Spannungsfeld der Aufzeichnungen liegt zwischen diesen beiden Polen. Diese Behauptung läßt sich auch in chronologischer Hinsicht bestätigen, denn die Vorstellung in den *Tolstoj*-Aufzeichnungen von 1909–10 des "unfertigen" Gottes, an dem gearbeitet werden müsse, läßt sich im Frühwerk von 1898 an belegen. Die Persistenz der allerdings erst nach 1900 in Erscheinung tretenden Gegenströmung wurde im Rahmen unserer Untersuchung der *Malte*-Thematik im Frühwerk im 2. Kapitel bereits nachgewiesen, und eine mit dieser eng verwandten Entwicklungslinie wurde vom Verfasser an anderer Stelle am Beispiel des Nacht-Motivs verfolgt.[43] Vollständigkeitshalber seien hier nur zwei Parallelstellen angeführt. Die eine wird dem *Buch von der Armut und vom Tode* von 1903 entnommen:

> . . . bist *Du* es aber: mach dich schwer, brich ein:
> daß deine ganze Hand an mir geschehe
> und ich an dir mit meinem ganzen Schrein.
>
> (SW VI, 343)

und die andere einem fragmentarischen Gedicht vom Sommer 1909:

> Denn so sind wir verkauft an kleine Nöte,
> daß alle meinen Jahr um Jahr
> wenn einer ihnen beide Hände böte
> so wär ein Gott. Du Notnacht voller Röte,
> du Feuerschein, du Krieg, du Hunger: töte:
> denn du bist unsere Gefahr.
>
> (SW II, 368)

Auch was Ziel und Wesen der Kunst betrifft, schwankt Rilke während der ganzen Entstehungsperiode von *Malte Laurids Brigge* zwischen diesen entgegengesetzten Möglichkeiten. Wiederum in der ersten Fassung von *Tolstoj* erscheint die Kunst selber als mit dem "eingeborenen, inneren Gott" identisch:

> Einst, da er sich, ringend mit allem, seine verwandelnde Arbeit entdeckte, wie half er da. Begann er nicht in ihr, unter seliger Mühsal, seinen einzig möglichen Gott, und die es in seinen Büchern erlebten, wurden sie nicht von Ungeduld erfüllt, jeder in sich, auch zu beginnen?
>
> (SW VI, 967)

Rilke scheint aber empfunden zu haben, daß solche Überlegungen dem Schluß von *Malte Laurids Brigge* eben nicht angemessen wären, denn in der zweiten Fassung von *Tolstoj* findet man keine Spur dieser Gleichsetzung von Gott und

---

43 Vgl. *Rilke's Gedichte an die Nacht*, S. 147ff.

Kunst.[44] Die Parabel des verlorenen Sohnes entfernt sich dann noch weiter von dieser Tendenz, vielleicht weil Rilke die Frage nach *Maltes* Künstlertum in solcher Ausdrücklichkeit am Ende des Werkes eben nicht aufwerfen wollte. Wie dem auch sei, das Bild des Kunstschaffenden als schöpferischer Arbeiter an seinem "eigenen eingeborenen Gott" stellt in der ursprünglichen Fassung des Werkschlusses eine von Tolstoj zuletzt verfehlte Möglichkeit dar. Hätte Malte nun am Ende der Aufzeichnungen als erfolgreicher Künstler dastehen sollen, dann müßte er logischerweise als Dichter eben darin erfolgreich gewesen sein, wo der große Russe versagt hätte, was uns in höchstem Ausmaß unwahrscheinlich anmutet.[45] In dem Bedürfnis, solchen gedanklichen Komplikationen und allzu naheliegenden Fehlschlüssen vorzubeugen, läge auch wohl ein zusätzlicher Grund dafür, daß Rilke in seiner Bearbeitung des Werkschlusses die Künstlerproblematik weitgehend ausklammerte. Wenn er an seiner Differenzierung der Leistung Maltes von der des vollendeten Künstlers Cézanne im Brief vom 8. September 1908 immer noch festhielt,[46] — und es besteht kein zwingender Grund zu glauben, daß er es *nicht* tat — so mußte er ja im Bereich der Künstlerthematik jeden Vergleich vermeiden, der allzusehr zu Maltes Gunsten ausschlagen könnte, und so erklärt sich vielleicht die Ersetzung der eindeutig negativen Darstellung Tolstojs durch die mit Maltes eigener Unsicherheit deutlich kontrastierende "idealtypische Biographie" des verlorenen Sohnes. Zusammenfassend läßt sich also mit ziemlicher Gewißheit sagen, daß sich Rilke mit dem Gedanken einer Rettung seines Helden, wobei dieser die künstlerische Arbeit an seinem "eingeborenen Gott" erfolgreich vollenden sollte, wohl einige Zeit getragen haben mag, daß er sich aber am Ende gegen diese Möglichkeit entschied und im letzten Satz des Romans die Perspektive auf den eindeutig transzendenten *Deus absconditus* absichtlich offen ließ. Denn die Vorstellung eines fernen, unbekannten doch in aller Ewigkeit *seienden* Gottes als zukünftiger Empfänger und Richter aller künstlerischen Errungenschaften läßt sich ebenfalls in Rilkes Äußerungen zur Kunst in dieser Periode nachweisen, wie etwa in dieser Briefstelle vom 4. September 1908:

---

44 SWVI, 975f. Interessanterweise enthält die zweite Fassung von *Tolstoj* das Musterbeispiel einer "Transparenz:" "Jetzt, nach so langer Zeit, begreife ich, daß dieses Bild mich anging. Wie so oft alte Bildnisse, hing es da im Saal und enthielt, *unter dem Schein einer Unbekannten,* das vorhandene Verhängnis des Hauses."

45 Typisch für Rilkes Tolstoj-Bild scheint eher der Hinweis im Brief an Lotte Hepner vom 8. November 1915 zu sein: "... indem ich Sie auf einige bedeutende Menschen aufmerksam mache, die sich über den Tod reiner, stiller und großartiger besonnen haben. Zunächst Einen: Tolstoj." (B14—21, 92).

46 B07—14, 54: "Nicht meine Einsichten will ich einschränken, sondern die seinen (Maltes), an deren Kreis und Wendung ich noch muß glauben können ... denn Cézanne ist nichts anderes als das erste primitive und dürre Gelingen dessen, was in M. L. noch nicht gelang."

Aber die Zeit wird kommen, wo ich den Trank bereite. Und die andere wo ich ihn hinaufbringe, in dem alles verdichtet ist und verbunden, das Giftigste und Tödlichste, um seiner Stärke willen; hinaufbringe zu Gott, damit er seinen Durst stille und seinen Glanz in seine Adern strömen fühle.

(B07—14, 48)

In demselben Brief über *Malte Laurids Brigge,* in dem Rilke von der "Unfaßlichkeit" der Lebenselemente spricht, prägt er den eigentümlichen Begriff der "Rückseite der Götter." Er versucht damit, die grundsätzliche Ambivalenz seiner Gottesvorstellung zu klären und verständlich zu machen. So schreibt er am 8. November 1915 an Lotte Hepner:

Wer weiß, ich frage mich, ob wir nicht immer sozusagen an der Rückseite der Götter herantreten, von ihrem erhaben strahlenden Gesicht durch nichts, als durch sie selber getrennt, dem Ausdruck, den wir ersehnen, ganz nah, nur eben hinter ihm stehend . .

(B14—21, 87)

Diese Formulierung ergibt sich unmittelbar aus dem Versuch, *Malte Laurids Brigge* trotz seiner offensichtlich negativen Bedeutung — "ein Negativ, dessen alle Mulden und Vertiefungen Schmerz sind, Trostlosigkeit und weheste Einsicht" — in einem positiveren Sinne darzustellen. In den anschließenden, sich über mehrere Seiten erstreckenden Ausführungen knüpft er unmittelbar an die Gedanken über die Todesfurcht im 47. Abschnitt von *Malte Laurids Brigge* an, nach denen solche Wesenheiten wie "Gott" und "Tod" einmal "das Fremde" als solches und doch zum anderen "unser Eigenstes" bedeuten können.[47] Derselbe paradoxe Gehalt liegt der Formulierung der "Rückseite der Götter" zugrunde und erklärt in der Entstehungsperiode des Romans das oben herausgearbeitete "Teil und Gegenteil" der Gottesvorstellungen, einerseits als "Kern" oder "Inneres," andererseits als "in äußerstem Abstand" liegendes transzendentes Ziel. Wenn das Göttliche nun "unser Eigenstes" ist, so wird begreiflich, in welchem Sinne *menschliches Erleben selbst* als die dunkle, undurchsichtige "Rückseite der Götter" aufgefaßt werden könnte.[48] Gerade aber wegen der Undurchsichtigkeit solchen Erlebens, muß die andere Möglichkeit, wonach der Gott alles andere als wirklichkeitsimmanent ist und sich in unermeßlicher Ferne aufhält, notwendigerweise offen bleiben.

[47] B14—21, 88: ". . . *man war auch dies,* nur, daß man vor der Hand mit dieser Seite des eigenen Erlebens nichts anzufangen wußte; sie waren zu groß, zu gefährlich, zu vielseitig, sie wuchsen über einen hinaus, zu einem Übermaß von Bedeutung an . . . Könnte man die Geschichte Gottes nicht behandeln als einen gleichsam nie angetretenen Teil des menschlichen Gemütes . . . der dort, wohin man ihn verdrängt hatte, nach und nach zu einer Spannung anwuchs, gegen die der Antrieb des Einzelnen . . . kaum noch in Frage kommt."

[48] Von einem anderen Standpunkt aus betrachtet wäre die eigentliche Undurchsichtigkeit in diesem Roman eher im sozialen als im religiösen Bereich verwurzelt; wie aber im dritten Teil des *Stunden-Buchs* der Begriff der Armut in theologische Richtung hin und auf

Wie oben gezeigt wurde, sind beide Möglichkeiten in der Periode von *Malte Laurids Brigge* offen, und beide haben in verschiedenen Teilen des Werkes ihren Niederschlag gefunden. Unsere Darstellung des Persönlichkeitsmodells betonte vor allem die Unfaßlichkeit des "Kernes," während die Theorie des Vorwands oder der indirekten Darstellung die Notwendigkeit hervorhob, dieses Unfaßliche mittels einer entgegengesetzten Symbolik zum Ausdruck zu bringen. Das läßt sich nun mit der Vorstellung von *Malte Laurids Brigge* als "Negativ" oder "hohle Form" in Verbindung setzen und in diesem Sinne dürfte man vielleicht Maltes Analyse und Darstellung der eigenen Erlebnisse als eine freilich ihm selbst nicht bewußte Annäherung an die "Rückseite der Götter" bezeichnen. Nur in diesem Zusammenhang, so meinen wir, sind Rilkes Äußerungen über Maltes "Untergang," die nach der Veröffentlichung des Werkes ebenso häufig sind wie in der Entstehungsperiode,[49] mit seinem Festhalten an der Möglichkeit einer positiveren Deutung des Werkes, mit der Vorstellung von Maltes Laufbahn "nicht so sehr als ein Untergang, vielmehr als eine eigentümliche dunkle Himmelfahrt" (B07−14, 148), in Einklang zu bringen. Es ist übrigens für diesen paradoxen Sachverhalt durchaus bezeichnend, daß Rilke in eben demselben Brief, wo er von dieser "Himmelfahrt" spricht, Maltes endgültigen Untergang in aller Ausdrücklichkeit zweimal betont.[50]

In diesem Sinne wären die gedanklichen Antinomien im Werk, die Fragmentation der Persönlichkeitsstruktur und die Determinanten von Maltes metaphorischem "Untergang" in der prinzipiellen Unlösbarkeit des Gottesproblems begründet. Als Malte selbst die Genese von "Himmel . . . und Tod" zu erklären versucht, behauptet er: "Wir haben keine Vorstellung von dieser Kraft außer in unserer Furcht" (SWVI, 862). Dieses Prinzip dürfte man nun auf das Werk als ganzes in dem Sinne übertragen, daß erst wenn der "Vorwand" von Maltes Erleben und Aufzeichnen für den Leser "transparent" werden sollte, die "positive Figur," die "genaueste und sicherste Seligkeit" erkennbar wäre.[51] Hierin ließe sich eine letzte gegensätzliche Komplementarität feststellen, deren ja das Werk so viele aufweist,[52] und Maltes Elend erwiese sich tatsächlich als Transparenz für den sonst völlig "unfaßlichen" Gott.[53] Dann wäre auch

Kosten seiner gesellschaftlichen Realität nuanciert wird, so rückt Rilke auch hier das "Dunkele," Widerspenstige am menschlichen Erleben mit Vorliebe in die Nähe des Unabänderlichen, der Transzendenz.

[49] Siehe oben S. 23.

[50] BL, 246: "Ob er, der ja zum Theil aus meinen Gefahren gemacht ist, darin untergeht, gewissermaßen, um mir den Untergang zu ersparen . . . Und wärs nur das: aber der Andere, Untergegangene hat mich irgendwie abgenutzt, hat mit den Kräften und Gegenständen meines Lebens den immensen Aufwand seines Untergangs betrieben . . ."

[51] Vgl. B14−21, 87 und Klaus Meyer, *Bild der Wirklichkeit,* S. 17.

[52] Vgl. dazu Fülleborn, *Form und Sinn,* S. 260ff.

[53] Eine Briefstelle aus den Monaten vor der Phase der letzten Arbeit an *Malte* (19. August 1909) scheint diese Hypothese zu bekräftigen: ". . . in den letzten Büchern aber (seit dem *Stunden−Buch*), darin Der nicht genannt ist, um dessentwillen sie (diese Verwandlung) geschieht, möchten Sie dazu hinneigen, für ein Spiel zu halten, was immer dieselbe große Not ist . . ."

verständlicher, warum die anderen Transparenzen Gottes, wie der von Würmern zerfressene König Karl VI. und der fast völlig enthumanisierte Zeitungsverkäufer, beim ersten Blick so unwahrscheinlich wirken und warum die Diskrepanz zwischen dem konventionellen Sinn solcher Erscheinungen und ihrer "transzendenten" Bedeutung so deutlich hervorgehoben wird.

Wenn Widersprüchlichkeit und Nuancierung die auffallendsten Merkmale von Rilkes Haltung Gott gegenüber bilden und wenn vom Florenzer Tagebuch an seine Behandlung des Gottesthemas eine durchaus experimentelle gewesen ist, so ist es keineswegs erstaunlich, daß die in *Malte Laurids Brigge* berücksichtigte Auswahl der "tausend Verwandlungen, in denen das Äußerste sich verstellt und schwärzt und unkenntlich macht" (B07–14, 48), eine enorme Fülle der möglichen Bezüge doch keine konventionelle Einheit aufweist. Der Ausgangspunkt der Aufzeichnungen ist die völlige Unsicherheit Gott gegenüber, und die "Art Abschluß," zu der sie gelangen, ist in den kontrastierenden Varianten über das Gottesthema in der Parabel des verlorenen Sohnes und den *Tolstoj*-Aufzeichnungen deutlich erkennbar. Die Unfaßlichkeit des "Unerhörten," die Undurchsichtigkeit der Pariser Wirklichkeit und die Verzweiflung, in der der 63. Abschnitt ausklingt, exemplifizieren die negativen Aspekte dieses Prozesses; Beispiele einer gelungenen Transparenz dagegen weisen auf die in diesem "Untergang" enthaltene positive Möglichkeit hin.[54] Daß Malte diese Opposition zu keiner Synthese bringen kann, ist dadurch bedingt, daß er eben von einer Art "Gegen-Synthese" ausgegangen ist,[55] von der niemals aufgehobenen Antinomie seiner Gottesvorstellungen, von dem grundsätzlichen Konflikt zwischen einem "unfertigen, eingeborenen Gott" und einem ewigen, transzendenten, der noch nicht, wenn je überhaupt, bereit ist, den "sich an ihm produktiv versuchenden" Sohn zu lieben.[56] Das besagt letztlich nur, daß Rilkes Emanzipation vom Christentum unvollständig war und daß seine historische Situation sowie seine eigene charakteristische Denkweise keine lückenlose neue Einheit ermöglichte, sondern vielmehr das schillernde Labyrinth der Rilkeschen Gedankenwelt entstehen ließ.

Um unsere Ergebnisse auf eine Formel zu bringen: die "Einheit" des Werkes liegt in der genau strukturierten Uneinheitlichkeit der "Person des Schreibenden" und der positive Sinn des Werkes in der gegensätzlichen Symbolik von

54 So die positive Transparenz Abelones (Bettine, Dame à la licorne usf.), der "alte Sonderling" als Transparenz für Malte selbst und seine visionäre Erfassung der Gestalt Sapphos, der blinde Zeitungsverkäufer als Beweis der Existenz Gottes, die Spitzenstücke als Zugang zu einer gesteigerten Wirklichkeit usw.

55 Die "Gegen-Synthese" verhielte sich zur "echten" Synthese etwa wie der Zwischengott oder die Gestalt Christi zum "wirklichen Gott" der "Massentod" zum "eigenen Tod," die "falsche Armut" der Großstadt zur ideellen Armut des heiligen Franz von Assisi oder die "Puppen" zu den "wirklichen Dingen" im Aufsatz vom Februar 1914.

56 B07–14, 131: ". . . ich kann religiöse Naturen nicht begreifen, die Gott als das Gegebene hinnehmen und nachfühlen, ohne sich an ihm produktiv zu versuchen."

Maltes Erleben selbst. Was Maltes Verhältnis zu Rilke selbst betrifft, so fände sich kaum ein zutreffenderer Kommentar als Rilkes eigene, von Maurice Betz festgehaltene Reminiszenz aus dem Jahre 1925:

> In Kopenhagen, auf der Langelinie, hatte ich ihn gesehen, in den Taxusalleen von Fredensborg hatten wir uns getroffen, er entsann sich noch des übersüßten Duftes des Phlox im Sommer, seine Jugend war die meine, er war mein Ich und war ein anderer. Die vielen Leiden, die wir zusammen durchgemacht hatten, hatte ich langsam und mühselig auf ihn abgeladen . . .[57]

57 Betz, *Rilke in Paris,* S. 78f.

SCHLUSSBETRACHTUNG

Wenn man die Frage der literarischen Wertung von Malte Laurids Brigge aufwirft, so ist es durchaus bezeichnend für dieses Werk, daß seine größte Stärke zugleich sein auffallendster Mangel als Kunstwerk ist. Als Ich-Roman zeichnet sich *Malte Laurids Brigge* durch die Unerbittlichkeit der Selbstbeobachtung aus, besonders was Maltes Erforschung der letzten Konsequenzen seiner absoluten Einsamkeit betrifft. Daraus resultiert die in der Literatur einmalige Darstellung einer metaphorischen Persönlichkeitsstruktur und die Überzeugungskraft seiner eigenartigen Wirklichkeitsauffassung. Es läßt sich jedoch nicht leugnen, daß gerade die Bedingungen dieser Einsamkeit eine unvermeidliche Verarmung der Welt des Romans zufolge haben. Malte hat im Verlaufe der Aufzeichnungen seine drei "Stoffkreise" nicht nur aufs eindrucksvollste ausgebeutet, sondern auch erschöpft. Daß die Strukturen seiner Pariser Situation in den Darstellungen der Kindheit und der "historischen" Gestalten geradezu zwangsläufig wieder-kehren, darf schon als Einheitsprinzip des Romans bezeichnet werden; es verweist jedoch zugleich auch darauf hin, daß das Potential von Maltes Daseinsentwurf durch eben diesen Wiederholungsfaktor eine beträchtliche Einschränkung erfährt. Dasselbe gilt für Maltes Verarbeitung seiner Stoffe. Nach der großartigen Darstellung Karls VI. könnte es schwerlich im Rahmen des Werkes die Evokation einer "historischen" Gestalt geben, die einprägsamer wäre oder Malte selbst eine tiefere Einsicht in die Determinanten der eigenen Lage verschaffen könnte, und das quasi-spielerische Variationsmoment, das wir anhand der letzten Aufzeichnungen aufgezeigt haben, darf ebenfalls, wie auch in den Romanen Samuel Becketts, als Symptom einer ausweglosen Situation aufgefaßt werden. Dieselbe Intensität narzißtischen Erlebens, die *Malte* in die Nähe von Goethes *Werther* rückt, führt das geistige und intellektuelle Abenteuer schließlich wieder in das "Zwischenland" zurück, einen Bereich, dessen Eintönigkeit schließlich die der eigenen, allzu intensiv beschauten und darge-stellten Innenwelt ist. Denn die Kehrseite der autarken und rein individuellen Wirklichkeitsdeutung, die Malte in solcher Ausführlichkeit herausarbeitet, bleibt immer die verzweifelte Stasis oder das beliebig fortsetzbare Variationsspiel im Kerker des eigenen Bewußtseins.

Der Leser mag zwar imstande sein, hinter der Oberfläche des Romans etwas von der "Seligkeit" zu erblicken, "die mit der Fülle dieser selben Kräfte zu leisten wäre," aber es kann sich schwerlich um mehr als eine äußerst subjektive Intuition handeln, denn diese Seligkeit wird eben nicht im Werk zum Ausdruck gebracht. Stattdessen bleibt, als weiteres Symptom der Verarmung von Maltes Erlebnisfeld, dem Leser die Lehre von der "besitzlosen Liebe" nur allzu deutlich im Gedächtnis. Nicht das Sterile und Enthumanisierte an dieser Liebeslehre beeinträchtigt die künstlerische Wirkung des Werkschlusses so sehr, als die unumgängliche Tatsache, daß diese Doktrin implizite als "Lösung" der Problematik des Werkes geboten wird. Angesichts der inneren Widersprüchlichkeit und ideologischen Hohlheit dieser Lehre kann sie nur als zusätzlicher Beweis von Maltes endgültigem Versagen bezeichnet werden.

Die Bewegung von der unmittelbaren Wirklichkeit weg und in den Bereich der Vorwände hinein, die vom Schreibenden vollzogen wird und in gewisser Hinsicht die Funktion einer konventionellen Romanhandlung übernimmt, wäre nur dann als positive Entwicklung zu betrachten, wenn sie entweder eine rational gültige Lösung der gegenwärtigen Problematik oder eben eine irrationale Befreiung von dieser ermöglichte. Da jedoch ausdrückliche Verbindungen zwischen dem jeweiligen Vorwandsbereich und der Ausweglosigkeit der Gegenwart unabgeschwächt bestehen bleiben, so nehmen die letzten Aufzeichnungen — etwa nach der Darstellung Karls VI. — auf ästhetischer Ebene etwas von der Negativität von Maltes eigenem existentiellem Zustand an. Diese Tatsache hat wohl in Rilkes eigener Unzufriedenheit mit dem Werkschluß ihr Echo gefunden und darin liegt unserer Auffassung nach die eigentliche Schwäche des Werkes. Wie Rilke selbst sagte, sind die Aufzeichnungen "zu einer Art Abschluß" gekommen und man dürfte tatsächlich bedauern, daß kein Ende möglich war, das dem künstlerischen Range anderer Romanteile angemessen wäre. Ohne jeden Zweifel liegt die Unvermeidlichkeit von Maltes Versagen in der Kühnheit seines Daseinsentwurfs selbst begründet. Wie auch die Vision eines "neuen Menschentums" im deutschen Expressionismus, mußte Maltes Entschlossenheit zum "neuen Leben voll neuer Bedeutungen" wegen der Unzulänglichkeit und Widersprüchlichkeit ihrer Voraussetzungen ziemlich weit hinter dem Ziele zurückbleiben und, als der Roman endet, kann sich Maltes schriftstellerische Tätigkeit nur in die Richtung zunehmender Abstraktheit, Wirklichkeitsferne und Schematisierung entwickeln. Innerhalb der Romanfiktion hat die Verarbeitung der drei ihm zur Verfügung stehenden Stoffgebiete im Tagebuch zu keinem wirklich neuen Anfang geführt, sondern alle Erfahrungsbereiche haben sich als Analogiebildungen voneinander erwiesen. Ein Verständnis des Werkes "im aufsteigenden Sinne" bleibt lediglich nur außerhalb der Welt des Romans möglich, was der künstlerischen Wirkung des Werkschlusses keineswegs zum Vorteil gereicht.

Hierin dürfte man auch die Grenzen der Psychologie von *Malte Laurids Brigge* erkennen. Wie am Anfang unserer Interpretation nahegelegt wurde, sind die Kategorien, die Rilke bei der Aufstellung seines Persönlichkeitsmodells verwendet, nicht nur weitgehend dem eigenen Frühwerk entnommen, sondern auch im Grunde romantischer Art und Herkunft. So "modern" gewisse Aspekte von Maltes Wirklichkeitserfahrung immer noch anmuten mögen, die Bausteine von Rilkes werkimmanenter Psychologie weisen den gleichen Grad spekulativer Ungenauigkeit und gefühlsbestimmter Eigenwilligkeit auf, wie etwa Novalis' Vorstellung vom "Weg nach innen." Die Verwirklichung einer "vollkommen neuen Auffassung aller Dinge" hätte vom Autor viel mehr als etwa eine

erfolgreiche Nachahmung Cézannes in Maltes Tagebuch erfordert. Sollte Malte
tatsächlich der ersehnte Durchbruch auf literarischer Ebene gelingen, so müßte
sein Erfolg eben durch die Ablösung der "alten" Denkweise von einer radikal
neuen bezeugt werden, und das gilt insbesondere für seine Darstellungen der
eigenen Persönlichkeitsstruktur. Unsere Deutung hat jedoch ergeben, daß Rilke,
anstatt seine psychologischen Kategorien im Verlaufe des Romans zu modifi-
zieren oder in Richtung auf die "Zeit der anderen Auslegung" hin zu entwickeln,
sie vielmehr mit allen nur erreichbaren Mitteln *variiert,* so daß Malte schließlich
zum Gefangenen der eigenen Selbsterkenntnis wird. Es mutet ja geradezu
ironisch an, daß Maltes Ablehnung der "alten" Wirklichkeitsauffassung eben
keine Befreiung aus dem ihr zugehörigen Selbstbild zufolge hat, sondern nur
dessen Erforschung und Darstellung. Wenn sich auch ohne jeden Zweifel ein
neues Wirklichkeits*gefühl* im *Malte*-Roman durchgesetzt hat, so dürfen wir doch
nicht aus der Sicht verlieren, daß das gedankliche Gerüst des Werkes im
Romantischen verankert bleibt. So wie man Rilkes ganzes Werk als Übergangsphänomen zwischen Romantik und Moderne bezeichnen darf, so liegt die Größe
dieses Werkes darin, die Krise einer nicht ganz gelungenen Emanzipation vom
19. Jahrhundert mit einmaliger Genauigkeit festgehalten zu haben.

LITERATURVERZEICHNIS

Bibliographien

Ritzer, W.: Rainer Maria Rilke. Bibliographie. Wien. 1951.
Jonas, K. W.: Die Rilke-Literatur 1950—1966. Insel-Almanach auf das Jahr 1967, S. 94—117.

Rilkes Werke und Briefe

Abkürzung

SWI, SWII usw.:	Sämtliche Werke. Hg. vom Rilke-Archiv in Verbindung mit Ruth Sieber-Rilke. Besorgt durch Ernst Zinn. Wiesbaden/Frankfurt am Main, 6 Bände, 1955 bis 1966.
TF:	Tagebücher aus der Frühzeit. Hg. von Ruth Sieber-Rilke und Carl Sieber. Leipzig. 1942.
AB, 1 AB, 2:	Briefe. 2 Bände. Hg. vom Rilke-Archiv in Weimar; in Verbindung mit Ruth Sieber-Rilke besorgt durch Karl Altheim. Wiesbaden 1950.
BT:	Briefe und Tagebücher aus der Frühzeit. 1899—1902. Leipzig 1931.
B02—06 usw.:	Briefe aus den Jahren: 1902—1906, 1906—1907, 1907—1914, 1914—1921. Hg. von Ruth Sieber-Rilke und Carl Sieber. Leipzig 1930—1937.
BM:	Briefe aus Muzot. 1921 bis 1926. Hg. von Ruth Sieber-Rilke und Carl Sieber. Leipzig 1934.
BV:	Briefe an seinen Verleger. 1906—1926. Hg. von Ruth Sieber-Rilke und Carl Sieber. Leipzig 1934.
BL:	Rainer Maria Rilke, Lou Andreas-Salomé. Briefwechsel. Hg. von Ernst Pfeiffer. Zürich und Wiesbaden 1952.

Sekundärliteratur

Allemann, B.: Zeit und Figur beim späten Rilke. Pfullingen 1961.
Batterby, K.: Rilke and France. London 1966.
Betz, M.: Rilke in Frankreich. Erinnerungen, Briefe, Dokumente. Wien, Leipzig, Zürich 1938.
Betz, M.: Rilke in Paris. Zürich 1948.
Bollnow, O. F.: Rilke, 2. Ausgabe. Stuttgart 1956.
Borchert, H.: Das Problem des "verlorenen Sohns" bei Rilke. Worte und Werte. Festschrift für Bruno Marquardt zum 60. Geburtstag. Berlin 1961.
Buddeberg, E.: Rainer Maria Rilke — Eine innere Biographie. Stuttgart 1955.
Butler, E.: R. M. Rilke, 2. Auflage. Cambridge 1946.
Dédéyan, C.: Rilke et la France. 4 Bände. Paris 1961—63.
Emde, U.: Rilke und Rodin. Marburg/Lahn 1949.
Emrich, W.: Protest und Verheißung. Studien zur klassischen und modernen Dichtung. Frankfurt/Bonn, 2. Ausgabe, 1963.
Freundlieb, M.: R. M. Rilke: Die Aufzeichnungen des Malte Laurids Brigge. Germ.-Rom. Monatsschrift 19 (1931).
Fülleborn, U.: Das Strukturproblem der späten Lyrik Rilkes. Voruntersuchung zu einem historischen Rilke-Verständnis. Heidelberg 1960.
Fülleborn, U.: Form und Sinn der Aufzeichnungen des Malte Laurids Brigge. Abgedruckt in: Deutsche Romantheorien. Hg. Reinhold Grimm, Frankfurt am Main, Bonn 1968.
Goheen, J.: Tempusform und Zeitbegriff in R. M. Rilkes Die Aufzeichnungen des Malte

268 LITERATURVERZEICHNIS

Laurids Brigge. Wirkendes Wort 1969.
Günther, W.: Weltinnenraum — Die Dichtung Rainer Maria Rilkes. 2. Auflage. Berlin 1952.
Hamburger, K.: Philosophie der Dichter — Novalis, Schiller, Rilke. Stuttgart 1966.
Hamburger, K.: Die Geschichte des verlorenen Sohnes bei Rilke. Fides et Communicatio. Festschrift für Martin Doerne. Göttingen 1970.
Himmel, H.: Rilke und Sappho, ZfdPh. 1962.
Hoffmann, E. F.: Zum dichterischen Verfahren in Rilkes Aufzeichnungen des Malte Laurids Brigge. DVjs. 42, 1968.
Hofmann, L.: Gestalt und Gehalt in R. M. Rilkes Aufzeichnungen des Malte Laurids Brigge. Diss. Masch. Wien 1939.
Huder, W.: Die Dialektik in der Dichtung Rainer Maria Rilkes. Diss. Masch. Berlin 1956.
Jäger, M.: Rilkes Aufzeichnungen des Malte Laurids Brigge in ihrer dichterischen Einheit. Diss. Masch. Tübingen 1960.
Jan, H. von: Rilkes Aufzeichnungen des Malte Laurids Brigge. Leipzig 1938.
Klein, J.: Die Struktur von Rilkes "Malte." Wirkendes Wort 1951/52.
Kohlschmidt, W.: Rilke und Obstfelder. Die Wissenschaft von deutscher Sprache und Dichtung. Stuttgart 1963.
Lühnings, F.: Einflüsse auf Rilkes "Malte Laurids Brigge" von Haseldorf und dänischen Buchveröffentlichungen. Kunst in Schleswig-Holstein. Flensburg 1959.
Madsen, B. G.: Influences from J. P. Jacobsen and S. Obstfelder on R. M. Rilke's Malte Laurids Brigge. Scandinavian Studies 26, 1954.
Martini, F.: Das Wagnis der Sprache. Interpretationen deutscher Prosa von Nietzsche bis Benn. 2. Auflage. Stuttgart 1956.
Mason, E. C.: Zur Entstehung und Deutung von Rilkes Stunden-Buch. Exzentrische Bahnen. Göttingen 1963.
Meyer, H.: Zarte Empirie. Stuttgart 1963.
Meyer, K.: Das Bild der Wirklichkeit und des Menschen in R. M. Rilkes Aufzeichnungen des Malte Laurids Brigge. Diss. Masch. Göttingen 1952.
Mövius, R.: Rainer Maria Rilkes Stunden-Buch. Entstehung und Gehalt. Leipzig 1937.
Müller. H.: Zeitkritik im Werke Rilkes. Diss. Masch. Göttingen 1956.
Nivelle, A.: Sens et structure des Cahiers de Malte Laurids Brigge. La revue d'esthétique 1959.
Parry, L.: Malte's Hand, GLL 1957—58.
Rehm, W.: Rilke und die Duse. Begegnungen und Probleme. Bern 1957.
Rolleston, J.: Rilke in Transition, Yale 1970.
Rose, L.: Rilke und Jacobsen. Diss. Masch. Berlin 1948.
Ryan, L. J.: Hölderlins Lehre vom Wechsel der Töne. Stuttgart 1960.
Ryan, J.: Umschlag und Verwandlung. München 1972.
Ryan, J.: "Hypothetisches Erzählen:" Zur Funktion von Phantasie und Einbildung in Rilkes MLB. Schiller Jahrbuch XV, 1971.
Schoolfield, G. C.: Rilke and Leonora Christina. Modern Language Quarterly 14, 1953.
Seifert, W.: Das epische Werk Rilkes. Bonn 1969.
Simenauer, E.: Rainer Maria Rilke. Legende und Mythos. Bern 1953.
Stahl, E. L.: Rainer Maria Rilke's Duineser Elegien. Blackwells German Texts. Oxford 1965.
Stahl, A.: "Vokabeln der Not" und "Früchte der Tröstung." Heidelberg 1967.
Steiner, J.: R. M. Rilkes Duineser Elegien. Bern/München 1962.
Steiner, J.: Das Motiv der Puppe bei Rilke. Kleists Aufsatz über das Marionettentheater. Berlin 1967.
Stephens, A.: The Problem of Completeness in Rilke's Poetry 1922—26. Oxford German Studies vol. 4, 1969.
Stephens, A.: Rilke's Gedichte an die Nacht. Cambridge 1972.
Stephens, A.: Rilkes Essay "Puppen" und das Problem des geteilten Ich. Rilke in Neuer Sicht. Hg. Käte Hamburger. Stuttgart 1971.
Storck, J. W.: Rainer Maria Rilke als Briefschreiber. Diss. Masch. Freiburg 1957.

Storck, J. W.: Die Aufzeichnungen des Malte Laurids Brigge. Kindlers Literatur Lexikon. Bd. 1, Zürich 1965.

Witzleben, B. v.: Quellenstudien zu Rainer Maria Rilkes Die Aufzeichnungen des Malte Laurids Brigge. Diss. Masch. Abo 1970.

Zinn, E.: Rainer Maria Rilke und die Antike. Antike und Abendland 3. Hamburg 1948.

DATE DUE

FACULTY			